정직한 이삭줍기

소전 정진홍 교수 종교 연구의 지평

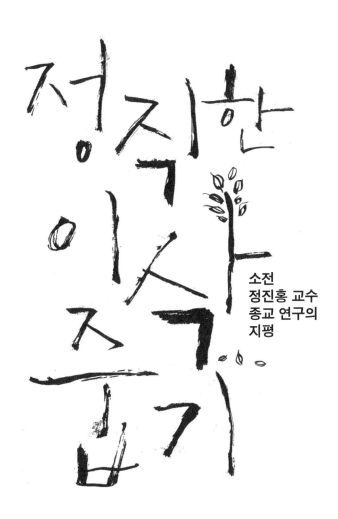

소전
정진홍 교수
종교 연구의
지평

한국종교문화연구소 기획
소전 희수기념문집편찬위원회 엮음

소전(素田) 정진홍(鄭鎭弘)

정진홍(鄭鎭弘) 교수 약력

충남 공주
1937년 11월 23일 생

학력　　　1953. 공주중학교
　　　　　　 1956. 대전고등학교
　　　　　　 1960. 서울대학교 문리과대학 종교학과
　　　　　　 1965. 서울대학교 대학원 종교학과
　　　　　　 1971. United Theological Seminary. STM
　　　　　　 1981. San Francisco Theological Seminary. D. Min

경력　　　1963-1974. 이화여대부속중고등학교 교사
　　　　　　 1974-1977. 명지전문대학 부교수
　　　　　　 1977-1978. 덕성여자대학교 조교수
　　　　　　 1979-1982. 명지대학교 부교수
　　　　　　 1982-2003. 서울대학교 인문대학 종교학과 교수
　　　　　　 1992-1994. 한국종교학회 회장
　　　　　　 1999-현재. 대한민국 학술원 회원
　　　　　　 2000-현재. 한국종교문화연구소 이사장
　　　　　　 2003-현재. 서울대학교 명예교수
　　　　　　 2003-2008. 한림대학교 한림과학원 특임교수
　　　　　　 2008-2011. 이화여자대학교 이화학술원 석좌교수
　　　　　　 2011-현재. 울산대학교 철학과 석좌교수

기타 주요경력　2000-2002. 문화관광부 21세기문화정책자문위원회 위원장
　　　　　　 2001-2004. 예술의 전당 이사
　　　　　　 2003-2006. 경인여자대학 이사장
　　　　　　 2009-2011. 굿 소사이어티 공동대표 이사장
　　　　　　 2011-현재. 아산나눔재단 이사장

수상	2003. 황조근정훈장
	2003. 한국간행물 윤리위원회 저작상
	2008. 제 17회 수당상 인문사회부문

주요저서	종교학 서설(전망사, 1980)
	기독교와 타종교와의 대화(전망사, 1980)
	한국종교문화의 전개(집문당, 1986)
	종교문화의 이해(서당, 1992; 청년사, 1995)
	만남, 죽음과의 만남(우진출판사, 1995; 궁리, 2003)
	종교문화의 인식과 해석(서울대 출판부, 1996)
	하늘과 순수와 상상(강, 1997)
	종교문화의 논리(서울대 출판부, 2000)
	경험과 기억(당대, 2003)
	M. 엘리아데: 종교와 신화(살림, 2003)
	열림과 닫힘(산처럼, 2006)
	정직한 인식과 열린 상상력(청년사, 2010)

주요역서	엘리아데, 우주와 역사(현대사상사, 1976)
	음비티, 아프리카종교와 철학(현대사상사, 1979)
	리차드 니버, 책임적 자아(이화여대 출판부, 1983)

기타 주요저서		산문집	삶의 벼랑에서(한길사, 1985)
	대통령과 메시아(조선일보사, 1989)
	고전, 끝나지 않는 울림(강, 2003)
	잃어버린 언어들(당대, 2003)
	괜찮으면 웃어주세요(당대, 2013)
		여행기	신을 찾아, 인간을 찾아(집문당, 1994)
		시 집	마당에는 때로 은빛 꽃이 핀다(강, 1997)

서문

소전 정진홍 선생의 희수기념 문집을 내며

 어디선가 소전(素田) 정진홍 선생은 종교를 공부하는 일은 당신에게 천형
(天刑)과 다르지 않다고 했습니다. 그동안 그가 종교를 공부하는 데 많은 고
통이 따랐음을 알 수 있습니다. 소전(素田) 선생은 그냥 믿으면 되는 것을 알
려고 했기 때문이라고 그 까닭을 풀었습니다. 그렇다면 왜 그는 그렇게 힘
든 길을 선택한 것일까요? 거기에 대해서 그는 "문제가 분명한데 그것을 피
해가는 것은 (스스로에게) 떳떳치 못했기 때문"이라고 말합니다. 하지만 그에
게 분명하게 다가온 문제가 무엇인지는 쉽게 알기 어렵습니다. 다만 다음과
같은 고백에서 어렴풋이 짐작할 뿐입니다.
 "나는 정직하게 살고 싶었다. 내 물음을 묻고, 내 대답을 추구하는 자유를
호흡하고 싶었다. 그것이 내가 공부하는 까닭의 전부다."
 소전 선생은 중일전쟁이 일어나고, 일제의 총동원 체제가 압박해오는 때
태어나 태평양전쟁, 한국전쟁, 4 · 19, 5 · 16을 비롯하여 한국현대사의 온갖
굴곡을 겪어야 했습니다. 후학들은 고난이 이어지는 그런 삶 속에서 그가
강조하는 정직함이 어떤 의미를 지니는지 종종 자문해 봅니다. 그리고 어릴
적부터 그의 삶을 지탱해 주었던 신앙심과 어떤 연관이 있는지도 생각하게
됩니다.

소전이라는 그의 호는 "하얗게 텅빈 밭"이라는 뜻입니다. 이미 추수가 끝나고 밭에는 더 이상 거두어들일 것이 남아있지 않습니다. 그런데 거기에 떨어진 이삭을 줍는 이가 있습니다. 그의 이삭줍기는 남들이 간 길을 살펴보면서 그들이 놓친 것을 찾아냅니다. 그럴 수 있는 것은 그가 자신의 숨소리를 들으며 하얀 밭을 느끼기 때문입니다. 그의 정직한 이삭줍기입니다.

소전 선생이 우리에게 가르쳐주는 것은 자신의 몸을 느끼고 그 생생함에 정직하지 않으면, 기존의 상투적인 틀에서 벗어나기 어렵다는 것입니다. 고정된 틀의 틈을 열고 나오는 것이 상상력이므로, 정직함과 상상력은 서로 연관되어 있습니다. 여기에서 바로 "내 물음을 묻고, 내 대답을 추구하는 자유"가 들숨날숨을 쉬게 될 것입니다.

이 문집은 소전 선생의 희수(喜壽)를 기념하여 마련하였습니다. 이를 계기로 후학들은 늘 '정직한 인식과 열린 상상력'의 중요성을 강조해 온 소전 선생의 가르침을 반추해 보고 싶었습니다. 기념문집은 소전이란 너른 밭에서 후학들이 행하는 이삭줍기의 하나로서, 인식/경험/상상/회상의 네 부분으로 나누어져 있습니다. 아무쪼록 소전 선생이 우리 후학들과 오래 함께 계시면서 많은 가르침 주시기를 바라 마지않습니다.

2013. 11.

소전 희수기념문집편찬위원회 일동

차례

제3부 / 상상

제4부 / 회상

제1부

인식

종교문화 개념의 등장과 그 배경

소전 정진홍의 종교문화 개념의 의미

장석만

소전의 종교문화 개념은 처음에 'religion in culture'로 시작해서 'culture in religion'의 역전 단계를 거치게 되어 있다. 문제는 방법론적이라는 설정이 종종 희석화되는 경향을 보여서 마치 실체적인 것처럼 보이기도 한다.

1. 종교문화 개념의 제도적 표현

한국에서 '종교문화'라는 개념이 제도적으로 표현되기 시작한 기점은 1997년 11월 한신대학교에서 종교문화연구소가 창설된 것이라고 볼 수 있다. 이어서 1994년 처음 설립될 때, 한신대학교 종교학과였던 명칭이 1999년 2월 종교문화학과로 바뀌었고, 같은 해 4월에는 『종교문화연구』라는 저널이 창간되었다. 종교문화학과를 소개하는 사이트에는 다음과 같이 종교문화학의 성격을 주장하고 있다.

> 종교문화학은 이렇듯 인류의 역사와 현재 속에 살아 있는 여러 종교들에 관한 폭넓은 지식을 쌓고, 사회와 문화 속에서 종교적 요소들이 낳아온 긍정적, 부정적 효과를 객관적으로 분석하는 학문입니다. 이를 통해 종교문화학은 한국과 세계의 역사와 문화를 깊이 이해하며, 복잡하고 역동적인 현대사회와 국제정세를 제대로 바라볼 수 있게 해줍니다.[1]

여기에서 두 가지 측면이 강조됨을 볼 수 있는데, 하나는 문화 속에 있는 종교의 측면, 그리고 다른 하나는 종교를 통해 문화를 이해하는 측면이다. 두 가지 모두 종교와 문화가 부분과 전체의 관계로 연결된다는 것을 알 수 있다.

1988년 6월에 결성된 한국종교연구회는 2001년 1월 사단법인이 되면서 한국종교문화연구소라는 명칭으로 새로이 설립되었다. 2002년에는 연 2회 발간하는 『종교문화비평』 저널을 창간한다. 한국종교문화연구소의 설립 취지는 다음과 같다.

> 본 연구소는 다양한 종교문화 전반에 관한 학문적 연구를 기반으로 인간의 삶에 대한 비판적 성찰과 진정한 인문학적 전망의 모색을 목적으로 설립되었습니다. 이러한 목적으로 국내외 종교문화에 관한 다양한 자료를 수집하고 이에 대한 체계적인 분석과 이해 아울러 냉철한 문화비평을 수행함으로써 사회적으로 종교문화에 대한 올바른 인식의 함양과 보다 나은 한국의 종교문화의 창달에 기여하고자 합니다. [2]

이 내용에서 네 번 등장하는 '종교문화'라는 용어의 의미는 두 가지 가능한 해석, 즉 "종교적인 문화"와 "문화 안의 한 요소로서의 종교" 중에서 후자를 지칭하는 것으로 읽힌다. 역시 종교와 문화의 관계는 부분과 전체로서 나타나며, 설립 목적은 종교 연구를 통한 문화비평 및 실천적인 파급효과를 겨냥하고 있는 것으로 보인다.

한국정신문화연구원은 2005년 2월, 한국학중앙연구원으로 이름을 바꾸고 조직을 개편하였는데, 그 와중에 2005년 4월에 '종교문화연구소'가 설립되었다. 연구소의 연혁에 나타난 설립 배경은 다음과 같이 두 가지다.

첫째 종교는 역사적으로 한국의 정치, 사회, 역사, 문화 등의 영역과 밀접한 연관성을 가진다는 점이다. 이는 기본적으로 한국인 전체의 절반 이상을 넘는 종교 인구, 한국 종교교단의 복지기관 및 학교 운영 상황 등에서 확인된다. 둘째 종교의 역할에도 불구하고 한국에서 종교 연구를 체계적으로 진행할 연구기관이 부재하다는 점이다. 이는 종교 연구를 위한 자료의 데이터베이스화, 동아시아를 포함한 세계적인 연구소 등 부재 상황에서 확인된다. 오히려 외국 연구자들이 한국 종교를 통해 한국을 조명하고 있는 상황이다.[3]

위에서 서술된 내용의 특징은 독립된 영역으로서의 종교 및 종교 조직이 강조되어 있다는 점이다. 종교가 정치, 사회, 역사, 문화 등의 영역과 밀접한 연관성을 가진다는 주장은 이 독립된 종교 영역이 전제된 다음에 제시되는 것이다. 그리고 이런 관점은 조직화된 종교에 중점을 두는 경향으로 연결된다. 그동안 이 연구소에서 종교 교단 연구에 치중한 것도 이런 성향에 따른 것으로 보인다.[4]

그런데 흥미로운 점은 2007년 3월, '종교문화연구소'라는 명칭이 '문화와 종교 연구소'로 바뀌었다는 것이다. 연구소 소개 글에 이 연구소는 "종교 연구의 학문적 정립과 발전의 선도적 활동을 중심으로 한국 문화를 집중 조명하는 특화된 연구소[5]로서 제시되어 있다.

또한 2008년 12월에 한신대학교의 '종교문화연구소'도 '종교와문화연구소'로 이름을 바꾸게 되는데, 한국학중앙연구원과 한신대학교의 연구소 명칭이 모두 종교와 문화를 "와"(and)로 연결시키는 방식을 취했다는 점에서 주목할 만하다. 차이는 한국학중앙연구원이 문화를 앞장세운 데 반해,[6] 한신대학교는 문화를 뒤에 놓았다는 것이다.

두 가지의 다른 항목을 "와"(and)로 연결시킬 경우, 양쪽 모두 독립적이고,

균질적인 개체로서 서로 대칭적으로 접합된다는 의미를 함축하게 된다. 두 개의 자율적이고 본질적인 실체가 서로 대등한 관계로서 대면하고 있다는 뜻이 저절로 내포되는 것이다. 종교 및 문화를 "와"(and)로 연결시키는 것은 한국종교문화연구소의 영문 명칭에도 나타난다. 그 표기가 "The Korea Institute for Religion and Culture"로 되어 있기 때문이다.

이 밖에도 전남대학교 종교문화연구소에 본부를 둔 한국종교문화학회가 있는데, 설립 목적이 "우리의 종교상황을 직시하고, 보다 나은 종교문화를 창출하는 데 일조하고자"[7]하는 데 있다고 밝히고 있다.[8] 이 학회는 한국종교간대화학회로 출발하였으나, 이름을 바꾼 것으로 2008년 5월부터 『종교학보』를 『종교문화학보』로 개명하여 간행하고 있다.

지금까지 한국에서 종교문화라는 개념이 제도적으로 표현된 양상을 일별하였다. 한편 한국에서 종교문화의 개념을 확산하는 데 커다란 영향을 끼친 종교 연구자가 있어서 주목을 요하는데, 그가 바로 소전(素田) 정진홍 교수이다. 정진홍 교수는 1980년대부터 종교문화 개념의 중요성을 강조하고 학계에서 그 개념을 사용하는 데 적지 않은 역할을 하였기 때문에 종교문화 개념의 제도화와 밀접한 연관이 있다. 다음 장에서는 소전 정진홍의 종교문화 개념을 검토하고 제도화된 양상과 어떤 관련을 보이는지 살펴보고자 한다.

2. 소전 정진홍 교수의 종교문화 개념

그동안 정진홍 교수가 간행하거나 집필한 수많은 논문과 역서, 그리고 에세이를 제외하고 종교 연구 분야의 주요 저서를 대상으로 한다면, 처음에 등장하는 책이 『종교학 서설』(1980)일 것이고, 가장 최근의 책은 『정직한 인

식과 열린 상상력: 종교 담론의 지성적 공간을 위하여』(2010)가 될 것이다. 그리고 그 사이에 7권의 책이 있는데, 모두 제목이나 부제에 "종교문화"가 포함된다는 특징이 있다.[9] 책의 제목만 봐도 정진홍 교수의 종교 연구에 "종교문화"라는 개념이 핵심적이라는 것을 쉽게 알 수 있다. 도대체 "종교문화"라는 개념이 그에게 왜 이렇게 중요한 것인가?

정진홍 교수의 일련의 저서를 출간된 순서대로 통독할 경우에 처음부터 관철되는 그 일관성 때문에 깊은 인상을 받게 되는 점이 있다. 그것은 바로 "새로운 언어"의 창출에 대한 강력한 요청이고, 종교 개념의 해체 및 재구성의 필요성에 대한 주장이다. 『종교학서설』(1980)의 맺음말은 "종교학을 위한 서시"라는 부제를 달고 있는데, 전문은 다음과 같다.

> 낱말을 바꾸어야 한다. / 꽃을 새 되게 하기 위한 / 祭壇을 위해 / 피어오르는 香煙 속에서 / 내가 춤추어야 한다. / 마침내 / 形骸 없는 바람이 되어 / 하늘을 / 땅 밑을 날아 스며야 한다. / 아픔과 꿈이 / 어지러이 落葉되어 지는 / 黃土 뻘 / 그 地平이 물 되어 잇닿은 / 문턱에서 / 새 낱말을 되씹어야 한다. / 마침내 나는 낱말 그것이 되어 / 낱말을 낳는 / 어머니여야 한다.[10]

여기에서 두드러지는 바는 낱말을 바꾸어야 하고, 바꾼 낱말도 되씹어야 하며(그것도 문턱에서), 내가 낱말 자체가 되고, 낱말을 낳는 이가 되어야 한다는 것이다.[11] 책의 맺음말이 "서시"(序詩)라는 부제를 달고 있는 것은 이어지는 다음 책에서도 이런 시각이 계속 관철될 것이라는 점을 시사하고, 실제 종교 개념에 대한 지속적인 문제 제기로 나타나게 된다. 소전 정진홍은 『종교문화의 이해』(1992)에서 종교라는 개념의 타당성을 묻지 않을 수 없다고 하면서 다음과 같이 주장한다.

다시 말하면 이미 종교라는 용어는… 우리가 현실적으로 경험하는 '종교적'인 경험을 충분히 포용하는 언어일 수 없게 되고 있다. 그렇다면 우리가 당면하는 과제는 종교를 재개념화하거나, 아니면 종교라는 용어 이외의 다른 언어의 창출을 통하여 우리의 경험 내용을 담을 수 있는 새로운 존재의 집을 짓는 것이다.[12]

그가 종교 개념에 대한 의구심을 좀 더 분명하고, 직접적으로 나타낸 것은 『종교문화의 인식과 해석』(1996)의 다음 부분이다.

"'종교학'을 공부하면서 '종교'라는 용어에 견딜 수 없는 불편함을 느끼고 있다면 이것은 아예 질병이라고 해야 옳다. 그러나 나는 그러한 상태에 있다. '종교'라는 용어는 내게 끝내 부담스럽고 때로는 이른바 '종교학'이 스스로 폐기해야 할 첫 번째이자 마지막 용어라고 보기조차 한다. 그 용어는 지금 여기에서 상당한 불편을 야기하기에 충분할 만큼 낡았고, 국지적이고, 규범적이며, 심지어 권위주의적이기도 하다. 때로는 그 용어가 인식 자체를 차단하거나 거부하기도 한다."[13]

이어서 그는 종교라는 용어를 대체하고 새로운 개념을 제시하고자 하는 열망을 다음과 같이 표현한다.

…역사 속에서 실재가 된 어떤 개념들을 파기한다는 것은 무모할 정도가 아니라, 비현실적이고 반역사적이어서 처음부터 말이 되지 않는다는 것을 잘 알고 있다. 그런데 어처구니없게도 나는 종교학을 통하여 존재에 대한 새로운 서술범주를 만들고 싶은 것이다.[14]

종교 개념에 대한 "심한" 불편함을 토로하지만 종교라는 용어의 즉각적인 파기가 비현실적이므로 소전은 "여전히 그 용어를 아직 사용할 수밖에 없다."[15]라고 말한다. 즉 그는 종교라는 개념을 결코 자명하게 여길 수 없으며, 그 개념은 반드시 재개념화 해야 할 "낡은 집"이라고 본다. 하지만 새 언어의 창출은 당장 이루어지는 것이 아니기 때문에 당분간 종교 개념을 사용할 수밖에 없다고 말한다. 그렇다면 그는 종교라는 용어를 여전히 사용하면서 새로운 서술 범주에 대한 열망을 어떻게 이루려는 것인가?

바로 이런 맥락에서 나타난 용어가 바로 "종교문화"라고 할 수 있다. "종교가 무엇인가가 아니라 종교문화가 어떠한 것인가?"[16]를 물어야 한다는 소전의 주장은 이런 점을 잘 보여준다. 종교학이 할 일을 거론한 다음의 언급도 마찬가지다. "나는 종교학이 종교의 본질을 탐구하는 일은 아니라고 생각한다. 종교학은 종교문화를 읽는 문법의 모색이고, 그것을 통해 터득하는 종교문화의 의미를 지니는 것이다."[17]

"종교문화" 개념을 통해 소전은 두 가지의 비판을 진행한다. 비판의 대상 가운데 하나는 독단론이고, 다른 하나는 환원론이다. 우선 소전은 종교가 문화의 한 가지 구성요소이며, 문화는 인간이 경험하는 삶의 총체라는 것을 강조하면서 시작한다. 이는 종교가 문화의 밖에 혹은 문화를 넘어서 있는 것이라는 종교인의 독단론을 견제하기 위해서 제시되는 것이다.[18] 한편 소전은 종교의 자율성과 중요성을 인정하지 않고 종교를 부수현상으로 간주해버리는 환원론에 대해서도 비판한다. 다음과 같은 주장은 두 방향으로 전개되는 소전의 비판을 잘 보여주고 있다.

종교문화를 운위하는 것은 종교를 문화에 귀속시켜 평가절하하려는 것이 아니다. 종교의 현존을 소박하게 승인하고, 그 현상을 기술함으로써 반종교적 지적 독선과 반문화적인 종교적 광기를 모두 지양할 수 있는 하나의 길일 수 도 있으리라는 기대를 구체화하는 일이다…따라서 이 책은 종교를 위한 것도 아니고, 종교를 반(反)하려는 것도 아니다. 그보다 여기서는 철저하게 종교를 포함하고 그리고 종교에 주목하면서 인간의 문화에 대한 담론을 전개하려는 것이다.[19]

종교문화를 말하는 것이 "종교에 주목하면서 인간의 문화에 대한 담론을 전개하려는 것"이라는 이런 주장은 "종교와 문화"라는 대칭적 관점과 "종교 문화" 개념이 어떤 점에서 다른가를 시사한다. "종교문화" 개념에는 대칭적 측면보다는 포용의 측면 즉 '종교현상으로서의 문화'와 '문화 현상으로서의 종교'를 아울러 포용하려는 점이 강하게 함축되어 있는 것이다.[20] 즉 "종교 문화"의 관점에는 종교와 문화가 분리할 수 없이 연관되어 있다는 것을 전제하면서 "문화를 통한 종교읽기"와 "종교를 통한 문화읽기"가 잠시 방법론적으로 구분되어 함께 이루어져야 한다는 주장이 함축되어 있는 것이다.[21] 이에 대해 『하늘과 순수와 상상: 종교문화의 현상과 구조』에는 종교학의 방향과 연관하여 다음과 같이 언급하고 있다.

종교학은 종교 개념 해체를 통한 종교 현실의 새로운 인식을 지향하고 있다. 따라서 종교학은 언제나 열린 학문이기를 자처해 왔다. 만약 우리가 종교학의 전통을 말할 수 있다면 그것은 종교문화에 대한 축적된 지식이라든가 이론의 전승이 아니다. 열려진 물음을 묻는다고 하는 태도의 전승이다. 이런 맥락에서 종교와 문화를 분리하는 것이 전혀 적합한 일이 아니라고 전제하면서도 문화를 통한 종교읽기(순수)와 종교를 통한 문화읽기(상상), 그리고 그런 구분 이전의 경험을 직접적으로 논의하기 위해 우리종교문화 읽기(하늘)를 마련

하였다.[22]

종교학의 아이덴티티가 전문적 지식의 내용에 있는 것이 아니라, "열린" 물음을 묻는 자세에 달려있다는 주장은 강력한 메시지를 담고 있다. 그 메시지를 수용할 경우, 연구자는 자신이 맥락에서 열린 물음이 무엇인지 늘 자문하게 될 것이고, 조금도 방심할 틈이 없을 것이다. 혹여 소전을 비판할 일이 생긴다면 바로 이 메시지, 즉 "지금 열린 물음의 자세가 무엇인가?"라는 물음 속에서 이루어지게 될 것이다. 위에서 소전은 종교와 문화의 분리 불가를 말하면서 "방법론적인" 분리를 통한 상호 읽기의 필요성을 주장하였다. 그런데 독단론과 환원론에 대한 비판, 그리고 "문화를 통한 종교읽기"와 "종교를 통한 문화읽기"는 동일한 비중을 갖는 것인가? "종교가 문화의 범주에 속하는 문화의 구성요소들 중 하나라는 사실"[23]을 인정하고, "종교문화의 이해라는 과제는 종교경험의 외현화된 양태에 관한 기술(즉 종교의 문화적 표상을 밝히는 것)로부터 비롯하지 않으면 안 된다."[24]는 주장을 받아들인다면 종교보다는 문화 쪽에 좀 더 비중을 두어야 하는 것이 아닌가? 『경험과 기억: 종교문화의 틈 읽기』이라는 책의 집필 취지를 언급하고 있는 다음의 내용에서 소전은 이 물음에 대해 간접적인 답변을 하고 있다고 보인다.

좀 더 직접적으로 말한다면 이 책은 종교라는 현상에 대한 '전통적인 이해'와 '문화'라고 하는 현상에 대한 기존의 담론 틈을 비집고 들어가 내 삶의 현실성으로부터 제기된 종교문화에 대한 물음들을 살펴보고자 하는 것이기 때문입니다. 그러한 자리에 서면 우리의 물음은 내 삶의 현실로부터 비롯됩니다. 사건으로서의 경험을 내가 어떻게 기억하고 있느냐가 내가 직면하는 종교문화의 현상에 대한 물음의 축을 이루는 것입니다. 그러므로 종교에 대한 물음은 종교로부터 비롯되지 않습니다. 종교에 대한 물음은 문화로부터 비롯되지도 않습니다. 우리의 물음, 곧 종교학의 물음은 특정한 종교는 물론 종교문화 자체의 승인을 위한 물음도 아니고, 문화를 인식하기 위한 종교 담론의 전개도 아닙니다.[25]

이어서 소전은 나의 경험 및 기억이 바탕을 이룬 내 물음의 중요성을 다음과 같이 서술한다.

내 물음의 현실성이 현존하는 종교문화 안에서 어떻게 자리 잡을 수 있는지, 또는 현존하는 종교문화가 내 물음에 어떻게 반향하고 있는지 살펴보고 싶은 것입니다. 까닭인즉 분명합니다. 우리는 의외로 내 물음에서 비롯되지 않은 전승된 물음으로부터 종교문화에 대한 물음을 전개하면서 내 물음이 거기 함축되어 있으리라는 것을 당연하게 전제하고 있기 때문입니다. 그런데 그러한 물음은 실은 아무 것도 묻지 않은 것과 다르지 않습니다.[26]

종교가 우선인가, 아니면 문화인가라는 질문에 답변하는 대신에 소전은 나의 경험 및 기억에 바탕을 둔 물음의 중요성을 강조함으로써 질문 자체를 바꾸어 놓고 있다. 내 삶의 현실성에 뿌리를 둔 물음일수록 기존 담론과 기존 질문의 틀에 벗어나게 마련이고, 그 틀에서 솟아오르기 마련이다. 또한 이런 맥락에서 개별 종교의 전통에 따른 연구가 심각한 한계를 지니고 있다고 소전이 주장하는 바를 이해할 수 있게 된다. 그런 연구는 주어진 개별 종교 전통의 틀 안에서 맴돌 수밖에 없기 때문이다.

개별 종교에 대한 진술은 불가피하게 그 종교의 정당성을 강화하는 담론으로 자기 발언을 종결합니다. 그렇지 않은 개별 전통의 종교 담론이 있다면 그것은 또 다른 특정한 종교의 정당성을 강화하기 위한 방법론적인 우회 이상일 수 없는 것이 현실입니다. 이러한 표제(경험과 기억)를 선택한 것은 지극히 의도적입니다. 왜냐하면 종교문화에 대한 담론이 전통 종교의 서술들에서 머물지 않아도 가능하다는 것을 밝히고 싶을 뿐만 아니라, 더 나아가 그런 자리에 머물지 않으려는 자리로부터 전통종교들에 대한 담론이 이루어질 때, 비로소 그것이 그 종교들에 대한 '인식'을 현실화할 수 있으리라 기대하기 때문입니다.[27]

소전은 이런 관점을 정리하여 『열림과 닫힘: 인문학적 상상을 통한 종교문화 읽기』에서는 종교를 묻는 두 가지 방식으로 구분한다. 하나는 개개 종교들을 설명하고 이해하는 접근이고, 다른 하나는 인간의 경험에서 비롯하여 출현하는 하나의 현상으로 종교들을 설명하고 이해하는 접근[28]이다. 전자가 이미 전제되어 있는 '종교라는 것'에 귀착하면서 개개 종교를 설명하고자 하는데 반해, 후자는 '종교라는 것'을 열어 놓기 때문에 서로 뒤섞이기도 하고 해체되어 버리기도 해서 전혀 다른 서술 범주와 개념들을 구사할 수밖에 없게 된다.[29] 이런 구분을 한 다음, 소전은 자신의 연구가 "개개 종교를 간과하지 않으면서도 개개 종교를 일컫는 자리와는 다른 자리에서 종교문화를 이야기할 수 있는 상상력의 자리"[30]에 위치해 있으며, "인문(학)적 상상을 통하여 종교문화에 다가가기"[31] 위한 노력이라고 말한다. 물론 "개개 종교를 기반으로 한 어떤 종교 논의도 이제는 그 한계가 분명"[32]하다고 생각하는 소전에게 다른 선택의 여지는 없다. 종교 연구에서 개개 종교들을 통한 접근은 잘 닦인 길이다. 이미 잘 닦인 길을 가지 않으면 발걸음은 종종 비틀거리거나 머뭇거리게 되고 더듬거리다가 말투도 어눌해지기 십상이다. 소전은 이런 어눌함과 머뭇거림, 그리고 표류와 방황을 '자기 안에서 솟은 물음'을 얻기 위한 정직함의 대가라고 여긴다.[33] 하지만 빨리 길을 통과하는 데 목적을 둔 이들에게는 이런 머뭇거리는 태도가 짜증을 불러일으킬 수도 있다. 특히 대부분의 종교학자들처럼 기득권을 걸머쥔 학계의 인정을 받고자 열망하며, 자신은 아직도 그 세계의 주변에 서성거리고 있다는 것을 초초해 하는 경우라면 더욱 그러할 것이다. 게다가 이런 태도가 종교학이 기득권 영역으로 편입되는 데 방해가 된다고 여긴다면 더 더욱 그럴 것이다. 하지만 이런 이들을 소전의 종교 개념에 대한 문제 제기와 그 대안의 모색에 짜증을 내는 대신, 스스로 자신이 "왜 공부를 하는가?" 하는 근본적인 질문을 던질 필요가 있다. 더구나 서구에서 종교 개념에 대한 연구가 캔트웰 스미스(Wilfred Cantwell Smith)의 *The Meaning and End of Religion: A New Approach to the Religious Traditions of Mankind*(1962)와 조너선 스미스(Jonathan Z. Smith)의 *Imagining Religion: From Babylon to Jonestown*(1982)를 주요한 계기로 이루어졌음을 생각할 때, 소전의 문제 제기가 서구 학계의 추세와 비교해서도 결코 늦지 않다는 점은 주목할 만하다. 특히 1980년대 조너선 스미스의 도전적인 문제 제기를 통해 활발하게 종교 개념에 관한 논의가 이루어졌다는 것을 고려한다면 더욱 그렇다. 앞으로 이 점에 대해 좀 더 객관적인 평가가 이루어져야 할 것이다.

3. 종교문화 개념에 대한 비판: 「종교문화의 의미」의 검토

지금까지 종교문화라는 개념에 관한 논의는 별로 이루어지지 않았다. 한국학중앙연구원의 강돈구 교수가 2010년 『종교 연구』에 발표한 「종교문화의 의미」가 거의 유일하다.[34] 이 논문에 앞서 강 교수는 『한국종교문화연구소 뉴스레터』 93호(2010년 3월 9일)에 「종교문화의 영어표기?」 및 117호(2010년 8월 5일)에 「종교문화의 영어 표기와 본 연구소의 진로」라는 글을 써서 종교문화의 개념에 대해 문제를 제기한 바 있다. 강 교수는 『뉴스레터』의 글에서 자신이 강조한 부분이 다음과 같다고 스스로 정리하고 있다.

> '종교문화'가 정확히 '종교와 문화(종교 문화)'인지, 또는 말 그대로 '종교적 문화'인지가 분명하지 않다는 지적과 함께, 마찬가지로 '종교문화'의 영어 표기가 'religion and culture'인지, 또는 'religious culture'인지가 분명하지 않다는 지적을 하였다.[35]

위의 부분과 더불어 『뉴스레터』의 글에서 검토할 만한 내용은 우선 '종교와 문화'라는 연결어가 신학적인 문제의식에서 출발한 개념이라는 것, 그리고 '종교문화'는 '종교'보다 더 포괄적인 의미를 지니는 용어로서, 학자들이 자신들의 연구 영역을 넓히려고 사용한다는 것, 아무래도 '종교문화'라는 개념이 어색하여 심란하다는 것[36] 등이다. '종교와 문화'가 신학에서 출발했다는 주장은 「종교문화의 의미」에서 좀 더 구체적으로 서술되는데, 기독교 밖의 세상에 대한 기독교인의 책임을 말하는 리처드 니버와, 문화 안에서 기독교 신의 실재를 찾으려는 폴 틸리히가 거론되고 있다.[37] '종교문화'가 '종교'보다 더 포괄적 의미를 띠고 사용된다는 주장은 학적 관심의 방향이 차이를 보이는 측면보다는 양(量)적인 측면에 강조를 두고 있다. 그리고 강 교수의 심란함의 이유를 "'종교'라는 용어의 외연을 넓히는 대신"[38]이라는 표현이라든지 '종교와 문화'가 종교인류학의 용어로 국한되기를 바라는 심정에서 추측해 볼 수 있다. 하지만 무엇보다 「종교문화의 의미」에서 절정은 한신대학교 '종교문화학과'라는 명칭이 신학의 '복음과 문화'의 문제의식에서 비롯된 반면, 서울대학교 종교문제연구소의『종교와 문화』와 한국종교 문화연구소는 엘리아데 종교학의 문제의식에서 비롯되었다고 하는 주장[39]이다. 그리고 강 교수는 해당 구성원들이 자신의 인식 여부에 관계없이 그런 문제의식의 지향점에 "무의식적으로" 노출되어 있다는 도발적인 주장[40]을 한다. 강 교수는 어떻게 자신이 구성원의 무의식까지 꿰뚫어 볼 수 있다고 주장하는 담대함을 지니게 된 것일까?

그런 대담함은 종교 연구에 대한 이분법적인 논리, 즉 종교 연구는 개별 종교 전통에 대한 구체적인 연구이든지 아니면 엘리아데 류의 종교 일반에 관한 연구라는 양자택일적 시각이 개재되어 있지 않다면 이해하기 힘들다. 종교문화라는 개념은 적어도 개별 종교 전통을 지향하는 것이 아니므로 엘리아데의 부류에 속한다는 것이 강 교수의 논리라고 볼 수 있지 않은가? 이럴 때,「종교문화의 의미」의 결론 부분에 나오는 다음과 같은 주장에 짜증과 두려움이 섞여있다고 본다고 해서 지나치지는 않을 것이다.

> 글을 마치면서 스미스가『종교의 의미와 목적』에서 '종교'라는 용어를 폐기하자고 한 주장이 머리에 다시 떠오른다. 적어도 한국의 경우 '종교문화'라는 용어는 매우 복합적인 맥락에서 사용되고 있다. '종교문화'는 '종교와 문화'(religion and culture)이기도 하고 '종교적 문화'(religious culture)이기도 하며, 경우에 따라서는 둘 모두가 아니고, 오히려 '문화 안의 종교'(religion in culture)이기도 하다.[41]

여기서 강 교수는 '종교문화'라는 개념의 애매성을 강조한다. 그러면서 종교 개념을 폐기하고자 한 캔트웰 스미스를 떠올리고 있다. 왜 두 가지를 같이 생각하게 되었을까? 모두 이해할 수 없기 때문으로 보인다. 왜 이다지 복잡하고 애매한 '종교문화'라는 걸 쓰고자 하는가? 도대체 왜 종교 개념을 폐기하자고 하는가? 기존 학계가 종교학에 부여한 안전한 영역에 들어가서 연구하면 만족스러운 것 아닌가? 개별 종교 전통을 연구하는 것, 그것이 당장 종교 연구자에게 필요한 일 아닌가? 신학과 교학 등에서 하지 못하는 개별 종교 전통의 연구를 하는 것이 이른바 종교학에 요구되는 것이 아닌가? 아마도 이런 질문들을 하고 싶을 것이다. 하지만 소전의 종교문화 개념이 전개되어 온 궤적을 살펴보고, 그 문제의식의 배경을 검토해 본 적이 있다면 적어도 이런 식으로 주장하기는 힘들 것이다.

그렇다면 소전의 종교문화 개념에 엘리아데나 틸리히의 흔적을 찾아볼 수 없다는 것인가? 그렇다고는 볼 수 없다. 소전이 환원론을 비판할 때에 강조하는 종교의 자율성과 환원 불가능성이 종종 방법론적인 것이라기보다는 실체적으로 전제되는 것 같은 생각도 들기 때문이다. 소전이 이런 혐의에서 벗어나는 한 가지 방법은 종교의 자율성이라는 관점이 등장하는 역사적 조건을 좀더 분명하게 밝히고, 종교의 자율성을 강조함으로써 얻어지는 방법론적 시야가 무엇인지 명료하게 언급하는 것이다. 하지만 소전은 자신의 종교문화 개념이 언제 어디서나 타당한 고정적 기준이 되어야 한다고 주장하는 것이 아니므로, 소전의 종교문화 개념이 도그마로 될 위험은 없다. 왜냐하면 소전에게 새 언어의 창출 통로로서 등장한 종교문화라는 개념이 다른 경험과 기억을 지닌 연구자에게는 혹여 선험적으로 고정된 것으로 수용된다면 이제 그것은 낡은 언어에 지나지 않게 되기 때문이다. 새로운 존재의 집은 늘 바뀌어야 하는 것이기 때문에 소전의 종교문화 개념이 다른 연구자에게도 항상 그대로 머물러 있어야 할 이유는 조금도 없는 것이다.

4. 소전의 종교문화 개념, 그 기저(基底)

2007년과 2008년에 앞서거니 뒤서거니 하면서 각각 새로운 명칭을 택한 '문화와종교 연구소'와 '종교와문화연구소'는 이름에 모두 "와"가 포함된다는 점에서 공통점이 있다. 종교와 문화의 대칭적 관계가 강조되는 명칭인 것이다. 이런 일이 우연하게 일어난 것일까? 그런 것 같지 않다. 앞서 사용하던 '종교문화'라는 용어에 대한 불만이 서로 공유되었다고 보는 것이 타당할 것이다. 그 불만의 내용은 강 교수의 논지를 통해 짐작되는 바, '종교문화'의 의미가 모호하다는 것 그리고 이미 확보된 "종교"의 영역을 수호하려는 의지가 작용하고 있다고 보인다. 하지만 종교 영역을 "와"로 연결하는 연구 태도의 수구(守舊)성은 이미 많은 비판을 받고 있다. 다음은 그런 비판의 한 예다.

> 종교와 '무엇'이라는 제목은 정합적이고 자율적인 종교가 마찬가지로 정합적이고 확인 가능한 문화, 윤리, 문학, 혹은 정치 등의 현상과 대면하고 있다고 전제하고 있다. 그리고 그런 만큼 종교를 사회적으로 자율적이며 맥락 없이도 존재하는 체계라고 파악하고, 거기에서 심층적인 누미노제적 가치나 본질적인 성향이 드러나게 된다는 단순하고, 구닥다리 식의 관점을 계속 견지한다. 달리 말하자면, 이런 제목은 처음부터 종교가 사회적, 정치적, 혹은 심리적 과정의 결과로서 설명될 수 없게 만들며 단지 문화, 정치, 문학 등 안에 드러나 있는 것으로만 이해하도록 만든다. 거기에서 본질적으로 종교적이거나 초월적인 가치 및 감정이 드러날 뿐이라고 보게 만드는 것이다.[42]

그래서 "종교와 무엇"이라는 방식의 연구는 이미 정해진 범주의 틀을 그대로 받아들이고, 단지 그것들이 서로 연결되어 나타내는 효과에만 관심을 기울이게 된다. 우리는 종교가 무엇인지, 그리고 종교와 연결되는 그것이 무엇인지 직관적으로 이미 다 알고 있다고 생각하며, 단지 두 개의 독립된 것이 서로 접합해서 나타나는 측면에만 관심을 기울이게 된다.[43] 그렇게 되면 연구자 자신이 왜 그런 주제에 관심을 쏟고 있는지 물을 필요도 없고, 자신의 분석적인 개념 틀과 연구 대상 사이의 거리나 차이에 대해서도 신경쓸 필요가 없다. 다만 두 개의 본질적인 영역이 서로 교(交)집합하여 저절로 드러내는 것만 일별하면 될 일이다. 이런 태도를 견지하면 조너선 스미스의 다음과 같은 주장에 별로 귀를 열지 않을 것이다.

> 종교는 분석적 목적을 이루기 위해 학자가 비교와 일반화라는 상상적 행위를 하면서 창출된 것이다. 종교는 학문 세계를 떠나 독자적으로 존재하지 못한다. 이런 이유로 종교 연구자, 특히 종교학자는 가혹할 만큼 자기의식(自己意識)적이어야 한다. 사실 이러한 자의식은 종교학자의 일차적인 자질(資質)이며, 가장 주요한 연구대상이 되는 것이다.[44]

우리말의 용법에서 종교문화라는 용어는 종교보다 아무래도 문화 쪽에 더 비중을 둔다. 종교는 문화의 한 부분이라는 의미를 띠는 것이다. 우리말의 용법에 따른 종교문화의 영어 표현은 분명 'religion in culture'다. 이 점을 인정한다면 종교는 처음부터 끝까지 문화라는 체계의 한 요소이며, 문화는 그 자체가 역사적인 산물로서 인간의 삶의 흐름과 함께 변화할 수밖에 없는 것이다.[45] 소전도 문화의 한 요소로서의 종교에서 출발한다. 그러다가 환원론, 혹은 반종교적 지적 독선을 극복한다는 명분으로 종교의 자율성과 '종교현상으로서의 문화'를 강조한다. 소전의 종교문화 개념은 처음에 'religion in culture'로 시작해서 'culture in religion'의 역전 단계를 거치게 되어 있다. 문제는 방법론적이라는 설정이 종종 희석화되는 경향을 보여서 마치 실체적인 것처럼 보이기도 한다는 점[46]이다.

게다가 소전의 종교문화 개념의 관점 및 'religion in culture'의 관점 모두 총체로서의 문화 개념에 의존하고 있는데, 이미 그런 문화 개념 자체가 심각하게 의문시되고 있다는 것은 쉽게 간과할 수 없는 점이다.[47] 이제 문화 개념 자체가 특정한 역사적 상황 속에서 등장하고 유지된다는 것이 부인하기 어렵게 되면서 그동안의 질문 방식을 바꿀 수밖에 없게 된 것이다. 즉 "문화는 무엇인가?" 및 "문화는 어떻게 작동하는가?"라는 질문 대신에 "어떤 조건 아래에서 사람들은 어떻게 문화 개념을 불러 오는가?" 그리고 "학자는 어떻게 문화에 관한 연구를 착수하는 것인가?" 또한 "문화(개념)에 의지하면서 배제되는 바는 무엇인가?" 등의 물음이 제기되는 것이다.[48] 문화 개념은 더 이상 인간 행위를 이해하는 투명하고 객관적인 도구라고 간주되지 않기 때문에 그 개념을 사용함으로써 만들어지는 효과에 대해 성찰하는 것이 요청되고 있다. 소전은 종교문화를 통해 종교 개념의 폐쇄성을 극복하는 하나의 출구를 찾았지만, 실상 그가 의지했던 문화 개념 자체도 그리 견고하지 못했던 것이다. 물론 역사적이지 않은 개념은 존재하지 않는다는 점에서 그런 견고한 개념은 없다고 해야 할 것이다. 여기서 종교문화 개념의 잠정적인 성격을 다시 확인할 수 있을 것이다. 이런 점은 소전의 다음과 같은 주장에도 내포되어 있다.

> 역사의 전개 과정에서 종교라는 용어의 출현이 불가피했던 문화구조를 오늘 우리의 정황에서 되살펴야 하는 일이 종교문화의 이해를 위한 새로운 과제가 되어야 하는 것이다.[48]

종교라는 개념에 대해 이런 작업을 해야 한다고 주장하는 소전이 종교문화에 대해서는 반대할 까닭이 있겠는가? 다음의 인용문에서 우리는 좀더 확실하게 그런 점을 확인할 수 있다.

> 그래서 종교사는 종교의 흥망성쇠를 보여줍니다. 있던 종교가 사라지고 없던 종교가 출현합니다. 우리는 흔히 그러한 '변화'를 물리적 실체의 소멸과 발생으로 묘사합니다. 그러나 실은 '사실의 변화'라기보다 '개념의 변화'가 초래한 '실재의 지도(地圖) 바꾸기'와 다르지 않습니다.[49]

그리고 소전은 종교 개념이 권위를 얻어 발생한 개념적 실재를 마치 물리적 실체로 착각할 경우, 다음과 같은 상황이 나타난다고 주장한다.

> 마침내 종교 개념은 … 스스로 자신의 '개념이라는 궁전' 안에서 시간도 공간도 인간도 배제하는 '동화의 나라'를 운영하고 있습니다. 그 안에서 이루어지는 모든 진술은 '현실적'이지만 어떤 현실성도 '실제적'이지 않습니다. 궁전의 에토스는 언제나 환상입니다.[50]

이런 착각과 환상은 개념이 자신의 역사적 맥락을 망각할 때 생겨나며, 개념과 경험의 괴리를 노골화함으로써 '살아 있는 물음'을 차단하게 된다. 하지만 소전은 개념을 낳는 것이 근원적으로 경험이기 때문에 경험의 직접적 발언이 개념을 '뚫고' 솟아나는 계기가 나타날 수밖에 없다고 주장한다.[51] 이것이 바로 소전 종교학의 낙관적 개방성이고 오해의 여지가 없는 기저(基底)이다. 이 점이 얼마나 지속적으로 관철되고 있는가 하는 것을 확인하기 위해서는 2장에서 언급하였던 "종교학을 위한 서시"를 다시 기억하면 될 것이다.

낱말을 바꾸어야 한다⋯ / 문턱에서 / 새 낱말을 되씹어야 한다. / 마침내 나는 낱말 그것이 되어 / 낱말을 낳는 / 어머니여야 한다.

　공부란 결국 자신의 경험과 기억에서 빼낸 개념으로 자신의 아젠다에 맞는 자료를 재어보고 계속 뒤적이는 것이므로⋯.

종교문화와
그 다원성

또 하나의 시각

김 대 열

———————

비유적으로 말한다면, 정진홍이
문화라는 벽화에 박혀있는 종교
라는 보석에 관심의 촛점을 두고
있다면, 필자는 종교라는 보석이
박힌 문화라는 벽화와 그를 둘러
싼 다양한 인간 활동에 관심을
가지는 것이라고 할 수 있겠다.

———————

1. 문제 제기와 그 배경

정진홍은 각 종교의 자기 인식의 편향에서 기인하는 여러 장애물을 극복하고 보편적 종교성에로의 접근을 가능하게 할 만한 인식의 전환과 그에 상응하는 방법론을 제안해 왔다.[1] 그가 주로 종교적 경험을 중심으로 종교 '내부로부터'의 인식을 추구했다면 필자는 여기서 종교의 문화적 측면을 좀더 좁은 의미로 정의하는 동시에 종교와 그 외부 그리고 그 둘의 경계로부터 관찰하는 시각을 제시해 보고자 한다. 나아가 종교현상의 원초적 차원에 대한 이해보다는 다원적 상황에서 종교가 사회와 문화 안에서 점유하고 있는 위상과 사회와 문화의 변화에서 맡고 있는 역할에 관심을 한정시키고자 한다. 본론으로 들어가기 전에 문제 제기의 배경과 논의 주제의 방향을 이해하기 위해 그 바탕을 이루는 몇 가지 전제들을 먼저 짚어 보자.

언어, 문학, 음악, 미술, 건축, 사상, 요리 등 모든 문화[2] 영역과 마찬가지로 종교도 혼합의 과정을 겪고, 우리는 그 안에서 혼합물들을 확인할 수 있다. 아무리 불평등한 관계에서도 문화적 영향이 일방적이지 않다는 것은 여러 획기적인 연구들이 보여주었다. 메리 루이즈 프라트(Mary Louise Pratt)

는 서유럽이 남미 지역을 점령하면서 그 문명이 그대로 이식된 것이 아니라 원주민들에 의해 선택적으로 수용되면서 기존의 문화는 그 수용물을 흡수하면서 변형되었지 사라진 것이 아니었다는 것과, 그 수용 양식과 정도는 만남이 발생하는 여러 차원에서의 상황과 맥락과 밀접히 연관된다는 것을 보여주었고,[3] 카필 하즈(Kapil Raj)는 이와 유사한 경우를 인도인들의 서구 과학기술 수용에서 찾아서 보여주었다.[4] 피터 버크(Peter Burke)는 그의 저서 『Cultural Hybridity』에서 문화의 혼합 현상을 여러 측면으로 구분하여 고찰하고 총괄해 주었다.[5] 그에 따르면, 다양한 인공물, 문헌, 실천, 사람들을 통해서 혼합이 발견되고 그러한 과정을 미세한 차이를 두고 가리키는 다양한 표현들도 있다. 혼합이 어떠한 자리와 상황에서 발생하는지,[6] 또 문화 교류에 있어서 어떠한 종류의 반응을 보이고 어떤 전략이 동원되는지[7]를 보여주고 문화 교류의 과정은 다양한 단계를 거치고, 수많은 사람이 관계하고, 교류의 양편이 모두 변화를 겪음을 지적하면서 여기에 적절한 은유로서 '흥정'(negociation)을 들었다.[8] 그리고 마지막으로 혼합의 결과물로서 여러 현상을 소개했다. 우선 오늘날과 같은 세계화가 초래하는 다양한 문화의 용융(鎔融)으로 생기는 균일화가 있는 반면, 이에 대한 저항이 다양한 수준과 양식으로 나타나며 변화의 속도도 다양하게 나타난다. 세계적 문화와 지역 문화가 조합된 '문화적 중층'(cultural diglossia) 현상도 있다. 어떤 문화는 '순수'하다는 주장과 어떤 문화가 다른 문화들을 완전히 정복했다는 주장은 둘 다 피상적이라고 강조하면서 그는 마지막으로 좀더 복잡한 혼합 과정을 소개한다. 그하나가 '크레올 작용'(creolization),[9] 즉 외부 문화의 개별 요소들을 단편적으로 수용하면서 그것을 기존 문화의 질서 안에 재배치시키는데 그 과정에서 기존 문화 역시 새로운 질서로 재편성된다. 다른 하나는 '결정화' (crystallization)로서, 외부 문화와의 교류가 있은 후, 어느 정도의 유동적인 시기를 거친 다음 외래 요소들이 점차 굳어지면서 일상화되고 결국 더이상의 변화에 저항하며 고정된다는 것이다. 기존의 문화 요소도 이 새로운 패턴에 재정리될 수 있다. 이러한 문화적 혼합 현상이 종교 영역에서도 발생하며, 특히 개인화와 세계화가 상당히 진전된 오늘날에는 간과할 수 없는 연구 과제라고 필자는 판단한다.

종교문화와 그의 다원성은 사실 새로운 관심사도 아니고 새로운 개념도 아니다.[10] 그런데 이러한 입장에서 이제까지의 종교에 관한 학문 세계의 태도를 뒤돌아 보았을 때 여전한 흥미로움과 궁금함을 느낀다. 이 주제는 동아시아의 역사 속에서도 그 현상이 관찰되지만, 여러 가지 이유로 해서 서구의 역사와 현재 상황을 우선 둘러보지 않을 수 없다. 즉, 우선 '종교'에 대한 학문적 물음들이 서구에서 시작하여 발전되어 왔고, 동아시아를 사고하는 우리의 언어 속에서도 그 인식의 기제들이 여전히 작용하고 있다. 또한, 동아시아의 역사에서 발견할 수 있는 '다원성'과 관련된 현상들이 오늘날 서구에서도 논의되는데, 이와 관련하여 전개된 몇몇 서구 학자들의 통찰은 매우 유익하다고 판단되기 때문이다.

종교적 다원 현상은 꾸준히 확인되고 언급되어 왔음에도 불구하고 종교에 대한 학문적 관심의 역사적 두께에 비해 그다지 주요한 분석과 예견의 대상으로 대두된 적은 없는 듯하다. 특히 유럽에서 그랬다. 그 이외의 지역과 비교해 볼 때 특히 두드러진다. 그 무관심 혹은 배제의 맥락을 더듬다 보면 여러 근원과 만난다. 기독교가 타지역에서 선교 활동을 펼칠 때, 토착 혹은 민속 신앙을 'syncretism'(혼효주의) 라는 표현을 사용하며 격하시켜 간주했던 적이 있었다. 이후 이 표현은 여전히 경멸적 의미를 품을 때가 있다. 또 다른 하나는 에밀 뒤르껭(Emile Durkheim)의 기능주의적 종교사회학이다. 그는 종교의 사회적 기능 가운데 하나로 사회 통합, 사회 응집 기능을 내세웠다.

그런데 그의 설명은 사회적 집단과 종교적 집단이 일치하는 사회에서의 종교의 역할에 촛점이 맞추어져 있다. 그래서 여러 종교의 공존은 사회적 분열의 근원으로서 부정적으로 여겨지고, 다종교 상황이 불가피하다면 그다지 바람직하지도 않은, 혹은 대처해야 할 위기 상황으로 간주될 실마리를 남겼다. 유럽과 아랍 지역의 여러 나라에서 국가적(national) 감정은 어떤 한 종교의 정체성과 밀접히 연결되어 있다. 서구 학계가 종교의 다원성에 대거 관심을 돌리기 시작한 것은 그리 오래전이 아니다. 최근에 이슬람 문화가 지배적인 터키를 유럽연합에 합류시킬지에 대한 논의가 시작되자 학계는 다종교 상황에 대한 논의와 이해를 위해 모든 수단을 동원하고 있는 듯하다. 종교적 다원성에 대한 부정적 선입견은 그렇게 적어도 한 세기를 지배해 왔고, 최근에서야 서구에서도 이에 관한 연구들이 본격적으로 나오기 시작했다.[11] 반면, 북미와 남미에서는 새롭게 조성된 다종교 사회에서 이들을 조화롭게 끌어안아야만 하는 입장에서 즉, '종교 다원주의'의 입장에서 다원성에 관심을 가져 왔다.

2. '초근대' 사회와 종교의 확산

한편, 서구의 종교 연구자들은 현대 사회에서 종교적 현상들이 새로운 양상으로 발전해 감에 주목하고 있다. 요지는, 종교는 근대적 합리성의 위협 아래 사라질 듯했으나, 근대화 자체의 변화 발전과 더불어 종교의 모습과 역할이 바뀌면서 계속 살아 있을 뿐만 아니라 오히려 새로운 활기를 찾고 있다는 것이다. 새로운 기능과 더불어 사회의 타영역과도 새로운 관계를 형성하며 확산되고 있다.

오늘날 서구 사회를 살펴볼 때, 종교적 권위는 사회적 동원력을 상실하고, 의미의 중심은 한 사람 한 사람에게로 분산되고, 가치는 다양성에 주어진다. 사회는 근대화(modernization)와 세속화(secularization)를 겪었고, 오늘날 그 근대화와 세속화 역시 진화해서 좀 더 근본적이고 보편적인 단계를 거치고 있다. 마크 오제(Marc Augé)는 현대 사회의 특징 가운데 '개인의 과잉'(excès d'individu), 즉 이제는 개인들 스스로가 하나의 세계이기를 바라고 준거들이 개인화되어 의미의 집단적 주장이 어려워졌음을 지적하였다.[12] 쟝 뽈 윌램(Jean-Paul Willaime)에 따르면, '근대성'(modernité)은 자신의 자기 반성적 능력과 비판적 원동력을 자기 자신에게 적용함으로써 자신의 환상으로부터 스스로 깨어났고, 자신의 유토피아화와 절대화에 대해 스스로 비판적이 되었다. 이런 의미에서 윌램이 이야기하는 현대 사회의 특징은 종교를 퇴출시키기보다는 다양한 종교적 표현들이 전개될 수 있는 다원주의적 틀이 된다.[13] 이 부분에서 그는 이 글의 취지와 밀접히 관련되는 점을 지적하고 있다. 즉, 한 사회에 다양한 종교문화의 단순한 배열은 그 종교문화 각각의 진리를 상대화시키고 종교의 개인화 과정을 부추긴다. 종교문화는, 그것이 인간적 근원을 지니고 있음이 폭로되면서, 소비자들의 기호에 노출되고 시장의 논리에 직면하게 된다.[14] 윌램은 이에 앞서 현대사회에서의 종교적 전개를 다음과 같이 분석했다. 현대사회에서 종교적인 것들이 더 확산되고 유동적일수록, 초월성의 부여와 의례화와 같은 것이 좀 더 다양한 대상에 적용되면서, 종교적인 것들의 자취를 세속에서 발견할 가능성이 더 높아진다. 세속적인 종교성이 있을 수 있다는 것, 세속과 종교적인 것을 구분하기 어려워진다는 것은 종교적인 것의 확산과 그것이 신앙과 비신앙, 전통과 현대의 '혼성'임을 의미한다.[15]

이렇게 볼 때, 그 사회를 지배 혹은 구성하고 있는 것으로 이야기되는 개별 종교 전통이라는 큰 분류를 통해서는 개인화되고 확산되고 유동적인 현대 사회의 종교적 세계에 대한 좀 더 정밀한 파악은 불가능하다.[16] 이제까지 주요 종교 전통을 구분 기준으로 해 왔던 종교 인구 조사는 언젠가 무의미 해질 수 있다. 사회적 차원의 종교현상만큼이나 개인적 차원에서의 종교현 상에도 무게를 두어야 한다. 사회적 개인은 구조를 통해 형성되지만, 개개 인의 자유와 창작을 통해서 구조가 서서히 변화를 겪기도 한다. 문화에서의 개인 주관성의 역할을 간과할 수 없다. 주관적 의미들은 문화를 통해서 사 회화를 겪고[17] 객관화되기 때문이다.[18]

이제 서구를 벗어나 보자. '종교'든 '근대성'이든 서구 사회를 모델로 하는 개념을 다른 사회와 문화, 예를 들어 동아시아에 적용할 때는 여러 차원에 있어서의 차이를 고려해야 한다. 근대화라고 일컬어질 수 있는 과정도 서 구와는 다르게 겪었거나 아직 겪고 있다. 따라서 '초근대' 사회의 특징을 똑 같이 적용시킬 수는 없다. 어떤 요소가 동아시아에서는 아직도 잠복기 혹 은 태동기에 있을 수도 있지만, 다른 요소는 서구 사회보다 더 이른 시기에 나타났을 수도 있다.[19] 즉, 한 분야의 '초근대적' 요소가 다른 분야의 '근대적' 요소를 선행하는 경우가 있다.

종교라 불리는 것들도 사실 간과할 수 없는 근본적인 차이점들을 지니고 있다. 근대적 종교 개념을 낳은 유대-기독교 전통이 아시아의 여러 종교의 모델이 될 수는 없다. 성스러움, 초월적 존재, 불가시적 세계에 대한 경험이 반드시 자기 고백으로 확인될 때 종교로 간주하는 것은 여러 가능한 종교 모델 가운데 하나일 뿐이다. 인도와 중국에서는 국가 차원에서의 종교적 독 점이 없었다. 특히, 종교와 사회의 관계에서 보이는 '초근대적' 특징이, 다양 한 수준과 정도의 차이를 인정해야 하지만, 동아시아에서는 오래전부터 다 른 분야에서의 '전근대적' 특징과 함께 공존했음을 다양한 예를 통해 확인할 수 있다. 이 글에서는 이러한 전반적인 공통점과 차이점을 염두에 두면서

논의를 전개해 나갈 것이다.[20]

필자는 여기서 종교와 문화의 경계에 대한 관심을 문제 삼으려는 것은 아니다. 왜냐하면 바로 종교와 문화에 어떤 경계가 있다고 보려 하지 않기 때문이다. 대신에 종교가, 특히 종교의 다원성이 문화 안에서 또 사회 안에서 어떻게 실재하고 기능하는지에 관심을 끌려고 한다. 종교 다원 현상이 야기하는 사회 문화적 '문제'뿐만 아니라 사회와 문화의 변화와 역동성에 어떤 '기여'를 어떻게 하는가 하는 물음도 타당하다는 주장과 함께, 그러한 연구를 위한 가능한 방법론을 제시해 보고자 하는 것이다. 또한 '초근대적' 사회의 경우, 믿는 행위와 무관하게 종교문화적 자산을 향유하는 현상도 우리의 시야에 넣을 것을 제안하고자 한다.

이에 앞서 이 글에서 의도하는 바를 좀더 명확히 하기 위해서 자주 혼돈을 일으키는 세 가지 용어를 다음과 같이 구분하고자 한다. '종교 다원주의'(pluralism)는 종교 대화 운동을 이념적 가치 개념으로 해석하는 과정에서 제기된 개념이라고 할 수 있다. 이것은 한 사회에 공존하는 다양한 종교들이 동등하게 인정받고 존중되어야 한다는 하나의 생각, 이념, 가치를 가리킨다. 다원주의는 관련된 사회가 처한 상황에 따라 다양한 형태로 나타나지만, 일반적으로는 관용(tolerance), 종교 집단들 간의 자유로운 경쟁, 개인적인 신앙과 실천의 자유 등과 같은 다양한 원칙들을 포함한다. '종교의 다양성'(diversity)은 종교적 경험의 표현이 다양하다는 사실을 주로 가리킨다. 이 개념은 무엇이 표현을 다르게 하는가를 묻고 각각의 종교가 주장하는 진리, 그들의 조직, 그들의 실천 등을 서로 대조 비교할 때 사용된다. '종교의 다원성'(plurality)은 다양한 종교적 전통, 종교적 표현, 종교적 조직이 한 사회에서 공존하는 상황을 가리킨다. 이 용어는 이들 서로 다른 종교들 간의 접촉, 상호 작용, 그리고 그 영향 혹은 결과에 관심을 가질 때 사용한다. 이 세 용어들은 종교현상의 서로 다른 측면들을 다룰 때 사용되기는 하지만 여러 차원에서 서로 밀접히 연결되어 있다. 아래 논의에서는 주로 '다원성'을 다룰 터이지만, 다른 두 개념과 관련된 주제도 본 주제와 관련이 있는 이상 배제되지는 않는다.

3. '종교'와 '문화', 그리고 그 정체성

정진홍은 '삶을 총체적으로 지향하는 의미'에서의 '문화'를 말한 바 있다.[21] 문화를 이렇게 큰 틀에서 볼 때,[22] 문화와 종교의 관계에 대한 필자의 입장은 정진홍의 그것과 근본적인 차이가 없다. 종교적인 것들의 영속이나 불변성이 역사 안에 있다는 것 그 자체가 개별적 종교경험들을 인간 사회의 존재 조건과 연관시키지 않을 수 없게 한다.[23] "초월을 운위하는 그것의 경험은 세계와 역사 안에 내재적일 수밖에 없는 것이다. 따라서 우리는 종교현상도 문화 현상으로서의 기술의 대상이어야 하는 필연과 부닥치게 되고, 이에 대해 우리는 종교현상의 사적 관계를 묘사할 수 있게 된다."[24] 그의 표현을 빌린다면 종교적 '사건의 존재론'도 '행위의 의미론'도 문화적, 사회적 맥락 안에서 물어질 수 있고 그 관계망도 그러한 맥락을 배경으로 서술되어야 하는 것이다. 신화든 이야기든 자기 고백이든 문화적 토양 위에서 가능한 것이다.[25] 그리고 우리의 관심도 "경험되는 실재들이 삶의 틀 전체 맥락 속에서 어떻게 자리잡고 있으며 어떤 역할과 의미를 행하고 있는가."이다.[26]

그런데 종교가 문화 형식의 하나임을 인정하고 난 후 생겨나는 물음이 있다. 오늘날 우리는 여타 영역의 다양한 문화적 자산 앞에서는 복수 선택의 자유를 느끼면서도 종교는 단 하나만을 선택해야 한다는 관념을 지니고 있다.[27] 왜일까? 이 관념은 다른 두 담론에 의해서도 형성되고 지탱되는 것 같다. 즉, '각 종교는 각각 정체성을 지니고 있다'는 것과 '어떤 종교만이 유일하게 진리를 담고 있다'는 것이다. 이 세 가지 명제는 상호 구분 가능하고 초점을 달리하지만 서로를 지탱해 주는 관계에 있다. 독자적 정체성을 주장하는 서로 다른 전통을 일컫는 말로서의 '종교'라는 용어와 보편적 종교성을 상정하는 '종교'라는 용어 사이의 긴장과 직결되어 있는 이 물음은 사회의 관리를 위해 가시적 세계가 불가시적 세계의 권위를 차용했던 전근대적 사회의 유산에 그 뿌리를 두고 있다. 필자는 여기서, 개인은 단 하나의 종교만을 선택해야 한다는 관념은 사회적 요구라는 것을 다시 한 번 확인하고자 한다.

단일 종교 선택을 주장하는 것은 자기 고백이기에 앞서 사회적 요구에 응하는 사회적 행위이다. 그것은 그 자체가 내포하고 있는 다의성[28]과 주관성[29]으로 말미암아 이해 가능하고 소통 가능하게 되기 위해서는 또다른 준거를 필요로 한다. 가장 효과적이고 지속 가능한 준거는, 이러한 다의성과 모호성의 문제를 해결해 주는 권위를 중심으로 조직된, 좀 더 가시적으로 하나의 전체를 이루는 사회, 즉 종교 조직—교회, 종단, 전승—이나 국가였다. 인간의 보편적 종교성을 전제한다면, 종교는 하나만을 선택해야 한다는 관념은 비교적 최근의 것이다. 인류의 종교적 행위의 시작이 네안데르탈인에게로 거슬러 올라가는 반면, '우상을 믿지 말라'는 요구는 구약성경이 형성된 시기에서나 관찰된다. 즉 이러한 종교적 가치관은 인류의 사회적 발전에 수반해서 생겨난 것이다. 우리에게 잘 알려진, 그리고 '보편 종교' 혹은 '세계 종교'라고 불리는 전통들의 기원을 국가의 탄생과 관련시킬 수 있다.[30] 달리 말하면, 종교 선택의 요구는 사회 선택의 요구이다. 사회는 하나의 전체, 즉 지속되기 위해서 어떤 힘을 중심으로 조직된, 좀 더 가시적 구조이다. 그리고 각각의 구조는 그 지속성의 필요에 따라 나름대로의 정체성을 내세운다.

정체성을 찾거나 요구하는 경향에는 관련된 사회를 관리하기 위한 의도가 늘 그 배후에 있었다. 관계 정황 속에서 생겨나는 정체성 문제는 특히 조정이나 이해관계, 힘의 논리에 따라 정체 인식이나 자타의 구분이 필요할 때 발생한다. 따라서 종교의 정체성 문제는 종교 안 혹은 밖의 어떤 이해관계나 권위와 연관된다. 국가의 정당성 부여라든가 문명화 과정에서 매우 유용한 역할을 하기 때문에 동원된 종교는 결국 국가나 문명의 정체성으로서 이해되고 서술되는 경우가 드물지 않다. 하나의 국가, 하나의 사회, 하나의 계급의 존립 근거를 뒷받침해 주는 세계관으로서, 단 하나만을 선택할 것이 사회 구성원들에게 요구되곤 했다. 실제로 종교는 국가 정당화의 이론적 도구로서, 사회의 응집력으로서 역할을 해 왔다.

이러한 특정한 '유용함'을 통해서, 하나의 도구로서, 종교적 정체성이 요구되고 성립되었기에 역설적이게도 그 정체성은 유동적이고 조정 가능하고 때론 유연하기까지 하다. 조선 시대에 유교가 지배 이데올로기로서 정치 권력을 행사하고 사회 재생산의 역할을 맡고 있었을 때, 불교와 같은 타종교를 배척했다. 하지만 이것이 불교를 완전히 축출했음을 의미하지는 않았다. 불교 자체에 대한 거부보다는 유교적 원칙의 준수를 근본적으로 중요시했다. 다시 말하면, 유교적 원칙에 어긋나지 않는다면 어느 정도 '관용'이라고 부를 수 있는 태도를 보였다. 사대부 집안 출신인 두 남녀가 머리를 깎고 불승이 되어 산중 생활을 한 것이 발각되었을 때, 비구와 비구니가 된 점보다는 혼인하지 않은 두 남녀가 집을 떠나 함께 있었음이 치죄의 요점이 되었다. 중국의 전통적인 종교 정책은 중국의 전통 종교를 위협하지 않는 이상 외래 종교를 축출하지 않았다.

종교 선택의 문제와 관련해서 '어떤 종교가 유일한 진리이다'라는 자기 고백에 앞서서 사회적 행위로서의 성격이 우선하고 확연히 드러나는 경우가 있다. 자신이 어떤 종교에 소속되어 있는 것으로 간주되고는 있지만 그 종교를 스스로 선택한 것이 아닌 경우가 그렇다. '집안 종교', '배우자 종교'를 운운할 때가 그렇고, 때론 소속되어 있는 지방 사회의 지배적인 종교가 자기 종교로 되는 경우도 있다. 이주자인 경우, 이주 온 지방의 동향 집단과의 인맥 속에서 종교가 선택되는 경우도 있다. 종교적 경험과 무관하게 사회적, 경제적 필요에 의해서 종교적 집단에로의 소속을 선택하거나 받아들이는 것이다. 이때 종교는 사회적 문제 해결을 위해 사회가 제공하는 문화적 수단 가운데 하나이다.

또한 정체성의 주장 혹은 필요 자체가 다원 상황을 전제한다. 정체성은 타자가 존재하는 어떤 관계 상황에서 제기되는 물음이다. 그래서 관계망이 다르면, 혹은 타자가 바뀌면 정체성의 물음의 내용도 바뀐다. 그것은 늘 유동적이고 그래서 절대적 정체성이란 없다. 우리는 다양한 정체성을 지니고 있고, 어떤 자리에선 직업이, 다른 자리에서는 종교가, 또 다른 자리에서는 민족적 혹은 국가적 소속이 자신의 정체성으로서 더 유용하거나 중요할 때가 있다. 또 같은 정체성이라도 때에 따라서 자리에 따라서 그 테두리가 다르게 그려지기도 하고 벽의 높이와 두께가 다를 수 있다. 같은 기원을 갖는 종교 전통에 속하는 두 종파의 관계는 상황에 따라서 어느 다른 종교 전통과의 관계보다 친밀할 수도 적대적일 수 있다. 조선 초기 성리학적 정통론을 주장하던 이들은 가장 위험한 이단으로서 불교가 아니라 양명학을 지목하였다.

따라서 유일신, 유일 교회, 유일한 구원 등의 관념들이 순수하게 종교적인 현상들인지에 대해서는 이론의 여지가 있다.[31] 어떤 종교 전통의 강력한 자기 정체성 주장은 원초적으로 종교적 현상이라기보다는 사회적 현상이다. 종교의 정체성은 개인적 차원에서 사회적 차원으로 이동될수록 중요해지고 분명해진다. 그러나 여느 정체성이 그러하듯이, 일단 형성된 종교적 정체성이 반드시 폐쇄적이지만은 않다. 다른 사회적 관계와 마찬가지로 기존의 정체성에 비해 새로운 정체성은 새로운 사회적 관계를 여는 역할을 한다. 또한 특정 종교 전통의 이름이 생겨나고 적용되기 전에 경계는 없거나 불분명했다.[32] 사실, 종교 전통의 이름들이 종교를 구분하게 된 이후에도 종교들 간의 경계는 여전히 유동적이다. 종교적 정체성은, 아니 '종교'라 불리는 것 자체마저도 결국 꾸준히 해체되고 형성되는 것이다.[33] 이렇게 볼 때, 일반적인 종교현상을 비롯해서 개별적 종교 전통들도 타문화 영역과 마찬가지로 다양한 전통들이 공존하고 융합하고 새로운 형태를 만들어 낸다는 것을 인정해야 한다.

4. '종교문화'[34]

믿음은 종교현상의 진부분집합일 뿐이다. 종교 연구에 대해서 정진홍도 종교를 믿음에 한정해서 보지 말고 좀더 넓은 시야로 볼 것을 지속적으로 주장해 왔다. 그는 믿음과 종교를 등가시켰을 때, '안다는 것', '느낀다는 것', '푼다는 것', '가르친다는 것', '행한다는 것' 등을 효과적으로 종교의 범주로부터 배제시킨다고 지적했다.[35] 종교현상이 의미를 지님으로써 인식 가능한 구조물로 드러나게 되는 것은 그것이 자리한 문화적 맥락의 일부로서 간주될 때이다. 정진홍 역시 "종교 사상의 의미론적 복합성이 명료해지는 것은 문화 안에서 발견되는 그의 자리매김이나 다른 문화적 요소와의 관계 파악을 통해서"임을 강조했다.[36] 그러는 동시에, 그는 여러 저술에서 '종교문화'라는 용어를 주요 개념으로 사용하고 있다.

이 용어에 대해서 정진홍은 여러 문맥을 통해서 그 뜻을 전달하고 있는 것 같다. 얼핏 믿음, 사상, 신앙, 신념의 차원에 국한되기 쉬운 '종교'에 대한 시선을 넓히기 위해서, 정진홍은 '문화'라는 좀 더 광범위하고 보편적인 사유 맥락에 접목시키고 있다. 그리고 '종교'가 아닌 '종교문화'라는 용어를 굳이 사용하는 것은 이렇게 종교를 좀 더 광범위하게 볼 것을 권유하기 위해서, 종교현상의 관찰을 그것의 배경이라 할 수 있는 문화와 분리시키는 오류를 사전에 방지하기 위해서, 그 배경을 의도적으로 상기시키기 위함이 아닌가 하는 짐작을 갖게 한다. 혹은 종교가 "담겨 있는" 문화를 "종교문화"라 하는 것 같기도 하다. 특히 "종교를 통한 삶 들여다보기" 혹은 "종교를 담고 있는 문화 읽기"라 할 때에 그렇게 이해할 수 있다.[37] 그러나 이렇게 볼 수 있다면, '종교'와 '종교문화'의 연관은 포착이 되지만 분절은 모호하다. 그 지시 대상은 동일한 셈이고 이 같은 지시 대상을 보는 방식이 다를 뿐이다.

1) '종교'와 '종교문화'

필자는 이 둘을 분별해서 사용하는 것이 유용할 수 있다는 시각을 제시하고자 한다. 종교는 단순히 신념 체계만이 아니다. 윤리적, 정치적, 영성적, 사회적, 의례적, 미학적, 상업적, 경제적 등등의 요소를 포함하고 있고 그들로 구성되어 있다. 이런 복합적 연관 관계 속에서 각 종교 전통의 고유성, 정체성은 줄곧 상대화되고 파묻히고 희석될 가능성을 늘 배태하고 있다. 그래서 '종교'라는 개념으로 다루어 왔던 '종교'를 구성하는 요소들의 집합을, 그 구심력 역할을 하는 정체성으로부터 해체시키고, 그들 각각을 보다 폭넓은 문화라는 영역 속에서 다시 위치시키며 관찰하는 것이 필요하다. 종교와 관련된 현상을 종교적 신념 체계 혹은 그것의 형이상학적 진리 주장과 분리해서 논의하자는 주장은 오래전부터 있어 왔다. 그런데 이것은 기존의 학문 영역 구분을 불안하게 만들 수 있고, 저항과 혼란을 불러일으킬 수도 있다.[38] 그것은 학문적 타당성 혹은 가능성의 문제이기도 하지만 사실 학문 영역의 헤게모니 문제이기에 늘 꺼려했고 여전히 그런 것 같다.

필자는 여기서 이러한 분석적 태도가 필요한 이유를 이전과 똑같이 단순 반복 강조하려는 것이 아니다. 대신에, 앞서 서론에서 살펴본 것과 연관해서, 그런 시각이 갈수록 불가피함을 보여주려는 것이다. 그렇지 않고서는 현대 사회 이후의 종교적인 것들에 대한 전망이 불가능할지도 모른다는 위기감을 공유하려는 것이다.[39] 첫째로 상기해야 할 것은, 종교라는 용어가 발하고 있는—배타적 진리를 담보하고 정체성이 분명하다는—'순수' 혹은 '절대'라는 후광이 그것의 일상적인 사용에서 좀처럼 사라지지 않고 있다는 점이다. 그런데 이런 후광을 지니지 않은 혹은 않았던 어떤 전통을 이러한 후광을 지닌 종교라는 표현으로써 지칭하는 것은 일종의 오류이다. 그럼에도 불구하고 이 오류는 아무리 논쟁에 노출이 되어도 계속해서 범해지고 있다. 따라서 이를 대체할 표현이 필요하다. 둘째로, 종교는 사실—성직자와 평신도를 포함한—종교인들만의 전유물이 아니라는 점이다. 오늘날 비종교인들도 얼마든지 종교적 요소들을 접하고 이용할 수 있고 종교 조직들은 비신자들이 그들의 문화를 자유로이 만날 수 있도록, 경험할 수 있도록 문을 개방해 놓을 뿐만 아니라 심지어 광고에 나서기도 한다. 이렇게 비종교인들에 의해 향유되는 종교적 요소들을 우리는 무엇이라고 불러야 할까? 그래서 또한 다른 표현이 필요하다. 마지막으로, 종교적 요소라고 일컬어지는 것들의 많은 부분이 실은 문화적 요소라 불려도 무방한 것들이다. 그들은 다만 종교적이라는 특징을 지닐 뿐이다. 그러므로 어떠한 문화인가를 식별할 필요가 있다.

물론 이 분별은 인위적이며—어느 개념적 작업인들 인위적이지 않을까?—분석 작업을 위한 조작이고 이해의 한 방편이다. 따라서 개념을 통한 분석과 이해 이후엔 정진홍 식의 표현으로, 종합적 사고로 회귀하는 것이 나을 것이다. 왜냐하면 그것이 현실에 더 가까울 것이고 '본 대로'의 이야기일 것이기 때문이다. 그런데 이렇게 분리된 개념이 아니고서는 다가가 설명하기 어려운 현상들과 사람들이 있다. 종교적 '실존적 고백'을 찾아 '볼' 일이 없는 이들조차 종교문화를 향유하고 있다. 또 어떤 이들은 이러한 고백에 대해 유연하거나 유예적이거나 덜 민감하거나, 그러는 동시에 종교적인 것에 대한 거부감도 없다. 종교와 무종교의 경계에 있는 사람들, 현대인들이 그들이다. 이들은 종교인이라고 일컬을 수도 없지만 그렇다고 종교와 전혀 무관하지도 않다.

여기서 필자가 제안하는 '종교문화'는 정진홍의 그것과 약간 다르다. 그는, 종교는 "인간이 겪기 때문에 드러나는 현상"이고, "경험의 영역 안에서 일어나는 일"이기 때문에 이해의 대상이라고 했다.[40] 그리고 그것은 문화의 영역 안에 포함되는 것으로 규정하였다. 그의 표현대로 하자면 종교적 경험이라는 "사건의 존재론"[41]마저 문화의 영역에 포함시키고 있는 듯하다. 필자는 이를 문화 안에서 종교를 보는 '일차적' 시각이라고 하고 싶다. 즉, 바로 문화의 존재 가능성 안에, 그 원천 가운데 하나로서, 종교적 경험을 상정하는 것이다. 필자가 앞에서 검토한 문화의 개념으로 돌아가 대조해 본다면[42], 문화에 전제되는 혹은 선행하는 '반성' 혹은 '성찰'의 부분을 문화 속에 포함시키는 것이다. 그것은 논리적으로 옳다. 그러나 이러한 종교적 경험 없이 종교문화를 향유하는 경우, 그 향유 주체로서의 행위가 종교적이지 않다고 해서 향유의 객체가 문화적 특징과 역할을 상실하는 것은 아니다. 그리고 문화의 확산 과정에서 그것의 종교문화적 내력으로 말미암아 어느 순간 어느 자리에서 다시금 종교적 역할을 담당할 수도 있고 전혀 다른 종교 실천에 수용될 수도 있다.

그래서 문화의 종교적 구성 요소들을 '믿음'과 분리해서 보는 '종교문화'에 대한 '이차적' 시각이 필요하다. 즉, 그 문화의 기원과 초기적 형성에 대한 관심은 보류해 두고, 그러한 수준에서의 문화의 일차적 혹은 원초적 내용은 이미 주어진 것으로 보고, 그것이 어떻게 채택되고, 사용되고, 응용되고, 재생산되고, 상호작용하고, 변화하고, 소멸하는지에 관심을 두는 입장이다. 정진홍이 문화적 '생산자', '생산 과정' 혹은 '생산품'으로서의 종교에 주로 관심을 두었다면, 필자는 주로 '사용자', '소비 과정' 혹은 '향유 대상'으로서 보고자 하는 것이다. '종교문화' 개념으로부터 "불가피하게 반코기토(anti-cogito)적일 수밖에 없는" 신념의 영역을[43] 당분간 격리시키는, 일종의 괄호 치기하는 것이다. "종교 사상의 사실소"를 구성하는 "실존적 고백"의 예를 든다면,[44] 그 고백 행위의 동기나 의도보다는, 그 고백의 표현과 서술에 동원된 언어와 행위의 - 이미 준비되어 있어서 채택되고 이용되는 - 양식에 주목하는 것이다. 비유적으로 말한다면, 정진홍이 문화라는 벽화에 박혀 있는 종교라는 보석에 관심의 촛점을 두고 있다면 필자는 종교라는 보석이 박힌 문화라는 벽화와 그를 둘러싼 다양한 인간 활동에 관심을 가지는 것이라고 할 수 있겠다.

2) 정의

필자가 의미하고자 하는 '종교문화'란 어떤 종교 전승에 속하는 것으로 간주되는 유무형 자산, 그 전통과 관련된 지식, 그 전통의 표상 체계, 그곳에서 체계화되어 행해지는 실천, 그리고 이와 관련된 활동을 통해 재생산되고 전승되고 변형되어 가는 자산들을 총칭한다. 문화적 산물로서 그것은 인간의 근본적인 물음에 해답을 제공하는 다양한 정보의 보고인 것이다. 단순히 표현하자면 그것은 종교적 표상, 지식, 실천을 지칭한다.

한 전통의 종교적 신념이 그것의 '종교문화'와 구별되어야 하는 경우가 실제로 있다. 한 종교적 전통에 대해서 '믿음'을 가지고 있는 것과 그에 대한 '앎'을 지니고 있는 것은 서로 다른 상황이다. '지식'은 있는데 '신앙'이 없을 수 있다. 종교 연구자들이 그런 경우가 많다. 또한 어떤 전통에 대한 '신앙'이 없으면서도 그 전통에서 나온 '실천'을 행하는 것도 가능하다. 기독교 신자가 아니면서도 성탄절에 가난한 이웃을 도우며 사랑이라는 보편적 가치에 참여하며 축제를 즐기는 것에 중요한 의미를 부여하는 경우가 그 한 예이다. 이러한 '문화적' 요소의 개념은 종교 전통과 개인 혹은 사회와의 관계를 '믿음'의 문제와 분리시켜서 고찰하는 것을 가능하게 할 뿐만 아니라 점점 더 커져 가는 그러한 필요에 부응하는 것이다.

'종교문화'를 이렇게 정의하고 나면, '종교'라는 개념이 축소되어 믿음, 신앙, 신념 그 자체만을 가리키는 것이 된다. 그리고 기존의 '종교' 개념이 그 외연으로서 포괄했던 것들도 분리되어 '종교 조직', '종교 의례', '종교 경전', '종교 경제' 등으로 일컬어진다. 즉, 기존 '종교' 개념에서 문화적 요소를 독립시켜 '종교문화'라고 일컫듯이, 다른 구분 가능한 요소들을 독립시켜서 이름 붙일 수 있다. '종교문화'가 그렇듯 같은 방식으로, 기존의 개별 종교 전통을 일컬었던 명칭들, 즉 '유교', '불교', '기독교' 등을 통해서 다루어졌던 관찰 대상들 속에서 이들 용어에 해당하는 분야들을 추출하여 그들끼리 관련시키는 '횡적' 연구들이 이미 존재한다.[45] 그래서 예를 든다면, '종교 경제'라는 용어를 통해, 경제가 종교 활동에 미치는 영향,[46] 종교적 신념이나 활동이 경제에 미치는 영향,[47] 종교의 다양한 측면들을 경제학적 도구로 분석하는 것 등이 가능하다.[48]

'종교문화'는 그 아래에 다음과 같은 개념들을 수용할 수 있다. 종교성 (religiosity)의 표현 체계가 그 하나이다. 무한성, 초월성에 대한 느낌, 불가능에의 희구, 불가시적 세계에 대한 감지 등과 같은 '종교적 감수성'은 어떤 종교와 관련되어 있든지 상관없고 특별한 소속 의식과도 무관할 수 있다. 이러한 것들을 표현하는 방식은 매우 개인적인 성향과 연관되어 있을 수도 있고, 비공식적이며 형식화된 자기 주장도 없다. 종교적 감수성의 표현 방식은 종교 전통과 무관하게 심미적 취향에 따라 구분될 수 있다. 예를 들어, 종교성을 어떤 색깔이나 소리 혹은 어떤 생활 태도와 연관시켜 구분할 수 있다. 그리고 이러한 구분은 특정 종교 전통보다는 다른 문화적 특성이나 경제적 생활 수준 혹은 직업과 연결되는 사회 계층의 구분과 오히려 상응할 수도 있다.[49] 정신적 안정, 사회 적응 능력, 적극적인 혹은 건전한 생활 방식, 경건성 등의 정서 혹은 사회성 교육을 목표로 하는 종교 교육은 특정한 종교 전통과 연관되어 있는 개념이 아니다. 오히려 특정 종교 전통을 넘어서 좀 더 포괄적인 의미에서의 종교를 의미하는, 종교성 혹은 종교심과 관련된다. 이러한 종교성의 표현 방식은, 특정 전통을 상기시키는 '종교'보다는 '종교문화'가 더 적절할 것이다.

그리고 '종교를 가지고 무엇을 어떻게 하는가.', '종교를 어떻게 사는가.'라는 물음과 관련이 있는 '종교 실천 양식'이라는 개념도 여러 종교 전통을 가로지르며 적절하고 일관된 분석을 가능하게 한다. 이와 관련해서 아담 챠오(Adam Chau)는 중국 사회에서 다섯 가지 양식을 구분했다. 문장과 서적을 바탕으로 추론과 담론을 위주로 하는 양식, 행사를 주최하거나 수도원을 관리하거나 하는 경영형 양식, 정신 수양이나 신체적 기술 혹은 건강 관리 등을 중시하는 개인적 양식, 의례적 양식, 그리고 좀 더 직접적이고 실천적인 양식이 있다는 것이다.[50]

3) 적용

이러한 '종교문화'라는 개념은, 신념과는 무관하게, 종교를 다른 문화적 요소와 유사하게 다루는 것을 가능하게 한다. 종교를 문화 개념 틀 내에서 이해하고 '종교문화'라는 개념을 이렇게 받아들일 때 우리는 종교를 보는 좀 더 넓은 시각을 확보한다. 이러한 개념은 특정 종교 전통과 연결되어 정체성 문제와 함께 개념적 한계를 지녔던 '종교' 개념을 얼마간 극복할 수 있게 해 준다. 종교인으로 간주될 수도 있지만 어느 특정 종교에 정리해 넣기에 어려웠던 부류의 사람들을 포함시킬 수 있는 개념이 될 수 있다. 특정한 종교에 속해 있으면서 다른 종교도 마다하지 않는 사람, 모든 종교는 하나라고 보는 보편론자 혹은 신비주의자, 특정 종교에 문화적 배경을 지니고 있음으로 해서 습관화된 종교 행위를 행하지만 믿음에 대해서 그리 확신을 갖고 있지 않은 사람, 믿음은 있으나 이러저러한 이유로 종교 집단으로부터 이탈하는 사람 등이 그 예이다.

이미 언급한 바 있듯이, '종교문화'라는 개념은 또 가시적인, 일관된, 그리고 지속적인 종교 생활을 영위하지 않는 사람들을 연구하는 데에 유용하다. 신앙 고백이나 어떤 특정 종교 집단에의 소속 없이 종교적 지식이나 실천을 향유하는 사람들을 연구할 수 있는 틀을 제공해 준다. 종교적 믿음도 정체성도 규칙적인 행위도 없지만 종교적 문화의 혜택보기를 마다하지 않는 사람들, 이들의 문화적 활동 가운데 종교적 특징을 지니고 있는 부분들을 바로 '종교문화'라 부를 수 있을 것이다. 그것은 또한 사람들이 어떤 특정 종교 혹은 보다 넓은 의미에서의 '종교'에 대해서 알고 있는 것, 그리고 그것에 대해서 이야기할 때 사용하는 용어들에 대해서 이해하고 있는 것을 일반적으로 지칭한다. 자신들이 어떤 사상을 품고 있거나 실천을 행하진 않지만, 그런 사상이나 실천이 그와 관련된 종교인들에게서 어떤 의미로 어떻게 작용하고 행해지는지도 인식하고 있다.[51] 신도는 아니지만 그렇다고 그 종교와 전혀 무관하지도 않은 경우, 신도는 아니면서도 종교가 그의 문화 생활에 일정한 중요성을 가지고 있는 사람인 경우가 있다. 어떤 종교 연구자의 예를 들어보자. 그는 유신론자도 무신론자도 아니고 이런 물음을 유예시켜놓았거나 무지론자일 수도 있다. 큰 절의 건축 양식도 각 건물의 용도도, 성당 내부의 구조와 상징체계도 훤히 알고, 굿을 설명할 줄도 안다. 구약성경에 어떤 대목들이 있는지, 대승기신론이 어떤 내용인지도 알고, 주의 기도문은 달달 외우고 반야심경도 술술 읊는다. 그러나 그는 신앙인이 아닐 수 있다. 그런데 다만 종교 연구자만이 이런 것이 아니다. 많은 사람들이 초파일은 초파일대로 쉬고 성탄절은 성탄절대로 즐긴다. 그러면서 명절엔 어김없이 제사를 지낸다. 그들이 그들 행위에 두는 의미의 무게에 정도의 차이가 있을 수는 있지만, 종교적 소속과 관련된 인구 조사를 받을 때 난감하기 짝이 없는 순간을 겪지만, 그러한 삶을 우리는 계속해서 함께 살아가고 있다. 종교 조직 내에 들어가서 자기 봉헌하지 않았다고 해서 종교가 주는 문화적 혜택을 못 받는 것이 아니다.[52]

이러한 개념을 통해서 우리가 서술할 수 있는 것들은 주어진 사회에서의 다종교 상황의 구조의 특성 ─ 갈등, 경쟁, 대화, 협력 등 ─ 그것과 일반 사회와 문화와의 관계, 그러한 상황에서 종교들이 서로 만나게 되는, 그 만남에서 가지게 되는 동기와 태도 유형 등이며, 그것을 통해서 얻을 수 있는 것은 종교적인 것들이 소위 '종교인'들뿐만 아니라 일반 개인의 삶 속에서 가지는 역할과 위상, 그들과 사회와 문화 전반과의 관계 ─ 영향, 문제, 기여, 사회의 다양한 계층들간의 상호 이해나 몰이해, 그에 따른 상호 관계와 상호 작용, 또 그에 따른 사회와 문화의 변동, 그 역동성 등 ─ 에 대한 다각적인 이해이다. 예를 들어, 신념이나 종교 전통의 내적 요소만을 지칭하는 '종교' 개넘과는 달리, 이러한 '종교문화' 개념은 자기 정체성 모색의 원인, 과정과 그 결과, 다양한 종교 전통 간의 모색된 공존 양식의 정착 과정 등을 '종교적인 것'들을 배타적으로 고려하지도 또 배제하지도 않으면서 기타 사회적 문화적 요소들과 더불어 조화로운 설명을 가능하게 할 것이다.

5. '종교문화'의 다원성

이렇듯 '종교문화'라는 개념은 다종교적 상황을 설명하는 데에 유용하다. 이에 대한 서술 개념으로서 필자는 '다원성'이라는 용어를 사용하고자 하는데, 앞서 예고하였듯이, 이 개념은 무엇보다도 다양한 종교 전통의 공존과 상호 작용을 함축하고 있다.[53] 즉 '다원성'이란 용어는 단순히 종교가 복수임을 지칭하는 것이 아니다. '종교문화'가 나름대로의 특징을 지니면서 관찰될 수 있는 층위와 '종교문화'를 다양하게 하고 또 변화하게 하는 요인들이 다수이고 복합적으로 연관되어 상호 작용함으로써 종교문화 자체뿐만 아니라 문화와 사회 전반을 지속적으로 변화시키고 다양하게 만드는 것을 필자는 '종교문화의 다원성'이라는 개념으로써 가리키고자 한다. 정진홍이 누누이 강조하듯이 총체적 삶 가운데에 스며 얽혀 살아지는 종교문화에 대해 어떤 경계를 지어 이야기한다는 것은 '본 대로' 이야기하는 것이 아니다. 그것의 안과 밖을 경계 짓는 것은 당연히 인위적이고 추상적인 작업이다. 우리는 종교 집단에만 속한 것이 아니라, 가족·직장·지역사회·국가에도 속해 있으며, 이들 집단의 경계가 종교 집단의 그것과 일치하는 경우는 드물다. 허나, 이해의 과정으로서의 분석은, 그것의 한계를 인식하고 있는 이상, 도움이 되는 작업이다. 이런 목적으로 일단 이해의 과정으로서 한 종교 전통과 집단의 안과 밖을 구분해서 이야기해 보자.

한 종교는 내부적으로도 복합적이고 중층적인 다원적 구성을 이루고 있다. 다양한 기원을 지닌 문화적 요소들이 하나의 종교를 구성하고 있다. 심지어 다른 종교에서 기원한 요소도 있을 수 있다. 또한 한 종교 내에 어느 정도 구분이 가능한 다양한 경향, 실천, 해석이 있다. 하나의 전통으로 전수되는 성경과 신학의 교범적(敎範的) 내용에서부터 신학 교수의 강의 내용으로, 신학생의 강의 노트에서부터 실제 전교 활동과 설교로, 설교를 듣는 순간에서부터 그것에 대한 평신도의 개별적 이해, 해석, 그리고 실천에 이르기까지, 그 가르침은 수없이 다양한 변화와 변용을 겪는다. 이 수행의 자리와 순간의 내용은 본래 성경 말씀과 신학 이론이 가르쳤던 것과 반드시 일치하지는 않는다. 빗겨가거나 심지어 전혀 무관하게 멀어져 있기도 하다. 어떤 종교 전통이, 원칙적인 차원에서 그리고 좀 더 포괄적인 성향을 가질 때, 이러한 '다원성'마저도 종교적 단일체를 구성하는 것으로 스스로 주장한다.

　좀 더 가시적으로, 한 전통 내에 비공식적인 분파·학파·운동 등이 있을 수 있고, 좀 더 공식적으로 설립된 조직인 수도원·기관·협회 등이 있을 수 있다. 또한 성직자들과 평신도들은 지켜야 할 원칙과 실천이 서로 다를 수 있고, 추구하는 정체성도 다를 수 있다. 나아가, 한 전통 내에 국가나 민족별로 공동체 별로 서로를 구분하는 경우도 있다. 그런데 종교 다원 현상, 즉 상호 작용의 원천 가운데 가장 일반적인 경우가 성직 집단과 평신도 집단 간의 관계이다. 성직자의 경우엔 종교적 정체성으로부터 벗어나기 힘들며, 따라서 다원성에 직면하면 하나만을 선택해야 하거나 아니면 딜레마에 빠지는 경우가 많다. 반면, 한 개인에 있어서, 그리고 개인들의 개별적 사적 만남에서는 종교들 간의 경계는 유동적이고 융통성이 있다.[54] 평신도들에게는 초월적 힘으로부터 보호 받고 축복 받고 안내 받는 것, 삶의 방향을 제시해주는 해답을 얻는 것, 한계 상황에서 어떻게 행동해야 하는지를 아는 것이 근본적인 관심사이지, 그것이 어떤 종교이냐 하는 문제에 대해선 비교적 유연하다.[55] 그런데 각 종교 전통의 정체성을 지켜야 하는 성직 집단이 일반 신자들의 이러한 자유와 융통성으로부터 완전히 차단되어 있지 않다.[56] 혼합의 행위는 주로 '사용자' 쪽에서 이루어지지만, '생산자'들은 '사용자'들의 관심을 무시할 수 없고 그들의 기대에 어느 정도 부응해야 하므로 이러한 역할 관계 아래에서 종교 내부에서도 변주곡이 생긴다. 가르침의 감독망 아래에서도 사용자들은 수많은 기지를 발휘해서 아주 미세한 이동들이 생겨나고 축적된다. 사용자들의 다양한 사용법과 소비 방식을 통해서 종교적 자산들은 하나하나 점점 다의적으로 되어 간다. 그리고 그 변화는 종교적 생산자와 소비자가 속한 사회문화 내의 주변으로뿐만 아니라 종교의 중심으로도 아주 서서히 스며든다.[57]

종교들의 공존 가능성—혹은 요구—과 그 공존 양태는 종교 내부나 외부에서와 마찬가지로 그 경계로부터도 관찰된다. 비종교적 사회 관계—예를 들어, 정치, 사회, 경제—의 실용성이 경계의 벽을 낮추거나 없애고 그 자리에 중의성 혹은 다의성을 낳는다. 종교적 활동에 담겨 있던 종교적 의미는 필요에 따라 지워지거나 대체됨으로써 애초에 종교적 의미를 지녔던 활동은 그 종교성이 희석되거나 대체된다. 변화의 시작이다. 종교의 중심은 신도들이 세속적 유혹에 끌리지 않도록 하기 위해 단속하면서도, 조직의 유지와 발전을 위해서 사회의 세속적 제도와 장치, 그리고 이들이 제공하는 기회들을 적극 활용한다. 조선 시대 불승들은 사회적 인지도를 높이기 위해 유교적 권위가 필요했고 그래서 유자들에게 비문을 부탁했다.[58] 오늘날, 자제들의 대학 입학 합격을 기원하는 것이 지나치게 기복적인 방향으로 기우는 것을 경계하면서도 신자들의 그러한 요구에 부응하고 신자 수를 늘리기 위해 절은 여러 형태의 행사를 마련한다.[59] 중국의 어떤 절에서 주최하는 비신도 젊은이들을 위한 여름 캠프에서 불교 경전에서 인용한 한 구절을 가지고 서예 활동을 시킨다. 이 활동에서 지도자들의 평가는 얼마나 글씨를 멋있게 썼느냐에 그칠 뿐 그 구절의 의미를 되새기게 하지는 않는다. 절에서 주관하는 행사이며 불경이 동원되고 이용되지만, 불교적 '성'의 차원은 의도적으로 지워져 있다.[60]

　종교는 처해 있는 사회와의 관계를 통해서도 다원적이다. 예를 들어, 그 종교의 구성원들이 종교의 틀 밖에서 연관되는 사회 계층 혹은 문화 집단에 따라 그 종교를 사는 방식이 다르고 종교와 사회의 관계를 보는 방식도 다르다. 종교적 권위나 헤게모니에 의해 단정적으로 규정된 '정통'과 '이단', '자아'와 '타자'와 같은 구분은 개인들의 실제적 인간 관계에서 늘 그대로 적용되지는 않는다. 한편, 다양한 종교 전통의 공존 가운데에서도 구분되었던 종교 집단 간의 정체성이, 민족 의식 혹은 국가 의식과 같은 좀 더 강력하고, 포괄적이고, 구심력이 강한 의식 아래에서 약화되거나 사라져 버리는 경우도 있다. 파리에 있는 오순절교회의 한국인 신도들은 한국인으로서의 정체성을 교회의 그것보다 더 중시하며 외국인 신도들로부터 그들을 구분하고 교회 전체를 책임지는 담당 목사의 화합 노력에 협조하지 않는다고 한다.[61] 종교적 테두리는 특히 현대 사회에서, 가족 사회, 지역 사회보다 더 개방적일 때가 있다.[62] 이러한 예는 전근대 사회에서도 발견된다.

　종교와 종교 사이 혹은 종교와 타사회 집단 사이의 이런 복잡 다단한 관계 속에서 진리, 가치, 정체성 주장으로부터 얼마간 자유로운 '종교문화'는 그러한 관계가 형성되고, 지속되고, 변화해가는 것을 설명하는 데에 적절하다. 정진홍의 '종교문화'와 대조한다면, '정점'과 '중심'이 혼재되어 있는 경우, "종교에 대한 개념의 심각한 회의와 종교문화 자체에 대한 거절이 현실화되기도 한다"고 그는 진단했다.[63] 그러나 다원적 '종교문화'를 특징으로 하는 현대 사회에서는 반드시 그렇지 않다. 상대화된 개별 종교들은 절대성, 유일성, 배타성을 주장하지 않고, 사람들은 종교와 보다 자유로운 관계 아래에서 임의 선택뿐만 아니라 소속의 이전이 얼마든지 가능하다. 어떠한 권위에 의한 구속도 없다. 정진홍의 논의는 사회 구성원 모두가 넓은 의미에서 종교인이라는 전제가 깔려 있는 듯한 인상을 준다. 반면, 필자는 종교인, 비종교인, 그 경계에 있는 사람들, 그리고 이도저도 아닌 사람들, 그들이 공존하는 사회를 염두에 두고 있다. 한편, 정진홍은 종교 간의 대화는 이해관계와 사회 정치적 역학 관계에서 "대화의 현실은 힘의 현실이다"라고 예리하게 지적했다.[64] 그러나 이러한 역학 관계가 희석된 곳, 종교적 정체성에 무관심한 개개인의 입장에서 보면 종교 간의 대화는 지극히 자연스러운 사회 문화 현상으로 여겨질 수도 있지만 또 그 존재 근거를 상실할 수도 있다. 왜냐하면, 앞서 보았듯이 더이상 외적 권위가 불필요해질 경우, 개인적 차원에서 혹은 소규모 집단 차원에서 조절 혹은 조작(accommodation)을 통해서 자기 나름대로의 '종교문화'의 향유가 가능할 것이기 때문이다.

6. '종교문화'의 다원성 고찰의 구조

그러면 '종교문화'의 '다원성' 연구를 위한 접근 방법으로는 어떤 것이 있을까 ? '다원성'이란 개념이 종교문화가 다양하다는 사실 확인을 넘어서 내외의 영역과 요소들이 상호 작용하며 변화해 가는 그 역동성까지를 내포하는 개념임을 상기한다면, 그것을 고찰하기 위해 다가가면서 가질 수 있는 안목의 구조는 다음과 같을 수 있다. 즉, '상호 작용', '다원화', '혼합'이라는 세 고찰 영역을 구분하고 각 영역마다 '요인'과 '유형'이라는 매개 변수를 구분한다. 그리고 두 영역과 두 매개 변수를 조합하면 '다원화 요인', '다원화의 유형' 등의 하부 영역이 유추된다.[65]

앞서 보았듯이, 한 종교 전통 내부에서 발견되는 다원성의 요인들도 내적 관계, 즉 구성원들 간의 관계에서 관찰될 수도 있고 외적 관계, 즉 구성원들과 전통 외부와의 관계에서 관찰될 수 있다. 전통 내부에서 일어나는 전적으로 내적인 요인의 한 예로서, 한 전통 내에서도 여러 종류의 기준으로 구분이 가능한 계층이 있을 수 있는 점이다. 성직자와 일반 신자의 구분, 교육 문화 수준에 따른 구분, 경제 수준에 따른 구분 등이 있을 수 있고 이에 따라 구분되는 계층들이 같은 종교 전통에 대해서 균일한 이해를 갖는다는 보장은 어렵다. 한 예로, 천도교에서 한문과 한글 가운데 어느 언어를 통해 교리에 접하는가에 따라 초월자에 대한 이해에 차이가 있을 수 있다. 한문으로 글을 읽고 쓰는 자들은 초월자를 '天'이라 부르고 한글을 사용하는 계층은 '한울님'이라 부를 때, 그에 대한 이해가 다를 수 있다. '한울님'이 '天主'를 번역한 것이라 하더라도, '天'이라는 명칭에는 천주교의 초월자 개념이 스며 있거나 스며들 가능성이 있지만, '한울님'에서는 '하늘'에 대한 토착적 개념만이 작용하고 있다.[66]

한 전통 내에서, 전통 외의 정보나 좀 더 세속적인 이해에도 관심을 기울이는 평신도들의 새로운 요구가 있을 때, 이에 대해 이미 규정된 것이 없다면 성직자들은 서로 다른 다양한 해답을 제시할 수 있다. 독점적 권위의 부재 상태에서는, 경전의 다양한 해석에서부터, 전통의 해석/통제 영역을 벗어나 있는 실천에 대한 허불허(許不許)까지, 종교 전통 내부에서도 다양한 시각과 의견이 있을 수 있다. 불교 경전 가운데 점술과 밀접히 관련된 관정경(灌頂經)의 경우 종교적 지식과 세속적 지식의 연속을 관찰할 수 있으며, 세속적 점술 실천의 허불허는 불교 교리와의 일관성의 관계에서가 아니라 타문화 요소와의 경쟁 관계에서 결정된다고 한다.[67] 서울의 사찰에서 기복을 추구하는 일반 신자에 대해 성직자들은 때론 불교의 본래 정신을 강조하며 기복 추구를 비판하지만 때론 일반 신자들의 요구를 성직자들이 거부하지 못한다. 그래서 시험을 잘 치르기를 기원하는 기도회를 조직하면서도 기도회 가입 신청시 불교 아카데미의 등록을 의무화해서 교리 수강으로 유도하는 기법에는 이러한 '흥정'이 있다.[68]

독립적으로 변화하는 외부 세계, 즉 사회 환경과의 관계 아래서 내부적 다원성이 촉발될 수도 있다. 최근의 중국 사회에서, 사찰들이 급격한 사회 변화에 적극적으로 적응하는 태도와 전통적인 방식을 고수하는 태도로 나뉘고, 또 적극적으로 절의 부흥을 꾀하는 사찰 내의 성직 집단도 새로운 신자를 모으는 활동 안에서 외부로부터의 영향에 노출되며 다양한 대응 태도를 보인다. 또 이러한 새로운 경험을 통해 성직과 수도 생활 자체가 변화를 겪는 경우도 있다.[69] 새로운 외부 요소에 대한 설명/해석 방식, 상황에 대처하는 전략이나 해결 방식, 문제 상황에서 일어나는 내부적 절충, 외부 요인을 인정하는 방식 등의 다양성 때문에 한 종교 전통 내부는 한시도 바람 잘 날 없다. 더구나 세속화, 개인적 자율성의 확대, 세계화의 추세 속에서, 자신의 정체성을 지키면서도 동시에 '경영' 혹은 '마케팅'을 통해서 자기 존속 내지 자기 확장을 유지해야 하는 상황에서 이러한 내부적 다원화의 요인은 계속 증가해 간다.

상호 작용은 다원화의 한 요인이기도 하지만 '다원성'에서 차지하는 그 비중에 비추어 따로 논의할 가치가 있다. 서로 다른 신념의 종교 집단 간에, 혹은 이들과 비종교 집단 혹은 사회 간에, 혹은 한 종교 집단과 개인 간의 접촉·교류·상호 작용은 정치적·사회적·문화적·경제적 즉 비종교적 득실이나 관건이 관련되어 있는 경우가 잦다. 1960-70년대 가톨릭 교회 내에서는,

박정희 독재 정부에 저항하는 편과 남한 정부에 대한 저항은 북을 강화시킨다는 이유로 저항에 반대하는 편으로, 서로 상반되는 세력이 형성되었다.[70] 두 종교 집단 간의 관계가 사회 정치적 맥락이나 배경 및 그에 따른 이해관계가 변함에 따라 바뀌는 경우는 허다하다.

상호 작용, 즉 만남과 교류의 유형 가운데 첫 번째로 개인적인 만남과 경험을 들 수 있다. 특별한 정치 사회적 맥락 아래 고립된 유학자가 변방의 불승들과의 친밀한 관계를 형성하면서 두 종교문화를 동시에 수용하고 또 그와 더불어 그를 둘러싼 불교 집단에 변화가 생기는 경우를 조선 후기 사회에서 볼 수 있다.[71] 두 번째부터는 좀 더 사회적인 차원의 것인데, 그 가운데 하나가 차이의 필요성과 공존을 서로 인정하고 상호 협력하는 관계이다. 1990년대 이후, 가톨릭 진보주의자들은 환경 문제, 제주 해군항 건설, 북한과의 대화 등의 정치 사회적 이슈를 두고 개신교 측, 불교 측과 연대를 형성한 반면, 가톨릭 보수주의자들은 임신 중절, 유전자 복제, 사형 등과 관련된 사회 이슈를 중심으로 타종교와 연대를 형성했다.[72] 그 반대로 서로 경쟁하는 관계도 있다. 되도록 많은 새로운 신도들을 오게 하기 위해 성당, 교회, 사찰에서는 주일학교 경쟁이 붙는데, 서로 모방하고 참고하는 가운데 새로운 아이디어를 찾아내기도 한다. 사회적·정치 혹은 문화적으로 불균등한 역할 관계에 있는 경우에는 비교적 일방적인 반응과 작용이 있을 수도 있다. 중국 서역 사회에서는 다양한 종교가 공존하는데 이들은 모두 중국 종교로부터 영향을 받는다. 반면 중국 종교가 타종교로부터 받은 영향은 비교적 작다고 한다.[73] 공존 상황에서 생기는 갈등의 조정에도 여러 유형이 있을 수 있다. 중국의 강남 지방에서는 여러 종교가 공존하고 있는데 각 종교 전문가들마다 담당하는 지역 혹은 가정을 규정하고 그 규정된 범위가 지켜지도록 계약을 맺는다고 한다. 이 계약서는 마치 재산처럼 상속과 상거래가

가능하다. 이러한 계약 내용상의 위반의 경우에 생기는 문제를 해결하기 위해서 국가 공무원은 종교 전문가들에게 자격증을 발급한다.[74]

상호 작용의 결과로 일어나는 변화가 바로 '종교문화'의 '다원성'을 촉진시킨다. 이를 통해 선택하고, 혼합하고, 융합시키고, 적용시키는 데에도 다양한 유형이 존재한다. 단순한 조작을 통해서 보완하고, 강화시키고, 균형을 잡고, 확대시키고, 다양화시키기도 하고, 적용의 과정에서 반대로 단순화시키거나, 통일시키거나, 축소하기도 한다. 그러는 과정에서 '혼효적인' (syncretic) 새로운 '생산물'이 탄생하기도 하고 '절충적인'(hybride) 입장에 서기도 한다. 또 서로 다른 종교 전통을 하나에 혼합시키는 경우도 있다. 이러한 경우는 불교적 요소를 흡수하는 무속 전문가들에게서 자주 볼 수 있다.[75]

'종교문화'들 간의 상호 작용은 사회적 문화적 결과들을 낳는다. 통합된 이질적 요소, 즉 이질적 생각이나 실천으로 인해서 일관성(coherence)은 결여되어 있지만 같은 종교 전통의 이름 아래 여전히 응집(cohesion)되어 있는 경우가 있다. 이 경우엔 한 종교 집단이면서도 그 안에 다초점 혹은 다중심 (multifocal)의 관계망이 형성된다.[76] 서로 다른 신념 체계들이 오랜 기간 동안의 공존하고 상호 작용한 결과로서, 특별히 일상적인 실천들 속에서 그 경계가 사라져 버리는 경우가 있다. 한국에서 조상 숭배와 제사는 유교라고도, 불교라고도, 무속이라고도 단언할 수가 없다.[77] 또한 점진적인 접근과 동화 혹은 적응을 통해서 타종교의 사상적 혹은 실천적 요소를 신앙과는 무관하게 일상적 '문화'로서 수용하기도 한다.[78] 종교적 실천 가운데에는 좀 더 넓은 의미에서의 사회적 문화적 실천으로 흡수된 경우도 있다. 종교적 캘린더가 사회 문화 전반의 관습이 되고 세속 국가의 공식 휴일이나 축제로 자리 잡는다. 그리고 같은 표상을 다른 맥락에 따라 사용하는 경우도 생긴다. 또 어떤 종교적 실천들은 개개인에 따라 재해석되어 개성화되기도 한

다. 또한 한 개인이 서로 다른 종교 전통의 실천을 상황에 따라 선택하기도
한다.[79]

7. 전망

서로 다른 문화 전통의 공존과 교류는 한 시대의 문화적 다양성을 노정시
키고 사회적 역동성을 자극하는 요인이자 배경이 될 수 있다. 그만큼 여러
'종교문화'의 공존과 교류의 형태, 이러한 공존과 교류가 사회 문화적 차원
에 가져오는 결과에 학문적 관심을 기울일 필요가 있다. 그러한 연구를 위
해서, 접촉과 교류를 일어나게 혹은 일어나지 않게 하는 사회적 문화적 요
인과 구조가 무엇인지, 그리고 그러한 접촉과 교류에 개인 혹은 집단이 명
시적으로 혹은 암묵적으로 부여하는 의미가 무엇인지를 물어야 한다. 다시
말해서 접촉과 교류의 동기 및 배경 그리고 그 대상에 대한 평가와 태도에
주목해야 한다. 그리고 또한 접촉과 교류의 결과로서 주체의 문화적 요소와
사회적 관계에서의 변화도 관찰해야 한다.

'종교문화'라는 개념의 설정은 바로 이러한 '여럿으로 말미암은 문제 정황'
이 요구하는 인식으로 향하는 여정 가운데 있다. 우리의 접근 방법이 의미
로부터 출발하는 것은 아니지만 다른 방식으로 자신의 종교성을 "총체적인
인류의 종교경험의 여러 다른 종교성의 맥락에서 스스로 살펴보는 일"[80]을
가능하게 하는 인식론적 틀을, 물음의 정황을 인위적으로나마 형성시키는
역할을 할 수 있을 것이다. 달리 말하면, 이는 개별 종교 전통의 역할과 의
미에 대한 파악을 개별적 전통의 고유한 종교성의 구조로부터가 아니라 해
당 사회 문화의 전반적인, 일반적인, 그리고 지극히 복잡하고 복합적인, 삶
의 구조로부터 출발하게끔 도와줄 것이기 때문이다.

'종교문화의 다원성'이란 개념은 그것을 사회 문화적 요인으로서 인식하면서 새로이 평가하고, 그것이 초래하는 사회적으로 부정적인 측면(dysfunction)뿐만 아니라 긍정적인 측면(eufunction)까지도 규명하고자 하는 의도를 품고 있다. 이 문화적 복합 현상을 이해하고, 서로 다른 종교들이 한 사회 내에서 서로 얽혀 공존하고 교류, 상호 반응하고 영향을 주는 방식을 설명해 내기 위해서는 종교 전통들의 다양성과 상호성이 역사 속에서 어떻게 전개되어 왔는지에 관심을 기울일 필요가 있다. 그리고 나서 여러 변수들과 결과들 사이에 존재하는 논리적 관계를 연구해야 한다. 이제까지 보아왔듯이, '종교문화의 다원성' 현상은 역외적, 즉 비종교적 영역으로부터 기인하는, 이해관계, 역학 관계, 상황의 맥락 등과 밀접히 연관되어 있다. 오늘날의 사회와 관련해서, '종교 시장'과 '종교 마케팅'이라는 개념이 자주 등장하였다. '초근대사회'적 상황을 오늘날 우리 사회에서도 목격할 수 있다면, 개인들의 종교문화 활동 속에 확산되어 내포된 의미들이 이제 어떻게 사회적 실재 속으로 객관화되는지, 종교 다원성 현상이 어떻게 사회 문화적으로 공헌하는지, 사회적 활력을 가져오는지 그리고 미래 사회에로의 변화에 어떻게 기여하는지를 해명하기 위하여 역사 속의 그리고 오늘날의 동아시아 사회에서의 '종교문화'를 연구하는 것이 과제로 남는다.

정진홍의 인문주의

반목단과 반환원의 논리를 넘어서

구 형 찬

'붕어빵 속에는 붕어가 없다'는 농담이 제 사고를 늘 덜컹거리게 합니다.

— 『열림과 닫힘』, 16쪽.

정진홍의 사유의 여정에는 언제나 '인간'이 끈질기게 숨 쉬고 있다. 사태의 의미를 묻고, 되묻고, 다르게 묻는 동안, 그 열린 물음들과 함께 해답은 떠오르고 사라지고 다시 되물어진다. 그런 물음과 해답의 구조 속에서 정진홍은 스스로 '인간'이 된다.

1. 들어가는 말

이 글은 소전(素田) 정진홍이 펼쳐내고 있는 사유를, 즉 그의 인식과 상상력을 '인문주의(humanism)'라는 표제를 염두에 두고 따라 읽어 보려는 시도다.

그런데 다음과 같은 몇 가지 사실이 글쓰기를 주저하게 만든다. 첫째, '인식'과 '상상력'은 누군가의 마음에 표상되는 복잡한 사태의 양상들을 문화적으로 소통되는 방식으로 구분하여 명명한 것이지, 개인의 외부에서 객관적으로 확인되거나 그 자체로 명료하게 파악되는 사물이 아니다. 둘째, 실제로 가용한 자료는 정진홍의 마음속 표상이나 두뇌의 상태에 대한 연속적이고 가변적인 데이터가 아니라 단지 그가 특정 시점(時點)에서 외부 환경에 표출해낸 물리적인 음성, 행위, 글 등과 같은 공적 표상들에 국한된다. 셋째, 이 글에서 언급될 '정진홍의 인식과 상상력'은, 실은 그처럼 한정된 외부의 공적 표상들을 접한 나의 마음속에 표상되는 또 다른 복잡한 사태를 정진홍에게 귀속시키려는 것일 뿐, 엄밀히 말해 그 자체가 그의 것은 아니다. 넷째, 정진홍의 마음속 표상, 그가 생산한 공적 표상, 그것을 접한 나의 마음속 표상, 그리고 그것을 표현하고자 하는 공적 표상 사이사이에는 상당한 어굿남과 뒤틀림이 있을 것이 분명하다.[1] 즉, 어느 곳에서도 '정진홍의 인식과 상상력'은 하나의 실체로 주어지지 않는다. 따라서 만약 그것을 어딘가에 존재하는 대상처럼 '발견'하여 분석하거나 논증하고자 한다면 그러한 시도는 결국 실패할 수밖에 없을 것이다.

그러나 '정진홍의 인식과 상상력'이 실증 가능한 하나의 존재론적 실체가 아니라고 해서 그것과 관련한 어떠한 논의도 할 수 없게 되는 것은 아니다. 그것은 비록 그 자체로 명시적인 대상은 아니지만 특정 부류의 상호주관적 사건을 서술하기 위한 틀이 될 수 있다.[2] 가령, 그것은 정진홍과의 만남을 통해 이루어지는 경험, 즉 그의 저술을 읽음으로써 떠오르는 복잡한 생각의 특정한 양상에 관해 이야기하기 위한 하나의 서술 범주로 '설정'될 수 있다. 그렇다면 이 서술 범주를 통하여 진술할 수 있는 것은 단지 정진홍에 대한 전기적 탐구나 그의 저작에 대한 이론적 분석에 한정되지 않는다. 또 그렇다고 해서 그 내용이 나 자신의 자족적 독백이나 감상적 회상만으로 채워질 것도 아니다. 정진홍과의 만남으로 인해 스스로 의심하고 따져 묻고 공명하고 숨을 멈추고 되묻게 되었던 것이라면 무엇이든, 비록 그것이 아무리 조그마한 편린(片鱗)이라 해도, 이 범주를 통해 이야기될 수 있을 것이다.

지나치지 말아야 할 것은, 그 서술 범주를 통해 이야기되는 내용이 무엇이든 간에 화자는 그것의 '의미'를 마음속에 떠올리게 된다는 사실이다. 이는 그 이야기가 화자 외부의 객체에 관한 것만은 아니라는 뜻이기도 하다. 나 역시 이 글을 구상하는 동안 줄곧 어떤 생각이 떠올라 일정한 의미로 지녀지는 경험을 했다. 그리고 나는 결국 거기에 '인문주의'라는 이름을 붙여 보게 되었다. 그러한 표제가 정진홍의 인식과 상상력의 '의미'를 진술하기에 얼마나 적절한지는 되물어져야 마땅하다. 이 글은 바로 그 되묻기를 위한 것이다.

이 글은 몇 가지 종교학적 논제들을 언급하면서 정진홍의 사유를 따라 읽게 될 것이다. 그의 사유의 범위가 오로지 종교학의 논제들에 한정된다는 의미는 아니다. 정진홍이 오랜 세월 동안 종교학을 통로로 삼아 자신의 사유를 전개해 왔고 나 자신도 그를 그의 종교학과 더불어 만났다는 사실을 유념할 때, 나로서는 그렇게 하는 것이 그저 가장 적절하고 자연스러운 일이었다. 이 글은 이른바 독단론과 환원론에 반대하는 종교학의 논리, 즉 반독단과 반환원의 논리를 중심으로 이야기를 이어나가고자 한다. 그것은 정진홍의 저술에서 반복적으로 읽게 되는 주요 논제 중 하나로서, 정진홍의 사유가 변증법적으로 전개되도록 하는 주요한 물음 틀의 하나라고 생각되기 때문이다. 이 글은 종교학은 왜 그리고 어떻게 반독단과 반환원의 논리를 발언하게 되었는지, 정진홍은 그것을 왜 그리고 어떻게 되묻고 있는지, 그리고 그러한 되물음을 통해 정진홍의 인식과 상상력은 어떻게 펼쳐져 오고 있는지 등을 검토할 것이다. 그리하여 이 글은 마침내 반독단과 반환원의 논리를 넘어선 소전 정진홍이 어떤 심정으로 인지과학의 종교담론에 귀를 기울이고 있는지도 살펴보게 될 것이다. 그리고 나는 이 글이 끝나가는 자리에서 '정진홍의 인문주의' 혹은 '새로운 인문주의'라 부를 만한 어떤 생각이 마음속에 다시 떠올려질 수 있기를 기대한다.

2. 사물의 은유에서 삶의 현실로

1870년 2월, 런던의 왕립연구소(Royal Institution)에서 행해진 강연에서 막스 밀러(Max Müller)는 다음과 같이 주장했다.

가장 웅변적인 연사와 가장 천부적인 시인이 아무리 단어를 능란하게 구사하

정진홍의 인문주의 | **77**

고 표현의 재능을 통달했다 할지라도, 실로 언어가 무엇인가라는 질문을 받는다면 거의 할 말이 없을 것이다. 똑같은 예가 종교에 적용된다. '하나만 아는 것은 아무 것도 모르는 것이다.'[3]

밀러는 '언어'의 경우처럼 '종교'도 과학적으로 연구되어야 한다고 말한다. 밀러에 따르면, 호메로스나 셰익스피어는 자신의 언어를 누구보다도 잘 구사하는 사람들이지만, 그들은 수많은 언어들의 연관 및 차이, 그리고 언어의 역사적 형태들 이면에 있는 인간의 '말하기 능력'에 대해서는 알지 못했다. 그것은 언어에 대한 과학적 연구에 의해 비로소 밝혀질 수 있는 것이기 때문이다. 밀러는 종교에 대해서도 동일한 논리를 전개한다. 그는 "신앙심이 산을 움직일 정도로 강한 수천 명의 사람들이 있지만 그들은 종교가 진정 무엇인가라는 질문을 받게 되면 침묵하게 될 것"이라고 말한다. 즉, 종교가 무엇인지 알기 위해서는 종교의 다양한 '역사적 형태들'과 인간 내면의 '신앙의 능력'을 아울러 연구하는 새로운 과학이 필요하다는 것이다.

종교학은 이처럼 인류의 종교가 하나가 아니라 여럿이라는 '인식', 그리고 종교가 과학적 연구의 대상이 될 수 있을 것이라는 '상상력'과 더불어 시작될 수 있었다. 그러한 인식과 상상력은 타자에 대한 광범위한 지식이 축적되고 다양한 신흥 학문의 가능성이 타진되던 당대의 문화적 상황 속에서 현실화되었다. 또 이는 소위 '반독단(anti-dogmatism)'의 논리를 당대의 문화가 수용할 수 있었다는 것을 의미한다. 특정 종교의 교의만이 '종교'에 대한 유효한 지식이라는 주장에 반대하는 논리가 받아들여져야만 종교에 관하여 다양한 논의와 설명을 시도하는 새로운 학문의 가능성이 열리기 때문이다.

그러나 실제로 종교학이 다양한 논의와 설명의 가능성을 폭넓게 승인하는 방향으로만 전개되지는 않았다. 근대의 많은 신생 학문들이 그랬던 것처럼, 종교학 역시 대상을 특정하고 그것의 독특성을 주장하면서 그 대상을 고유한 탐구 영역으로 지닌 독립된 학문분과로서 아카데미 속에 안정된 자리를 확보하려고 했기 때문이다. 그리하여 종교학의 고유 영역인 '종교'는 독자적인 것(sui generis)이며 다른 학문 대상의 하위범주로 환원되어서는 안 된다는 주장이 강력하게 피력되기도 했다. 물론 이러한 '반환원(anti-reductionism)'의 논리가 단지 '아카데미의 정치학'이기만 한 것은 아니다. 반환원의 논리는 종교에 대한 새로운 인식론을 진지하게 모색하는 가운데 제기되었던 측면도 있기 때문이다. 그러나 이러한 반환원의 논리가 종교학이 성립되고 전개되는 과정에서 '결과적으로' 일종의 정치적인 슬로건처럼 수용되기도 했음을 지적해 둘 필요는 있다.

그런데 반독단과 반환원을 주장하거나 그 주장에 동조하는 것과 두 주장이 담고 있는 논리를 동시에 만족시키는 인식론을 정치(精緻)하게 펼쳐내는 것은 전혀 다른 일이다. 물론 그 논리를 정교한 인식론으로 다듬어 낼 수 있었던 종교학자들이 없었던 것은 아니다. 그러나 그들이 지녔던 문제의식과 그 문제의 정황이 지금 여기에서 얼마나 동일하게 지속하고 있는지는 그리 분명하지 않다. 따라서 그들의 논리와 인식론이 지금 여기에서 여전히 혹은 얼마나 적합한 것인지 역시 의심스러울 수밖에 없다. 그럼에도 불구하고 반독단과 반환원의 논리는 어느새 종교학의 인식론 저변에 마치 규범적 당위처럼 자리매김되어 있는 듯하다. 종교학은 특정 종교 내부의 주장만을 되뇌는 데 그쳐서도 안 되지만, 종교 외부의 인식 틀을 가지고 종교를 해체해서도 안 된다는 것이다. 이 논리는 종교학의 탐구 대상을 어떻게 정의할 것인가 하는 기본적인 문제와도 결부되어 종교학의 특수한 학문적 에토스(ethos)를 형성했다. 학문의 세계에서는 누구나 목적에 부합하는 작업 정의로써 연구의 범위와 대상을 제한한다면 그 대상에 대한 논의를 다양한 방식으로 전개할 수 있으리라는 것이 일반적인 기대다. 그러나 종교학의 세계는 조금 특별한 데가 있는 듯하다. 종교학자는 자신이 제시하는 종교 정의가 특정 종교의 교의를 특별히 더 옹호하는 것으로 비추어지거나 종교를 다른 학문적 대상의 하위범주로 취급하는 것처럼 보이는 경우, 동료들로부터 쏟아지는 많은 비난을 감수해야 할 수도 있기 때문이다.[4] 이런 특징으로 인해 종교학에서는 심지어 학자들의 '자격'과 '자질'을 문제 삼는 논쟁이 이루어지기도 했다.

소전 정진홍도 독단론적 종교 정의와 환원론적 종교 정의를 극복해야 한다는 당위가 종교학에 일종의 규범으로 수용되고 있음을 지적하면서, 이를 우선 공감적으로 이해한다.[5] 즉, "전자를 극복하지 못할 때 우리는 인류의 종교경험을 총체적으로 수용할 수 없게 되고 후자를 극복하지 못하면 우리는 종교의 실재성을 상실하게 된다."[6]는 것이다.

그러나 정진홍은 이러한 종교학의 논리가 당위론에 머물러서는 안 된다고 말한다. 반독단과 반환원의 논리를 단지 규범적 당위로 지니는 것만으로 종교에 관한 연구가 더 진전되는 것은 아니며, 자칫 독단과 환원의 논리를 넘어서는 것조차 불가능할 수 있기 때문이다. 즉, 특정한 독단론에 대한 반대는 또 다른 독단론에 자리를 내어주기 쉽고, 특정한 환원론에 대한 거절은 결국 또 다른 시각에서의 환원론을 초래할 수 있다. 뿐만 아니라 '반독단'의 당위는 환원을 위한 논리가 되고 '반환원'의 당위는 그 자체로 독단의 주장이 될 수 있다. 그런 경우 반독단론과 반환원론은 단지 환원론과 독단론의 다른 이름이 될 뿐이다. 따라서 반독단과 반환원의 당위를 하나의 새로운 인식론으로 빚어내지 못한다면 종교학은 이러한 자기모순에서 빠져나올 수 없을 것이다.

더 심각한 문제는 반독단과 반환원의 당위론에 학자들의 인식 자체가 길들여져 무력해질 수 있다는 데 있다. 반독단과 반환원의 논리는 '종교'를 하나의 온전한 대상으로 확보하려는 지향 속에서 서로 만난다. 반독단의 논리는 개개 종교의 교의가 선언하는 내용이 종교라는 실체 전반에 포괄적으로 적용될 수 없으며 그렇게 해서도 안 된다고 주장한다. 반환원의 논리는 종교에 대한 환원적 설명이 종교라는 실체를 아예 부정하는 것이라고 역설한다. 즉 두 가지 논리는 독단과 환원의 횡포로부터 '종교'라는 대상을 오롯이 지켜내야만 그것에 관해 제대로 논의할 수 있으리라는 하나의 가정으로 수렴된다. 문제는 만약 종교학이 이러한 가정을 받아들이면서도 이에 부합하는 정교한 인식론을 실제로 전개하지 못할 때 발생한다. 그럴 경우 이 가정은 단지 '종교'를 무기로 삼아 신학과 여타 학문으로부터 '종교학'을 지켜내기 위한 '방어기제'에 지나지 않을 것이다. 이때 반독단과 반환원의 논리는 인식을 위한 것이 아니라 '인식의 관성'에 봉사하는 것이 될 뿐이다. 정진홍의 다음과 같은 언급은 유념할 필요가 있다.

> "우리의 인식은 관성적으로 스스로 설정한 일정한 범주 안에 인식 객체를 가두고 자기의 논리에 의하여 인식객체를 길들입니다. 그리고 그렇게 '길들인' 객체에 대한 인식을 끊임없이 반복합니다. 그리고 그렇게 길들인 인식객체에 의하여 마침내 인식주체가 길들여집니다."[7]

진지한 숙고를 통해 구축된 반독단과 반환원의 논리가 이미 종교학의 학문적 에토스로 수용되고 있다면, 그 논리를 유지하고 관철하고자 하는 연구자들의 학문적 정직성을 의심하는 것은 적절하지 않다. 그러나 정진홍의 주장처럼, 학문의 정직성이란 것이 실은 "학문이라는 문화가 지은 그 나름의 '관성'"[8]일 수 있다면, 그리고 그 관성으로 인해 연구자들의 사유가 경직

되고 있다면, 그것을 되묻고 창조적으로 극복해야 하는 것 역시 연구자들의 몫이다. 즉, 반독단과 반환원의 논리가 학문적 관성이 되어 버려 지금 여기의 문제를 인식하는 데 오히려 장애가 된다면 그 두 가지 논리를 결정하는 조건 자체를 넘어서야만 정직하고 열린 사유가 지속될 수 있을 것이다.

따라서 정진홍은 반독단과 반환원의 두 입장을 모두 수용함과 동시에 극복해야만 한다고 주장한다. 그런데 종교 '안'의 독단론과 '밖'의 환원론을 상정하는 사물의 은유를 통해 이 과제에 접근하는 한, 그의 이러한 주장은 모순적이고 공허한 것으로 보일 수밖에 없다.[9] 사물의 안도 아니고 밖도 아닌 경계의 자리를 찾아 그저 우왕좌왕하는 것은 결코 수용일 수도 없고 극복일 수도 없기 때문이다.

그럼에도 불구하고 일부 학자들은 종교학의 인식론이 종교의 안과 밖에 동시에 걸쳐 있거나 그 둘을 공유하는 중간자적인 것이어야 한다고 주장하면서, 그러한 이상적인 인식의 자리를 개념적으로 다듬어 내기도 한다.[10] 사물의 은유를 공간의 은유로 확장해 보면 그 자리는 마치 문지방과 같이 약간의 용적을 지닌 채 안과 밖에 걸쳐 있는 경계구역으로 묘사될 수도 있을 것이다. 그런 인식의 자리야말로 종교와도 구별되고 다른 학문과도 구별되는 새로운 학문으로서 종교학이 있어야 할 곳인지도 모른다. 하지만 중간에 놓인 인식의 자리는 늘 불안하다. 그 불안한 경계의 자리에 선 연구자는 균형을 잃지 않고 투명한 자의식과 각성을 유지하는 데 무척 많은 노력을 기울이지 않으면 안 될 것이다. 그러나 그런 자리에서 전개하는 사유가 못내 불안한 진짜 이유는 연구자가 감내해야 할 수고로움 때문이 아니라, 그렇게 상정된 중간의 자리 자체가 처음부터 사물의 은유에 의해 강제된 개념적 허상일 수 있기 때문이다. 더 나아가 그것은 단지 상상력이 만든 허상이기 때문에 불안한 것이 아니라 더 이상 적합성이 없는 허상이기 때문에 불안한

것이라고 말해야 할지도 모른다. 정진홍의 다음과 같은 언급은 시사해 주는
바가 크다.

> "만약 우리가 '상상의 힘'이라는 것을 말할 수 있다면 그것은 '상반하는 의미
> 를 은유적으로 화해시키는 힘'이라고 말할 수도 있고, 이미 '낡아' 더 이상 적
> 합성을 유지하지 못하는 '의미'에서 다시 적합성을 검증하기 위한 이른바 의
> 미론적 충돌을 야기하는 힘이라고 말할 수도 있습니다. 그리고 그 힘만이 새
> 로운 세계를 열 수 있습니다."[11]

바로 여기서 정진홍의 상상력은 사물의 은유를 딛고 넘어 '삶의 현실'을
열어 냄으로써 반독단과 반환원의 논리가 지닌 모순을 지양해 낸다. 이는
일정하게 정의되고 구획되는 '종교'라는 사물이 아니라 사람들의 실제적인
'삶'의 경험에 서술과 이해의 초점을 맞춤으로써 기존의 논리에 유폐되었던
사유를 숨 쉬게 한다. 그리하여 정진홍은 종교의 내부와 외부를 상정하는
상상력의 좁은 틈새에서가 아니라 그 모든 논쟁들을 문화 속의 한 부분으로
조우하며 살아가는 인간의 총체적인 삶의 현실 속에서 자신의 논의를 전개
하게 된다. 이러한 전환은 반독단과 반환원만의 논리만이 아니라 독단론과
환원론의 대립도 함께 삶의 현실로 지양해 낸다. 삶의 현실에서는 종교에의
헌신만이 아니라 그것에 대한 지적 추구 역시 분명하게 경험되는 하나의 현
상이기 때문이다. 이처럼 정진홍의 새로운 인식은 '종교'라는 사물이 아니
라 그것이 일컬어지고 있는 '삶의 현실'에 대한 경험을 대상으로 삼아 펼쳐
지게 된다.

3. 삶의 현실에 대한 인식론: 범주와 다시 묻기

삶의 현실에 주목해야 비로소 종교에 관해 진정으로 사유할 수 있다고 하는 정진홍의 주장은 단지 반독단과 반환원의 난제를 피해 가려는 편의적 이행이 아니다. 탐구 대상을 명료화하기 위해 자신의 인식 기반까지도 반문하는 성찰이 동반되고 있다는 점을 유념할 때, 그의 주장은 '쉽고 빠른 길'이 아니라 오히려 자신이 이미 걷고 있는 '어렵고 느린 길' 위에서 진술된 증언이라고 여겨진다. 계속되는 여정 속에서 정진홍이 다듬어 가고 있는 긴 우회로의 지도에는 미르치아 엘리아데에 대한 '상호주관적 읽기'가 핵심적인 도법과 범례를 제공하고 있는 것으로 보인다.[12]

정진홍이 읽고 있는 엘리아데는 다음과 같이 이해할 수 있다.[13] 엘리아데는 종교의 실재성을 승인하면서도 이를 '성(聖, the sacred)'이라는 이름으로 범주화한다. 그런데 이렇게 범주화된 '성'은 형이상학적 본질로서의 실재가 아니라 인간이 자기 삶의 과정에서 스스로 수용하는 '실존적 정황'이다. 즉, '성'은 객관적인 실체도 아니고 주관적인 의식의 현상도 아닌 이른바 '경험적 실재'라고 할 수 있다. '성현(聖顯, hierophany)'은 이러한 성이 드러난 것을 일컫는 말이다. 경험적 실재인 성은 '삶의 세계(Lebenswelt)'에서만 드러나게 되므로 성현은 '삶의 세계' 안에 있는 현상이다. 이 성현으로 인해 성과 속의 구분과 지각이 이루어지게 된다. 이처럼 엘리아데는 성이 아니라 성현을 인식의 대상으로 설정함으로써 종교에 대한 논의를 형이상학으로부터 삶의 세계 속의 경험에 관한 것으로 옮겨 놓는다. 엘리아데는 자신이 명료화한 탐구 대상을 다만 서술하는 데서 멈추지 않는다. 그는 성현의 형태들을 나름의 자율성, 정합성, 보편성을 지닌 '상징연합의 구조적 체계'로 진전시켜 나감으로서 종교현상에 대한 인식과 이해를 도모한다. 그리하여 엘리아데는 '성현'을 인식의 대상으로 삼고 '상징'을 그 이해의 구조로 삼으면서 자신의 현상학적 인식론을 해석학으로 통합시켜 나간다. 주목할 것은 그가 인식의 대상인 성현을 삶의 세계에 속하는 현상으로 규정하면서, 상징 역시 인간의 실존적 차원을 준거로 하여 의미를 낳는 체계로 수용하고 있다는 점이다. 이처럼 엘리아데는 개개 종교의 독단적인 주장을 되뇌지도 않고 '종교'라는 거시적 논제를 '사회'나 '심리'라는 또 다른 거시적 논제로 넘겨버리지도 않으면서 종교현상의 탐구를 위한 일정한 인식론과 방법론을 구체화하는 데 이르고 있다. 그리고 엘리아데의 이 모든 논의는 '호모 렐리기오수스(homo religiosus)'에 대한 상상력과 더불어 펼쳐진다.

정진홍은 자신이 그리는 지도의 도법과 범례가 엘리아데의 종교학으로부터 핵심적인 아이디어를 제공받고 있음을 숨기지 않는다. 그러나 정진홍은 자신의 지도를 엘리아데에게 전적으로 귀속시키지 않는다. 엘리아데에 깊이 공감하고 있는 것은 사실일지라도 정진홍은 자기 자신의 문제의식을 통해 엘리아데를 만났기 때문이다.[14] 따라서 정진홍의 엘리아데 읽기는 단지 공감적인 것이 아니라 구성적인 것이라 말해야 한다. 즉, 그가 언급하는 엘리아데는 객관적 실체라기보다는 그가 만난 지향적 상관물(intentional correlate)이다. 다시 말해, 정진홍에게 '엘리아데'는 기호가 아니라 상징인 것이다.[15] 그러므로 정진홍의 우회로를 따라 걸어 보고자 한다면, 그 지도의 도법과 범례를 마련하고 있는 것이 엘리아데가 아니라 정진홍 자신이라는 사실을 간과해서는 안 될 것이다.

그런 점에서 정진홍의 인식론적 지도에서 '범주'와 '다시 묻기'에 관한 부분은 특별히 주목할 만하다. 이 두 가지 논점에는 '종교' 대신에 '성'이라는 범주를 설정하고 성현과 상징을 인식의 대상과 이해의 구조로 삼으면서 인류의 종교사를 해석학적으로 되물었던 엘리아데로부터 받은 영향의 흔적이 분명히 새겨져 있다. 하지만 이 두 논점은 정진홍 자신이 설정하고 있는 '인식론의 기본 구도'에 의해 여러 번 되읽힘으로써 그의 긴 여정을 뒷받침해주는 '이론'과 '실천'의 범례로서 체계화되고 있다. 정진홍은 이 두 논점을 통해 독단과 환원의 논리만이 아니라 반독단과 반환원의 논리까지도 포괄하는 '삶의 현실'을 자신의 탐구 대상으로 명료화한다. 그리고 다시 계속되는 그의 여정 속에서 삶의 현실에서 나타나는 특정한 양상의 사실과 의미를 진술하기 위한 하나의 '범주'가 다듬어지고 종교학 자체가 삶의 현실을 준거로 하여 '다시 묻기'의 대상이 되는 것을 볼 수 있다.

1) 인식론의 기본 구도

먼저, 정진홍이 전개하는 인식론의 기본 구도는 다음과 같은 언급에서 잘 드러난다.

> 앎은 모름에서 비롯합니다. 몰라 묻는 물음이 없다면 앎은 현실화될 수 없습니다. 종교에 대한 물음도 다르지 않습니다.[16]

이때 그가 언급하는 앎, 모름, 물음 등이 특정 종교에 배타적으로 종속된 것도 아니고 특정한 학문에 속한 것도 아니라는 사실은 주목할 만하다. 그것은 그 자체로 인간의 실존이며 삶의 현실이다. '종교'라든지 '학문'이라든지 하는 것들도 실은 인간이 그러한 현실에서 경험되는 삶의 특정한 양상들을 일컫는 말이다. 종교에 대한 정진홍의 인식론이 바로 이런 삶의 현실로부터 전개되고 있다는 것은 매우 중요한 사실이다.

삶의 현실에서는 종교적 진리나 종교에 대한 학문적 지식도 누군가의 '모름'이 빚은 특정한 물음에 대한 해답이 될 수 있을 때 비로소 하나의 '앎'일 수 있다. 그렇다면 앎의 성격을 결정하는 것은 그 앎이 논리적으로 가정하고 있는 물음이다. 종교 정의의 경우도 마찬가지다. 종교 정의가 종교에 관한 지식이 진술되는 가장 기본적인 형태라고 한다면 각각의 종교 정의에는 그것을 낳은 질문이 있을 것이라 생각할 수 있다.

종교 정의는 다양하다. '종교는 신에 대한 예배다', '종교는 깨닫는 것이다', '종교는 행위규범이다', '종교는 아편이다', '종교는 사회통합기제다', '종교는 강박증이다' 등등 많은 정의들이 열거될 수 있다. 이러한 종교 정의들은 대체로 '종교란 무엇인가?'라는 물음에 대한 답변으로서 여겨질 수 있다.[17] 그러나 정진홍은 그 질문 앞에서 머뭇거린다. 그 질문이 의심스럽기 때문이다. 그는 오히려 그 물음 자체가 '무엇을' 묻고 있는지, '왜' 묻는지를 되묻는다. 물론 그러한 물음에는 간단한 답변이 예견된다. 당연히 그것은 '종교를' 묻는 것이고 '몰라서' 묻는 것이다. 그러나 정진홍은 종교를 '왜' 묻는지, '무엇을' 몰라서 묻는지를 다시 묻는다.[18] 이러한 되물음을 통해 물음 주체의 '모름'이 구체화된다. 정진홍은 물음 주체가 스스로 무엇을 모르고 있는지를 구체화해야 기존의 앎이 투명해지고 정말 알고 싶은 것을 물을 수 있다고 말한다. 즉, '모름'과 '앎'은 '객체의 상황'이 아니라 '주체의 상황'인 것이다. 따라서 인식론은 지식의 부재가 아니라 그 부재의 '경험'에 대한 구체적인 인식과 함께 비로소 시작될 수 있다.

2) '나'를 묻는 범주의 모색: 물음에 대한 이론적 상상

정진홍은 인식의 '범주'에 대한 이론적 논의를 통해 자신의 '모름'을 삶의 현실에 대한 인식론적 '물음'으로 다듬어 내고자 한다. 그는 인식이란 근원적으로 범주적인 것이라고 보고 있다. 물음 주체가 어떤 '범주'의 질문을 제기하고 있느냐에 따라 상이한 성격의 인식이 초래된다는 것이다. 그렇다면 여기서 살펴보아야 하는 것은 정진홍이 자신의 물음이 담길 수 있는 범주를 어떤 것이라고 상상하고 있는가 하는 점이다.

정진홍은 인식을 위한 물음의 범주들을 '존재론적 범주', '서술적 범주', '의미론적 범주' 등 크게 세 가지로 구분한다.[19] 첫째, 존재론적 범주의 물음은 대상의 궁극적인 본질을 묻는다. 이 범주의 물음은 대상이 항존(恒存)하는 실체라는 직관을 수용하면서 그 본질에 대한 완결적인 해답을 추구한다. 이 범주를 전제하는 인식은 규범적이다. 둘째, 서술적 범주의 물음은 대상의 일정한 양상을 묻는다. 이 범주의 물음은 특정한 인식의 필요를 충족시키는 추론적 서술을 해답으로 추구한다. 따라서 물음 주체가 궁금해 하는 대상의 양상이 어떤 부류의 것인지에 따라 서술의 방법과 내용은 다양해질 수 있다. 즉, 이 범주를 전제하는 인식은 선택적이고 잠정적이다. 셋째, 의미론적 범주의 물음은 대상의 의미를 묻는다. 이 범주의 물음은 대상이 물음 주체의 경험 속에서 어떤 의미를 낳고 있는지 또는 어떤 의미의 실체로 현존하고 있는지에 관한 진술을 해답으로 추구한다. 이 범주를 전제하는 인식은 메타적이고 종합적이라 할 수 있다.

이러한 논의는 마치 세 가지 범주의 물음이 제각각 독자적인 성격의 인식론을 구축한다는 주장처럼 보일 수도 있다. 그러나 정진홍은 그렇게 확언하는 것을 유보한다. 오히려 그는 서로 다른 범주의 인식들이 결국 의미론적 범주의 인식으로 수렴할 수 있으리라고 보면서 바로 거기서 자신의 인식론적 문제를 구체화하고자 한다.

> 범주는 그것이 존재론적인 것이든 서술적인 것이든 앎을 담으려는 틀임을 넘어 의미를 낳겠다고 하는 의도가 담긴 틀이라는 사실에서 하나가 됩니다.[20]

이를테면 종교에 대한 존재론적 범주의 인식이 '신의 현존'에 대한 규범적 선언을 담고 있고 서술적 범주의 인식이 '성'이라는 개념적 실재에 대한 기술을 담고 있다고 해도, 결국 삶의 현실에서는 그렇게 선언되거나 기술된 내용이 '실증된 자명한 사실'로서가 아니라 '경험된 의미의 실체'로 나타난다는 것이다. 그렇다면 존재론적 범주의 인식이나 서술적 범주의 인식도 모두 의미론적 범주에서 되물어질 수 있는 것들이 된다. 그리고 그러한 되물음의 지평은 언제나 물음 주체가 경험하는 삶의 현실이다. 정진홍은 이러한 의미론적 범주를 통해 자신의 '모름'을 삶의 현실에서 경험되는 의미에 대한 '물음'으로 구체화한다.

강조해 두어야 할 점은, 정진홍의 물음이 비록 의미론적 범주를 통해 구체화되긴 하지만 존재론적 범주나 서술적 범주에서의 인식을 배제하지는 않는다는 사실이다. 정진홍이 의미론적 범주보다 나머지 두 범주를 먼저 논의하고 있는 것은 범주적 인식의 전체 구도를 묘사하기 위한 것이지, 자신의 인식론이 결과적으로 의미론적 범주만을 유효한 것으로 채택하고 있다고 말하려는 것은 아니다. 정진홍의 논의에서 위의 세 가지 범주는 서로 완전히 독립되어 있지도 않고 대등한 관계도 아니다. 따라서 그 범주들의 상호 관계를 구조적으로 살펴볼 필요가 있다.

먼저, 범주적 인식에 관한 정진홍의 논의에서 구조적으로 가장 기본이 되는 것은 서술적 범주다. 즉, 서술적 범주는 다양한 '범주적 인식'에 대해 논의하기 위한 논리적 필요조건이라고 할 수 있다. 복수의 범주적 인식에 관해 논의할 수 있으려면 서로 다른 범주의 물음들이 존재한다는 사실이 승인되어야 하고 그 답변들에 대한 서사(敍事)도 가능해야 하는데, 이는 바로 서술적 범주를 전제한 인식에서 현실화되기 때문이다. 사실상 존재론적 범주를 전제한 인식이나 의미론적 범주를 전제한 인식을 범주적 인식의 한 부류로 보는 시각 자체도 서술적 범주를 전제한 인식이 열어준 가능성이라고 할 수 있다.

한편, 존재론적 범주는 '범주-이전'의 범주라고 부를 만하다. 존재론적 범주를 전제한 인식은 정진홍이 설정한 범주적 인식의 기본 구도를 실제로 충분히 구현하지 못한다. 이 인식은 사실상 '물음이 초래하는 해답'이 아니라 '해답이 요청하는 물음'만을 승인하기 때문이다.[21] 즉, 이런 인식에서는 인식 대상이 하나의 자명한 실재로 전제된다. 그런데 여기서는 그렇게 존재론적 실재를 전제하는 것이 여러 범주적 인식의 한 유형이라는 관점 자체가 받아들여지지 않는다. 그것은 인식이 전제한 것이 아니라 의심할 수 없는 '사실 그 자체'라고 여겨진다. 이런 인식의 주체가 서술적 범주나 의미론적 범주에서 제시하는 인식 내용을 하나의 유효한 '정의'로서 승인하지 못하는 것은 너무도 당연한 일이다. 존재론적 범주를 전제한 인식의 틀에서 대상을 정의한다는 것은 항존하는 실재의 본질을 진술하는 일이기 때문이다. 게다가 '진정한' 본질이 여러 개일 수는 없을 것이므로, 여기서는 심지어 존재론적 범주의 전제 아래 제시된 '정의들'끼리도 서로 충돌할 수밖에 없다.

다른 한편, 의미론적 범주는 '범주-이후'의 범주라고 부를 수 있다. 의미론적 범주를 전제한 인식은 하나의 물음 범주를 확정해 놓고 있다는 점에서는 존재론적 범주를 전제한 인식의 경우와 별로 다르지 않다. 그러나 여기서는 '의미'라는 범주도 여러 서술적 범주들 가운데 하나라는 점이 부정되지 않는다는 점에서 존재론적 범주와 확연한 차이가 있다. 또, 서술적 범주를 전제한 인식이 선택 가능한 범주의 다양성을 승인함에도 불구하고 그 다양성을 통합할 기제를 결코 그 자체의 논리 속에 지닐 수 없는 것과는 달리, 여기서는 다른 범주들의 인식을 '의미'로 수렴하는 메타적 인식의 체계가 확보되어 있다. 즉, 여기서는 존재론적 범주나 서술적 범주의 물음이 낳는 인식 내용에 대해서도 그 의미를 묻고 서술할 수 있다. 따라서 의미론적 범주는 다른 범주의 물음에 대한 되물음을 가능하게 하는 범주인 것이다.

종합할 때, 존재론적 범주가 '닫힌 물음'의 범주라고 한다면, 서술적 범주는 '열린 물음'의 범주고, 의미론적 범주는 '되물음'의 범주라고 할 수 있다. 정진홍은 이 세 가지 물음 범주들의 차이가 종교에 대한 서로 다른 인식을 야기한다고 말한다.[22]

가령, 물음이 종교를 존재론적 범주의 실재로 간주하면 그 물음이 초래하는 인식은 "종교는 이것이다.", "종교의 본질은 이것이다."의 형식으로 발언된다. 이와 달리, 물음이 종교를 서술적 범주의 실재로 간주하면 그 인식은 "삶의 특정한 양상들을 범주화하는 개념으로 '종교'가 있는데, 그 개념을 통해 서술될 수 있는 현상들은 이런저런 것이다."의 형식으로 말해진다. 또, 물음이 종교를 의미론적 범주의 실재로 간주하면 그 인식은 "삶의 현실 속에서 내가 경험하는 종교들의 존재와 종교에 관한 서술은 이런저런 의미로 읽힐 수 있다."의 형식으로 진술된다. 정진홍은 이처럼 상이한 물음의 위상을 지닌 세 가지 인식의 진술을 각각 '크레도(credo, 나는 믿는다)', '코기토(cogito, 나는 생각한다)', '레고(lego, 나는 읽는다)'로 표현한다. 이 세 가지 진술 형식은 모두 '나'를 포함하고 있지만 물음 주체를 그 인식 내용에 진정으로 포함할 수 있는 것은 오직 의미론적 범주뿐이다. 따라서 자기 물음을 통해 자신의 인식을 진술하고자 하는 정진홍은 자신의 인식이 크레도와 코기토를 읽는 레고가 되길 지향한다.[23]

정진홍이 의미론적 범주를 통해 '레고'를 발언하고자 하는 이유는 그렇게 할 때만 자신의 물음을 물을 수 있다고 판단하기 때문이다. 존재론적 범주로서의 '종교'는 규범적으로 주어진 물음과 해답의 구조를 가지고 있기 때문에 정진홍 자신이 물음 주체로서 스스로 자기의 물음을 개진할 수 없다. 정진홍은 다양한 물음 주체들이 제시한 기존의 서술적 범주들도 자신의 물음을 담기에 적절하지 않다고 판단하는 것으로 보인다. 심지어 '종교'라는 개념조차 정진홍의 물음을 펼쳐낼 서술적 범주가 되기에는 충분하지 않다. 오히려 그것은 그 범주에 축적된 독선과 편견과 권위로써 정진홍 자신을 질식하게 하고 있는, '끝내 부담스럽고 폐기해야만 할'[24] 용어이기도 하다. 존재론적 범주와 서술 범주에 자신의 물음이 있을 자리가 없다고 판단하는 정진홍은 이 둘을 지양해 낼 수 있는 제3의 범주로서 '의미론적 범주'를 구성적으로 선택하고 있는 것이다. '의미'는 물음 주체가 발언 주체일 수밖에 없는 범주다. 그것은 대상과의 상호 주관적 만남이 해석으로 통합될 때에만 진술될 수 있기 때문이다. 그러므로 의미론적 범주를 전제한 인식은 물음 주체가 온갖 범주의 물음과 인식을 만나는 자신의 삶을 잠정적인 탐구 대상으로 열어놓지 않으면 안 된다. 따라서 정진홍은 총체로서의 삶의 현실을 의미론적 물음의 대상으로 열어 놓기 위한 잠정적이고 시안적인 서술 범주로서 '종교문화'라는 자신만의 개념을 빚어낸다. '종교문화'는 총체적 삶의 현실 속에서 물음 주체가 만나는 '종교를 운위하는 다양한 삶의 양상들'을 포괄하는 의미론적 서술 범주라고 할 수 있다.

이처럼 정진홍의 우회로는 범주에 대한 논의를 통해 자신의 '모름'을 의미론적 범주의 '물음'으로 다듬고, 이 물음이 초래하는 인식을 '레고'로서 진술하는 것을 자신의 목표로 삼고, 그 인식론적 조건들을 확보하는 데에까지 이르고 있다. 이러한 이론적 범례를 마련함으로써, 정진홍의 사유는 '종교'라는 사물이 아니라 그것이 일컬어지고 있는 '삶의 현실'에 대한 자신의 의미론적 물음을 따라 펼쳐지게 된다. 그리고 이는 삶의 현실에 관한 사유를 어떻게 지속할 수 있을 것인가 하는 실천적 과제로 이행하게 된다.

3) '다시 묻기'와 호모 사피엔스의 종교학

물음이 전제하는 인식의 범주는 인식의 내용과 형식을 제약한다. 그런데 그 범주는 물음의 형식도 규정한다. 가령, 종교 정의에 대한 물음의 일반적인 형식이라 할 수 있는 '종교란 무엇인가?'라는 질문은 그 자체가 규범적이다. 그 질문은 물음의 대상인 종교를 존재론적 실재처럼 전제하게 하기 때문이다. 그리고 이 질문에 대한 답변도 바로 그 전제에 의해 평가된다. 따라서 물음 주체가 주목하고 있는 범주가 서술적 범주나 의미론적 범주인 경우에는 위와 같은 존재론적 범주의 물음에 바로 대답하지 못하고 머뭇거리게 된다. 그것은 자신의 모름을 구체화한 질문이 아니기 때문이다. 만약 답변하는 주체가 자신의 인식이 다른 범주의 물음을 요청하고 있다는 사실을 직시하지 못한다면 결국 자신의 답변을 존재론적 범주의 물음에 대한 것으로 통합시키게 될 것이다. 그런 경우 그 답변은 결국 '존재론적으로 말하자면, 종교는 종교가 아니라 다른 것이다.'를 진술하게 된다. 이는 서술적 범주나 의미론적 범주의 문제의식을 지닌 주체가 존재론적 범주를 전제한 인식을 발언하는 것이라는 점에서 자기 물음 자체를 배반하는 부정직한 인식이라고 할 수 있다. 따라서 주어진 질문 자체를 되묻는 것이 필요하다. 왜 묻는가? 어떤 전제를 가지고 묻는가? 그 전제는 지금 여기의 삶의 현실에 적합한가? 그 질문은 내 문제의식에 부합하는가? 아무리 짧은 물음이라도 거기에는 긴 이야기가 내포되어 있기 때문이다.[25]

삶의 현실에서 경험되는 '종교'는 하나가 아니다. 따라서 그것은 '유일한' 궁극적 실재도 아니다. 무엇보다 우리가 실제로 경험하는 것은 종교라는 이름의 '사물'이 아니라, 다만 종교라는 이름으로 아우른 어떤 다른 구체적인 사실이나 사건들이다.[26] '종교'는 삶의 다양한 계기들과 더불어 존재한다. 즉, 삶의 다양한 국면에서 종교가 이야기된다는 것도 분명한 사실이고, 삶의 특정한 양상에 관해 이야기하기 위해 종교라는 말이 사용되고 있다는 것도 분명한 사실이다. 그러나 그 이야기들에 담기는 내용은 제각기 다르다. 삶의 현실에서 종교는 실존적 문제의 해답이라고 고백되기도 하지만, 단지 심리적 망상에 지나지 않는다고 주장되기도 한다. 그것은 사회 통합 기제라고 말해지기도 하지만, 사회통합을 오히려 해치는 집단적 결탁이나 편가름의 이데올로기로 여겨지기도 한다. 그리고 종교는 우리가 듣게 되는 많은 미담들의 중심에서 운위되기도 하지만 온갖 끔찍한 사회적 문제의 핵심에서 그 모습을 드러내기도 한다. 인간의 삶이 복잡한 만큼 삶의 현실에서 경험되는 종교도 복잡한 것인지도 모른다. 아니 종교가 운위되고 있는 삶의 현실은 그 자체로 '혼효'와 '미로'가 아닐 수 없다. 이러한 삶의 현실 속에서 종교라는 말은 과연 인간 삶의 어떤 양상들을 이야기하게 해 주며 그러한 삶의 양상들은 도대체 어떤 사람들에게 무슨 의미로 경험되고 있는 것일까? 삶의 현실 속에서 이와 같은 물음을 묻고 있는 물음 주에게 단지 '종교란 무엇인가?'라는 질문만을 던지는 것은 온당하지 않다. 그 질문은 부정직한 인식을 강제하기 때문이다. 따라서 정진홍은 질문 자체를 바꾸어 다시 물어 달라고 호소한다. 자기의 물음에 스스로 정직하기 위해서다.

오랫동안 정진홍은 '종교란 무엇인가?'라는 질문의 적합성을 의심하고 결국 그 질문을 바꾸어 다시 물어야 한다는 주장을 이어 왔다. 그리하여 그는 "종교란 무엇인가?"를 "무엇이 종교인가"[27]로 바꾸어 묻기도 하고, 이를 다시 "우리는 과연 무엇을 일컬어 종교라 하는가?"[28]로 바꾸어 묻기도 했다. 이러한 물음들을 거쳐 이제 정진홍은 "삶의 현실 속에서 종교를 운위하는 현상들은 나에게 어떤 의미의 실체로 있는가?"를 묻고 있는 것으로 보인다.[29] 그런데 이러한 물음의 전환은 단지 인식의 '논리-내적' 구조만으로 이루어진 것은 아니다. 인식 주체가 놓인 역사 문화 생태적 환경이 어떤 절망감을 제공하거나 기존 물음의 적합성을 의심하게 하지 않았더라면 그러한 전환의 시도는 그처럼 절박하게 이루어질 수 없었을 것이다.[30] 사실 물음의 전환은 '모름'에 대한 자의식이나 '알아야 한다'는 당위만으로는 시도되지 않는다. 그것은 단지 '앎에의 의지'만이 아니라 구체화된 자기의 물음에서 비롯하는 '정직한 인식에의 의지'를 필요로 한다. 정진홍이 토로하는 다음과 같은 발언은 유념할 필요가 있다. '학문적으로 순수한' 학자들의 인식이 정작 자신의 물음에는 얼마나 부정직한 것일 수 있는지를 성찰하게 해 주기 때문이다.

> 알아야 한다는 당위에 초조하게 쫓길 때 우리는 내 물음이 낳지 않은 숱한 사생아들을 내 앎으로 여깁니다. 내 물음과는 상관없는 무수한 해답들을 모으고 부리고 다룹니다. 나는 갑자기 굉장한 앎을 지닌 사람이 됩니다. 그리하여 마침내 물음도 없는 앎을 앎이라고 발언하고, 그것을 격률로 삼아 자신의 삶을 지어 갑니다. 하지만 이것은 부정직합니다. 그것도 남을 속이는 것이 아니라 자기를 기만하는 것입니다. 이보다 더한 비극적인 기만이 있을 수 없습니다.[31]

학문적 권위가 지닌 '힘'은 매우 현실적이다. 학자들은 학계가 승인하는 물음과 해답의 틀을 관성처럼 따르면서 은연중에 "물음마저 배워 묻는" 자신을 발견하기도 한다. 정진홍은 그것을 물음 주의 상실이자 삶 주체의 상실이라고 말한다.

그러나 그렇게 말하는 것은 지나친 자기비하일지도 모른다. 물음을 배우는 일은 권위 있는 학자들의 연구 성과를 존중하는 후학들의 성실한 배움의 자세와 동일시되고 합리화될 수도 있다. 그리고 그러한 성실한 자세는 실제로 그 학문이 축적하고 있는 지식의 용적을 키우거나 이른바 '학풍'을 형성하는 데에도 기여한다. 뿐만 아니라 학자가 자신의 문제의식을 학문적 전통안에 자리매김하기 위해 자신의 물음과 해답의 가능성을 어느 정도 제한하는 일은 불가피한 일일 수도 있다. 물음을 제한적인 것으로 선택하고 닫는실천이 해당 학문의 발전에 어떻게든 기여할 수 있다면 이는 오히려 '학문적으로 순수하고 정직한' 노작이고 미덕으로 여겨져야 할지도 모른다.

사실, 인식을 지식으로 완성하려면 어떤 시점에서 선택과 제한을 가하고물음과 해답을 닫지 않을 수 없다. 그러나 정진홍은 바로 그렇기 때문에 그닫힘의 자리에서 상상력을 발휘하여 기존의 물음과 해답을 새로운 상황을향해 열어 놓을 수 있어야 한다고 주장한다.[32] 그렇게 할 수 없다면 선택된해답은 그대로 독선과 폭력이 되고 말 것이기 때문이다. 만약 '다른 물음'의가능성을 차단한 채 스스로를 닫아 버릴 만큼 지금 여기의 상상력이 빈곤한것이 사실이라면, 그것은 단지 학문의 위기가 아니라 그 자체로 인간다움의붕괴를 의미하는 것이라고 정진홍은 주장한다.

> 그런데 삶은 정태적이지 않습니다. 내 의지와는 상관없이 삶은 격하게 동태
> 적입니다. 닫힌 물음은 현실이 아닙니다. 닫힌 해답도 현실은 아닙니다. 그렇
> 다면 닫힌 해답의 강요는 반인간적입니다. 이뿐만 아니라 닫힘에의 안주는
> 물음이든 해답이든 사람살이의 모습일 수 없습니다.[33]

그렇다면 정진홍에게 정직한 인식과 열린 상상력은 인간다움을 위한 조건이라고 해야 할 것이다. 그것은 그가 학자이기 이전에 한 명의 '생각하는사람(homo sapiens)'으로서 결코 양보할 수 없는 것이기도 하다. 그에게는 많이알거나 잘 아는 것보다 자기의 물음을 물을 수 있다는 것이 더 중요하다. 그

것이 곧 그가 생각하는 '인간다움'이기 때문이다.

그런데 무릇 학자라면 자신의 물음을 특정 주제로 한정할 수밖에 없다. 학문에는 소위 '전공'이라는 것이 여전히 말해지고 있기 때문이다. 이를테면, '종교학자'가 자신의 물음을 '종교'에 관한 것으로 한정하는 것은 처음부터 불가피한 일이다. 그리고 '종교학'이 축적해 온 지식과 이론에 비추어 자신의 물음을 제한하는 것은 종교학자로서의 최소한의 의무요 상식이어야 할 것이다. 그럼에도 불구하고 정진홍은 이러한 의무와 상식에 대해 학자로서 무책임해 보이는 발언을 쏟아 놓는다. 『종교문화의 인식과 해석』의 머리말에서 정진홍은 다음과 같이 말한다.

> 결국 '종교현상학'은 '종교를 사랑해 온' 나 자신이 스스로 발언하고 스스로 희망하고 스스로 절망하고 스스로 만족할 수 있는 장(場)의 이름이다. 나는 '종교현상학'이라고 이름한 전통의 전개를 잘 알지 못한다. 이 책의 부제를 '종교현상학의 전개'라고 할 수밖에 없었던 절실한 동기가 있었다면 당연히 종교현상학의 이론과 역사적 전개를 체계화하여 이 책에 담았어야 마땅하다. 그러나 그럴 수 있기에는 역부족이다. 그래서 나는 나의 발언과 희망과 절망과 만족을 쏟아 놓을 수 있는 '종교현상학'을 이 책에 담았다. 이러한 작업이 학문을 운위하는 인식의 장에서 어떠한 기여를 할 수 있을 것인가 하는 물음 앞에서는 유구무언일 수밖에 없다.[34]

위의 인용문에서 정진홍은 자신이 종교학자이기 때문에 종교를 연구한다고 말하지 않는다. 그는 종교를 사랑하는 자신이 스스로 자기 작업을 지속해 온 터전의 이름이 종교학이라고 말하고 있다. 이러한 정진홍의 태도는 당혹스럽게 여겨지는 것이 사실이다. 그의 태도는 무릇 학자는 학문 전통을 통해 자신의 지적 정체성을 확인할 것이라는 흔한 예상을 비껴가기 때문이다. 그러나 이러한 그의 태도가 완전히 기만적이거나 모순적인 것이라고는 할 수 없다. 오히려 그는 뮐러(Max Müller), 반 드르 레우(Gerardus. van der Leeuw), 엘리아데(Mircea Eliade) 등의 종교학에 관해서도 일관된 방식으로 이해하고 있다. 그의 표현대로 말하자면 그들은 '종교학을 마련하고 그 자리에서 삶을 사르던 선학(先學)들'이다. 그런데 정진홍은 그러한 선학들의 학문을 꼼꼼하게 되읽으면서, 그들이 종교학을 하게 된 것은 무엇보다 '인간에 대한 감동' 때문이었고 종교란 이를 위해 다만 우연하게 선택된 통로일 뿐이었다고 말하는 것이 옳을 것이라고 주장한다. 종교학은 종교를 진술하기 위한 학문이 아니라 종교에 대해 되물으면서 '인간'에 대해 사유하기 위한 학문이라는 것이다. 그렇다면 정진홍에게 종교학은 되물음을 통해 사유의 열림을 호흡하는 장으로 존재해 왔다고 할 수 있다. 종교학에 대한 정진홍의 이러한 관점은 다음과 같은 주장에서 더욱 구체화된다.

> 종교학의 정체성은 그런 되물음으로 특징지어진다. 달리 표현한다면 종교학은 종교 개념의 해체를 통한 종교 현실의 새로운 인식을 지향하고 있다. 따라서 종교학은 언제나 열린 학문이기를 자처해 왔다. 만약 우리가 종교학의 전통을 말할 수 있다면 그것은 종교문화에 대한 축적된 지식이라든가 이론의 전승이 아니라 열려진 물음을 묻는다고 하는 태도의 전승이다.[35]

종교학의 고유한 정체성은 축적된 지식과 이론이 아니라 되물음의 가능성을 열어 놓는 태도에서 찾을 수 있다는 것이다. 따라서 그는 기존의 인식 근거에 대하여 반문하지 않는 종교학은 존재할 이유가 없다고 말한다. 되물을 줄 모르는 종교학은 "아예 기존의 신학이나 여타의 학문이 종교에 대하여 가지고 있는 관심에다 자기의 역할을 위임하고 스스로 자신을 해체시키는 것이 더 바른 태도일 것"[36]이기 때문이다.

이러한 발언은 부분적으로 종교학의 고전적인 반독단과 반환원의 논리에 대한 자신의 견해를 천명하고 있는 것으로 이해할 수 있다. 지나치게 단순화하는 것이기는 하지만, 고전적인 반독단과 반환원의 논리는 '종교'를 종교인들의 신앙이나 교의적 주장으로부터 학문적 연구 대상으로 끌어내면서도 그 연구의 권리를 다른 학문들과 공유하지는 않겠다고 하는 태도와 결부되어 있었다고 할 수 있다. 즉, 그것은 어떻게 하면 '종교'를 종교학의 고유한 연구 대상으로 확보하고 아카데미에 '종교학'의 자리를 공고히 할 것인가 하는 문제의식이 펼쳐지는 장이었다. 이러한 문제의식은 '종교의 독자성'에 대한 오랜 논쟁을 낳기도 했고, 고유한 방법론과 해석의 원리를 고민하게도 했다. 이는 다른 말로 하면 일종의 '위기 위식'과 같은 것이었다고 할 수 있다. 그런데 정진홍은 그러한 문제의식 자체를 문제 삼고 있다. 종교학이 스스로 반독단과 반환원의 논리를 정당화할 수 있는 근거는 고유한 대상을 자료로 확보하거나 고유한 방법론을 갖추는 데 있는 것이 아니라는 것이다. 그보다 종교학이 그 논리를 정당화할 수 있으려면 그 논리로 인해 기존의 인식 근거에 대한 되물음의 가능성이 열린다는 것을 보여야 한다는 것이다. 만약 종교학이 스스로 설정한 자료와 방법에 함몰되어 다른 물음을 열어 놓지 못한다면 종교학이 전개하는 반독단과 반환원의 논리는 단지 종교적 교의와 여타 학문 사이에서 종교학이 살아남기 위해 고안한 위기 관리처세의 수사학에 지나지 않을 것이기 때문이다.

물론, 정진홍의 입장에 대한 이러한 서술은 상당히 과장되어 있다. 사실, 정진홍은 종교학이 전개해 온 반독단과 반환원의 논리가 독단론과 환원론에 단순히 '반대'를 천명하는 것이 아니라 물음의 해방을 지향한 것이었음을 결코 간과하지 않기 때문이다. 나아가 그는 현대의 종교학이 그러한 노력을 현실화하는 자리가 결과적으로 '종교 짓기'와 '종교 읽기'의 혼란스러운 뒤섞임을 낳고 새로운 독단론과 환원론을 목도하는 사태에 이르고 있다는 사실에도 주목하고 있다.

> 종교학이 비롯했던 물음의 절박성은 물음 자체의 풀림(emancipation), 더 구체적으로 말한다면 '종교'로부터의 풀림을 지향하는 물음에서 비롯한 것이었습니다. 그리고 그것은 또한 '학문'으로부터의 부단한 풀림을 통해 이루어지는 것이기도 하다는 것을 경험해 왔습니다. 물음과 해답의 '살아 있는 호흡'을 실감하면서 이루어진 지적 모험들이었습니다. 이제까지 살펴본 종교학의 펼침의 구조와 현상이 이를 보여줍니다. 그리고 그러한 맥락을 준거로 하는 자리에서 보면 우리가 지금 혼효라고 칭한 오늘의 종교학의 사태는 오히려 지극히 종교학적이라고 해도 좋을 듯합니다.[37]

그렇다면 여기서 읽어낼 수 있는 정진홍의 입장은 다른 것이 아니다. 이제 종교학은 신학과 여타 학문의 인식이나 과거 종교학의 인식만이 아니라, 동시대 종교학의 인식 기반 자체를 스스로 되물어 왔고 지속적으로 되물을 수 있어야 한다는 것이다. 만약 그러한 되물음을 통해 현재 종교학의 발언이 혼란스러워지고 적합성을 상실했다는 자의식이 생긴다 해도 그것은 '종교학의 위기'가 아니라 또 다른 인식의 진전이다. 종교학의 기반과 전제 자체를 되묻는 것, 바로 이것이 정진홍이 지금 여기에서 제기하는 종교학의 과제이자 문제다.

이제까지의 종교이론에 공감하면서 이른바 전통적이고 정통적인 자리에 진지하게 머물러 있다면 그 문제는 더욱 심각합니다. 그 문제란 다른 것이 아닙니다. 익숙하고 당연한 것으로 여겨온 '종교'라는 것을 다시 물어야 하는 일이 그것입니다. 다시 말하면 삶의 넓은 울 안에서 무엇을 '종교'라고 불렀는가에 대한, 즉 그 서술범주 자체의 타당성에 대한 근원적인 물음을 물어야 하는 것입니다.[38]

    즉, 정진홍에게 종교학은 종교를 지켜 내기 위한 학문이 아니다. 그것은 '삶의 넓은 울' 안에서 하나의 서술범주로 현존하는 '종교'를 근원적으로 되물어야 하는 학문인 것이다. 따라서 그의 종교학은 인간의 인식과 상상, 언어 이야기 문자, 몸짓 소통 공동체, 권력, 꿈과 예술, 죽음 등이 삶의 현실에서 빚어내고 있는 '특정한 양상들'을 서술하고 그 의미를 진술함으로써 인간을 더 잘 이해하기 위한 학문으로 현실화된다. 물론 그는 종교학자들이 여러 종교 전통들에도 관심을 기울일 뿐만 아니라 깊이 천착하고 있다는 사실을 인정하고 존중한다. 그러나 그는 종교학자들의 이러한 모든 노력들이 '종교'가 무엇인지를 발언하기 위한 것이 아니라 '인간'을 이해하기 위한 것이어야 하고, 종교학자 자신이 열린 물음의 장에서 한 명의 사유하는 인간으로 호흡하기 위한 것이어야 한다고 주장한다. 정진홍에게 종교학은 자기 스스로가 '인간'이기 위해 열린 물음을 묻고 되물어가는 하나의 장인 것이다.

4. 다르게 묻기와 인문적 상상: 인지과학의 종교 담론

    종교를 되묻고 종교학을 되물으면서 인간에 대해 사유하는 것이 가능하다면, 인간에 대해 되묻고 인문학을 되물으면서 종교에 대해 사유하는 것도 가능하지 않을까? 아니 인간과 종교에 대해 아예 다른 물음을 물으면서 사유하는 것은 어떤가? 정진홍의 인식과 상상력은 이제 이러한 질문에까지 이르고 있는 것으로 보인다. 정진홍은 이 질문의 적합성을 진지하게 검토하는 자리에서 조심스럽게 자신의 사유를 이어간다. 그런데 그는 그곳에서 지금까지 자신의 '물음'으로 구체화되지 못했던 모름의 흔적을 발견하고 조심스럽게 그 흔적을 좇아가기 시작한 것으로 보인다. 길을 잃어버릴지도 모른다는 염려가 없지는 않을 테지만, 덤불 속에서도 호흡을 못할 일은 아닐 것이다. 그렇게 해서 만나는 '물음'이 새롭고 전혀 '다른 물음'이라고 해도 좋다. 그것이 정직한 인식을 충동하는 열린 상상력일 수 있다면 말이다.

정진홍은 이윽고 하나의 물음과 만난다. 만약 인간이 근원적으로 호모 렐리기오수스(homo religiosus)라면, 왜 모든 인간이 똑같이 종교적이지는 않을까? '호모 렐리기오수스'에 대한 상상력이 오히려 인간의 삶에 대한 부정직한 인식을 강제하거나 열린 상상력을 제한하는 측면은 없는가? '호모 렐리기오수스'에 대한 상상력은 오랫동안 종교학자들을 사로잡았다. 물론 이에 대한 의심이 종교학 내부에서도 제출되지 않았던 것은 아니다. 그러나 이를 전혀 새로운 차원에서 의심하고 '다르게 묻기'를 감행하는 시도들이 있다. 정진홍은 이 시도들을 '인지과학의 종교 담론'이라고 부른다.[39]

정진홍에 따르면, 인지과학(cognitive science)의 출현은 마음에서 비롯하여 문화에 이르는 '인간의 현상'에 대한 자연주의적 접근의 확장이라고 할 수 있다. 과거에는 앎의 과정이나 마음에 관한 탐구가 철학이나 심리학 등의 특정 분야에서 제각각 이루어져 왔다. 그러나 현재는 그 문제의 복합성과 광범위성에 대한 인식과 더불어 인지(cognition) 혹은 마음(mind)에 대한 연구는 뇌과학, 인공지능학, 진화생물학, 심리학, 인류학, 언어학, 철학 등이 물음을 공유하는 거대한 다학문적 체계로 성장하고 있다. 인지과학이 해명하고자 하는 것은 기본적으로 인지 체계의 구조적 작동 방식이라고 할 수 있다.

그것은 마음속의 현상이기 때문에 그 자체로는 관찰이 불가능하지만, 20세기 후반에 급격히 성장한 뇌과학 분야와 진화심리학의 설명 모델 등을 통해 실증적인 연구의 접근성과 가능성이 매우 커지고 있다. 정진홍은 이러한 인지과학이 인간의 문화 전반에 관한 새로운 설명자로 자신을 드러내고 있고, 문화를 되묻는 것만이 아니라 아예 '달리' 묻고 있으며, 그러한 과정에서 종교에 대한 언급도 활발하게 펼치고 있다는 데 주목한다. 그는 종교에 대한 인식을 의도하는 어떤 물음의 자리도 이러한 인지과학의 행보를 간과할 수 없다고 주장한다.

그러나 인지과학의 종교 담론에 기울여지는 관심들이 모두 호의적인 것은 아니다. 종교를 자연현상의 일부로 설명하려는 인지과학의 종교 담론에 불쾌감을 표시하며 '과학주의적 환원론'이라고 하면서 비판을 가하는 경우도 적지 않다. 그러나 정진홍은 인지과학의 종교 담론이 전혀 비현실적이거나 불가능한 것은 아닐 것이라고 말한다. 인지과학의 성과는 삶의 현실에서조차 이미 낯선 것이 아니다. 가령, 신경과학과 인공지능 연구 분야의 성과는 이미 일상화된 세계에서 흔히 발언되고 있을 뿐만 아니라 그 설명적 원리가 소통 가능한 것이 되고 있다. 또, 의식을 하든 못하든 간에 누구나 일상적으로 사용하는 갖가지 편의 장치를 통해 그 연구 성과의 실용적 혜택을 누리고 있는 것도 사실이다. 또 정진홍이 사례로 들고 있듯이, 언어에 대한 인지과학적 연구는 언어 형태의 다양성과 언어현상의 복합성을 관통하는 일단의 실증적인 법칙들을 제시함으로써, 언어의 획득, 사용, 구성 등에 대한 중요한 사실들을 밝혀내고 있다. 이러한 상황을 고려할 때, 인지과학이 인문학이나 사회과학의 '고유한 문제'에 대해 유의미한 발언을 하지 못할 것이라고 생각하는 것은 비현실적이다. 그런 생각이야말로 고전적인 학문범주에 안주하면서 자기 앎의 적합성을 되묻지 않는 학문적 독선이거나, 인식론적 과오이거나, 아니면 소박한 무지의 징후일지도 모른다.

오히려 정진홍은 세계에 대한 우리의 인식을 진전시키지 못하게 하는 선험적 전제의 족쇄들을 인지과학의 종교 담론이 풀어 줄 수 있으리라고 말한다. 그러면서 그는 다종교현상이 낳는 갈등 상황에 대한 서술을 통해 인지과학의 접근 방식의 함의와 가능성을 소개한다. 인지과학은 인간이 종교적으로 배타적이고 독단적인 태도를 지니게 되는 인지적 원인을 해명하고, 그것이 어떻게 문화 현상으로 나타나 갈등의 현실을 빚게 되었는지를 설명하고자 한다. 종교 갈등의 원인이 거스를 수 없는 선험적인 '신의 명령'에 의한 것이 아니라 생물학적 인간의 뇌에 기반을 둔 인지 체계의 정상적인 작동에 의한 것으로 설명될 수 있다고 보는 것이다. 이러한 인지과학의 설명에는 뭔가 다른 것, 비일상적인 것, 예외적인 것이라고 여겨지는 종교의 '비자연성'도 실은 일반적이고 자연적인 인지 과정의 산물이라는 주장이 담겨 있다. 즉, 종교를 가능하게 하는 별도의 인지 체계가 따로 있는 것이 아니라, 여타 삶의 영역에 작용하는 것과 동일한 '인지적 제약(cognitive constraint)'이 종교라고 일컬어지는 삶의 영역에도 그대로 작용한다는 것이다. 이러한 설명에 따르면 종교적 영역의 갈등이라고 해서 삶의 다른 영역의 갈등과 근원적으로 완전히 다른 차원의 원인을 갖는 것은 아니다. 그렇다면 그에 대한 해법의 모색도 특권적인 것일 필요가 없을지도 모른다. 정진홍은 이러한 인지과학의 종교 담론 자체가 종교들의 갈등 상황을 치유할 수 있는 것은 아니지만, 이러한 접근이 결과적으로 종교가 선험적인 것이라는 주장을 처음부터 달리 생각하게 하고 다른 물음과 태도로 그 문제에 다가가도록 자극하는 것만은 분명하다고 평가한다.

정진홍은 '신 관념'의 발생과 전파를 인간의 인지적 제약과 관련지어 설명하는 인지과학의 종교 담론들을 진지하게 검토한다. 그는 특히 상징체계에 관한 댄 스퍼버(Dan Sperber)의 논의와 초자연적 행위자 표상에 관한 파스칼 보이어(Pascal Boyer)의 논의에 주목한다. 이 두 학자는 '인지종교학(cognitive science of religion)'의 표준적인 이론에 핵심 아이디어를 제공한 사람들로 평가된다. 정진홍이 검토하고 있는 스퍼버의 이론은 결함이 있는 정보를 기억 속에 통합시키는 인지적 프로세스에 관한 것이고, 보이어의 이론은 직관의 기대를 위반하는 표상들 중에서 특정한 부류의 것들을 더 잘 기억하고 전달하는 인지 체계의 일반적인 특성에 관한 것이다. 정진홍은 이러한 논의들을 종합하면서 신의 고향이 '저기 하늘'이 아니라 인간의 인지 체계에 있다고 하는 인지적 종교 담론의 주장을 공감적으로 이해한다.

> 이러한 사실을 종합한다면 딱 부러지게 신의 고향이 어디라고 말할 수는 없지만, 다만 그 두 자리의 언저리 또는 그 둘이 중첩된 어떤 지층이라고 짐작할 뿐이지만, 종교는 또는 신은 '저기 하늘'에서 비롯하지 않은 것만은 분명합니다. 그렇다면 하늘은 신의 고향이 아니라 인간이 신을 모시기 위해 지은 집입니다. 그런데 그곳에서의 거주를 신이 행복해 하리라는 기대는 비현실적일 것 같습니다. 적어도 인지과학의 종교 담론에 의한다면 그것은 오히려 '신의 추방'과 다르지 않습니다. '신의 향수(鄕愁)'를 그려보는 일은 조금도 어렵지 않습니다.[40]

정진홍의 표현을 따르면, "신은 인간에 의해 만들어지고 추방된 존재"[41]라고 할 수 있다. 그렇다면 신이나 종교를 초월적이고 예외적인 것으로 취급하는 것이야말로 그것들이 본래 태어나 존재하는 '고향'으로부터 쫓아내고 배제하는 일일 것이다. 이런 관점에서는 종교의 본래 모습에 비해 현실의 종교는 오염되어 있는 것이라든지 종교의 본질은 인간 삶의 현실 너머에 있다든지 하는 주장은 종교에 대한 진정한 존중도 아니고 인간에 대한 진지한 이해도 아닐 것이다. 인간으로부터 비롯하고 인간이 향유하고 인간과 함께 사라지는 종교의 현실성을 간과하는 어떠한 초월적인 종교 담론도 오히려 기만적일 수 있는 것이다.

정진홍은 인지과학의 종교 담론이 보여주는 새로움은 단지 기존의 종교 담론들을 진지하게 되묻는 정도에 그치는 것이 아니라고 말한다. 인지과학이 제기하는 문제는 기존의 물음과 해답을 성찰하면서 그 해답을 더 심화시키기 위한 되물음을 지향하는 것이 아니기 때문이다. 그것은 기존의 종교 연구에 대한 새로운 도전일 뿐만 아니라, 종교 이론을 근본적으로 새로운 지평에서 다시 쓰려는 시도이며, 모든 '신비'를 '문제'로 치환하는 작업일 수도 있다.[42] 즉, 정진홍은 종교 연구와 관련한 인지과학의 의미는 기존의 구도를 넘어선 전혀 '다른 새로운 현상'을 펼쳐내는 점이라고 말한다.

오랫동안 종교학은 종교현상을 '특별한 것'이라고 주장해 왔다. 종교학이 규범처럼 여겨 온 반독단과 반환원의 논리도 바로 그러한 주장을 담고 있다. 물론, 그런 주장을 반박하고 비판하는 논의도 제시되어 왔다. 정진홍은 그런 비판적 논의의 사례로서 러셀 맥커천(Russell McCutcheon)을 언급한다. 맥커천에 따르면, 종교가 특별한 것이라는 주장은 "종교와 모든 종교경험의 본질을 특이하고, 환원불가능하며, 독자적이고, 자생적이며, 비역사적이고, 속(屬)적으로 독특하며, 자명하고, 진화하지 않는 것이자, 마음의 선험적인 범주라고 주장하고, 근원적이어서 파생될 수 없고, 독특하고, 원초적이고, 필연적이고, 보편적인 것이자, 인간 정신의 근본 구조라고 주장하며, 원형적인 요소이자 사회 정치적 영향으로부터 벗어난 자율적인 것이라고 주장하는 것"이며, 이는 "특정 종교의 변증학이거나 해석을 전유하려고 하는 학문적 권력 지향의 태도가 낳은 것"이다.[43] 이러한 맥커천의 비판은 사실 엘리아데의 종교학을 대상으로 한다. 맥커천이 열거한 내용이 엘리아데를 비판하기에 얼마나 적합한지는 되물어져야겠지만, 적어도 그의 이러한 논의는 종교를 특별한 것으로 간주하는 관점이 취하는 다양한 선험적 전제들을 분명하게 드러내 준다고 할 수 있다.

반면, 인지과학은 종교가 그리 특별한 것이 아니라고 말한다. 인지과학은 종교란 사람의 인지 체계의 일반적이고 자연스런 작동 과정에서 나타날 수 있는 생각과 행동의 특정한 양상이 문화적으로 현실화된 것이라고 보고, 종교적인 것으로 간주되는 생각과 행동만이 아니라 그것들의 문화화 과정도 일상적인 인지적 제약들을 통해 설명할 수 있다고 주장한다. 이런 논의에서 주목할 것은 종교를 설명하기 위해 별도의 '종교적 인지 체계'나 '인지적 오작동'을 가정할 필요가 없다는 점이다. 인지과학의 설명에 따르면 종교란 정상적인 인지 체계를 통해 발생할 수 있는 일반적인 현상이지만 누구에게나 반드시 발생할 수밖에 없는 보편적 현상은 아니다.

정진홍은 이러한 인지과학의 종교 담론이 고전적인 환원론과 별로 다르지 않을 수 있음을 간과하지 않는다. 만약 인지과학의 종교 담론이 방법론적인 환원이 아니라 인지과학의 존재론적 위계의 우위를 '선포'하는 이념적인 환원론이라면 그렇게 비판하는 것이 가능하다는 것이다.[44] 그러나 정진홍은 그러한 비판의 근거를 찾기보다는 오히려 인지과학의 설명이 기존의 종교학에 어떤 기여를 할 수 있을지에 초점을 맞추면서 다음과 같이 주장한다.

> 종교 연구의 자리에서 보면 인지과학의 종교 담론은 종교 연구에 새로운 가능성을 열어줍니다. 예를 들어 종교 연구의 족쇄가 되고 있는 가장 전형적인 것은 '종교는 특별하다.'는 전제입니다. 그래서 종교 연구는 여타 현상에 대한 연구와 '달라야' 한다고 하는 자의식에 빠져 있습니다. 믿음은 의식현상의 범

주에 들지 않아야 하고, 믿음의 대상은 반드시 '저기 또는 하늘'에 있어야 합니다. … (중략) …인지과학은 그러한 주장 자체가 인간의 일상적인 인지과정에서 드러나는 현상이라는 것을 시사하고 있습니다. 종교는 예외적인 현상이 아닙니다.[45]

종교가 예외적이거나 특별한 것이 아니라면 종교를 연구하는 일도 마찬가지다. 따라서 종교학자들은 종교 연구에 대한 특권이나 독점권을 주장할 것이 아니라 다른 학자들과 대등한 관계에서 연구 성과를 공유하고 소통할 수 있어야 할 것이다. 만약 종교학이 그렇게 하지 못하고 있다면, 그것은 종교의 예외성을 주장함으로써 자신도 예외적인 권리를 승인받고자 했던 종교학의 자기방어적인 자의식 때문일 수도 있다. 확언할 수는 없지만, 이 문제를 읽는 독법은 어떤 태도가 인간에 대해 더 정직하고 열린 사유를 충동하는가 하는 데 있을 것이다.

그렇다고 해서 정진홍이 인지과학의 학문적 우월성을 주장하기 위해 이런 이야기를 하고 있는 것은 아니다. 정진홍은 자신이 인지과학의 종교 담론을 살펴보는 것은 앞으로의 종교 연구가 이러한 인지종교학적 시도를 반드시 학습하고 따라야 한다거나, 인지과학에다 종교 연구를 상당량 위탁하자는 것이거나, 인지과학의 종교 담론이라는 현상을 새로운 종교문화의 조짐으로 해석해야 한다고 주장하려는 것이 아니라고 말한다. 정진홍에 따르면, 자신의 논의는 '문제의 공유'라는 말로 표현될 수 있는 자신의 실천적 의지를 내비치기 위한 것이다.

다만 '되묻기'의 진지하고 성실한 자리에만 머물지 말고, 인지종교학이 열어 놓는 '달리 묻기'의 새로운 인식지평의 확장에 참여하여 문제를 공유하고 싶다는 것을 주장하려는 것입니다. 그리고 기존의 자기 언어가 아닌 새 언어로 새 현실을 묘사하려는 기획을 더불어 실천해보고 싶다는 것을 조심스럽게 발언하고 싶은 것입니다. 물론 기존의 연구 전통이나 방법이나 언어를 종교학이 일거에 버릴 수도 없습니다. 또 그럴 필요도 없습니다. 그것은 비현실적인 이상이거나 게으름이 낳는 퇴영에 지나지 않습니다. 그러므로 이러한 '달리 묻기'는 종교학이 앞으로 성실하게 천착해야 할 과제입니다.[46]

이와 같이, 이제 정진홍이 인지과학에 대해 갖고 있는 관심은 단지 '메타적인' 차원의 것이 아니다. 그러나 그 관심을 실천적인 것으로 다듬기 위해서는 많은 노력이 요청될 것이다. 그는 "인지를 논하고자 한다면, 화학·신경학·내분비학·유전학·동물학·동물행동학·신체인류학·고고학·진화론 등을 다시 공부하지 않으면 안 된다."라는 아민 기어츠(Armin W. Geertz)의 주장을 경청한다. 그리고 그 주장에 대해 다음과 같이 말한다.

필자는 인지과학의 주장이 종교를 이해하는 데 긴요한 관점이리라고 예상하고, 그리고 이미 그러하다는 것을 확인하면서도, 기어츠가 요청하는 이러한 과제를 감당하지 못하고 있다. 이러한 '무능'은 필자로 하여금 심한 자괴감을 느끼게 한다. 그럼에도 불구하고 필자 자신이 가지고 있는 관심의 절박성을 포기할 수는 없다. 이러한 자리에서 할 수 있는 것은 '인지과학에 대한 이해'의 무수한 국면에 나를 노출하는 일일 수밖에 없다.[47]

이와 같이 강한 실천의 의지를 드러내면서도, 정진홍은 인지과학의 종교 담론이 단지 자신의 실천적 의지의 대상이기만 한 것이 아니라, 자신이 묻고 해석하고자 하는 '삶의 현실'의 일부임을 놓치지 않고 있다. 가령, 그는 인지과학과 종교라는 주제에 다가서면서 다듬어야 할 것은 실증과학과 더불어 이루어지는 '상상력의 구조'일지도 모른다고 말한다.[48] 실증과학도 삶의 현실에서 벌어지는 인간 활동의 하나로서 다른 것과 완전히 분리되어 있지 않다. 삶의 현실에서 소통되는 실증과학의 지식은 은유적 언어를 필요로 한다. 또, 실증과학은 사실을 입증하는 데에서 완결되는 것이 아니라 새로운 물음, 다른 물음을 충동하기도 한다. 실증과학의 지식은 반증이 가능한 가설이어야 한다는 점에서 그 자체로 되물음과 새로운 물음에 언제나 열려 있다. 그리고 새로운 물음은 언제나 기존의 지식과 상상력이 조우할 때 현실화된다는 점은 실증과학에서도 마찬가지다. 정진홍은 이러한 사실까지도 폭넓게 유념하면서 인지과학의 종교 담론에 주목하고 있는 것이다.

지금까지의 서술을 종합하면, 정진홍은 고전적 환원주의의 극단적 형태라고 간주될 수도 있는 인지과학의 종교 담론이 인간과 종교에 대한 인식과 상상력을 제한하기보다는 오히려 전혀 다른 차원에서 "종교와 관련하여 인간을 되생각하는 계기"[49]를 폭넓게 마련하고 있다는 사실을 발견하고 있다고 할 수 있다. 그런데 이 지점에 이르면 독단론과 환원론을 배제해야 한다고 하는 종교학의 고전적 논리가 무색해진다. 반면, 반독단과 반환원의 논리를 단지 규범적 당위로 지닐 것이 아니라 삶의 현실에 대한 관심으로 지양해 내고 그 인식론을 전개할 수 있어야 한다고 역설했던 정진홍의 주장이 전혀 새로운 차원의 종교 담론에서 현실화되고 있다. 그러한 자리에서 확인하는 것은 독단론과 환원론은 진정한 문제가 아니라는 것과 반독단과 반환원의 논리는 더 이상 규범도 당위도 아니라는 사실이다.

인지과학의 종교 담론이 정진홍의 사유에 적합성을 갖는 이유는 무엇보다 그것이 인간에 대한 사유를 추동하기 때문이라고 생각된다. 인지과학은 '종교'를 환원 불가능한 실재로 전제하지 않고 인간을 '호모 렐리기오수스'

라고 규정하지도 않는다. 그럼에도 불구하고 인지과학은 인간 삶의 현실에 '종교'라고 불리는 특정한 삶의 양상이 다양하게 존재한다는 것을 부정하지 않는다. 인지과학에 따르면, 그 어떠한 양상의 경우라도 그것은 인간의 자연스런 삶의 일부이다. 따라서 종교에 대한 모든 물음은 종국적으로 인간에게로 향해야 한다. 종교는 하늘에서 내려온 것이 아니라 인간에게서 빚어진 것이기 때문이다.

정진홍은 자신의 사유가 지닌 인간에의 지향을 '인문적 상상'이라고 부른다.[50] 그의 '인문적 상상'이란 '개개 종교를 일컫는 자리와는 다른 자리에서 종교문화를 이야기할 수 있는 상상력의 자리'이기도 하다. 그런데 이때의 '인문'은 '자연'이나 '사회'와 같은 전통적인 학문 분류 속의 표제가 아니다. 그는 이미 전통적인 범주 형성을 넘어서고 있는 현대의 지적 정황에서 고전적인 범주를 고집한다는 것은 시대착오적이거나 인식론적인 과오일 수 있다는 사실을 인정하고 있다. 그럼에도 불구하고 그는 '인문적'이라는 낡은 수식을 꺼내들고 있다. 그 이유에 대해 정진홍은 다음과 같이 말한다.

> 하지만 오늘 우리가 제기하는 온갖 지적 물음 속에 어쩐지 '사람'은 들어 있지 않은 것 같은 불안이 저로 하여금 이러한 '고집'을 부리게 했다고 말씀드리고 싶습니다.[51]

즉, 그것은 인간의 자리가 사라져 버린 온갖 지적 담론에서 인간을 다시 묻겠다고 하는 의지의 표지 같은 것이다. 그의 '고집'을 따라 말하자면, 인지과학의 종교 담론이 보여주는 '다르게 묻기'는 정진홍의 '인문적 상상'과 공명하면서 '인간'에 대한 새로운 물음으로 읽히고 있다고 할 수 있다. 인지과학의 종교 담론과 마찬가지로, 정진홍의 사유에서 마침내 남게 될 것은 '종교'가 아니라 바로 '인간'일 것이다.

5. 나가는 말: 정진홍의 인문주의

정진홍은 '삶의 넓은 울' 안에서 '종교'를 운위하는 다양한 삶의 양상들이 그에게 반향(反響)하는 '의미'에 귀를 기울이고 있다. 그의 귀 기울임은 종교가 무엇인지를 알기 위한 것이 아니라 '인간'을 이해하기 위한 것이고, 그 스스로 자신의 인식과 상상력을 호흡하며 사유하는 인간이기 위한 것이다. 정진홍이 그렇게 '물음과 해답'을 살아온 터전의 이름이 '종교학'이다.

지금까지 정진홍이 종교와 관련해 인간을 되묻는 계기를 어떻게 지속적으로 마련해 가고 있는지를 살펴보았다. 이 글은 정진홍이 종교학의 규범적 에토스(ethos)를 형성하고 있는 반독단과 반환원의 논리를 되묻고 지양해 내면서 자신의 '인문적 상상'을 지속적인 것으로 빚어가는 과정에 특별히 주목했다. 그 과정은 결코 명료하지만은 않았다. 그것은 긴 우회로라고 묘사할 수밖에 없을 만큼 고단한 에두름과 되읽음과 되묻기로 점철되어 있었다. 사태를 '정직하게' 인식하고자 하는 정진홍에게 그러한 우회로는 아마도 불가피한 것이었을 것이다. 정진홍의 표현대로 하자면, 종교가 운위되는 삶의 현실은 그 자체로 '미로(迷路)와 혼효(混淆)'이기 때문이다. 그런데 정진홍은 그 혼란상에서 벗어나려고 애쓰는 것보다 그 사태의 의미론을 이야기하는 것이 더 중요하다고 주장하면서, 이러한 논의를 '새로운 언어'로 할 수 있으면 좋겠다고 말한다.[52] '의미의 추구'라고 표현할 수 있는 정진홍의 이러한 물음은 앞으로도 계속되어 마침내 종교학의 모든 전제와 규범을 되묻게 될 때까지 이어질지도 모른다. 하지만 그는 바로 그 자리에서 그때까지 발언한 자신의 인식을 모두 되묻기 시작할 것이다. '적합성의 추구'라고 말할 수 있는 새로운 언어에 대한 갈증과 절박감은 이미 오랜 시간 그의 상상력을 추동해 왔다. 이제 그것은 정진홍으로 하여금 전혀 다른 물음들을 경청하게 하고 있으며, 스스로 새로운 물음을 빚어 다른 물음들과 소통하고 문제의식을 공유하고자 하는 실천적 의지를 낳고 있다.

오랫동안 종교학은 종교에 대한 독단적 선언과 환원적 서술에 반론을 제기해왔다. 그 반론 속에서 우리는 그러한 독단론과 환원론이 총체로서의 종교를 담지 못한다는 강력한 메시지를 발견한다. 그러나 정진홍에 따르면 그것이 반론이 가해져야할 문제의 전부가 아니다. 더 핵심적인 문제는 독단론과 환원론이 물음주체의 물음을 규정하고 제한한다는 사실이다. 인간의 삶은 문제로 가득하다. 아무리 사소한 것이라도 문제는 해답을 요청한다. 문제에서 비롯하는 물음의 현존은 불가피하다. 정진홍은 이러한 '물음과 해답'의 구조는 인간의 삶에서 소거될 수 없다고 말한다. 그렇다면 사람이라면 누구나 각자 자신의 물음을 물으며 문제의 해답을 추구할 수 있는 것, 그것이야말로 인간다운 삶의 조건이다. 만약 어떤 힘이 특정한 물음과 해답만을 유효한 것으로 남겨놓고 누군가의 문제의식을 억압하거나 폐기하려 한다면, 그것은 삶을 더 가지런해 보이도록 만들 수 있을지는 몰라도 더 인간적이게 만들어주지는 못한다. 그런 점에서 자기의 물음이 있음에도 불구하고 특정한 종교적 교의나 학문적 권위가 제시하는 틀에 맞추어 자신을 길들이는 삶은 인간적이지 않다. 이런 관점에서 보자면 독단론과 환원론뿐만 아니라 종교학이 규범처럼 수용해 온 반환원과 반독단의 논리, 그리고 그것과 연결되어 있는 '종교 독자성(sui generis religion)'의 주장도 마찬가지의 문제를 안고 있다. 그러한 종교학의 논리와 주장은 종교담론의 독과점을 의도하는 종교권력과 학문권력 간의 교묘한 유착의 징후가 아닌지 의심스럽다는 점에서 오히려 문제가 더욱 심각하다. 만약 이러한 문제제기가 너무 지나친 것이라 여겨진다면, 종교를 특별하고 특권적인 것으로 만드는 반환원과 반독단의 논리와 종교 독자성의 주장이 결과적으로 과연 누구에게 유익한 것인지를 솔직하게 따져볼 필요가 있다. 정진홍은 그러한 종교학의 논리와 주장이 인간 삶의 현실에 대한 물음을 지금 여기에서 넓게 열어내는 데 그리 적합한 것이 아니라는 점을 날카롭게 읽어내고 있다.

정진홍의 사유의 여정에는 언제나 '인간'이 끈질기게 숨 쉬고 있다. 사태의 의미를 묻고, 되묻고, 다르게 묻는 동안, 그 열린 물음들과 함께 해답은 떠오르고 사라지고 다시 되물어진다. 그런 물음과 해답의 구조 속에서 정진홍은 스스로 '인간'이 된다. 그에게 '인간'은 그렇게 '물음과 해답을 사는 존재'를 일컫는 이름이다. 여러 종교학자들이 인간의 근원적인 모습으로서 '호모 렐리기오수스'를 상상해왔다. 그러나 정진홍은 '호모 렐리기오수스'가 '종교(religion)'에 호소하지 않을 수 있을 때에만 그리고 심지어 종교 개념의 해체를 상정할 수 있을 때에만 비로소 인간의 인간다움을 서술하는 용어가 될 수 있다고 주장한다.[53] 즉, 정진홍의 상상력이 그려내는 인간의 근원적인 모습은 '종교'나 '종교인'을 전제하지 않는다. 정진홍은 오히려 자신의 자리를 만드는 '호모 에렉투스(homo erectus)'이자 의미를 만들어내는 '호모 심볼리쿠스(homo symbolicus)'로서 자기 자신의 물음을 묻고 해답을 추구하는 인류에 대한 일반적인 서술이 인간다움에 대한 묘사로서 더 적합할 수 있다고 말한다. 그리고 그는 지금 여기에서 시급한 일은 '물음과 해답의 구조'를 지금 여기에서 어떻게 살아야 하나 하는 새로운 인간상의 탐색이지 기존의 종교들이 제시하는 인간상을 그 적합성을 찾아 되다듬거나 되꾸미는 일은 아닐 것이라고 말한다. 우리는 정진홍의 인식과 상상력이 지닌 이러한 인간 지향에서 '보편적인 현생인류'와 '사유(思惟)하는 인간'을 아우르는 호모 사피엔스의 '인문주의(Humanism)'를 만나게 된다.[54]

개념과 실재

민간신앙 인식에의 물음

이용범

소전 종교학에서 민간신앙 인식에 대한 작업은 다시 둘로 나눌 수 있다. 하나는 민간신앙을 종교현상의 하나로 자리매김하려는 것이고, 다른 하나는 민간신앙 인식에서 전제되는 종교 개념에 대한 성찰이다.

1. 들어가는 말

소전(素田)의 종교학에서 한국 민간신앙에 대한 작업은 크게 둘로 나뉜다. 하나는 민간신앙에 대한 구체적인 서술이고, 다른 하나는 민간신앙 인식의 문제에 대한 고찰이다. 두 작업에서 중심적인 위치를 차지하는 것은 후자이다. 민간신앙에 관한 최초의 글로 여겨지는 「민속종교의 이해」[1]부터 이미 민간신앙을 바라보는 시각과 개념에 대한 뚜렷한 문제 제기가 나타난다. 또한 민간신앙에 대한 마지막 글인 「한국의 종교문화와 민간신앙」[2]에서도 민간신앙 개념의 문제를 종교 개념과 연결시켜 본격적으로 다루고 있다. 이런 점에서 민간신앙 인식에 대한 물음은 민간신앙에 대한 소전 종교학의 지속적 관심사의 하나라고 할 만하다. 민간신앙 외에 다른 종교에 대해서는 이처럼 지속적으로 인식에 대한 물음을 제기하지 않은 것으로 보인다.

소전 종교학에서 민간신앙 인식에 대한 작업은 다시 둘로 나눌 수 있다. 하나는 민간신앙을 종교현상의 하나로 자리매김하려는 것이고, 다른 하나는 민간신앙 인식에서 전제되는 종교 개념에 대한 성찰이다. 민간신앙을 하나의 종교현상으로 파악하는 것은 민간신앙의 실체를 부정하는 입장을 넘어서려는 것이다. 민간신앙의 실체를 부정하는 여러 논리 중 종교로서의 존재를 부정하는 시각에 대한 문제 제기가 이뤄지는데, 특히 이른바 세계종교로 칭해지는 개별 종교 중심적인 종교 개념의 한계를 지적한다. 민간신앙 인식에서 나타나는 종교 개념에 대한 성찰은 이른바 부정적 시각에 한정되지 않는다. 그것은 민간신앙에 대한 기존의 모든 논의를 대상으로 한 포괄적인 성격을 띤다. 이른바 근대적 종교 개념의 문제를 중심으로 기존 민간신앙의 개념을 비판적으로 천착하고, 나아가 한국 종교문화 전반에 대한 인식의 문제로 논의를 확대한다.

두 작업을 관통하는 것은 종교 개념의 문제이다. 첫 번째 작업의 경우 개별 종교 중심적인 종교 개념을 대상으로 하고 있지만, 인간의 종교경험을 존중하고 그것을 토대로 개념의 불가피성과 아울러 그 한계를 비판적으로 고찰하는 문제의식은 두 번째 작업과 다를 바가 없다. 이런 점에서 소전의 민간신앙 인식은 종교 개념에 대한 성찰이 중심이 된다. 따라서 궁극적으로는 소전 종교학에서 민간신앙 인식에의 물음은 민간신앙이 종교인가 아닌가를 확인하는 것보다 그 과정에서 전제되는 종교 개념에 대한 성찰이 중심이 된다.[3] 실제 글에서도 한국 민간신앙을 하나의 종교로 파악해야 한다는 주장은 「민속종교의 이해」에서만 나타나고, 이후의 글에서는 크게 부각되지 않는다.

현재 한국사회에서 민간신앙은 모순된 인식이 혼재하면서 성격이 모호한 경계적 대상으로 자리 잡고 있는 상황이다. 그리고 기존의 민간신앙에 대한 논의에서 아직까지도 민간신앙 인식의 문제가 근본적으로 논의되었다고 말하기 어렵다. 서로 다르거나 대립되기도 하는 여러 입장이 병존하고 있을 뿐이다. 근대 이전부터 내려온 민간신앙의 존재와 존재 의미를 부정하는 입장이 있는가 하면, 이와는 달리 한국문화의 기층·원형으로서 그 존재

가치를 강조하며 보존과 보호를 주장하는 입장이 있다. 아니면, 인식의 문제는 회피한 채 민간신앙의 존재를 당연시하고 구체적이고 실증적인 연구에 매달리는 입장이 있다. 이런 상황에서 소전의 민간신앙 인식에 대한 작업은 민간신앙에 대한 기존의 시각과 연구를 근본적으로 재검토하도록 하는 의미를 갖는다.

이 글은 소전 종교학에 나타난 민간신앙 인식에 대한 논의를 위에서 말한 것처럼 둘로 나눠서 살펴본다. 아울러 무속을 중심으로 한 민간신앙에 대한 구체적 서술에 대해서도 정리를 시도한다. 그리고 이러한 작업을 토대로 소전 종교학의 민간신앙 연구 성과가 한국 민간신앙 연구에서 어떤 의의를 갖는지 살펴본다.

2. 종교현상으로서의 민간신앙

소전 종교학에서 민간신앙은 정당한 종교의 하나로 자리 잡고 있다. 하지만 한국사회에는 민간신앙을 종교현상의 하나로 인정하지 않고 나아가 그 실체까지 부정하려는 입장이 있다. 이러한 부정적 시각은 민간신앙을 한국인의 삶과 문화의 정당한 부분의 하나로 인정하지 않는다. 설사 그 존재 자체를 부정하진 못하더라도, 과거의 것이 현재에 잔존하는 것으로서 동시대성을 인정하지 않으며, 따라서 아무런 의미와 가치를 부여할 수 없는 주변적이고 특수한 것으로 치부한다. 한마디로 주변화, 특수화 논리로써 민간신앙의 실재 자체를 부정한다.

소전은 이러한 시각이 올바른 종교와 그릇된 종교, 귀한 종교와 천한 종교, 영원한 종교와 잠시 있다가 곧 사라지는 종교가 있다는, 즉 종교에 대한 고정관념에서 비롯된 것이라고 판단한다. 그러한 고정관념은 개별 종교 특히 이른바 세계종교의 입장에서 타종교를 판단하는 과정에서 작용하는 것으로 본다. 이러한 고정관념에 의해 민간신앙이 부정적인 현상으로 판단되는데, 이른바 세계종교, 보편 종교와의 대비를 통해 그렇게 파악되는 것이다.[4]

이때 민간신앙의 부정적인 면모로 부각되는 점은 언제 어디서나 유의미한 보편적인 해답의 부재, 비윤리성, 비이성적 사유 등이다. 즉 민간신앙은 인간의 궁극적인 물음에 대한 보편적 해답이나 변화하는 삶에서 비롯된 새롭게 제기된 물음에 대한 해답을 제공하지 못하며 윤리적으로도 무감각한 종교로 파악된다. 결국 민간신앙은 낡은 관습의 잔재로서, 윤리의식이나 사회의식이 없고, 분석적이고 종합적인 이성적 사유의 논리를 지니지 못한 시대착오적인 착각 속에서 현실의 맹목적 극복을 의도하는 미신으로 치부된다.[5]

이에 대해 소전은 민간신앙에서 보편적인 종교성을 확인할 수 있음을 근거로 민간신앙을 정당한 종교현상의 하나로 자리매김한다. 민간신앙의 보편적인 종교성을 확인하는 토대는 그것의 종교사적 기층성 및 그것이 보여주는 대중적 종교의식의 근원성과 보편성이다.

먼저 소전은 종교사를 살펴볼 때 인간의 종교의식은 "지금 우리가 경험하는 몇몇 세계종교에서 비롯된 것이 아니다"고 말한다. 세계종교는 역사적으로 후기에 나타나는 현상이며, "세계종교들이 나서기 이전부터 인간은 '종교적'"이었고, 그러한 인간의 근원적인 종교경험이 펼쳐진 자리가 민간신앙이다. 현재의 민간신앙은 이러한 원초적이고 근원적인 모습의 종교경험이 전통문화 속에서 그 맥을 이어오고 있는 그림자이다.[6]

따라서 민간신앙은 이른바 "보편 종교의 모체이지 결코 '다른 종류의' 종교는 아니다." 소전에 의하면, 어떤 세계종교도 기층으로서의 민간신앙을 토대로 한다. 또한 인간은 스스로 종교적임을 자의식하기 전 아득한 옛날부터, 그리고 제도화된 특정 종교를 통해 종교적임을 말하기 훨씬 이전부터 종교적이었다. "그가 그럴 수 있는 것은 아득한 태고에서부터, 또는 실존의 뿌리에서부터 '종교적'이었기 때문에 그럴 수 있는 것이다." 그리고 그러한 인간의 모습을 보여주는 실증적인 예가 민간신앙이다. 한마디로 인간이 본래적으로 종교적이라는 것, 즉 호모 렐리기오수스(Homo Religiosus)임을 근거로 민간신앙을 종교현상의 하나로 인정할 수 있음을 주장한다.[7]

이와 아울러 민간신앙이 보여주는 종교의식(宗敎意識)의 근원성과 보편성이 주장된다. 민간신앙의 자리는 대중으로서, "주술성, 현세적인 성향, 신 또는 힘의 직접성, 지도자 중심성" 등의 종교적 성향을 보여준다. 소전은 민간신앙에서 발견되는 이러한 대중의 종교의식은 근원적인 것으로서, "그들의 좌절과 그들의 희망이 그대로 그들을 '종교적'이 되게 한 것이지 엄청나게 고상한 어떤 윤리의 규범이 '종교'를 태어나게 한 것은 아니다"고 말한다. 따라서 기존 종교는 그러한 근원적인 종교의식을 소중하게 수용해야 한다.[8]

또한 이러한 종교의식은 이른바 보편적인 세계종교에서도 발견된다. 세계종교 역시 대중이 그 안에 자리 잡고 있는 한, 그들은 여전히 민간신앙에서 나타나는 종교적 성향을 공유하는 것이다. 이런 점에서 민간신앙의 대중적 종교의식은 보편적인 종교의식의 하나이다.[9] 즉 민간신앙에서 발견되는 종교성은 '그들의 것, 옛날의 것'이 아니라 '지금 우리의 한 부분'을 차지한다. 소전은 이렇게 민간신앙의 종교성을 '주변화, 특수화' 시키는 것이 아니라 '일반적이고 보편적인' 종교성의 하나로 파악함으로써 민간신앙을 정당한 종교적 현실의 하나로 자리매김한다.

또한 소전은 민간신앙에서 나무나 돌과 같은 자연물이 종교적 신앙 대상으로 자리잡고 있다는 이유로 민간신앙은 애니미즘이나 자연종교이며, 따라서 참다운 종교가 아니라 그릇된 신앙이라고 판단하는 입장에 대해서도 타당성이 없음을 밝힌다. 소전에 의하면, 그러한 판단은 인간의 종교경험에 대한 혹은 '종교적인 것'에 대한 잘못된 이해를 전제한다. 중요한 것은, 나무나 돌을 종교적 신앙 대상으로 삼는 경험에서는 나무가 나무로 돌이 돌로서 신앙되지 않는다는 점이다. 나무나 돌은 나무, 돌이면서 아울러 초월적이거나 궁극적인 또 다른 존재나 힘의 현현(顯現)으로서 경험된다. 이처럼 또 다른 실재의 경험을 가능케 하는 상징으로서 기능하기에 나무와 돌은 종교적 대상이 될 수 있다.[10] 이러한 상징의 경험은 모든 종교에서 발견되는 일반적인 모습이다. 자연 즉 속(俗)을 통해 거룩함 즉 성(聖)의 현현을 경험하고, 그리고 성의 경험의 통로가 되는 속은 무한하다는 종교경험의 일반성과 보편성에 초점을 맞춘 이러한 논의 역시 민간신앙이 여타 종교와 다른 특수한 형태의 이상한 종교가 아니라 일반적인 종교의 하나로 자리매김한다.

이처럼 민간신앙을 종교의 하나로 위치시키는 소전의 논리는 인간의 본래적 종교성, 종교경험의 보편성에 토대를 두고 있다. 인간은 본래적으로 종교적인 존재로서 종교경험은 인간의 자연스럽고 당연한 삶의 한 부분이고, 따라서 종교적인 것은 기존 종교에 한정되거나 기존 종교에 의해 독점될 수 없는 것이다.

그런데 기존 민간신앙 연구에서는 민간신앙을 종교로 파악하려는 시도가 다른 방식으로 이뤄진다. 무속(巫俗)을 무교(巫敎)로 칭하는 시도가 좋은 예이다. 무속이란 용어는 그것을 사회적 습속의 하나로 파악하기 때문에 종교로서의 무속의 위치를 제대로 반영하지 못한다고 주장된다. 이와 관련된 기존의 시도에는 한국문화의 전통과 연관시켜 무속을 하나의 종교로 존중해 무교로 칭해야 한다는 선언적인 성격의 주장과, 무속 역시 '신, 사제, 신도, 의례' 등 종교가 일반적으로 갖춰야 할 구성 요소들을 갖추고 있어서 종교라는 주장이 있다. 전자는 무속을 한국문화의 원형, 기층으로 파악하는 다분히 민족주의적 관점을 토대로 하고 있으며, 후자는 근대적 종교 개념을 당연시하고 그 틀에 맞춰 무속을 파악하고자 한다.[11]

이러한 시도는 종교적이라는 것이 제도화된 기존 종교의 산물이나 독점물이 아니라 인간 삶의 보편적인 양태 가운데 하나라는 점을 근거로 민간신앙의 종교적 자리를 인정하는 소전의 논리와는 사뭇 다르다.

아직 이 단계에서는 기존 종교 중심의 고정적인 종교 개념을 넘어 민간신앙을 종교현상의 하나로 파악할 수 있다는 입장을 밝히는 데 그친다. 민간신앙을 종교현상의 하나로 파악할 때 전제되는 종교 개념의 문제나 민간신앙을 종교로 파악한다는 것이 구체적으로 무얼 의미하는지에 대한 구체적 서술이 나타나지 않는다. 이런 점에서 아직 기존 민간신앙에 대한 시각과 개념을 극복하여 새로운 연구를 가능케 하는 명확한 관점을 제시하지는 않는다. 그럼에도 불구하고 종교경험에 초점을 맞춰 민간신앙으로 지칭되는 종교적 삶, 종교적 현실을 포괄적으로 파악하는 것을 가로막는 고정된 틀로서의 종교에 대한 기존 개념을 뛰어 넘으려는 문제의식은 분명하다.[12]

3. 종교 개념의 성찰과 민간신앙 인식

소전의 민간신앙 인식에 대한 논의는 그것이 무속을 중심으로 이뤄지면서 기존 종교의 민간신앙이나 무속 인식에 대한 논의를 넘어 학계를 비롯한 한국사회 전반의 무속에 대한 인식으로 확대된다. 그리고 이때 주된 논의의 대상이 되는 것은 무속의 존재 가치를 긍정하는 입장이다. 이른바 무속에 대한 부정적 입장은 무속을 비롯한 민간신앙의 실체를 부정하고 사회에서의 소거를 주장하기 때문에 그에 대한 다양한 논의를 산출해 내지는 않는다. 반면에 무속과 민간신앙 나름의 가치와 의미를 인정하는 긍정적 시각의 경우 다양한 논의와 활동을 낳았다. 이는 1970년대 이래 학계를 중심으로 여러 분야에서 나타났던 무속에 대한 관심의 추이를 떠올리면 될 것이다. 따라서 무속을 중심으로 한 민간신앙 인식에 대한 논의에서는 무속에 대한 이른바 긍정적 시각이 중심 논의 대상이 된다.

무속에 대한 논의에서도 소전의 주요 관심은 무속 인식의 문제이다. 무속에 대한 기존 논의를 검토하면서 소전은 무속을 "처음부터 '다르게' 보는 눈의 필요를 요청"[13]한다. 물론 소전은 무속에 대한 발언은 인식의 문제에 그치지 않는다. 무속의 종교적 성격에 대한 구체적 서술로 이어진다. 그러나 그러한 서술에 도달하기 전 기존 무속 인식의 문제점이나 무속 인식의 지평 등에 대한 많은 논의를 전개한다. 그리고 그것을 토대로 무속에 대한 종교 유형론적 설명을 제시한다.

소전이 지적하는 기존 무속 인식의 문제는 한마디로 무속의 경험적 실재의 실종과 이에 비례한 개념적 실재의 범람이다. 무속의 개념적 실재의 범람 속에서 무속의 경험적 현실은 보이지 않는다고 지적한다.

소전은 현실 삶에서 무속은 분명히 퇴락하는 하오(下午)의 현상인데, 인식의 지평에서는 무속 현상의 부양(浮揚)이라는 모순된 양상이 확인된다고 말한다. 그리하여 "무속은 그 실존적 존재 의미의 상실을 인식의 지평에서 회복한다." 삶의 자리에선 퇴거하는데, 인식의 자리에서 무속은 "거울로, 숨결로, 샘으로, 뿌리로 읽혀진다. 무속이 있어 우리는 우리일 수 있음의 바탕을 지닌다. 무속은 마침내 우리 예술의 모태이고, 인간관계와 사회, 교육과 치유의 주형이며, 우리 종교사의 솥이다. … 잊혀진 우리의 것이자 회상해야 할…원형"이 되는 것이다. 그리고 바로 이러한 무속 현상의 퇴거와 인식 지평에서의 무속의 부양이라는 역설적 현상, 즉 실제와 인식의 괴리는 무속

인식의 미아적(迷兒的) 현실성을 초래한다고 말한다.[14]

무속의 경험적 현실과 모순된 이러한 무속 인식의 논리가 바로 이른바 기층론, 원형론이다. 그러한 인식에 따르면, 무속이 지금 이곳의 기원을 드러내며, 지금 이곳의 기층을 보여주고, 지금 이곳의 당대적 문제에 대한 해답을 시사할 것으로 여긴다.[15] 소전은 이처럼 기층, 원형에 초점을 맞춘 무속에 대한 기존 인식의 본질주의적 한계를 지적한다.

먼저 그러한 무속 인식이 전제하는 기원은 실증 불가능하다. 또한 기층성은 그 현상만을 유일한 것으로 파악하는 일종의 유아론(唯我論)에 빠질 수 있으며, 범(汎)무속주의를 초래할 수 있다. 그래서 "그 이외의 모든 현상은 그것에 첨부되거나 수용되거나 그것에 의해 윤색된 부수현상으로만 읽혀진다." 이러한 인식은 그것을 토대로 인식의 지평을 넘어 현실에 대한 규범성을 강제할 수 있는 문제를 내포한다.[16] 그리고 그러한 시각은 무속에 대한 현재적 재평가만을 중요시할 뿐 역사에서 살아 움직이며 보여준 무속의 실제 모습에 대한 서술을 불가능하게 한다. 이런 점에서 역사적 현실성의 보완이 필요하다.[17]

이러한 비판은 무속에 대한 긍정적 시각에서 출발한 많은 논의가 무속 현상의 '경험적 실재성'을 상실하게 하는 결과를 가져온다는 점을 지적하는 것이다. 즉 무속에 대한 긍정적 논의로 통해 생산된 것은 다름 아닌 무속의 '개념적 실재'이고, 그것이 무속의 '경험적 실재'를 대체함을 지적하고 있다.[18] 이러한 지적은 다시 무속에 대한 많은 논의가, 비록 긍정적 입장에서 이뤄진 것이지만, 결과적으로는 무속의 경험적 실재(empirical presence)를 이론적 부재(theoretical absence)[19]로 변화시키는 결과를 초래함을 지적하는 것으로 이해된다. 무속의 실체를 인정하지는 않는 부정적 입장은 '의도적으로' 자신의 논의 속에서 무속 현상의 경험적 실재를 도외시하고 부정한다. 긍정적 입장은 무속의 실체와 존재 가치를 인정하는 많은 논의를 전개하지만, 의도와는 달리 '결과적으로' 무속의 경험적 실재를 논의 속에서 상실하는 결과를 초래한다. 이런 점에서 양자는 표면적인 입장 차이에도 불구하고 무속 인식에서는 근본적인 차이가 없다. 따라서 결국 무속에 대한 기존 논의는, 그것이 부정적 시각이든 긍정적 시각이든, 무속의 경험적 실재를 제대로 파악하지 못한다.

이런 기존 논의의 한계를 절감하기 때문에 소전은 "무속 신앙에의 현대적 조명은 무속을 처음부터 '다르게' 보는 눈의 필요를 요청한다."고 말한다.[20] 소전에게 그것은 무속의 경험적 실재를 파악하는 것이고, 무속의 경험적 실재란 종교적 실재로서의 무속을 말한다.

소전은 무속에 대한 이른바 기층론, 원형론적 인식은 무속을 '문화적 잔여'로만 파악하는 것으로 본다.[21] 이와는 달리 소전은 무속을 종교적 실재로서 인식해야 한다고 주장한다. 따라서 무속에의 관심과 발언은 무속의 구원론적 기능에 초점을 맞춰야 되며, 이와 관련해서 무속을 역현적인 종교, 미토스를 에토스로 지닌 원시종교로 유형화하는 시각을 제시한다.[22]

그런데 무속을 종교로 파악함에 있어 타종교와의 상관성 속에서 드러나는 상대성에 유념해야 할 것을 주장한다. 이는 종교현상의 다원성에 대한 인식이 무속에 대한 관심에 수용되어야 한다는 것으로, 무속 신앙은 종교 다원현상에 수렴되지 않는 한 객관적인 실재성을 상실한다고 말한다.[23] 즉 역사적으로 무속은 타종교와의 상호관계성 속에서 존재해 왔고 그러한 역사적 상호관계성 측면을 무시한 무속에 대한 서술은 비현실적이라는 것이다.

소전의 이러한 주장에는, 직접적인 용어로서 나타나지는 않지만, 이미 '종교문화'라는 개념이 전제되어 있음을 알 수 있다. 소전 종교학에서 '종교문화'의 개념은 여러 의미를 함축한다.[24] 여기서 말하는 '종교문화'란 '종교가 단독으로 고립되어 존재하는 것이 아니라 여러 종교와의 상관관계 속에서 인간 삶을 이뤄 나가는 것이 본래적인 것이다.'라는 의미에서의 '종교문화'를 말한다.[25]

이렇게 살펴볼 때, 소전 종교학에서 무속에 대한 인식은 '경험적 실재'와 '종교문화' 개념을 중심으로 구성된다는 것을 알 수 있다. 두 개념을 중심으로 한 소전의 무속인식은, 시대의 변화에도 불구하고 변하지 않는 무속의 본질을 전제하고 추구하려는, 그래서 역사적 현실로서의 종교적 실재인 무속에 무관심한 본질주의적 기존 인식을 극복할 수 있도록 한다.

「한국의 종교문화와 민간신앙」은 민간신앙에 대한 본격적인 글로서는 소전의 마지막 글이다. 이 글은 소전 종교학의 핵심 개념, 즉 경험적 실재와 개념적 실재의 구분, 종교문화 개념을 토대로 민간신앙 개념을 근대적 종교 개념의 문제와 연결시켜 분석하고 있다. 이런 점에서 이 글은 민간신앙 인식에 대한 소전의 최근 문제의식과 그동안의 논의를 잘 정리해 준다. 이 글의 기본적인 주장은 민간신앙을 파악할 때, 그것을 종교로 보든 그렇지 않든, 어떤 종교 개념이 전제되는가를 먼저 성찰해야 한다는 것이다. 민간신앙을 둘러싼 그동안의 논의는 종교 개념을 당연시한 채 민간신앙에 접근하고자 했다.

종교 개념을 문제 삼는 이유는, 현재 우리가 당연시하는 종교 개념이 한국사회 밖에서 형성된 낯설고 이질적인 개념으로 근대에 들어와서야 비로소 수용된 것이기 때문이다. 소전은 이러한 낯선 개념으로 이른바 해답을 사는 한국인의 종교경험을 담을 수 있을지 의문시한다. 아마도 그 개념에 상응하는 부분만 종교로 해석될 것으로 우려한다. 바꿔 말하면, 한국인의 종교경험 그 자체를 만나는 것이 아니라 종교로 범주화하여 그렇게 종교화된 종교만을 대면하게 될 것이다. 이는 결국 우리 경험을 'religion'으로 환원해서 그 틀에 담기는 것만을 종교로 다루는 것과 다르지 않다. 이런 점에서 그런 개념이 전통적이고 현존하는 한국인의 종교경험에 대한 정당한 인식을 가능케 하는 적합한 개념이 될 수 있을지 묻는다.[26] 즉 "'종교 개념의 도래 이전의 종교'는 종교가 아니고 '종교 개념의 도래 이후의 종교'는 종교라고 하는 '단절과 대칭'"이 우리의 경험에 부과되고, "'익숙한 경험적 실재'의 질식과 '낯선 개념적 실재의 군림'"이 초래되었다고 말한다.[27]

소전에 의하면, '종교 이전의 종교'임에도 불구하고 '종교 이후의 종교 개념'에 의해 종교로서의 적합성을 인정받지 못해서 '종교 아닌 종교', 종교와 같을 수 없는 다른 현상으로 규정된 것의 하나가 바로 민간신앙이다.[28] 따라서 그러한 '종교 이후의 종교 개념'을 준거로 이뤄지는 무속의 여러 측면에 대한 서술은 무속이라는 '경험적 실재'에 대한 서술이 아니다. 좋은 예가 무속 참여 주체에 대한 충분한 관심을 기울이지 않는 점이다. 무속에 대한 기존 서술은 무당을 비롯해서 무속의 신(神), 무가(巫歌), 무속의례인 굿 등 이른바 무속을 구성하는 요소들의 서술에 치중해 왔다. 따라서 가족과 같은 무당 주변의 인물들, 단골들의 경험을 충분히 다루지 못하였다. 이것은 종교 이후의 종교에 의해 규정된 '개념적 실재'로서의 무속을 서술하는 것이다. 종교 이전의 종교의 자리에 선다면 오히려 보통의 한국인들이 무속을 요청하는 에토스가 초점이 될 수 있다.[29] 종교적 삶이 먼저 있고 그것이 무속을 요청하기 때문이다. 따라서 '종교 이후의 종교'에 의해 민간신앙을 운위하면 그것은 '경험적 실재'를 말하는 것이 아니라 '개념적 실재'를 말하는 것이다.

결국 소전에 의하면 무속이나 민간신앙을 종교화하여 종교로서의 체계를 부여하는 것은 무속, 민간신앙의 신학화, 종교 만들기이다. 따라서 근대적 종교 개념에 입각해서 민간신앙, 무속을 종교로 설명하거나 종교로 구성해 보려 하는 것은 민간신앙이나 무속으로 표상되는 한국인이 경험했던 종교적 세계 하나를 상실케 하는 것은 아닌지 고민해야 한다. 여기서 중요한 것은 무속, 민간신앙이 종교인지 아닌지의 여부가 아니다. 더 중요한 것은 그때 전제되는 종교 개념이다. 무속이나 민간신앙을 종교가 아니라고 강변하는 것도 타당하지 않지만 애써 종교라고 주장하는 것도 다른 세계의 범주, 개념에 한국인의 삶을 꿰어 맞추는 일이 될 수 있기 때문이다. 그것은 허망하며, 주체적 자기 삶의 상실일 수 있다.

따라서 소전에 있어서 무속이나 민간신앙을 종교현상으로 봐야 한다는 것은 무속, 민간신앙이라는 '종교'를 살피는 것이 아니다. 그것은 무속, 민간신앙으로 표상되는 한국인의 종교적 삶, 종교적 경험을 보는 것이다. 근대 이후 도입된 서구 종교 개념의 틀에 맞춰진 종교의 모습을 찾아 기술하는 것이 아니라, 한국인의 삶속에서 삶의 문제와 물음에 대한 해답을 제공해 온 삶의 경험과 모습을 기술하는 것이다.

이때 전제되는 것이 '종교문화'의 개념이다. 종교문화의 기본 전제는, 인간은 여러 종교들이 함께 하는 종교문화를 경험하는 것이지 개개 종교를 개별적으로 경험하는 것이 아니라는 점이다. 개별 종교와 만남은 타종교를 비롯한 모든 것으로부터 절연된 개별 종교와의 만남이 아니라 '종교문화 속 개별 종교'와의 만남이다.[30] 민간신앙 역시 타종교와 단절된 개별 종교로 존재하지 않는다. 타종교와 상호 침투하고 간섭하며 상호 변용되는 종교문화 속에 존재한다. 이를 소전은 '모아진 종교문화'로 표현한다. 무속, 민간신앙으로 표상되는 종교적 삶은 이러한 '모아진 종교문화' 속의 삶이고,[31] 또 그렇게 파악되어야 한다.

지금까지 살펴본 것처럼, 무속을 대상으로 논의가 이뤄지면서 소전의 민간신앙 논의는 좀 더 구체적이게 되고 그 폭도 넓어진다. 개별 종교의 무속 인식에 대한 논의를 넘어 한국사회 전반의 무속 인식에 대한 논의로 확장된다. 이 과정에서 이른바 무속에 대한 한국사회의 부정적 입장보다 긍정적 입장이 주로 분석된다. 또한 무속을 종교로서 인식해야 한다는 분명한 입장이 개진되고, 구체적인 시도로서 무속에 대한 유형론적 서술을 전개한다.

또한 소전은 종교 개념과의 연관 속에서 민간신앙 개념의 문제를 다룸으로써 민간신앙은 물론 한국 종교문화 전반에 대한 근본적 성찰을 이끌어 내고 있다. 이러한 소전의 논의는 민간신앙 인식에서 기존 민간신앙 개념을 당연시하지 않도록 하는 것은 물론이고, 민간신앙과 아울러 한국 종교문화 전반에 대한 재인식을 위한 범주의 재구성을 시도하도록 유도한다. 이러한 논의는 소전 종교학의 핵심 개념들에 기초해 있고, 따라서 민간신앙 인식에 대한 논의는 소전 종교학의 세계를 엿볼 수 있는 통로의 하나로 기능하기도 한다.

4. 무속 : 역현의 종교

한국 민간신앙 중에서 소전이 구체적인 서술을 시도한 것은 무속이다. 개별 종교가 아닌 종교문화에 대한 인식을 추구하는 종교학에서, 한국사회의 종교들은 병렬관계 속에서 개별적으로 존재하는 것이 아니라 서로 '접변하는 흐름'으로 존재한다. 무속은 이러한 복합적이고 다원적인 종교문화의 한 부분으로서 존재한다. 특히 소전 종교학에서 무속은 하늘 경험과 함께 한국 고유 종교의 두 흐름을 형성한다. 따라서 무속의 기본적인 성격은 하늘 경험과의 대비를 통해서 파악된다.[32]

먼저 무속 신앙은 하늘 경험의 존재론적 원초성이나 직접성과는 달리 해

답의 상징체계를 담당하는 전문가로서의 사제를 중심한 종교 체계로서 인식된다. 소전은

> 무당이라고 일컫는 사제 없이는 무속 종교를 설명할 수 없다. 해답의 상징체계가 무당을 통해, 무당의 역할을 통해, 비로소 구체화되기 때문이다. 그러므로 그것은 해답과의 직접적이거나 혹은 원초적 만남이 이뤄지지 않는다. 무당은 이러한 의미에서 그 만남을 차단하기 보다는 오히려 그 만남을 이루어주는 중개적 역할을 수행한다. 사람들은 다만 무당의 권위 즉 그가 해답의 상징적 기능을 수행하고 있다는 권위에 대한 상징적 공감을 통해 그 해답을 살고 있는 것이다.[33]

고 말한다. 이러한 설명은 하늘 경험의 '직접성, 원초성'과 대비해서 무속의 '간접성, 중개성'을 강조하는 것이다.

두 번째로 무속 해답의 원천은 일상을 넘어서는 힘으로 묘사된다. 이 점은 하늘 경험이 '하늘'과 같은 궁극성의 속성을 포용하는 총체적이고 근원적인 것과는 다르다. 무속에서는 일상적 삶을 완성시킬 수 있는 가능성이 기능적 표상으로 정리되면서 그 기능의 담당자가 신격화된다. 따라서 무속의 제의에 모셔지는 신은 기능적 힘의 절대화이고, 필요에 따라 그 힘은 그 양태를 무한히 분화해 간다. 즉 삶의 문제를 푸는 가능성은 어떤 것이나 신으로 선택될 수가 있다.[34]

따라서 무속의 신의 속성은 힘이다. 그 힘은 자연스러움과 그렇지 않음을 뜻대로 할 수 있고 바로 그래서 힘으로 여겨진다. 무속은 이 힘과 사람과의 관계 구조의 상황적, 전승적 표상이라 할 수 있다.[35] 굿에서 여러 신을 모시는 제차가 반복되는 것은 많은 신령을 부름으로써 힘의 다양성을 통한 힘의

극대화를 꾀하는 것이다.[36]

그리고 그러한 힘과의 관계는 무당 없이는 불가능하다. 무속의 힘은 무당의 신내림을 통해 현실적인 것으로 확인된다. 또한 힘에의 오리엔테이션이라 할 수 있는 무속 신앙은 그것이 필요의 구체성, 즉 어떤 지극히 실제적인 일상성과의 관련에서 이뤄지는 것이기 때문에 기복양재(祈福禳災)라고 하는 현실적 이해관계에서 추구되는 해답을 요청한다.[37] 따라서 무속은 현세주의, 현실주의적 지향 즉 지금, 이 자리에서의 만족스럽고 조화로운 삶을 추구한다.

세 번째로 무속의 공동체는 제장(祭場)공동체라 할 수 있다. 공동체의 성격이 보편적이기보다는 삶에서 요청되는 필요가 제의로 연행되는 제장에 한정된다. 이 점에 무속은 하늘 경험이 구체적인 공동체의 형성 없이도 의식에 내면화 되면서 보편적인 경험을 공유하는 것과는 달리, 제장을 떠나서는 다시 어떤 필요가 힘을 요청하기까지는 잊혀지거나 간과된다.[38] 이러한 제장공동체에서는 우주적 리듬보다 인간적 정황이 우선한다.[39]

이처럼 무속은 무당을 매개로 현실 삶의 필요나 부족함을 채워 주는 구체적인 기능적 힘과의 관계 맺음을 중심으로 하는 이른바 역현(力顯)의 종교이다. 따라서 무속을 한국 고유 종교의 한 흐름이라 했을 때, 무속이 보여주는 것은 힘에의 지향이다. 소전 종교학에서 무속은 하늘 경험과 함께 한국 고유 종교의 한 흐름을 구성하면서, 전래 종교들의 수용 과정에서 그것들의 문화적 변용을 가능케 하는 그릇의 역할을 한 것으로 파악된다.[40]

5. 한국 민간신앙 연구에서의 의의

소전 종교학에서 민간신앙은 아마도 기독교와 함께 가장 많이 다뤄진 종교현상일 것으로 보인다. 한국 종교사 서술에 대한 지향 속에서 민간신앙은 소전 종교학의 주요 관심사 가운데 하나였던 것으로 여겨진다. 또한 민간신앙에 대한 서술은 구체적인 종교현상을 다룰 때 소전 종교학 이론이 어떻게 펼쳐지는가를 확인할 수 있는 자리이기도 하다.

그동안 한국 민간신앙에 대한 연구는 종교학의 자리에서 본격적으로 이뤄지지 않았다. 오히려 종교학 밖에서 한국 전통문화에 대한 관심의 맥락에서 주로 전통문화의 전승 매체로 다뤄져 왔다. 따라서 한국인의 구체적인 삶의 자리에서 민간신앙이 어떤 종교적 역할을 담당하며 존속해 왔는가 하는 역사적 모습이나, 현재에도 한국인의 삶에서 살아 기능하는 종교로서의 모습은 잘 다뤄지지 않았다. 주로 무당처럼 민간신앙을 담당하는 사제나 굿과 같은 민간신앙 의례, 민간신앙 의례에 등장하는 신화나 사설, 음악과 춤 등 민간신앙을 이루는 개별 요소 등에 대한 연구가 진행되어 왔다. 한국 종교사의 맥락 및 타종교와 상관관계 속에서 민간신앙이 어떤 종교적 성격을 보이며, 어떤 종교적 역할을 담당해 왔는가 하는 문제에 대한 연구 역시 충분히 진행되었다고 말하기 어렵다.

더욱이 민간신앙 연구에서 전제되는 민간신앙 개념이나 종교 개념에 대한 고민과 성찰은 거의 없었다. 무속과 같은 민간신앙 현상이 종교인가 아닌가 하는 소모적 논쟁만 있었을 뿐, 경계의 불투명함과 모호성에도 불구하고 민간신앙 개념이 본격적으로 주요 문제로 제기되지 않았다. 이런 점에서 소전의 민간신앙 개념에 대한 근본적 문제 제기는 기존 민간신앙 연구를 비판적으로 되돌아 보고, 이른바 민간신앙으로 불리는 종교가 아닌 그것에 의해 표상되는 종교적 삶에 관심을 갖도록 한다.

소전의 종교문화 개념 역시 민간신앙과 타종교와의 상관성 속에서 좀 더 넓은 시야를 갖고 민간신앙에 접근하도록 한다. 그럼으로써, 민간신앙에만 한정된 기존의 고립된 연구 경향을 탈피해서 좀 더 폭넓은 연구를 가능케 할 것이다. 이런 점에서 소전의 민간신앙에 대한 발언은 기존 민간신앙 연구의 한계를 극복하고 새로운 관점을 바탕으로 한 새로운 연구의 돌파구를 여는 계기로 작용할 수 있다.

하지만 무속을 중심으로 한 민간신앙의 구체적인 서술에 대해서는 몇 가지 의문을 갖게 한다. 예컨대 무속은 역현의 종교로 유형화된다. 그리고 무속의 신은 힘의 신격화로서, 힘을 가진 존재이기 때문에 관계 맺음의 대상이 된다고 말한다. 물론 이것은 타종교와의 관계 속에서 무속의 상대적 위상을 밝히기 위한 유형론적 서술이다. 이른바 신현(神顯), 성현(聖顯)의 종교에도 역현적 현상은 나타난다고 말하고 있다.

그런데 무속의 신을 현실에서 필요한 일정한 기능을 담당하는 힘이 신격화된 것이라고 파악하는 것에 대해서는, 다른 설명도 가능할 것으로 보인다. 무속의 신을 현실 삶에서 필요로 하는 구체적 힘의 신격화로 파악하는 것은 무속의 신을 이른바 기능신으로 파악하는 것이다. 그런데 무속의 신들에게 현실적인 필요의 직접적인 바람으로서 구체적인 기능이 기원되는 것은 분명하지만, 그것과 무속의 신을 기능신으로 파악하는 것과는 구분될 수 있다.

또한 무속에서 신과 관계를 맺는 것 역시 무속의 신이 현실 삶의 필요와 요구를 충족시키는 구체적 힘을 갖고 있는 존재이기 때문으로 설명된다. 그런데 이와는 달리 무속에서 신과 관계를 맺는 것은 반드시 신이 어떤 힘을 갖고 있어서가 아니라 당연한 관계 맺음의 대상이어서 관계를 맺는 것으로 볼 수 있다. 예컨대 무속에선 조상이 중요한 관계 맺음의 대상 가운데 하나이다. 하지만 조상이 후손을 도와줄 힘이 있다고 여겨지기도 하지만, 조상에게 반드시 어떤 힘이 있어서 조상과 관계를 맺는 것이라고 보긴 어렵다.

오히려 조상은 당연히 인간이 관계를 맺고 살아가야 할 존재여서 만남을 갖는 것으로 보는 것이 자연스럽다. 무속의 다른 신에 대해서도 동일한 설명이 가능한 것으로 보인다.

무속에서 차지하는 무당의 역할과 중요성에 대한 평가에 대해서도 다른 이해가 가능하다.[41] 무속 이해에서 무당이라는 개인 외에도 사회문화적으로 전승되어 온 무속 문화에 대한 고려가 필요한 것으로 보인다. 무속 문화는, 무당에 의해 새롭게 변화되기도 하지만, 무당을 탄생시키는 종교적 기반이고, 그것은 사회문화적으로 주어진 것이기 때문이다.

하늘 경험과 대비해서 무속의 특징으로 말해지는 '간접성'에 대해서도 다른 해석이 가능할 수 있다. 오히려 무당을 통해 신과 같은 인간 외적 존재와 '직접적인 만남'이 가능해진다고 파악할 수 있을 것으로 보인다. 즉 무당의 역할은 인간과 인간외적 존재와의 '직접적 만남'을 가능케 하는데 그 특징이 있으며, 이런 점에서 타종교 사제와의 차별성을 확보하는 것으로 볼 수 있다. 따라서 무속에서 신과 인간의 만남에서 '중개성'과 아울러 '직접성'을 강조할 수도 있을 것으로 보인다.

소전 종교학에서는 민간신앙 인식에 대한 논의가 중심적인 위치를 차지하고 있다는 점에서, 이러한 구체적인 각론에서의 의문점은 부차적인 것에 지나지 않는다. 종교문화의 개념, 그리고 경험적 실재와 개념적 실재를 구분하고, 한국종교사의 맥락을 고려하는 소전 종교학은 기존과 다른 새로운 시각에서 새로운 물음을 추구하도록 함으로써 기존 한국 민간신앙 연구의 한계를 극복하고 새로운 지평을 여는데 큰 기여를 할 것이다.

6. 맺음말

지금까지 소전 종교학에서 이뤄진 민간신앙에 대한 구체적 서술과 아울러 민간신앙 인식에 대한 논의를 살펴보았다. 민간신앙 인식에 대한 물음은 소전 종교학의 지속적 관심사의 하나이다. 이는 근본적으로 새로운 물음을 지향하는 소전 종교학의 기본적인 문제의식의 발로로 이해된다.

소전 종교학에서 종교학의 정체성은 물음의 되물음이다. 종교학은 기존 종교 개념의 해체를 통한 종교 현실의 새로운 인식을 지향해야 하는 것이다.[41] 소전 종교학은 초기부터 일관되게 기존 개념을 뛰어넘어 종교현상에 대한 새로운 인식, 새로운 언어 창출을 꿈꾸어 왔다. 이처럼 인간 삶의 현실에 기반한 열린 물음을 추구하는 문제의식은 당연히 민간신앙에 대해서도 지속적으로 새로운 인식에의 물음을 던지도록 하였을 것이다.

따라서 소전 종교학에서 민간신앙 인식에 대한 물음이 갖는 의미를 정확히 이해하고 평가하기 위해서는 소전 종교학 전반에 대한 이해가 뒷받침되어야 한다. 그러나 그것은 필자의 능력 밖의 작업이다. 필자의 능력 부족으로 소전 종교학에서 민간신앙 인식에의 물음이 어떤 의미와 위치를 차지하는지 전혀 정리하지 못하였다. 그저 민간신앙 관련 글들을 대상으로 그 내용과 민간신앙 연구에서의 의의를 살펴보는 데 그치고 말았다. 이런 점에서 이번 글은 소전 종교학의 민간신앙과 소전 종교학 전반에 대한 탐구의 시작에 지나지 않는다.

제2부

경험

한국 기독교에 대한
소전 종교학의
문화비평

이진구

소전 정진홍의 학문 세계는 그 범위가 매우 넓다. 거시적으로 말하면 인문학, 좁혀 말하면 종교학이라고 규정할 수 있을 것이다. '종교를 통한 인간 이해' 혹은 '호모 렐리기오수스에 대한 이해'가 소전의 학문적 관심과 지향을 잘 표현해 주는 용어 같다.

이제 그리스도교가 할 일은 스스로 제단을 쌓고 그 위에 올라
자신이 제물이 되어 그렇게 자신을 불사르는 일밖에 없습니다.
결과는 아무도 모릅니다. 그리고 기적은 우리의 몫이 아닙니다.[1]

왜 하느님께서는 종교사를 서술할 수 있게 하셨을까?
종교의 생성과 소멸을 보여주는 종교사를 통하여
하느님께서 우리에게 보여주시려는 당신의 뜻은 과연 무엇일까?[2]

소전(素田) 정진홍의 학문 세계는 그 범위가 매우 넓다. 거시적으로 말하면 인문학, 좁혀 말하면 종교학이라고 규정할 수 있을 것이다. '종교를 통한 인간 이해' 혹은 '호모 렐리기오수스(Homo Religiosus)에 대한 이해'가 소전의 학문적 관심과 지향을 잘 표현해 주는 용어 같다. 소전의 인문학적 관심은 종교와 인간에 대한 깊은 사색과 광범위한 탐구를 통해 전개되었으며, 소전의 종교학적 관심은 특정 종교 전통에 국한되지 않고 종교문화 전반을 가로지르며 전개되었다. 소전의 글쓰기는 학술 저서나 논문만이 아니라 에세이나 시와 같은 다양한 장르를 넘나들고 있다. 그야말로 전방위적 글쓰기를 시도

해 왔다고 할 수 있다.

소전은 종교 전통 중심의 연구를 지향하지 않았지만 그의 종교학에서 기독교는 각별한 위치를 차지하고 있다. 기독교는 소전의 학문 세계만이 아니라 그의 삶과도 밀접한 관련을 맺고 있다. 특히 한국 기독교라고 하는 공간은 그의 학문과 삶의 이력에 중요한 영향을 미친 것으로 보인다. 따라서 소전의 학문 세계를 조명하기 위해서는 소전과 한국 기독교의 관계, 기독교에 대한 그의 인식과 태도, 한국 기독교에 대한 그의 연구 성과 등을 종합적으로 파악하는 것이 필요하다. 한국 기독교에 관한 소전의 다양한 말과 글은 종교학(자) 혹은 '공적 지식인'(public intellectual)의 자리에서 이루어진 '문화비평'[3]으로서 한국기독교에 관한 비판적 인식, 즉 한국기독교 비평에 중요한 통찰력을 제공할 수 있을 것이다.[4]

필자는 이러한 문제의식 하에 이 글을 세 부분으로 구성하였다. 첫째는 소전의 삶과 학문 세계에서 기독교가 어떤 위치를 차지하고 있는가를 밝히는 부분으로서 소전의 초기 종교학에 기독교가 미친 영향을 생애사적 배경과 함께 검토한다. 둘째는 한국 기독교를 바라보는 소전의 시선을 살피는 부분으로서 기독교 신학과 종교학의 관계, 기독교와 한국사회의 만남, 한국 기독교의 선교관을 중심으로 검토한다. 셋째는 한국 기독교에 대한 소전의 문화비평이 어떤 의미를 지니고 있는지를 종교에 대한 '해석학적 문화비평'과 '사회과학적 문화비평'의 차이를 중심으로 검토한다.

1. 소전의 종교학과 기독교

소전의 학문 세계에서 기독교가 어떠한 위치를 갖고 있으며 소전의 종교학에 기독교가 어떤 영향을 미쳤는가를 살펴보기 위해서는 생애사적 고찰이 어느 정도 필요하다. 따라서 먼저 소전의 기독교적 배경에 대해 간략히 언급하겠다.

소전은 모친의 영향 하에 일찍이 기독교, 정확히 말하자면 개신교를 접하였다. 초등학교와 중고등학교 시절, 주일학교와 교회가 생활의 한 부분을 차지하였다. 그런데 학창시절의 소전은 기독교에 대해 '양면적 감정'을 느꼈던 것 같다. "어머니는 신앙이 없었으면 살아가지 못했을 것입니다."라는 고백에서 나타나듯이 한편에서는 기독교 신앙의 소중함을 절실하게 느꼈지만, "종교인들의 삶을 보면 … 인간의 삶이 참 정직하지 못하다는 것을 심각하게 경험했습니다."라는 고백에서 나타나듯이 다른 한편에서는 기독교(인)의 '위선적 측면'을 경험한 것으로 보인다.[5]

대학에 들어간 소전은 "맘껏 읽고 싶은 책 읽고" 살 수 있으리라는 기대에 한껏 부풀었지만 그러한 기대는 금방 무너졌다. 소전이 종교학과에서 접한 것은 자유스러운 학문의 풍토가 아니라 개신교 근본주의 신학에 의한 억압의 분위기였기 때문이다.[6] 소전의 회고에 의하면 당시 종교학과의 분위기는 "자유로운 물음을 묻게 하는 것이 아니라, 물어야 할 물음을 가르치고, 물음을 물어야 할 물음을 배워 그 물음을 물으면, 그 물음에 대한 준비된 대답을 보여주고 하는 그런 시스템"이었다.[7]

대학 졸업 후 미션스쿨에서 '성경교사'로서 학생들을 가르치던 소전은 기독교의 언어가 '사투리'에 지나지 않음을 깨달았다. 기독교 공간에서 자연스럽게 유통되는 언어들이 울타리 너머의 사회에서는 소통 불가능한 '방언'에 지나지 않음을 절실히 깨달았던 것이다.[8] 이 시기 소전의 내적 고민은 다음과 같은 회고를 통해 압축적으로 표현되고 있다.

신학을 하고 싶었습니다. 특별한 이유가 있었던 것은 아닙니다. 내 실존에 대

한 물음을 스스로 묻기 시작했을 때 우연하게 옆에 있었던 것이 크리스트교
였습니다. … 저는 그 울안에서 행복했습니다. … [그런데] '불행하게도' 저는
보이고 들리는 현실을 외면할 수 없었습니다. 문제는 제가 있던 울안의 언어
가 밖으로부터 전해지는 새로운 발언을 '진지하게' 경청하지 않고 있다는 사
실에 대한 '염려'로부터 비롯됐습니다. 그러다 마침내 그 언어들이 그 발언들
에 대해 아예 진지하게 반응할 수 없는 구조적 제약을 지니고 있을지도 모른
다는 생각이 들면서 저는 저 자신의 물음에 정직하지 않으면 안 되겠다는 '불
안한 생각'을 했습니다.[9]

소전이 기독교인들의 '위선', 기독교 신학의 '폐쇄성', 기독교 언어의 '국
지성'을 절감하고 있을 때 '해방의 출구'로 나타난 것이 엘리아데(Mircea Eliade,
1907-1986)의 종교학이다. 특히 엘리아데의 『종교형태론』[10]은 그의 눈을 번쩍
뜨이게 하는 개안(開眼)의 계기를 제공했다. 특정 종교 전통의 언어를 사용
하지 않으면서 인류의 종교경험을 서술할 수 있다는 사실에 '전율'의 감정을
느낄 만큼 소전은 큰 충격을 받았다. 소전은 이 책과의 만남을 통해 종교학
에 '입문'한 것이다.[11]

저는 어쩌면 그 안에 머물러 있었다면 볼 수 없었던 것을 볼 수 있었다는 사
실에 대한 정직한 증언을 유보하고 싶지 않습니다. 그리고 그것이 제게 주었
던 '새로운 사명'일지도 모른다는 제법 낙관적인 기대조차 가지고 있음을 숨
기고 싶지 않습니다. 저는 … 그리스트교로부터의 일탈이 정당하다는 자기
합리화를 하고 있는 것이 아닙니다. 저는 제 경험을 고백하고 있을 뿐입니다.
지금 제가 발언하고 있는 것의 옳고 그름의 준거는 저 스스로 저 자신에게 얼
마나 정직한가 하는 것 밖에 다른 것이 없습니다.[12]

이처럼 소전의 종교학은 단순한 지적 호기심이 아니라 실존적 동기에서 시작되었다. 따라서 소전은 '학문을 위한 학문'이라는 용어를 선호하지 않으며 학문은 어디까지나 삶의 한 부분이자 삶을 위한 하나의 통로로 간주된다. 이는 뒤에 서술할 해석학적 문화비평과 소전의 친화성을 암시하는 대목이다.

소전이 종교학에 입문하여 학자로서 활동하는 과정에서 부딪친 문제의 하나는 신앙적 정체성과 종교학의 관계이다. 소전이 이 문제와 관련하여 고백한 말을 직접 들어보자.

> 지속적으로 종교학을 공부하면서 … 기독교인으로 살아간다는 자의식을 가지고 살면서 여러 가지 문제가 대두되었습니다. … 꼭 어디가서 [종교학에 대한] 얘기하고 나면 당신 종교는 뭐요? [라고 묻는 사람들이 있습니다]. 그때마다 나는 기독교인이라고 합니다. 어떻게 당신이 기독교인일 수 있느냐고 묻습니다. 잘 모르겠지만 나는 기독교인이라고 말합니다. 삶은 구체적인 거니까요. … 실존적인 결단이라는 것은 사실에 의해서 논리적으로 귀결되는 것이 아닙니다.[13]

소전이 즐겨 사용하는 용어를 빌리자면, '고백의 언어'와 '인식의 언어'를 구별하면서 신앙(기독교)과 학문(종교학)의 관계를 정리한 것이다.

1970년대부터 소전은 종교학 관련 글을 본격적으로 발표하기 시작한다. 그런데 초기의 글의 상당 부분이 기독교 공간을 통해 발표되고 내용도 기독교와 관련된 것이 많다. 1980년에 두 권의 책이 거의 동시에 발간되었는데 『종교학 서설』(1980)[14]과 『기독교와 타종교와의 대화』(1980)[15]이다. 같은 출판사에서 나온 두 책은 주로 1970년대에 발표하거나 강연한 것을 묶거나 보완한 것이기 때문에 1970년대 소전의 종교학을 대변한다고 볼 수 있다.

『기독교와 타종교와의 대화』는 기독교방송국에서 1년 동안 '비교종교학'이라는 이름하에 강연한 내용을 토대로 하고 여기에 몇몇 신학교에서 종교학 강의를 하면서 지니게 된 문제의식을 반영하여 서술한 책이다. '기독교방송국(CBS)'과 '신학교'라는 용어에서 잘 나타나듯이 이 책의 출간 배경에는 기독교가 있다. 그러나 이 책의 본문에서 소전은 "선교적 목적을 위한 비교종교학"과 "순수하게 종교인식을 위한 비교종교학"을 구분하면서 자신의 책은 후자의 입장에 서 있음을 분명히 밝히고 있다. 그러면서도 "비신학적인 학문, 곧 [비교]종교학의 발언을 신학적인 관심을 염두에 두면서 경청하는 일이 신학적인 사색이나 신앙적인 삶을 위하여 무의미할 수 없으리라."고 언급하고 있는데 이는 이 책의 주된 독자를 기독교인으로 상정하고 있었기 때문일 것이다.[16]

이 시기의 소전은 번역본도 여럿 발간하였는데 대표적인 것은 폴 틸리히(Paul Tillich)의 『기독교와 세계종교』(1969),[17] 이정용의 『역과 기독교사상』(1980),[18] 리처드 니버(Richard Niebuhr)의 『책임적 자아』(1983)[19]가 대표적이다. 이 책들은 모두 기독교 신학자로 분류되는 인물들의 저서이다. 한편 이 무렵 소전은 프레드릭 스트렝(Frederic J. Streng)의 『종교학 입문』(1973)[20]과 엘리아데의 『우주와 역사: 영원회귀의 신화』(1976)[21]를 번역하였는데 이 책들은 종교학 서적으로 분류되지만 기독교계 출판사에서 간행되었다.[22]

이처럼 단행본을 중심으로 볼 경우 저서이건 번역본이건, 기독교 신학서이건 종교학 서적이건 이 시기 소전의 지적 성과물은 대부분 기독교 계통 출판사에서 발간되었다. 소전의 초기 종교학은 기독교를 '제도적 기반'으로 삼고 있었던 셈인데 이 공간은 정확하게 말하자면 '상대적으로 개방적인 개신교 공간'(protestant liberalism)이다. 전망사, 현대사상사, 대한기독교서회 등은 교단의 입김에서 상대적으로 자유로운 출판 기관이었기 때문에 종교학이 소개될 수 있었던 것으로 보인다. 경성제대의 종교학이 해방 이후 서울대 종교학과의 개신교 근본주의(protestant fundamentalism) 신학에 의해 억압되었을 때, 소전의 종교학은 개신교의 출판 공간을 통해 나름의 발판을 마련한 것이다. 이렇게 볼 때 1970년대 한국 종교학의 형성과 확산에 개신교는 '장애물'인 동시에 '디딤돌'이었던 셈이다.[23]

1980년대 이후 소전의 종교학은 기독교 공간을 벗어나 매우 넓은 무대에서 전개되지만 기독교와의 관련성은 지속되었다. 초기부터 소전의 종교학이 소개되는 기독교계의 대표적인 잡지는 개방적 성향의 월간지 『기독교사상』이었는데,[24] 이 잡지에 실리는 글은 주된 독자가 기독교인일 뿐만 아니라 청탁원고의 성격이 강하므로 소전의 글도 기독교와 관련된 것이 많았다.

한편 소전의 기독교 비평은 시기에 따라 일정한 변화를 보인다. 1980년대 중후반 이전까지는 조사 연구나 참여 관찰과 같은 중장기 프로젝트의 성격을 지닌 글이 상당수 있었으나, 그 후에는 기독교 기관이나 단체에서 행하는 강연이 눈에 띄게 늘고 있다.[25] 이 기관들은 대체로 한국 개신교의 개혁과 갱신에 관심을 갖고 있는 단체들로서 원로 종교학자를 초청하여 한국 개신교의 방향을 모색하는 것으로 보인다. 따라서 이 자리에서 나온 발언들은 한국 교회가 당면한 현실과 관련된 내용이 많다.

소전의 회고에 의하면 종교에 관한 그의 언어는 자전적(自傳的) 연대기의 층위를 따르고 있다.

저는 '종교' 안에 있었습니다. 그러나 종교학을 시작하면서 '종교들'의 현실 속에 머물렀습니다. 그런데 이제 생업으로서의 종교학을 끝내면서 저는 '종교적인 것'의 현실과 직면하고 있습니다. 이것은 제 언어의 고고학이라고 해도

좋을 듯합니다.[26]

즉 소전의 관심은 '종교(religion) → 종교들(religions) → 종교적인 것(religious)'의 순으로 전개되었다.[27] 물론 이때 첫 번째에 해당하는 '종교'는 기독교이지만, 이 기독교는 '종교들' 및 '종교적인 것'과 역동적 관계를 맺으면서 소전의 삶과 학문 세계 속에서 지속적인 자리를 차지했다. 그러면 이제 장을 달리 하여 한국 기독교에 대한 소전의 문화비평을 구체적으로 살펴보자.

2. 한국 기독교에 대한 소전의 문화비평

한국 기독교와 관련하여 소전은 매우 다양한 문화비평을 시도했지만 여기서는 크게 세 부분으로 나누어 살펴본다. 첫째는 기독교 신학에 대한 것이고, 둘째는 기독교와 한국사회의 만남에 관한 것이고, 셋째는 기독교의 선교에 대한 것이다. 이 셋은 서로 밀접한 관련을 맺고 있지만 분석의 편의상 나누어 살핀다.

1) 기독교 신학: 상징의 기호화에서 신학적 상상력으로

앞서 언급했듯이 소전은 한때 신학을 전공하고 싶을 정도로 기독교의 영향권에서 성장하였지만 결국 종교학을 선택했다. 당시 소전이 접했던 신학은 그의 '정직한' 물음을 구조적으로 제약하는 것으로 보였기 때문이다. 그러나 소전은 종교학의 길에 들어선 이후에도 신학에 대한 발언을 계속하지 않을 수 없었는데 그 이유는 종교학이 신학으로 오인되는 경우가 흔했기 때문이다. 서구의 역사에서와 마찬가지로 한국에서도 신생학문인 종교학은 신학과의 차이를 강조하면서 자신의 정체성을 드러낼 수밖에 없었다.[28]

소전은 종교학을 소개하는 대부분의 글에서 신학과 종교학의 차이를 언급하고 있지만 특히 두 편의 글이 이 문제를 집중적으로 다루고 있다. 하나는 신학과 종교학의 '만남'에 초점을 둔 글이고,[29] 다른 하나는 미래의 신학을 위한 종교학의 '충고'이다.[30] 이 두 글에 나타난 신학 인식을 중심으로 소전의 기독교 비평의 한 단면을 살펴보도록 하자.

소전에 의하면 신학은 기본적으로 '고백의 언어'이다. 특정한 신앙고백을 공유하는 기독교라는 신앙공동체의 언어이다. 고백의 언어는 대사회적 차원에서는 '선포'와 '증언'의 논리로 나타난다. 따라서 기독교 신학은 사회를 향해 기독교의 '복음'과 '진리'를 선포하고 증언한다. 그런데 이러한 고백과 선포와 증언의 논리는 종교적 신념을 강화시키는 역할을 할 뿐 인식의 지평을 확장하지는 못한다. 따라서 신학은 '동어반복(tautology)'의 언어이다.[31]

이와 달리 종교학은 종교에 대한 '앎'을 목표로 하는 '인식의 언어'이다. 신학과 관련하여 말하자면, 종교학은 "신학이 무엇을 발언하고 있는지, 그 해답의 내용이 무엇인지, 그것이 어떻게 기능하고 있는지 또 그것은 어떻게 전승되고 있고, 그것이 함축하는 부정적인 것은 어떤 것인지."를 묻고, 나아가 "도대체 신학이란 왜 현존하는 것인지, 왜 특정한 물음을 가르치고, 마침내 그 물음을 익혀 묻는 물음에 상응하는 해답만 제시하는지, 바로 그러한 신학 현상 자체가 왜 어떻게 인류의 문화와 역사 그리고 사회 안에 현존하는지, 그리고 그러한 것의 현존의 의미가 무엇인지."를 묻는다.[32] 요컨대 종교학은 '인식의 논리'를 전개한다.

이처럼 신학과 종교학의 자리는 너무나 다르기 때문에 양자 사이의 만남이나 대화는 불필요해 보인다. 그러나 소전은 신학과 종교학의 만남이 필요하다고 본다. 물론 이때 만남의 전제는 서로의 한계를 분명히 자각하는 것이다.

아무리 인식의 논리가 창조적 해석학에 이른다 할지라도 그것이 여전히 인식임을 확인하지 못한다면 또 다른 실존의 현실성인 고백을 훼손함으로써 인간을 배신하게 되고, 아무리 고백의 논리가 존재론적 정직에 이른다 할지라도 그것이 여전히 고백임을 자인하지 않는다면 실존의 또 다른 현실성인 인식을 차단함으로써 부정직한 현존을 정당화하는 기만에 이르게 된다.[33]

요컨대 인식은 인식의 논리, 고백은 고백의 논리를 벗어나서는 안 된다는 것이다. 소전의 수사적 표현에 의하면, 인식의 논리는 스스로 인식임을 '고백'해야 하고, 고백의 논리는 스스로 고백임을 '인식'해야 한다.[34] 이는 '인식과 고백의 긴장'으로서 자신의 기반을 끊임없이 '되묻는' 작업을 의미한다.[35] 즉 고백의 자리에서의 지속적 '성찰'과, 인식의 자리에서의 지속적 '성찰'이 필요하다는 것이다.

그런데 소전의 관찰에 의하면 신학은 자신의 언어가 고백의 언어임을 알면서도 그 언어를 인식의 언어로 환원하고 있다. 고백의 언어가 인식의 언어를 자처하는 것이다. 이렇게 되면 그 언어는 '다른 언어'를 용인하지 못하고 자신의 언어가 모든 인류의 경험을 설명할 수 있다고 주장하게 된다.[36] 이는 '지적 과오'를 범하는 부정직한 행위이다. 소전은 신학도들이 이러한 사실을 자각해야 한다고 역설한다.

소전이 볼 때 신학이 지닌 또 하나의 문제점은 '경험적 실재(empirical reality)'와 '개념적 실재(conceptual reality)'의 관계 속에서 발생한다. 인간의 경험을 전달하기 위해 개념이 필수적으로 요청되지만 개념은 경험이 지닌 역동적이고 복합적인 의미를 그대로 담는 것이 아니라 추상화와 정태화를 통해 그 일부만을 담는다. 따라서 경험과 개념 사이에는 늘 간격이 존재한다. 신학의 경우에도 이는 마찬가지다. 따라서 신학은 종교가 가지는 무한한 의미를 단일한 의미로 제한한다. 그런데 사람들은 신학의 요청에 따라 자신들의 경험을 그 요청에 상응하는 것으로 다듬는다.

소전은 이러한 현상을 '상징의 기호화'라고 부른다. 문제는 상징을 기호화하지 않으면 종교 체제를 유지할 수 없고, 상징을 기호화하면 종교성을 배신하게 되는 딜레마가 발생한다는 사실이다. 이는 근원적으로 '경험의 개념화'에서 비롯되는 현상인데 신학도들이 이에 대해 철저한 '자의식'을 가져야 한다는 것이다.[37]

소전은 신학이 겪는 이러한 딜레마에 대한 하나의 해결 방안으로 '시적 태도'를 제안한다. 시적 감수성, 시적 상상력이 신학함에 함축된다면 그리고 시적 이미지가 신학적 개념들을 수식할 수 있다면, 열린 신학, 열린 종교, 창조적 종교를 기대할 수 있기 때문이다.[38] 한마디로 하면 시의 세계에서 볼 수 있는 상상력을 신학에 적용한 '신학적 상상력'을 발휘해 달라는 주문이다. 그래야 신학의 미래가 있다는 것이다. 소전은 자신의 이러한 '충고'가 신학에 대한 종교학의 '지적 오만'에서 나온 것이 아니라 신학도와 종교학도의 '인간적 공감'에 기댄 것임을 강조한다.[39]

지금까지 살펴본 것처럼 소전은 언어와 개념의 문제를 중심으로 신학의 자리에서 발생할 수 있는 문제점들을 지적한 뒤 이를 해결하기 위한 대안으로 '지속적 성찰'과 '열린 상상력'을 제시하였다. 소전의 기독교 비평은 현상의 서술에 그치는 것이 아니라 대안을 제시하는 것임을 알 수 있다.

소전의 이러한 진단과 처방에 대해 기독교 신학은 어떠한 반응을 보일까? 소전이 현대 기독교 신학의 다양한 흐름을 간과하고 신학 전체를 근본주의 신학과 동일시하는 것이 아닌가 하는 물음이 일각에서 제기될 수 있을 것이다. 성서비평을 수용한 근대 자유주의 신학에서부터 최근의 포스트모던신학에 이르기까지 근현대 신학의 흐름 안에는 문자주의적 접근을 벗어나 바이블의 내용을 상징과 은유로 접근하는 경향이 분명히 존재한다. '은유신학'(metaphorical theology)이나,[40] "시적이고 상징적"인 설교 언어[41] 등의 용어는 이러한 맥락에서 등장한 것으로 보인다. 이러한 경우는 고백의 언어를 인식의 언어로 혼동하거나 환원하는 것으로 보기는 어려울 것이다. 그러나 한국 기독교의 경우 근본주의 신학이 주류를 이루고 있기 때문에 소전의 진단과 처방은 기독교 비평으로서 적지 않은 의미와 효과를 지닐 수 있을 것이다.[42]

2) 기독교와 한국사회의 만남: 기호적 수렴에서 상징적 수렴으로

소전은 한국사회에 기독교가 전래, 수용, 정착하는 모습에 관심을 갖고 이 과정을 분석하였다. 소전에 의하면 기존의 한국기독교 수용사 연구는 사회적, 정치적, 역사적 배경을 해명하는데 치중하였는데 이러한 작업만으로는 충분하지 못하다. 종교문화의 만남을 이해하기 위해서는 '종교문화다움'을 이루는 우주론(cosmology)과 신화 – 논리(mytho-logic)에 주목해야 한다.[43] 즉 문화적 차원에서 전개되는 만남의 문법을 규명해야 한다는 것이다.

이러한 작업을 위해 소전은 먼저 '기독교 문화'와 '한국 종교문화'의 특성을 각각 규정한다. 소전에 의하면 기독교는 초월적이고 절대적이고 인격적인 신, 존재론적 이원론과 이원적 계율, 강한 사회적 응집력과 첨예화된 역사의식을 지닌 공동체, 신과 인간의 매개자로서 예수의 존재를 핵심으로 하는 종교이다. 소전의 유형론에 의하면 '신현적(神顯的, theophany) 종교'에 속한다.[44] 한편 한국의 종교문화는 '하늘-경험'을 근간으로 하는 전통적인 신앙과 '힘'에의 오리엔테이션을 특징으로 하는 무속 신앙을 양대 산맥으로 한다. 전자는 '성현적(聖顯的, hierophany) 종교'이고 후자는 '역현적(力顯的, kratophany) 종교'이다.[45] 그런데 기독교가 들어올 무렵의 종교문화는 이 두 지층 위에 '신비[mythos]'를 특징으로 하는 불교와 '합리성[logos]'을 특징으로 하는 유교가

집적되어 있는 '중층신앙'의 형태로 존재하고 있었다.[46]

이처럼 매우 이질적인 것으로 보이는 두 종교문화의 만남이 어떻게 가능했는가? 소전은 기독교의 수용을 용이하게 한 두 요소에 특히 주목한다. 하나는 전통적 하늘–경험의 근거가 되는 지고존재(Supreme Being)의 관념이고 다른 하나는 무속 신앙에 나타나는 중보자의 관념이다. 기독교가 들어오기 이전 한국인의 하늘–경험 속에 등장하는 하늘은 일상적 숭배의 대상이라기보다는 의식의 심층에 자리한 지고존재였다. 세계종교사에서 널리 발견되는 '사라진 신'(deus otiosus)에 해당한다고 볼 수 있다.[47] 이러한 지고존재의 관념이 잠재적 형태로나마 존재하지 않았으면 기독교의 유일신은 수용되기 어려웠을 것이다. 기독교는 한국인의 전통적인 하늘–경험에 내포되어 있던 '은폐된' 신을 유일신의 모습으로 '현재화(顯在化)'시키면서 들어올 수 있었다.[48] 한편 무속 신앙에서 신과 인간을 매개하는 사제(무당)의 존재가 기독교의 예수를 수용할 수 있게 하는 발판이 되었다. 무당을 초월과 내재의 매개자로 여긴 한국인의 경험이 있었기 때문에 그리스도교의 중보자인 역사적 인격(예수)의 테오스[theos]화가 자연스럽게 수용될 수 있었던 것이다.[49]

요컨대 기독교 문화와 한국의 종교문화가 의식의 내면에서 '구조적 동질성'을 지니고 있었기에 역사적, 사회적 요청과 상응하면서 기독교의 수용이 '성공적'으로 이루어질 수 있었다.[50] 그러나 소전은 기독교와 한국의 종교문화의 만남에는 '갈등'의 측면이 있었음을 동시에 지적한다. 조선 후기에 일어난 천주교 박해가 예로 제시된다. 구체적으로는 조선왕조가 전통적 하늘[天] 관념에 근거하여 천주교의 천주 개념을 위험하고 모욕적인 것으로 간주하면서 비판한 행위 등이 갈등의 사례로 제시된다.[51]

이처럼 기독교 문화와 한국 종교문화의 만남에는 긍정과 부정의 두 측면이 동시적으로 존재하는데, 이러한 역설적 현상을 해명하기 위해 두 문화 간의 만남을 '종교문화적 접변'이 아니라 '비종교문화적 접변'으로 규정한다. 다른 말로 하면 두 문화의 만남은 '상징간의 만남'이 아니라 '기호의 문법'을 활용하고 있었다는 것이다.[52] 소전은 그 증거를 오늘날 기독교 문화의 성격에서 찾는다.

> 현존하는 그리스도교 문화는 그 상징의 다의성(multivalency)에 대한 해석을 아직도 규범적 당위의 권위 아래 유폐시켜 놓고 있고(symbol〈sign), 전통적 가치의 수식보다는 그것의 교체를 요구하고 있으며(metaphor〈metonymy), 배타 · 독선일 수도 있을 자기주장의 논리 선포를 누구에 의해서나 유일하게 읊어져야 할 '가락'으로 강요하며, 마침내 모든 소리들이 침묵해 버림으로써 그 가락을 위한 화음마저 스스로 부정해 버리고(harmony〈melody)만다.[53]

이는 인류학자 에드먼드 리치(Edmund Leach)의 용어들을 활용한 것으로서[54] 기독교 문화가 한국의 종교문화 속에서 '열림'의 논리인 상징(은유/화음)보다는 '닫힘'의 논리인 기호(환유/가락)로 기능하고 있음을 지적한 것이다.

이처럼 소전은 한국 기독교의 수용사를 두 문화의 '상징적 수렴'이 아니라 '기호적 수렴'으로 파악한 뒤, 기독교 신학이 취해야 할 방향을 암시하고 있다. 소전에 의하면 기독교 문화는 한국의 '중층적' 종교문화에 의하여 그 '힘'의 강력함이 인지되어 선택된 것이고, 그것이 기독교 문화 수용의 에토스를 형성하였다. 기독교 문화를 판단하여 선택했던 한국 종교문화의 중층 신앙은 아직도 기독교 문화에 의하여 제어되지 않으면서 선택을 통한 '심판'의 기능을 역사 속에서 여전히 수행하고 있다. 그러므로 오늘 한국의 기독교 문화는 중층 신앙에 의하여 자신이 선택되었다고 하는 것을 문화적 사실로 승인하는 자리에서부터 그 신학적 과제를 성찰해야 한다.[55] 기독교가 한국

사회에서 그러한 자각을 하지 못할 경우 한국 종교문화에 의해 '퇴출'될 수 있다는 의미이다.

요컨대 기독교 문화는 한국의 종교문화와 근원적 차원에서 구조적 동질성을 지니고 있었기 때문에 '성공적'으로 수용될 수 있었지만 두 문화의 만남이 '기호적 수렴'의 형태로 전개되었다는 문제를 지니고 있다. 현재 기독교는 한국사회에서 교세를 배경으로 지배적 종교로 자리 잡고 있지만 한국의 종교문화와 충분한 '상징적 수렴'을 하지 못하고 있다는 것이다. 따라서 기호적 수렴을 넘어 상징적 수렴으로 나아가는 것이 한국 기독교의 과제가 되는 것이다.

이처럼 소전은 상징의 기호화라는 용어를 통해 한국 기독교의 수용에 대해 문화비평을 시도하였는데 이와 유사한 비평은 다른 글들에서도 자주 발견된다. 개신교에 의한 '하느님의 하나님화'가 대표적인 사례이다. 소전에 의하면 개신교가 '하느님'을 파기하면서 이룬 '하나님'의 확보는 비록 유일신을 뜻하는 것으로 신학화되었음에도 불구하고 그것이 치른 대가는 엄청나다. 우리의 아득한 문화가 전승해 준 신의 초월적이고 보편적인 특성을 배타적인 유일신적 개념 안으로 축소하였기 때문이다.[56] 이는 상징의 기호화로 해석될 수 있는 현상이다.

한국 개신교 성장의 견인차 역할을 한 '순복음중앙교회'의 신앙을 분석하는 과정에서도 이와 유사한 논리가 보인다. 소전은 이 교회의 '삼박자 구원'이 문자적으로 해석되고 그것이 순복음교회의 종교적 메시지의 전부라면 그것을 위한 '힘의 추구'는 '종교적인 것'이라기보다는 '주술적인 것'으로 판단될 수 있다고 하였다. 즉 역현이 성현이나 신현을 수반하지 않은 채 불균형하게 강조되면, 주술적 경향성을 극복하기 어렵다고 진단했다.[57] 이는 '종교의 주술화'라는 개념적 도구를 통해 순복음교회의 신앙을 비평한 것이다.

기독교계 신흥종파로 등장하여 세계의 이목을 끈 통일교를 분석한 글에서도 이와 비슷한 문화비평이 발견된다. 소전은 통일교의 제의에서 등장하는 성(性) 상징이 '근원적인 전체성'의 회복을 위하여 선택되었음에도 불구하고 혼례(婚禮)의 장에서 '상징의 유치화'(infantilization of symbols) 현상이 나타나고 있음을 지적하였다.[58]

이처럼 소전은 기호적 수렴, 종교의 주술화, 상징의 유치화와 같은 용어들을 통해 한국 기독교에 대한 비평을 시도하였다. 이 세 용어는 '상징의 기호화'에 포함될 수 있다. 요컨대 소전은 한국 기독교에 대해 '상징의 기호화'라고 하는 이론적 무기를 통해 문화비평을 시도하고 있다.[59]

3) 기독교의 선교: 메타노이아와 종교사의 교훈

소전은 기독교의 선교관에 대해 오래전부터 비판적 인식을 보여 왔다. 소전에 의하면 '선교'는 프로셀리티즘(proselytism)도 아니고 프로파간다(propaganda)도 아니다. 프로셀리티즘(개종강요주의)은 "은총의 거절"이자 "영성의 착취"이며 "거룩한 것에 대한 횡포"로서 "종교적 전제(專制)"로 귀결된다.[60] 요컨대 개종을 강요하는 것은 선교의 본질에 정면으로 위배된다는 것이다.

소전은 왜곡된 기독교 선교의 문제를 해결하기 위한 하나의 가능성으로 '종교학적 관심'을 제언한다.[61] 소전이 말하는 종교학적 관심은 전통적 의미의 선교학(missiology)이나 에큐메니즘(ecumenism)마저도 초극하는 근원적인 것이다.[62] 즉 선교는 "재생(initiation)을 통한 자기확인"이며,[63] 이는 무엇보다 "우선 내 옆에 있는 사람을 내가 진정으로 사랑하는 일"로 표출되어야 한다.[64]

한국사회에서 개신교의 공격적 선교가 논란의 대상이 된 것은 1990년대에 들어와서이다. 따라서 이 시기에는 종교다원주의 논쟁을 비롯하여 종교

간의 대화가 중요한 이슈로 떠올랐고 기독교 신학계만이 아니라 종교학자들도 앞 다투어 이 문제를 다루었다.[65] 소전 역시 이 주제를 다루었는데 여타의 학자들과 달리 기독교의 선교 에토스를 규정하는 배타성의 뿌리를 찾는데 주력하고 있다. 소전은 이렇게 말한다.

> 그리스도교는 '나는 ~이다'를 통해서가 아니라, '나는 ~가 아니다'를 통하여 자신을 확인해 왔다고 할 수 있습니다. … '나는 ~와 다르다'에서 비롯하여 '나는 ~처럼 불완전하지 않다'를 거쳐 '나는 ~와 같이 그르지 않다'에 이르고, '나는 옳지만 ~는 잘못되었다'는 판단을 포함하면서 마침내 '나는 존재해야 하지만 ~는 존재해서는 안된다'에 도달하는 과정을 통해 자신을 확인해 온 것입니다.[66]

기독교의 배타성 혹은 독선은 새로운 현상이 아니라 '생리', 혹은 그것 없이는 기독교가 자신의 생명을 지탱하지 못하는 '생존 원리'라는 것이다.[67] '창조주인 신'과 '질투하는 신'이라는 모순적 진술의 양립이야말로 다원문화 안에서 기독교의 현존을 가장 현실적으로 묘사한다.[68]

소전은 기독교의 배타와 독선이라는 생존 원리를 '순교의 전통'과 관련시킨다. 소전에 의하면 기독교는 순교사(殉敎史)를 가장 감동스러운 전승 내용으로 삼고 있는 종교이다. 기독교 전통 안에서 순교는 타자의 소멸을 위한 장에서 이루어지는 기독교인의 지고한 덕목이며, 자신에 대한 봉헌과 타자에 대한 증오를 전승하는 기제이다. 따라서 피살자를 기리는 '죽음 권면의 문화'를 규범화하고 있는 기독교의 생존은 철저하게 '폭력 의존적'일 수밖에 없다.[69] 기독교 전통 안에서 강조되는 '배교'에 대한 철저한 조치도 배타와 독선의 논리를 잘 보여주고 있다. 기독교에서는 타자의 승인을 자기의 부정과 동일시하는 판단을 최고의 계율로 삼고 있으며 실제로 기독교사는 배교에 대한 조치가 상상하기 힘든 잔혹성을 드러내고 있다. 이러한 사실은 그리스도교가 자신의 소멸 가능성을 조금이라도 예감하게 하는 어떤 것에 대해서도 거의 공황적(恐惶的)인 반응을 하는 데서 잘 나타난다.[70]

이처럼 기독교의 의식(意識)은 다원 현상 안에서 자기 변증을 통해 구축된 것이다. 그러므로 배타와 독선은 기독교의 당연한 규범이다. 그럼에도 불구하고 기독교는 자신이 다원성 속에서 출현했고 또 있어 왔다는 사실을 승인하려 하지 않는다. 이제 다원성이 더 이상 분명할 수 없는데도, 여전히 단원의식의 '순수에 대한 향수' 속에서 실은 자기가 경험한 적이 없는 '단원 문화 안에서의 자신의 현존'이라는 어떤 이미지를 구축하든가 회복해야 하겠다는 집념을 가지고 있다.[71]

이처럼 소전은 기독교의 배타와 독선의 에토스를 '생리'와 '생존 원리'라고 하는 근원적인 자리에서 찾은 다음 '다원 현상'과 직면하여 당혹스러움을 겪고 있는 기독교에 대해 '고언'(苦言)을 하고 있다.

> 배타와 독선을 버리고 그로 인해 초래될 자기상실을 경험하자는 것이 그 첫 번째이고, 고백의 언어를 인식의 언어와 더불어 발언하자는 것이 그 두 번째이고, 자신이 힘의 실체임을 비일상적인 언어로 수식하는 일을 삼가자는 것이 그 세 번째이며, 증오의 전승을 단절하자는 것이 그 네 번째입니다.[72]

소전이 제안한 충고를 받아들이면 기독교는 어떻게 될 것인가? 그 결과는 확실히 알 수 없지만 적어도 지적 부정직과 위선과 왜곡된 자의식으로부터는 해방될 것이다.[73] 소전은 이러한 맥락에서 종교 다원 현상과 직면한 기독교가 수행해야 할 마지막 행위는 하나밖에 없다고 한다. '메타노이아

(metanoia)'가 그것이다. '회개'를 뜻하는 이 단어는 기독교의 핵심 규범으로서 '죽어 되사는' 과정을 의미한다. 소전은 이렇게 말한다.

> 그렇다면 이제 그리스도교가 할 일은 스스로 제단을 쌓고 그 위에 올라 자신이 제물이 되어 그렇게 자신을 불사르는 일밖에 없습니다. 결과는 아무도 모릅니다. 그리고 기적은 우리의 몫이 아닙니다.[74]

'메타노이아'는 앞서 소전이 기존의 기독교 선교에 대한 종교학적 대안으로 제시한 '재생'(initiation)과 통하는 개념이다. 소전은 기독교의 핵심 개념과 엘리아데 종교학의 핵심 개념을 사용하면서 기독교 선교에 대한 처방을 제시한 셈이다.

소전이 기독교 비평과 관련하여 활용하는 또 하나의 도구는 '종교사'이다. 그는 '종교사적 진리'를 다음과 같이 제시한다.

> 자신의 소멸가능성에 대한 지적 승인을 차단하는 신앙은 아무리 그것이 순수하고 진실한 것이라 할지라도 돈독한 신앙이기보다 아직 어린 신앙이라고 해야 옳을지 모릅니다. 인류의 역사가 분명히 종교사를 기술하고 있다는 사실을 소박하게 승인한다면 오히려 자신의 종교가 소멸할 수도 있으리라는 사실 앞에서 스스로 그렇게 되지 않도록 하는 책임주체가 되는 것이 참으로 성숙한 신앙이라고 믿어지기 때문입니다.[75]

소전은 이 문제를 다음과 같이 고쳐서 표현한다. "왜 하느님께서는 종교사를 서술할 수 있게 하셨을까? 종교의 생성과 소멸을 보여주는 종교사를 통하여 하느님께서 우리에게 보여주시려는 당신의 뜻은 과연 무엇일까?"[76]

이러한 발언은 소전이 앞서 말한 '메타노이아'와 배치되는 것으로 보일 수 있지만 오히려 상통하는 논리이다. 기독교인들이 철저한 메타노이아 정신으로 살아야 기독교가 존속될 수 있다는 논리이기 때문이다.

이처럼 소전은 종교 다원 상황에서 기독교 선교가 지녀야 할 태도로 종교사의 교훈(종교의 흥망성쇠)과 메타노이아의 정신을 제시했다. 즉 기독교는 자신의 생존 원리로 자리 잡은 독선과 배타성을 뿌리째 버려야 다시 살아날 수 있다는 것이다.

지금까지 살펴보았듯이 기독교 신학, 기독교의 수용, 기독교의 선교에 대한 소전의 진단과 처방은 한국 기독교의 심층에서 작동하는 메커니즘과 멘탈리티를 드러냄으로써 한국 기독교로 하여금 자신의 정체성을 새롭게 모색할 수 있는 기회를 제공하고 있는데 여기서 우리는 소전 종교학의 문화비평이 지닌 특성을 발견할 수 있다. 그러면 장을 달리하여 소전 종교학의 문화비평이 지닌 위상과 의미를 좀 더 구체적으로 살펴보도록 하자.

3. 종교학의 문화비평에 대한 재성찰

소전의 종교학이 초기부터 강조해 온 것은 종교학의 문화비평 기능이다. 소전에 의하면 종교현상이 종교학을 요청한다는 사실을 인식하는 것이 종교학이 지닌 문화비평 기능의 가장 중요하고 우선하는 항목이다.[77] 그런데 소전의 종교학은 '해석학(hermeneutics)'을 지향한다. 소전의 해석학은 문화적 가치의 창조와 실존 자체의 질(質)이 종교학적 인식을 통하여 수식되기를 기대한다. 소전은 이렇게 말한다. "'솔직히 말하면' 종교학은 자신이, 그리고 자신만이 문화적 재생을 과제로 지니는 새로운 정신현상학이기를 '몰래' 염원하고 있는지도 모른다."[78] 이는 엘리아데의 창조적 해석학에 근거한 발언으로 보인다.

엘리아데의 해석학에 대해서는 오래전부터 비판이 제기되어 왔다.[79] 잘 알려진 대로 최근 가장 강하게 비판하고 있는 학자의 하나는 러셀 맥커천 (Russell T. McCutcheon)이다. 그는 종교학이 현존하는 종교들에 대한 관리인 (caretaker of religion)의 자리에 있을 뿐 진정한 비평가(critic)의 몫을 해내지 못하고 있어 종교학 자체를 학문의 영역에서 스스로 주변화시키고 있다고 비판한다. 그는 이렇게 말한다.

> 우리의 역할은 세계 안에서 종교의 도덕적 문화적 영향력뿐만 아니라 종교의 활력을 증진시키고자 하는 종교의 관리인으로서 행동하는 것이 아니라, 우리 자신이 축조한 개념적 사회적 구성물(conceptual and social formations)에 권위를 부여하는 수사학적 속임수(the rhetorical window dressings)의 배후를 지속적으로 탐색하는 것이다.[80]

맥커천에 의하면 엘리아데가 종교학의 과제라고 주장한 새로운 휴머니즘(New Humanism)은 '치유의 목적에서 고대적 의미를 회복하는 것'(therapeutic recovery of archaic meanings)이며 퇴행적인 '향수의 정치학'(the regressive politics of nostalgia)에 불과하다.[81]

앞서 살펴보았듯이 소전 종교학의 상당 부분은 '종교의 활력'을 증진시키는 일과 밀접하게 관련되어 있다. 특히 소전이 한국 기독교에 대해 비평하면서 제시한 대안들은 기독교의 활력을 기대하면서 이루어진 것이라고 할 수 있다. 따라서 소전의 종교학은 맥커천의 비판 목록에 포함될 수 있다. 그러면 소전은 맥커천의 비판에 대해 어떻게 응답하는가?

소전은 "특정한 종교의 성직자들이 모인 자리에서 종교학 또는 종교학도의 발언이 과연 어떤 의미를 지닐 수 있는 것일까 하는 물음이 필자에게는 늘 떠나지 않는다"[82]거나 "종교학이 … 배타와 독선을 극복하라는 발언을 종교계를 향해 할 수 있는 것인지 … 분명하지 않다"[83]고 말한다. 그러면서 맥커천의 시각에 의하면 종교인들의 모임에서 행한 자신의 강연은 '보살피는 자(관리인)'의 발언일 수밖에 없음을 인정한다. 그러나 소전은 맥커천의 의견에 그대로 동조하지는 않는다.

> 맥커천 자신이 말한 대로 종교학도 역시 비평적 지성(critical intelligence)을 지니고 있다고 한다면, 종교학도의 발언이 적어도 '발언되는 한', 그것이 어떤 반향을 일으키고, 어떤 주장에 이르러서 그 반향이나 주장이 '돌봄에 대한 반응'이라고 판단된다고 해서, 이를 그가 지적한 대로 비평적 지성의 '태만'(default)이라고 단정할 수는 없다. 종교학도의 발언이 관리인(caretaker)의 발언이냐 비평가(critic)의 발언이냐 하는 것은, 화자가 아니라 오히려 청자에 의해서 빚어질 '발언의 결과'에 따라 판단되는 것이기 때문이다. 청자가 그 발언을 어떻게 받아들이느냐 하는데 달린 것이다.[84]

요컨대 종교학도의 발언이 청중의 도덕적 활력을 증진시켰다고 해서 이 종교학도를 '종교의 관리인'으로 규정하면서 비평적 지성의 태만으로 비판해서는 안 된다는 것이다.

이 대목에서 우리는 오늘날 종교 연구의 양대 흐름이라고 할 수 있는 해석학적 접근(hermeneutic approach)과 사회과학적 접근(social scientific approach) 사이의 논쟁을 떠올리게 된다.

해석학적 종교 연구는 그 내부에 다양성을 지니고 있지만 엘리아데의 종교학, 캔트웰 스미스(Cantwell Smith)의 '인격주의적 종교 연구(personal approach to religion)', 그리고 미국종교학회(American Academy of Religion)의 전통으로 대표된다. 엘리아데의 종교학은 '창조적 해석학'의 이름으로 '문화적 재생'을 목표로 하고 있으며, 스미스의 종교학은 '세계 신학(a world theology)'의 이름으로 종교간 대화 및 인류 평화라는 실천적 과제를 목표로 하고 있고, 미국 종교학회는 종교에 대한 지적 탐구와 인성 교육이라는 도덕적 가치의 결합을 추구한다. 요컨대 해석학적 종교 연구는 특정한 종교 전통에 속한 '종교인'보다는 보편적 의미의 '종교적 인간'을 강조하며, 종교에 대한 객관적 지식의 추구를 넘어서 인류의 소중한 문화유산인 종교적 지혜의 활용을 강조한다.[85]

사회과학적 종교 연구 안에도 다양한 입장이 존재하지만 가장 대표적인 것은 1980년대 중반 미국종교학회에 대항하여 결성된 북미종교학회(North American Association for the Study of Religion, NAASR)일 것이다. 이 학회는 '진정으로 과학적이고 학문적인 접근(a genuine scientific and scholarly approach)'이라는 용어와 '종교에 대한 과학적 연구(scientific study of religion)'라는 표현을 애용하며 '종교에 관한 지식'(knowledge about religion)과 '종교적 지식'(knowledge in religions)을 날카롭게 구별하면서 종교학의 목표는 어디까지나 종교에 관한 지식의 축적과 획득에 있다고 주장한다.[86]

이 학회의 창설에 주도적 역할을 한 토론토 대학의 도널드 위브(Donald Wiebe)에 의하면 종교학의 사명은 지혜의 획득이나 영적 성장에 있는 것이 아니라 종교에 관한 객관적이고 중립적인 이론적 지식의 획득에 있고, 이를 위해 합당한 방법론은 오직 자연과학과 사회과학의 모델뿐이다.[87] 앞서 언급한 맥커천은 위브의 제자로서 스승의 입장을 더욱 발전시킨 것이다. 이러한 흐름에 서 있는 또 하나의 대표적인 학자는 시카고 대학의 브루스 링컨이다. 잘 알려져 있다시피 그는 종교 연구를 위한 13개의 테제를 제시하면서 종교에 대한 비판적 탐구와 분석을 강조했다.[88] 위브가 종교 연구에서 도덕적이고 수양론적인 동기를 철저히 제거할 것을 강조한 반면, 링컨은 신성성으로 포장된 종교의 이데올로기적 성격을 철저히 폭로할 것을 강조한다. 요컨대 사회과학적 종교 연구는 자연주의적(naturalistic) 태도에 기초하여 종교에 대한 객관적, 중립적, 무도덕적(non-moral), 경험적(empirical), 인지적(cognitive) 접근을 선호한다.[89]

지금까지 살펴본 해석학적 진영과 사회과학적 진영은 모두 종교학의 주된 역할로 '문화비평'(cultural criticism)을 내세우고 있다.[90] 그러면 한국 기독교에 대해 양 진영이 문화비평을 하면 어떤 차이가 나타날 것인가? 해석학적 문화비평의 경우를 먼저 살펴보자. 인간을 '호모 렐리기오수스'로 전제하고 성스러움의 회복을 강조하면서 '상징의 기호화'를 이론적 무기로 활용하면, 한국 기독교의 교리적 독선주의와 배타성, 교회의 '세속화'와 물질주의, 기복신앙의 문제점 등이 주로 부각될 것이다. 앞서 살펴본 소전의 한국 기독교 비평, 즉 한국 기독교 수용 과정에 나타난 두 문화 사이의 기호적 수렴, 통일교의 혼례에 나타난 상징의 유치화, 순복음교회의 '삼박자 구원'에 잠재한 종교의 주술화, '하느님의 하나님화' 현상 등에 대한 비평작업은 이러한 해석학적 문화비평의 적절한 사례가 될 것이다.

사회과학적 문화비평의 경우는 어떠할 것인가? 이 입장을 대변하는 링컨의 경우, 초월적이고 성스러운 것으로 간주되는 종교적 담론, 실천, 공동체, 제도의 배후에서 작동하는 역사적이고 물질적이고 이해관계적인 측면을 폭로하는 것을 문화비평의 주된 과제로 삼고 있다. 따라서 이러한 접근을 하게 되면 한국 기독교의 수용 과정에서 나타나는 사회역사적 맥락과 권력의 작용, 통일교와 순복음교회의 이면에서 작동하는 물질적 이해관계, 한국 개신교의 선교 담론 배후에 작동하는 제도적 물질적 이해관계 및 종교권력화의 문제 등이 주요한 비평의 대상이 될 것이다.

이렇게 보면 양 진영의 문화비평은 한국 기독교의 변혁에 기여하되 그 양상은 다를 것이다. 상징의 기호화에 초점을 두고 행해지는 해석학적 문화비평은 형식화되고 교조화되기 쉬운 기독교 신앙을 자기성찰에 근거한 신앙으로 유도하는 역할을 할 수 있는 반면, 종교적 담론과 실천, 제도의 배후에 숨어 있는 이데올로기와 물질적 이해관계 및 권력의 작동방식을 폭로하는 데 중점을 두는 사회과학적 문화비평은 지배담론과 지배체제의 해체에 기여할 수 있을 것이다.

이 지점에서 소전의 종교학을 다시 살펴보면 그의 문화비평이 해석학에 경도되어 있는 것은 사실이지만 사회과학적 문화비평도 어느 정도 수용하고 있는 것으로 보인다. 앞서 순복음교회의 성장 요인을 분석할 때 소전은 제의 상징만이 아니라 순복음교회에 작동하는 조직 원리를 분석한 바 있으며, 가톨릭교회의 사업에 나타난 이익집단적 성격이나[91] 시성식과 관련한 조직관리적 성격 등을 지적한 바 있다.[92] 또 "종교학은 한국인의 죽음이라는 주제와 관련하여 누가 왜 어떻게 한[恨]과 원[怨]을 근원어로 하는 서술을 하고 있는지를 살펴보아야, 이른바 종교학의 문화비평적 기능을 수행하는 것이라고 생각한다."[93]는 소전의 발언은 사회과학적 문화비평을 떠올리게 한다.

따라서 어떤 종교학자를 놓고 "종교의 관리인인가? 비평가인가?"라고 묻는 이분법은 많은 한계를 지니고 있다. 문화비평의 영역이 매우 광범위할 뿐만 아니라 '종교의 관리인'의 개념도 여러 측면에서 해석될 수 있기 때문이다. 중요한 것은 각자의 자리에서 각자의 지적 무기를 가지고 종교에 대한 문화비평을 철저하게 수행하되, 항상 자신이 어디에 서 있으며 자신의 작업의 가능성과 한계는 무엇인가를 끊임없이 자각하는 일일 것이다.

소전 정진홍의
몸짓 현상학에 나타난
의례 연구 방법론 고찰

박상언

정진홍의 몸짓 현상학에는 두 가지 학문적 의도가 담겨 있다. 첫째는, 의례 연구자 혹은 종교 연구자를 향한 몸과 몸짓에 대한 학문적 관심의 환기이다. 둘째는, 의례에 대한 방법론적 모색이다.

1. 서론

한국 종교학계에서 '몸짓 현상학'이란 용어를 의례 연구와 연관해서 처음 사용한 종교학자는 정진홍이다. 그는 「제의와 몸짓: 제의 서술을 위한 하나의 작업가설」[1]에서 의례 연구의 방법론으로서 몸짓 현상학의 필요성과 지향점을 제기했고, 이후 의례와 관련된 글들을 통해서도 몸짓 현상학의 시각을 보여 왔다.[2]

그의 몸짓 현상학에는 두 가지 학문적 의도가 담겨 있다. 첫째는, 의례 연구자 혹은 종교 연구자를 향한 몸과 몸짓에 대한 학문적 관심의 환기이다. 그는 종교적 의례에 대한 연구의 성과들이 누적되고 있음에도, 의례 현상을 바라보는 인식과 해석의 틀이 정형화되어 있고, 쉽게 그것에서 벗어나지 못하고 있는 '학문적 관행'을 지적하고 있다. 둘째는, 의례에 대한 방법론적 모색이다. 종교학에서 종교현상이 언어와 행위의 범주로 분류되어 각기 신화와 의례의 이름 아래에서 서술되는 현실, 그리고 종교적 행위로서의 의례에 대한 해석이 종종 언어학적 시각에 포섭되는 경향성을 비판적으로 바라본다. 그리고 그는 이러한 정형적인, 혹은 관행적인 의례 연구에서 벗어나서 몸과 몸짓을 중심으로 종교적 행위를 서술하는 방법론을 모색하고 있다.

이 글은 소전 정진홍의 몸짓 현상학에 담긴 문제의식을 수용하고 되짚어 보면서, 몸과 몸짓을 통한 의례 해석이 의례 연구에서 차지하는 자리와 의미를 살펴보고, 그 방법론의 적용 가능성을 모색하고자 한다. 논의는 세 과정으로 전개된다. 첫째는, 몸짓 현상학에 담긴 몸과 몸짓에 관한 학문적 발언이 종교문화를 연구하는 데 지니는 의미를 살펴보는 작업이다. 서구 종교 학계에 한정해서 살펴보더라도, 몸에 관한 논의는 상당히 오래되었고[3], 몸을 의례 연구의 주요 주제로 다루는 경향도 마찬가지다. 반면에 우리의 종교학계에서 핵심 주제로 몸을 다루는 연구는 여전히 드물며, 더군다나 그 방법론에 대한 이론적 논의는 활성화되지 않은 상태이다. 이러한 배경을 고려하면서 여기서 논의할 부분은, 몸과 몸짓을 중심으로 한 종교 연구 혹은 의례 연구의 필요성을 제기하는 정진홍의 발언이 지닌 함의이다. 그의 발언은 서구 학계의 연구 경향에 대한 자연스런 수용으로 이해될 수 있지만, 그보다는 문화로서 종교를 이해할 때, 몸과 몸짓에 주목하지 않고서는 그러한 종교문화 현상을 제대로 해석하기 어렵다는 인식에서 비롯된 것이라는 점에 주목할 필요가 있다.

둘째는, 몸짓 현상학에 담긴 의례 연구의 방법론적인 틀과 그 의미를 살펴보는 작업이다. "종교는, 그리고 의례는, 말이나 생각이 아니다. 그것은 몸짓이다. 몸으로 사는 것이다."[4]는 진술은 의례 연구를 위한 몸짓 현상학의 근본적인 지향점을 알려 줄뿐더러, 그러한 방법론적 구상이 오래전부터 형성되어 왔음을 보여준다. 여기서 다룰 부분은, 그러한 방법론적 틀이 의례 연구의 흐름에서 어떤 자리에 놓여 있는지를 구체적으로 살펴보고, 그 의미를 밝혀 내는 일이다.

셋째는 대표적인 종교현상인 기도를 사례로 몸짓 현상학의 방법론적 얼개를 그려 보는 일이다. 기도는 언어와 행위의 틈에 걸쳐 있지만, 많은 경우에 언어의 관점에서 논의되어 왔는데, 몸과 몸짓에 근거한 의례의 해석학에서 기도 현상은 어떤 방식으로 그려질 수 있는지, 그 윤곽을 살펴보려는 것이다.

2. 종교문화론[5]과 몸짓 현상학의 시각

몸짓 현상학이 종교 이해를 위해 세운 기본 전제는 '종교로부터 종교문화'로의 개념적 이행이다. 그 이행을 감행하는 의도는 명확하다. 렐리기오(religio)의 번역어로서 '종교' 개념으로부터의 탈주를 통해 종교현상의 이해를 위한 인식론적 공간을 확보하려는 것이다. 일상적으로 종교의 개념은 그것을 구성하는 명확한 내용을 담은 것으로 인식되고 있고, 따라서 그러한 종교 개념이 자명한 듯이 사용되고 있지만, 실상 그 개념의 자의성과 모호성은 종교현상을 이해하는 데 장애가 된다. 그러므로 종교학자는 종교로 불리는 것들이 현실적으로 상이한 모습으로 드러나게 되는 종교 개념의 모호성, 그리고 옳은 종교와 그른 종교로 가르게 되는 종교 개념의 규범적 성격을 의식할 때, 종교 이해를 위한 인식론적 공간을 확보하기 위해서 종교 개념을 폐기할 필요성을 자각하기에 이른다.[6]

종교라는 개념에서 종교문화라는 개념으로의 대체는 단순한 말 바꿈의 놀이가 아니다. 이 점을 확인하기 위해서는 정진홍의 종교학에서 '종교문화'의 용어가 어떤 의도로 창안되고 사용되었는지를 검토할 필요가 있다. 강돈구는 정진홍의 저서들에 대한 연대기적인 검토를 통해 '종교문화'의 용어를 사용하게 된 맥락을 상세히 전하고 있다.[7] 그에 의하면, 정진홍의 종교학적 작업에서 '종교문화'의 용례는 시기적으로 세 단계로 전개된다. 곧 ①

기독교의 '복음과 문화'의 관계에 대한 기존의 논의에서 탈피하기 위해, ②
기독교 신학의 독단론과 사회과학적 종교 연구의 환원론으로부터 탈피하
기 위해, ③ 엘리아데 종교학의 구체적인 실현을 위해서 등이다.

　이렇게 본다면, 종교학의 학문성과 정체성을 확보하려는 의도에서 종교
문화의 용어가 창안되고 사용되었다는 결론에 이르게 된다. 외적으로는 기
독교 신학과 사회과학적 환원론에 대한 경계와 차별성을 의식하면서, 내적
으로 엘리아데 종교학의 구체적인 실현을 지향하기 위해서 종교문화의 용
어가 의도적으로 사용되어 왔다는 것이다. 그런데 현상으로서의 종교, 곧
구체적인 문화적 외피를 입고 인간의 목전에 드러나고 경험되는 것으로서
의 종교를 학문적 대상으로 삼는 종교현상학이 정진홍의 학문적 근간을 이
루고 있음을 인정한다면, 다른 각도에서 종교문화론의 학문적 의미를 살펴
볼 필요가 있다. 곧 '종교' 용어에서 '종교문화' 용어로의 대체가 어떻게 종교
학자의 인식 지평을 확장하는 효과를 일으키는지를 살펴봐야 한다.

> 종교는 '종교라는 문화'로 기술되어야 하고, 그렇게 기술된 '종교라는 문화'에
> 대한 분석의 가능성을 현실화하는 것이 종교학의 과제, 곧 종교가 도대체 어
> 떻게 스스로 자신을 현존하게 하고 있는가를 이야기할 수 있는 바탕이 될 수
> 있는 것임을 확인하게 되는 것입니다.[8]

　그의 발언에 나타난 '종교라는 문화' 혹은 '종교문화'라는 용어를 풀어보
면, 두 가지 명제에 도달하게 된다. 하나는 "종교는 문화이다."라는 명제이
고, 다른 하나는 "종교라는 문화가 있다."이다. 두 명제는 "종교를 문화 현상
으로서 전제"[9]하는 기본 관점에서 출발하면서도, 강조의 초점은 서로 다르
다. 전자는 종교가 구체적인 시공간에서 이루어진 인간의 어떤 경험에서 비

롯된 것임을 가리키는 발생론적 함의를 담고 있다면, 후자의 경우에 종교는 문화를 구성하는 하나의 요소로서 자리 잡고 있다는 기능론적 의미를 지니고 있다.

이렇게 발생론과 기능론의 관점에서 종교를 문화의 자리에 위치시키면, 종교 연구에서 두 가지의 효과를 기대할 수가 있다. 첫째는 종교현상은 추상적 관념의 영역에서 구체적인 현실의 영역으로 전송되어, 인식 주체의 시선에 뚜렷하게 포착된다는 것이다. '종교' 개념의 선험적 전제에서 비롯되는 자의적이고 규범적인 힘에서 벗어나 일상의 삶 속에서 사람들이 종교라고 가리키는 경험의 현상에 주목하게 되고, 그럼으로써 비로소 종교학의 인식을 위한 공간이 마련되기 때문이다. 둘째는 종교문화의 개념에는 종교는 문화이지만, 문화가 곧 종교는 아니라는 함의가 담겨 있다. 문화 현상으로서 종교를 승인하면서도, 종교현상이 지닌 고유한 성격을 간과하지 않고, 그러한 종교현상을 인식 대상으로 삼는 종교학의 정체성을 명확히 마련하게 되는 것이다. 성속의 변증법으로 드러나는 종교현상과 그것이 지닌 물음과 해답의 구조에 관한 이해 속에서 문화비평의 역할을 종교학에 기대하는 근거도 여기에서 마련된다.

몸짓 현상학은 문화 현상으로서의 종교를 바라보는 시각의 확장이다. 소위 '종교문화론'이 종교현상의 성격에 초점을 두고 있다면, '몸짓 현상학'은, "종교문화의 종교문화다움"을 가능케 하는 인간의 구체적인 행위, 그리고 그 행위의 기본 토대인 몸과 몸짓에 주목하기 때문이다.[10]

> 그러므로 제의에 대한 관심이 종교이해를 추구하는 과정에서 불가피하게 조
> 우해야 할 것이라면, 우리는 제의 이해를 몸을 준거로 하여 펼 필요가 있습니
> 다. 몸은 종교경험이 드러나는 수단이 아니라 몸이 없으면 종교경험이 없는

그 경험의 원천이고 더 나아가 그 경험 자체인 것입니다.[11]

위의 발언은 의례에 대한 이전의 발언들과 비교하면, 의례 연구에서 강조하는 지점의 변화를 보여준다. 예컨대, 「종교제의의 상징기능: 통일교의 제의를 중심으로」에서는 의례를 종교경험의 핵심적인 표현으로 보는 세 가지 이유가 제시된다. 첫째는 의례는 종교적 상징을 실천하거나 재현함으로써 모든 종교경험의 표현을 포괄하며, 다른 것보다 강도가 높다는 점, 둘째, 종교적 메시지와 사유에 대한 확신을 마련해 주는 의례의 효능, 셋째, 의례를 통한 종교경험에 의해 집단적인 에토스(ethos)가 형성된다는 점 등이다.[12] 곧 종교적 상징을 온전히 실천하거나 재현함으로써 종교적 신념의 확신과 집단적 에토스를 형성하는 의례의 구조와 기능에 논의의 초점이 놓여 있다.

「급성장 대형교회의 현상과 구조: 순복음중앙교회의 이해를 위한 종교학적 시론〉의 의례에 대한 서술에서도 동일한 관점이 나타난다. 곧 "순복음중앙교회가 어떠한 종류의 제의를 실천하고 있으며, 그것은 어떤 상징성을 지니고 있고, 어떻게 구조화되어 있으며, 어떤 기능을 발휘하고 있고, 그러한 그 교회의 제의가 다른 교회들의 제의와는 어떻게 구별될 수 있는가를" 살펴보겠다는 연구의 방향이 제시되고 있다.[13] 주목할 점은, 통일교 의례를 다룬 글과는 다르게 이 글에서는 의례 참여자들의 정서와 몸짓에 대한 분석이 제시되고 있는 사실이다. 이러한 측면은 참여 관찰의 방법을 사용한 연구서에서 흔히 발견되는 것이라고 간단히 처리하기 어렵다. 왜냐하면 다음의 발언에서 몸짓에 주목해서 의례를 바라봐야 한다는 암시가 나타나기 때문이다.

종교의 실체는 결코 신학적인, 혹은 교의적인 개념 안에만 있는 것이 아니다.

종교의 진정한 의미에서의 '힘'이라고 일컬을 수 있는 것은 오히려 제도 상징 규례의 실천 제의의 수행 등에서 비로소 '발휘'되는 것이다. 그러한 것에 '참여'하고, 그것을 '살고', 그것의 역동성(dynamics)을 수용함으로써 인간은 궁극적인 차원에서의 '변화'를 경험한다. 따라서 종교가 지닌 상징이나 제의는 단순한 희망적인 사실의 형상화이거나 어떤 환상적인 것의 擬態的 具象化가 아니라 삶을 변화하게 하는 실제적인 힘을 발휘하는 '실용적인 수단(practical means)'인 것이다.[14]

삶의 변화를 일으키는 실용적인 수단으로서 의례가 기능한다면, 의례 과정에서 의례 참여자가 의례의 환경을 구성하고 또한 그것에서 조응하는 몸짓에 주목할 수밖에 없다. 그리고 여러 가지의 감정이 일고, 소리를 지르고, 침묵하고, 노래하고, 웅얼거리며, 뛰고, 안고, 접촉하고, 치고, 울고, 꿇고, 일어서고, 몸을 굽히고, 머리를 숙이거나 쳐들고, 눈을 감거나 뜨고, 손을 들게 하는 몸짓이 일으키는 현상에 주목할 때, 의례의 몸짓은 어떤 것의 표현 행위에 불과한 것이 아니라 어떤 힘의 체현(embodiment)으로 간주될 수 있다.

이러한 점을 고려하면, 몸과 몸짓을 향한 시선에서 이제는 '종교' 혹은 '문화'의 범주적 경계를 넘어서려는 학문적 모험을 엿볼 수가 있다. 굳이 '종교적', '문화적', '사회적' 등의 수식어를 설정하지 않으면서 인간의 행위를 통해 인간을 이해하려는 움직임이 그의 '몸짓 현상학'에서 감지되기 때문이다. 이러한 초점의 변화는 '종교문화론'에서 '몸짓 현상학'으로 걷는 과정에서 일어나는 풍경의 변화에서 비롯된 것일 수 있다. '종교문화론'을 통해서 선험적인 전제를 담고 있는 종교 개념의 외피를 벗겨내어 종교를 "문화 현상의 범주 안에 속한 종교"[15]로 전환시킴으로써 종교학적 인식의 대상으로 확보했다면, '몸짓 현상학'에서는 현상 자체보다는 그러한 현상을 빚는 몸과 몸짓에 인식의 무게 중심을 옮겨 놓기 때문이다. 그 과정에서 시야에 들어오는 풍경은 바뀌게 된다. 종교문화라는 줄기를 지탱하는 몸과 몸짓이라는 뿌리에 주목할 때 시선에 들어오는 것은 다양하게 펼쳐진 몸과 몸짓의 현상이다. 그러므로 종교문화론에서 몸짓 현상학으로의 전이는 인간 이해를 위한 또 하나의 몸짓으로 읽혀지게 된다.[16]

3. 의례 연구와 몸짓 현상학

> 제의는 가장 소박한 의미에서 '행위'(behavior)입니다. 더 직접적으로 말한다면, 그것은 스스로 자신의 경험 속에서 실재라고 여겨지는 것과 온몸으로 조우하는 의도적인 것입니다. 따라서 그러한 행위는 일정한 의식(意識)에 의하여 '생산된', 그리고 자발적으로 틀 잡은, 반복적인 것이라고 말할 수 있습니다. 그런데 그 행위는 바로 '몸'이 이루는 것입니다. 바꾸어 말하면 행위는 '몸짓'(gesture) 또는 '몸의 움직임'(motion 동작)입니다. 몸의 부재는 행위의 현존입니다.[17]

의례 연구에서 몸짓 현상학의 성격과 의미를 파악하기 위해서는, 먼저 주요 의례 이론의 흐름을 짚어 봐야 한다. 캐서린 벨(Catherine Bell)은 서구학계의 주요 의례 이론을 검토하면서, 대부분의 의례 이론은 사유와 행위, 신념과 의례를 분리하는 이분법적인 틀에서 묶여 있다고 진단한다.[18] 그가 논의하는 의례 이론들을 세 가지의 입장으로 집약해서 살펴보면 다음과 같다. 첫째는, 종교 기원과 본질의 문제와 씨름하던 지적 환경에서 잉태된 논의들로, 막스 뮐러(Max F. Müller), 에드워드 타일러(Edward. B. Tylor), 제임스 프레이저(James Frazer) 등에서 나타나는 의례 이론이다. 이들의 공통점은, 의례를 종교를 구성하는 필수적인 요소로 인정하면서도, 그것을 종교적 신념이나 이념을 표현하는 이차적인 것으로 간주했다는 점이다. 벨은 이러한 태도가 종교현상학자들에게서 여전히 나타난다고 본다.

둘째는, 에밀 뒤르켐(Emile Durkheim)과 마르셀 모스(Marcel Mauss) 등이 개진한 의례의 기능에 초점을 두는 입장이다. 벨은 기능주의의 대표적인 두 학자가 의례에 많은 관심을 보였음에도 불구하고, 궁극적으로는 신념과 의례의 이분법을 그대로 수용하고 있다고 본다. 그렇게 보는 하나의 근거로, 벨은 의례의 본질은 신념에 의해서 규정된다는 뒤르켐의 발언을 들고 있다.[19] 모스의 경우도 마찬가지다. 동료 학자인 앙리 위베르(Henri Hubert)와 더불어 모스는 의례가 사물, 사람, 사건 등을 성스럽게 만드는 방식을 입증하려 했던 초기의 관점을 뒤집고, 나중에는 어떻게 사회적 행위로부터 종교적 현상과 관념이 형성되는지를 분석하고자 했다는 것이다. 그러므로 벨은 이러한 작업을 통해 사회학적 개념과 사회적 삶의 보편적 범주로서 의례의 의미가 강화되는 듯이 보이지만, 결국 의례는 사회문화적인 통합이나 변형을 위한 수단으로서 묘사될 뿐이라고 판단한다.

셋째는, 의례의 문화적 상징체계와 기제에 주목해서 의례를 문화 분석을 위한 핵심적인 요소로서 간주하는 입장이다. 주로 에드먼드 리치(Edmund Leach), 빅터 터너(Victor Turner), 클리포드 기어츠(Clifford Geertz) 등이 전개한 의례 이론이다. 벨은 이러한 관점이 의례에 적극적인 의미를 부여하고 있는 듯이 보이지만, 여전히 사상과 행위의 이분법적 틀에서 벗어나지 못하고 있음을 지적한다. 그 전형적인 사례로 기어츠의 의례 이론을 든다. 왜냐하면 기어츠의 의례 이론에는 앞에서 논의했던 두 종류의 의례 이론에 담긴 인식구조의 패턴과 더불어, 세 번째 의례 이론에서 나타나는 문제점도 발견되기 때문이다.

벨의 해석은 이렇다.[20] 첫 번째 부류의 의례 이론의 인식 패턴은 의례를 '생각 없는 행위'(thoughtless action)로 규정함으로써 종교의 개념적 측면들(신념, 상징, 신화 등)과 구별하려는 태도이다. 여기서 의례는 그 개념적인 측면을 표현하거나 연행하는 것에 불과한 행위일 뿐이다. 이러한 인식 구조의 형태는 상징체계로서 종교를 세계관과 에토스로 구성된 것으로 설정하는 기어츠의 구도에서도 반복된다는 것이다.

두 번째 부류의 의례 이론의 인식 패턴은 의례를 사상과 행위의 이분법을 재통합하려는 기능적 혹은 구조적 기제의 형식으로 보는 태도이다. 벨은 세계관과 에토스의 융합이 의례에서 이루어진다고 보는 기어츠의 생각에서도 동일한 인식 구조를 만나게 된다고 본다.[21] 그는 이분법을 극복하려는 이러한 시도는 실패작이라고 본다. 왜냐하면 사상과 행위의 원래적인 이분법은 좀 더 세분화된 대립적 범주들로 이어지고, 결국 의례를 통한 사상과 행위의 융합 혹은 재통합은 임시방편에 불과하기 때문이다. 즉 재통합의 기제로서 의례를 이해하는 태도는 기껏해야 개념적 범주와 행위적 범주들의 변증법적 관계 속에 의례를 규정하는 것이기에 궁극적으로 사상과 행위로 대표되는 이분법적 도식이 완전히 해체된 것은 아니라는 것이다.

기어츠로 대표되는 의례 이론의 세 번째 인식 패턴은 의례 참여자의 행위와 의례 관찰자의 생각이라는 이분법적 구분으로 나타난다. 기어츠에게 종교 의례와 같은 문화적 연행(cultural performance)은 의례 참여자와 의례 관찰자가 공동의 장을 형성하는 지점이다. 그런데 의례에 대해 서 있는 위치는 각기 다르다. 의례 참여자, 곧 종교인에게 의례는 종교 생활의 성향적(dispositional) 측면과 개념적 측면이 융합되는 지점인 반면에, 객관적인 관찰자에게는 두 측면들의 상호작용이 파악될 수 있는 지점이라는 것이다. 다시 말해서, 의례 참여자는 행위하는 자로서, 관찰자는 그것을 생각하는 자로서 상호대립적인 위치에 서있는 셈이다.

소전 정진홍의 의례 연구 혹은 의례 서술의 관점을 보면, 종교문화론의 틀과 몸짓 현상학의 틀 간에 의례 현상을 바라보는 초점에 차이가 있다. 전자의 경우에는 종교현상학, 특히 엘리아데의 관점을 기반으로 하면서 주로 상징주의의 의례 이론에서 분석 방법을 차용하고 있다. 그렇다면 캐서린 벨의 지적대로 종교문화론의 관점에서 논의되는 의례 이해는 사상과 행위, 신념과 의례 등의 이분법적 인식 태도를 그대로 노정하고 있다는 결론에 이르게 된다.[22]

이 지점에서 '종교문화론'에서 '몸짓 현상학'으로의 전이에 담긴 의미에 주목하게 된다. 몸짓 현상학에서는 정신과 신체, 사상과 행위 신념과 실천 등의 구도를 극복하려는 의도가 담겨있기 때문이다. 물론, 이러한 전이가 이전의 태도로부터의 단절 혹은 단속을 통해 이루어진 것은 아니다. 그보다는 종교문화론의 바탕에서 종교 연구의 방법론을 모색하는 과정에서 '회임'된 것으로 보는 편이 적절하다. 예를 들면, 그는 「개신교의 관혼상제에 관한 소고」에서 문화를 상징체계로 보는 기어츠의 견해를 수용하면서도, 그 상징체계는 삶에서 형성되는 것이지, 구체적인 현실과 별개로 떨어져 독자적인 의미를 지닌 것이 아님을 강조한다. 그리고 레이먼드 파니커(Raymond Panniker)의 말을 빌려 이렇게 첨가한다. "그런데, 종교는, 의례는, 말이나 생각이 아니다. 그것은 몸짓이다. 몸으로 사는 것이다."

또한 「종교문화와 성」의 발언에서는 몸의 경험이 강조되고 있다. "종교문화의 성 상징은 상징의 완성이 몸의 상징 속에서 이루어짐을 보여주고 있다. 몸의 경험은 상징의 인카네이션(incarnation)이다. 그것을 통해서 비로소 인간은 현실과 실재와 만난다. 그것은 개념적 이념의 반복을 거절한다. 그 현실과 실재는 상징의 육화를 통해 이룩된 시의 세계, 곧 신의 현실이다."[23]

이처럼 몸짓 현상학에서는 몸과 몸짓이 전면에 부각되는데, 그때 제시되는 것은 '몸-자아'의 개념이다. 물론, 이전의 저술들에서도 몸과 몸짓에 관한 발언을 쉽게 찾을 수 있지만, 몸이나 몸짓의 개념이 적극적으로 정의되지는 않았다. 종교현상은 인간의 경험에 대한 문화적 표상으로 이해되고 있고, 그러한 경험은 인간의 몸짓으로 빚어지는 것임을 당연한 것으로 상정하고 있기 때문이다. 이제 몸짓 현상학에 이르러 현상의 구조와 의미에서 멈추었던 시선을 거두어 좀 더 근원적인 지점, 곧 경험이, 현상이, 삶이 비롯되는 지점인 몸과 몸짓에 두고 있는 것이다. 그는 다음과 같이 말한다.

> 인간은 몸-자아입니다. 이원론의 관행적 사고가 몸을 '아예 없음'으로 여기려는 의식은 온전한 종교문화의 인식을 위해 되살펴지지 않으면 안 될 중요한 사실입니다.[24]

그리고 '몸-자아'의 개념은 다음과 같이 제시된다.

> '몸-자아'는 '우리는 몸을 가지고 있다.'가 아니라 더 적극적으로 '우리는 몸이다.'라는 것을 뜻한다. 그러나 이러한 이해가 '몸과 정신'이라는 이원적 구조에서 택일된 것은 아니다. 엄밀한 의미에서 '몸-자아'는 그러한 이원론을 극복하려는 개념이다.[25]

그의 몸-자아의 의미는, 모리스 메를로-퐁티(Maurice Merleu-Ponty)의 '몸-주체'의 개념에 비추어 생각해 보게 한다. '몸-자아'의 표기는 데카르트의 인식론이 제기하는 정신과 물질, 사유와 행위의 구도를 넘어서려는 의도를 명확히 지시하고 있는데, 메를로-퐁티의 생각도 마찬가지이기 때문이다. 정화열에 의하면, 데카르트의 사유하는 실체에는 사유하는 자신을 기준으로 타자를 설정한다는 점, 그리고 필연적으로 몸의 배제를 수반한다는 사실, 결과적으로 몸을 통해 타자와 더불어 구성하는 사회성이 확보되지 않는다는 등의 문제점이 있다.[26]

메를로-퐁티는 데카르트의 코기토의 개념을 "암묵적 코기토와 말해진 코기토"의 측면에서 숙고하면서 몸-주체의 개념을 전개한다. 그에 의하면, 데카르트가 지시하는 코기토는 말해진 코기토, '나는 사유하기 때문에 나는 존재한다.'는 진술에 이끌려 수용하게 되는 신념에 불과하다. 반면에 암묵적 코기토는, 데카르트의 진술에서 간과되고 있는 점, 곧 사유하는 주체의 주체성은 "몸에 의해", "세계에 속함으로써" 가능함을 가리키는 말이다. 이와 관련해서 들려주는 그의 이야기는 흥미롭다.

> 할머니가 자기에게 들려준 이야기를 발견할 수 있을 것으로 믿고 할머니가 자기에게 이야기를 들려준 그때 사용한 안경을 끼고 그 책을 가져갔으나 실망하고 마는 어린 소녀의 이야기가 적혀 있는 아동 도서가 있었다고 한다. 그 우화는 다음의 두 행으로 끝난다. '제기랄, 그러면 이야기는 어디에 있는 거야! 나는 검은 것하고 흰 것밖에 보지 못하는데.' 아동에게 그 '이야기'와 표현된 것은 '관념들'도 '의미들'도 아니다. 말하기와 읽기는 '지적 작용'이 아니다. 그 이야기는 옷을 입고 책을 향해 몸을 구부림으로써 마술적으로 나타나게 하는 방법이 있어야 하는 세계이다.[27]

"옷을 입고 책을 향해 몸을 구부림으로써 마술적으로 나타나게 하는 방법"에서 강조되는 것은, 주체가 "세계와의, 세계에 거주하는 타인들과의 교섭"할 때 (말의) 의미가 형성된다는 점이다. 그 교섭의 중심에 몸이, 그리고 몸의 지각 작용이 놓여 있음은 말할 필요가 없다. 그러므로 "나는 궁극적으로 무엇인가?"란 물음에 대한 메를로-퐁티의 답은 이렇다.

나는 장(場)이고 체험이다. 어느 날 단번에 어떤 것이 개시되었고 심지어 그것은 잠자는 동안에도 보거나 보지 않는 것을, 느끼거나 느끼지 않는 것을, 고통이나 즐거움을 겪는 것을, 사고하거나 쉬고 있는 것을, 요컨대 세계와 '교섭하는 것'을 더 이상 멈출 수 없는 어떤 것이다.[28]

몸-자아 혹은 몸-주체의 개념은 개념적 범주로서 몸과 정신의 분리를 상정할 수 있지만, 정작 삶의 의미가 형성되는 계기는 세계와 끊임없이 교섭하는 몸에서 비롯함을 알려준다. 그러므로 인간이 빚어내는 의미의 세계를 해석하기 위한 출발점은 자연스럽게 인간의 몸과 몸짓 현상임이 분명해진다.

몸짓 현상학은 정신과 몸, 신념과 행위로 구분하는 이분법적 인식 구조가 종교문화에 갖추어져 있으면서도, 정작 인식의 기저와 인식 작용에는 몸이 자리하고 있다고 말한다. 종교문화는 인간의 실존적 한계를 극복하려는 원초적 동기를 안고 있는데, 그 한계는 몸에서 비롯한다. 그런데 종교문화는 "몸의 현실, 곧 불완전성, 취약함, 유한함, 소멸 등"의 몸이 지닌 문제를 해결하려는 몸부림이 "몸 아닌" 다른 것들에서 해답을 찾는 현상[29]을 보여준다는 것이다. 이렇게 종교문화가 보여주는 문제-해결의 구조를 인간의 몸부림으로 간주할 경우에, 종교경험은 그러한 몸부림에서 형성된다고 볼 수 있고, 그러므로 종교문화를 이해하기 위해서는 몸부림이 일어나는 의례에 주목할 필요성이 요청된다.

주목할 점은, 의례 이해가 우선적으로 몸에 대한 관심에서 출발해야 함에도 몸은 종종 "의미의 매개"나 상징으로서의 몸으로 간주되는 경향이 의례 연구에서 발견된다는 지적이다. 곧 제의의 맥락 안에서 몸의 의미 혹은 몸의 상징성을 읽으려는 탐구 속에서 몸 자체는 "무수한 해석들이 빚는 의미들로 산산이 해체"된다는 것이다. 그러므로 '몸-자아' 개념의 제기에는, 몸을 "실재를 위한 매개로서의 실재"로 바라보는 인식에서 벗어나 몸 자체에 주목해야 한다는 당위성이 담겨 있다. 정진홍은 단적인 예로, 치유 의례에서 행해지는 몸과 몸짓은 단순한 의미의 매개와 상징적 표상 행위가 아닌, 다의미적 속성 혹은 실제적인 힘과 연계되어 있음을 지적한다.[30]

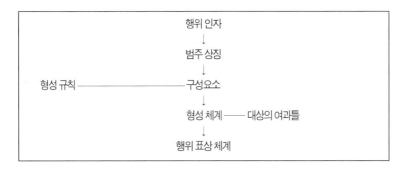

이러한 관점에서 정진홍은 상징 문화 체계를 해석하기 위해서 의례를 개념화하고 언어화해서 '읽으려는' 의례 해석의 작업은 "몸짓의 현존이 소멸하고 개념이 낳는 의미만이 실재를 대신하게"[31] 된다고 지적한다. 그리고 로선(E. Thomas Lawson)과 맥컬리(Robert N. McCauley)의 '행위 표상 체계'의 도식을 재구성해서 몸과 몸짓에서 시작되는 의례 해석의 작업을 위의 도식으로 제시한다.[32]

그러나 아쉽게도 이러한 도식에 근거한 의례 분석의 구체적인 설명은 제시되지 않는다. 다만 행위 인자에서 행위 표상 체계로 전개되는 해석 작업의 필요성이 강조될 뿐이다. 그 이유는 분명하다. 표상 체계를 확인하기 위한 상징적 범주를 설정하고 몸짓을 바라보면, 몸짓의 구체성은 상실된다고 보기 때문이다. 그리고 그 행위 인자를 확인하기 위한 작업으로서 몸의 자세와 움직임을 상세히 기록하는 체계(lavanotation) 구축의 필요성을 언급하고, 구체적인 방법으로 무용의 안무측정기준(choreometrix)을 원용할 수 있다고 제안한다.[33]

4. 몸짓 현상학의 의례 연구 방법론 소묘

> 허공 속에서
> 손바닥 두 개를 펼쳐본다
> 너무도 많은 금들과 주름과 지문들이
> 어지럽다
> 두 손이 서로를 놓고 가만히 두고 있으면
> 안으로 굽어드는 본성
> 자꾸만 움켜쥐려 한다
> 단순하지 않은 세상이 그곳에 있다
>
> 그러다 손바닥 두 개를 겹쳐보면
> 손안의 세상이 보이지 않는다
> 그것을 기도라고 이름 부르며 사는 사람들도
> 지금 한세상을 건넌다
> 손안의 세상이 안 보이니
> 참으로 겸손해진다[34]

이제까지 종교문화론에서 몸짓 현상학으로의 확장 혹은 전이에 담긴 의미, 특히 의례 해석을 위해서 몸과 몸짓에서 출발해야 하는 까닭과 그것을 위한 대강의 방법을 살펴보았다. 그러나 아쉽게도 소전 정진홍의 몸짓 현상학에서 몸과 몸짓에 근거한 의례 해석의 구체적인 방법은 제공되지 않는다. 단지 그 실마리만이 제공되고 있을 뿐이다. 그러므로 여기서는 몸짓 현상학이 지시하는 방향과 종착지를 나름대로 가늠하면서 의례 해석을 위한 방법론의 윤곽을 그려 보고자 한다. 그 모색을 위한 징검다리로 선택한 종교현상은 '기도'이다. 그 이유는 이렇다. 기도는 언어-정신-신념과 행위-몸-의례의 사이에서 어떤 위치에서도 해석이 가능한, 그리고 보편적인 종교현상으로 간주되고 있다. 그렇다면 몸짓 현상학에서는 기도의 어떤 지점에 시선을 두게 되는지를 좀 더 확연히 살펴볼 수 있게 해 준다는 판단에서다.

구체적인 논의에 앞서, 기도(prayer)에 대한 몇 가지 사전의 정의를 살펴보겠다.[35]

> 정의 ① 기도는 전형적인 종교적 의사소통의 형식들이다. 사람들은 신을 향해 소리를 지르거나 속삭이거나, 말없이 혹은 속으로 생각하면서 홀로 혹은 여럿이 자신 혹은 다른 사람을 위해서 기도를 한다.[36]

> 정의 ② 기도는 매우 일관되게 "인간과 신 사이의 소통"으로서 정의되어 왔다. … 과거 30년 동안 철학적 신학, 의례학(ritual studies), 그리고 페미니스트신학의 의미 있는 발전은, 의례는 다층적 행위라는 좀 더 깊은 이해에 기여해 왔다.[37]

> 정의 ③ 기도는 신적이고 영적인 실체들과의 인간적 소통으로서 이해되며, 인류 역사에서 대부분의 종교들에 있어 왔다. … 의례 현상의 유형론, 이론,

주제 해석을 고려한 일반 도식에 따라 살피면 다음과 같다. 첫째, 기도는 텍스트로 고려된다. 즉, 영적 실체를 향한 인간의 의사소통을 축으로 응집된 언어들의 집합이다. 둘째, 기도는 행위로서 고려된다. 즉 기도는 신적 존재들(deities)들과 소통하는 인간의 행위인데, 그 행위에는 단지 혹은 배타적으로 언어만이 속한 것이 아니라 특별히 그 행위를 구성하는 퍼포먼스의 요소들도 포함된다. 셋째, 기도는 주제, 곧 종교의 한 차원이나 측면인데, 그것의 본질을 명료화하는 작업은 신념, 교의, 교육, 철학, 혹은 신학의 진술을 구성한다.[38]

위의 진술에 나타나는 공통점은, 기도는 신이나 영적 존재를 상대로 주고받는 소통(언어)과 행위로 구성됨을 제시한다는 사실이다. 그런데 주목할 점은, 행위로서 기도의 측면이 서술되고 있으면서도, 그 행위는 어떤 존재와 메시지를 주고받는 '커뮤니케이션'으로서의 행위로 규정되고 있음을, 곧 '언어적' 행위로 인식되고 있음을 확인할 수 있다. 행위에 대한 인식이 언어학의 관점에서 조명되고 있다는 점이다. 『종교사전 Encyclopedia of Religion』의 기도에 관한 다음의 서술은 그 단적인 예다. "기도는 직관적으로 의사소통의 행위이다. 그것의 가장 일반적인 연행에서 보면 기도는 발화 행위이다. 기도는 단지 발언된 말만이 아니라 발화 행위라는 연행 요소의 일부를 포함한다."[39]

언어학적 틀에서 기도를 인식하는 태도는 초기 종교현상학의 저술에서 확연히 드러난다. 소쎄이(Pierre Daniel Chantepie de la Saussaye)는 『종교학 강요 Manual of the Science of Religion』에서 기도를 「희생제의와 기도 Sacrifice and Prayer」 절에서 서술하고 있다.[40] 그에 의하면, '숭배'(cult)의 목적은 신과 인간의 관계 유지와 강화에 있고, 그 종교적 행위는 가장 낮은 수준에서는 신으로부터 필요한 것을 얻기 위해서 실행되고, 가장 높은 수준에서는 신과의 연합을 위해서 실행된다. 희생 제의와 기도는 그 목적을 띤 숭배의 핵심 요소이다. 이러한 관점에서 소쎄이는 희생제의를 서술한 후에, 기도에 관해 다음과 같이 언급한다. "기도는 종종 희생제의를 수반하는 언어이다." 또한 그는 어떤 힘의 작용을 말 자체에 부여할 경우에 그것은 주술적 문구가 되며, 주술로 간주되는 말과 기도로 간주되는 말의 구별은 어렵다고 본다.

반 델 레에우(G. Van der Leeuw)는 자신의 저서에서 종교적 행위를 외향적 행위(outward action)와 내향적 행위(inward action)로 구분하고 기도를 외향적 행위에 배치한다. 물론, 여기서 언급되는 '행위'의 의미는 '몸의 동작'을 의미하는 것이 아니라, 종교적 표상의 행위, 곧 종교현상을 뜻한다. 그러므로 기도는 밖으로 드러난 종교현상인 셈인데, 주목할 점은, 그것이 「인간의 말: 주술적 문구와 기도 Word of Man: Magical Formula and Prayer」 절에서 다루어진다는 사실이다.[41] 여기에서는 힘(Power)과 의지(Will)에 대한 인간의 관계 방식에 따라 다르게 나타나는 기도의 형태와 내용이 논의된다. 예를 들면, 정확한 주송에서 힘을 얻는 주술적 기도, 주술과 기도의 중간 형태인, 신이나 초월적 존재를 부르는 외침(summon), 그리고 최상의 존재, 신, 의지(Will) 앞에서 행하는 인간적인 의지의 '언어적 표현'으로서 기도, 그러한 신적 의지와 인간적 의지의 관계 구조에서 벗어나서 신성에 침몰하는 신비적 기도의 형태 등이다.

종교학에 한정해서 말하자면, 프리드리히 하일러(Friedrich Heiler)만큼 폭넓게 기도의 종교현상을 다룬 학자는 찾기 어렵다.[42] 그의 저서에는 원시적 형태의 기도(primitive prayer)에서 그리스문명의 기도, 그리고 그리스도교, 불교, 이슬람 등에 이르는 다양한 기도 형태가 다루어진다. 그는 '기도는 핵심적인 종교현상'이라고 보고, 특히 예언자적 종교의 기도 형태와 신비주의적 기도 형태를 집중적으로 서술하고 있다. 그에 의하면, 신비주의적 기도의 본질은 집중과 몰입에 있기에, 그 형식은 감정에 방해를 받지 않는 침묵 혹은 명상의 형태를 취한다. 반면에 예언자적 기도의 본질은 감정의 발상에 있기에, 그 형식은 영혼의 분출, 혹은 마음 깊은 곳에서 뿜어져 나오는 신에 대한 부르짖음의 형태를 취한다. 주목할 점은, 하일러의 인식에서 '원시적' 형태의 기도는 예언자적 기도나 신비적 기도에 비해 열등한 것으로 묘사되고 있다는 점이다. 그는 "원시적 기도"의 가장 현저한 특징으로서 천진난만함, 곧 자신이 원하고 느끼는 바에 따라 신적 혹은 영적 존재에게 자유롭게 표현하는 행위라고 설명한다. 곧 '원시적 기도'에서 신성 혹은 초월적 존재와의 인격적 관계나 신비적 합일 등의 모습은 현상은 찾기 어렵다.[43]

하일러에 대한 평가가 부정적일 수밖에 없는 것은 자명하다. 크리스텐센(W. Brede Kristensen)은 종교학의 영역에 '가치평가적인' 종교현상학의 자리는 없다면서, 가치평가가 개입된 종교현상학의 분류 작업에 반대해야만 한다고 주장한다. 주목할 점은, 그가 기도를 성스러움과 인간의 관계에서 조명하고 있고, 그러한 관계에서 빚어진 경험을 표현하는 종교적 행위로서 기도를 서술하고 있다는 점이다. 그러나 아쉽게도 논의의 초점은 기도 현상보다는 종교현상학의 자기규정에 놓여 있다.[44]

위에서 살펴보았듯이, 기도는 언어와 행위의 요소로 구성된 것으로 제시되면서도 분석자의 시선은 그것의 언어적 성격에 집중되고 있음을 보여준다. 물론, 기도의 방식에서 행위적 요소가 전혀 묘사되지 않는 것은 아니다. 단적으로 소쎄이의 기도에 관한 서술에는 기도 행위의 몸짓이 언급되고 있다. 그는 똑바로 선 자세, 천상을 응시하는 시선, 무릎을 꿇고 머리를 조아리는 몸짓, 손을 모으거나 뻗는 자세, 머리를 덮는 몸짓 등을 예로 든다. 나아가 '몸짓에 담긴 생각', 즉 몸짓의 추정된 의미를 제시하기도 한다. 그러나 기본적으로 기도를 서술하면서 두는 초점은 기도 현상의 의미를 언어적 측면에서 밝히는 데 있다.

정진홍의 최근 저서에서도 기도는 종교언어의 측면과 몸짓의 측면 모두에서 서술되고 있다. 물론, 이러한 서술이 사유와 행위의 이분법적 구조에서 이루어지는 기도 현상에 대한 구체적인 분석 과정에서 노정되는 것은 아니다. 저서의 구성이 언어와 몸짓을 각기 별개로 다루게 되어 있어, 자연이 기도가 두 측면에서 서술되고 있을 뿐이다.[45] 오히려 그의 발언에서 주목할 점은, 의례적 행위가 언어로의 치환을 통해, 또는 언어적 유비에 입각해서 해석되는 인식 태도는 근본적으로 몸과 몸짓에서 분석의 출발점을 삼지 않는 데서 비롯된다는 진술이다.[46]

그런데 그러한 발언의 안내를 따라 몸과 몸짓에서 의례 해석의 시발점을 삼을 때에 하나의 문제에 봉착하게 된다. 곧 몸과 몸짓의 어디에서 그 출발점을 삼을 것인지에 대한 고민이 시작되는 것이다. 그 고민은 가장 기본적으로 연구 환경의 변화에서 시작된다. 과거와 달리 오늘날의 연구자는 정보과학과 기술의 발달로 정보매체의 기록과 저장을 위한 편리한 도구를 활용할 수 있게 되었다. 현장에서 손으로 직접 기록하고 그리고, 기억함으로써 자료를 수집하고 보관하던 방식에서 실시간으로 촬영하고 저장하고, 전송할 수 있는 매체를 활용하고 있는 것이다. 또 하나의 변화는 유사한 정보 도구를 가지고 자신의 문화를 기록할 뿐만 아니라 연구하고 설명하는 연구 주체이자 대상인 토착인-연구자(native researcher)의 출현이다. 기록과 저장이라는 단순한 측면에서 보면, 내부 연구자가 외부 연구자보다 유리한 상황이 되었다.

그렇다면, 몸과 몸짓을 강조하는 발언은 달리 해석되어야 한다. 곧 의례 연구에 만연된 경직된 혹은 고착된 인식 틀의 파괴라는 맥락에서 이해할 필요가 있다. 다음의 진술은 이러한 생각을 뒷받침한다.

그러므로 적어도 의미와 관련해서 말한다면 우리는 특정한 제의의 의미, 또는 그것을 구성하는 몸짓과 소리와 색깔과 시간과 공간의 상징성이 지닌 의미를 이미 파악했다고 여깁니다. 각 종교가 주장하는 제의의 교리적 의미를 우리가 대체로 당연하게 수용하는 것은 이 때문입니다.[47]

이 맥락에서 체계적인 몸짓 그리기의 주장은 설득력이 있다. 종교 연구자는 낯선 종교적 행위를 접하게 될 경우에 이미 가공된, 해석된 자료를 추적하고, 흔하게 접하는 종교적 행위는 누적된 해석의 시선에서 바라보는 경우가 흔하다. 해석된 자료는 어떤 형태로든 언어적인 것이고, 따라서 연구자는 종교현상을 해석한 자료를 가지고 종교현상을 해석하는, '종교현상의 해석의 해석'을 수행하게 된다.

다음의 사진을 보고 논의를 확장해보자.

<사진 1>   <사진 2>

〈사진 1〉의 장면에 대해 이렇게 서술할 수 있다. 한 남자가 고개를 조금 숙이고 눈을 감은 채 바위 위에 무릎을 꿇고 앉아 손바닥을 마주하고 있다. 이 사진만으로는 그러한 자세로 앉아 있는 동기나 의도를 알 수 없다. 따라서 그 몸짓이 무엇을 의미하는지, 그리고 그러한 몸짓에 의해 무엇이 경험되고 있는지는 전혀 헤아릴 수 없다. 그러나 곧장 그러한 몸짓이 기도하는

자세라는 의미에 도달할 수 있는데, 그것은 그러한 몸짓에서 추출된 것이 아니라, 이전에 접했던 유사한 몸짓들의 의미에 대한 정보가 끌어낸 결론일 뿐이다. 설령 저 몸짓이 기도하는 자세라는 인식에 도달한다고 해도, 더 이상의 해석은 불가능하다.

〈사진 2〉는 〈사진 1〉에 비해 좀 더 많은 정보를 담고 있다. 지붕 위에서 직사각형 깔개를 깔고 서 있는 남자와 앉아 있는 사람, 그리고 무릎을 꿇고 머리를 땅에 조아린 남자, 허리를 숙이려는 남자, 선 채로 두 손을 들어 귀 가까운 위치에 놓은 남자, 한 무리보다 앞에서 별도의 깔개 위에서 서서 손바닥을 위로 향해 펼친 채 가지런히 손을 들어 턱 밑에 둔 남자, 배경에서 보이는 낯선 건물들. 그러나 정보의 양은 많지만 여전히 사진의 인물들이 행하는 몸짓의 의미를 파악하기는 어렵다.

물론, 의례 현상에 대한 분석이 사진의 내용을 추측하는 방식으로 이루어지지 않는다. 사진과 달리 의례의 구체적인 현장에서는 감각을 동원한 인식 과정을 통해 좀 더 많은 정보를 빠르게 파악할 수 있기 때문이다. 또한 그러한 몸짓과 관련된 자료를 조사해서 몸짓의 일반적인 이해에 도달할 수 있다. 그러나 그 이해는 앞에서 언급했듯이 종교현상의 의미를 드러내는 해석으로서는 불충분하다.

여기서 사진의 예를 든 이유는 소박하다. 인식의 전제에서 벗어나 몸과 몸짓을 중심으로 의례에 접근할 수 있는 방법론을 그려 보고자 한 것이다. 곧 몸과 몸짓의 정확한 기록, 그리고 그것을 통해서 다양한 몸짓들의 유형화, 또한 몸과 몸짓과 관련된 물질적 도구들, 몸짓의 의례적 환경 등에 관한 정보의 체계적이고 세밀한 축적과 함께, 그 이후의 작업에 대한 모색인 것이다.

이와 관련해서 리처드 세크너(Richard Schechner)는 유익한 정보를 제공한다.[48] 곧 페리시타스 굿맨(Felicitas Goodman)과 예지 그로토프스키(Jerzy Grotowski)의 작업에 관한 것이다. 셰크너의 진술에 따르면, 방언 현상에 관한 인류학적 조사를 했던 굿맨은, 방언이 특수한 언어와 관련된 것도 아닐뿐더러 이념적인 측면에서 '종교적인' 것도 아니라는 결론에 이르게 된다. 곧 그 내용과 신념이 방언을 하도록 이끄는 것이 아니라, 방언의 행위 자체가 종교적 신념을 끌어낸다는 것이다. 이후에 굿맨은 의례적 행위, 특히 고대의 그림에서 묘사되는 자세를 정확하게 수행했을 때 수행자에게 일어나는 경험의 양상을 조사한다. 그 결과, 의례적 행위의 자세를 취한 참여자에게 신체와 의식의 변화가 일어난다는 사실을 발견하게 된다. 그로토프스키도 굿맨과 마찬가지의 작업을 했다. 그는 다양한 문화의 전통에서 취한 예술과 종교 자료를 토대로 비의적 환경에서 참여자들에게 연기 훈련을 시켰는데, 참여자들이 '망아적 상황'에서 일어나는 경험을 하게 되었다고 한다.

굿맨과 그로토프스키의 사례가 알려주는 것은, 상징적 의미를 파악하려는 시선에는 포착되지 않는 몸과 몸짓의 현상이 있다는 점이다. 그러므로 의례의 총체적인 의미를 파악하기 위해서는 몸과 몸짓에 대한 상세한 묘사와 함께, 의례적 환경에서 어느 누군가의 몸이 취하는 몸짓 자체가 일으키는, 그리고 몸짓과 몸짓의 상호작용에서 일어나는 '효과' 혹은 '힘'에 주목할 필요가 있다. 종교학자가 종교현상의 총체적인 의미를 해석하기 위해서 굿맨과 그로토프스키의 방식을 그대로 취할 필요는 없다. 그러나 두 학자의 사례에서 민족지적 조사에 의한 의례적 효과나 힘에 대한 서술과 관련해서 몸과 몸짓에서 출발해야 하는 충분한 이유와 함께, 앞에서 벨이 기어츠의 의례 이론을 비판하면서 들었던, 의례 행위자와 사유하는 연구자의 대립 혹은 대칭적 구조를 넘을 수 있는 가능성을 발견하게 된다.

5. 결론

소전 정진홍의 종교학 세계에서 '종교문화론'과 '몸짓 현상학'은 종교현상의 총체적 이해를 위한 중심에 놓여 있다. 그렇게 읽히는 이유는 이렇다. 그는 종교현상을 이해하기 위해서 '종교' 개념의 이데올로기에서 벗어나야 했고, 그래서 '종교문화'라는 개념적 용어를 창안하기에 이른다. 비로소 문화현상의 범주 안에서 종교를 논의하게 되었고, 그만큼 다양한 각도에서 여러 가지의 자세로 종교현상을 해석할 공간을 확보하게 된다. 그럼에도 종교현상이 지닌 성속의 변증법에 대한 그의 생각이 망각된 것은 아니다. 그러한 관점은 의례에 관한 서술에서 여전히 적용되고 있다. 의례에 의한 속된 시공간의 차단과 성스러운, 비일상적인 시공간의 출현을, 그리고 그 안에서의 초월의 경험과 그것을 통한 의례 주체의 변형이 이야기되고 있기 때문이다.

의례의 구조와 상징적 의미는 그러한 성스러움의 종교적 경험에 근거하기에, 경험을 빚어내는 몸과 몸짓에 대한 강조는 자연스럽다. 그 점에서 종교문화론과 몸짓 현상학은 종교현상을 이해하기 위한 중층적인 고민에서 발현된 것일 뿐, 별개의, 그리고 시간적 계기에 따라 순차적으로 형성된 것이 아니다.

이러한 이해 속에서 이 글은 의례 연구에서 몸짓 현상학이 어떠한 지점에 있는지를 살펴보고자 했다. 의례 연구의 이론적 경향은 사유와 행위, 정신과 몸 등의 이분법적 인식 구조가 지닌 한계를 자각하면서도 여전히 벗어나지 못하고 있고, 그러한 인식 틀에서는 의례의 총체적인 의미를 도출하는 데 한계가 있다. 몸과 몸짓이 의례 해석의 시발점이 되어야 한다는 몸짓 현상학의 의미는 여기에 있다. 미리 전제한 상징체계 혹은 교리의 해석학적 영향에서 벗어나 의례의 의미를 온전히 드러내기 위해서는 몸과 몸짓에 대한 체계적인 서술에서 출발해야 한다는 진술은 설득력이 있기 때문이다.

남는 문제는, 몸짓 현상학에 근거한 의례 분석을 위한 구체적인 방법론에 관한 것이다. 몸짓 현상학의 지시하는 방향은 나름대로 가늠해 볼 수 있지만, 그곳으로 어떻게 가야 하는지에 대한 궁금증을 풀기가 어렵다. 다만, 몸과 몸짓에서 발생하는 몸적인 현상에 대한 소전 정진홍의 발언에 주목하면, 페리시타스 굿맨과 예지 그로토프스키의 경우처럼 실험적 의례 연구, 혹은 체험적 의례 연구를 통해 의례 연구의 구체적인 방법을 모색할 수 있다는 생각이 든다. 곧 정진홍의 몸짓 현상학에서 의례 연구는 몸과 몸짓 그리기로부터 몸짓이 몸에 빚어내는 효과 혹은 힘에 대한 그리기로 넘어가야 한다는 또 하나의 지시등을 발견할 수가 있는 것이다. 그러한 방향에서 의례 연구에 대한 후속 연구가 이루어지길 바랄 뿐이다. 펼쳐진 두 손바닥을 모으고 눈 감고 숨을 고르면서.

소전 정진홍의 반 델 레에우 이해의 특징과 한계

종교현상학적 해석

안 신

그들의 삶의 자리와 사상적 형
성과정에 영향을 주고받은 주요
인물들과 사건들이 그들의 학문
적 혹은 종교적 세계관, 다시 말
해 그들의 가치판단의 척도를 구
축한 것으로 보아야 할 것이다.

1. 서론

소전 정진홍(素田 鄭鎭弘, 1937-)은 「종교학의 과제」를 설명하면서 반 델 레에우(Gerardus van der Leeuw, 1890-1950)의 주장을 다음과 같이 인용하였다.

> 반 델 레에우도 "지속적인 문헌학적, 고고학적 탐구에 의한 실증과 수정 없이
> 는 현상학적 설명이란 한 갓 순수한 예술 혹은 공허한 환상에 불과하다"는 사
> 실을, 종교에 대한 현상학이 종교시일 수는 없는 것이라는 입장에서 설명하
> 고 있다.[1]

종교학에서 "탐구"와 "환상"을 구별해야 한다는 주장은 대표적인 종교학
자의 생애와 사상을 연구하는 데에도 적용된다. 소전은 과연 네덜란드의 종
교현상학자였던 반 델 레에우를 어떻게 이해하고 있었을까? 필자가 연구 주
체의 자리에 서서 소전과 반 델 레에우의 만남을 하나의 현상으로 분석할
수는 없을까? 이러한 학문적 탐색은 반 델 레에우에 대한 기존의 여러 가지
평가들에 또 다른 하나의 이미지와 목소리를 새롭게 추가할 것이다.[2]

소전은 종교학의 궁극적 목적을 문화비평의 기능에서 찾는다. 따라서 종교학의 비조 막스 뮐러와 시카고 학파의 미르치아 엘리아데, 나아가 반 델 레에우의 종교학도 그러한 관점에서 주로 조명해 왔다. 1975년 그는 엘리아데의 『우주와 역사: 영원회귀의 신화』를 번역하면서 그가 지향하는 종교학의 목적을 다음과 같이 천명하였다.

> 최근에는 "종교학"이 흔히 학계에서 오르내릴 수 있는 용어로까지 발전되고 있다. 그러나 불행하게도 종교학에 대한 이러한 관심은 특정 종교의 선교신학적 관심에서 비롯한 타종교에 대한 접근이라든지, 각 전통 종교에 대한 공평한 관심이라는 각도에서 정리되고 있을 뿐이다. 따라서 종교학적인 학문적 훈련을 통한 문화비평적인 기능 수행을 위해서는 종교학은 아직도 더 많은 세월을 기다려야 할는지도 모른다. 다만 다행한 것은 젊은 종교학도들이 그러한 간격을 뜨거운 정열로 메워 가고 있다는 사실이다.[3]

소전에게 종교학은 분명한 목표와 시대적 사명이 있다. 이러한 독특한 관점은 그에게 종교 연구의 역사를 바라보는 새로운 시각을 주었고 그에게 영향을 받은 후학들도 학문 공동체를 만들어 그의 시각을 확대하고 재생산해 왔다.

본 논문은 반 델 레에우에 대한 소전의 이해와 설명이 지닌 주요 특징과 연구의 한계를 탐색하고자 한다. 이를 위하여 '연구자로서의 소전'과 '연구 대상으로서의 반 델 레에우'의 생애를 재구성하고 그의 종교현상학에 대한 소전의 분석은 어느 부분을 강조하였는지 그리고 어느 부분을 다른 학자들과 다르게 해석하였는지를 진단할 것이다. 평상시 경애하는 스승의 학문적 업적을 아직까지 학문적으로 일천한 제자가 감히 논하고 평가한다는 것은 한국사회에서 결코 쉬운 일이 아니다. 그러나 선학이 이루어 놓은 학문적 과제를 조금이나마 이해하고 극복하고 개선하는 것이 후학의 마땅한 임무라고 생각하여 본 연구를 조심스럽게 진행하게 되었다.

2. 소전과의 만남: 칼뱅과 종교적 인간(homo religiosus)

필자는 본 논문에서 소전의 반 델 레에우에 대한 이해에 국한하여 탐색을 진행할 것이다. 그러나 이에 앞서 먼저 20년 전 소전과의 만남을 회상한다. 본 연구의 연구 주체로서 필자의 자리도 함께 고려되어야 하기 때문이다. 1992년 끝없이 펼쳐진 망망대해와 같았던 생경한 학문, 종교학(religious studies)에 한 청년이 용기를 내어 첫발을 내딛을 수 있었던 것은 사실 독실한 기독교 신앙 덕분이었다. 넉넉하지 않은 집안에서 장남을 "종교적"(religious)으로 교육하기를 원했던 부모의 바람과 기독교를 한층 더 공부하고픈 철없는 그 청년의 엉뚱한 기도가 맞물려 종교학과에 입학했던 것이다. 1993년 문민정부가 들어서면서 거리로 나가 외치던 민주화의 구호는 점차 사라지고 정치적 안정이 찾아왔다. 반정부 시위 참여가 일상이었던 대학 캠퍼스의 분위기가 바뀌었고 도서관에 남아 전공을 공부하는 학생들이 부쩍 늘면서 면학의 분위기가 새롭게 자리를 잡게 되었다. 당시 서울대 관악캠퍼스는 '한국 종교학의 르네상스 시대'를 맞고 있었다. "종교현상학", "종교와 예술", "종교와 문학", "신화와 역사"를 강의하던 소전 외에도 나학진(기독교윤리), 윤이흠(한국종교사), 금장태(한국유교) 교수가 종교 전통과 방법을 균형 있게 가르쳤고 1993년과 1994년에 새로 부임한 김종서(종교사회학), 윤원철(한국불교) 교수가 북미 종교학의 새로운 연구경향을 소개하고 있었다.

소전은 스승들 가운데 유독 키가 컸고 그의 얼굴에는 언제나 소탈한 미소가 가득했다. 대체로 조용한 분위기를 풍겼지만 강의할 때만큼은 불같은 카리스마가 넘쳐났다. 그의 강의는 필자에게 익숙했던 '성직자의 설교처럼' 묘한 끌림과 당김이 있었다. 강의를 들은 학생들은 종교학도로서 강렬한 자부심을 느꼈고 급기야 종교학의 '신실한 신도'가 되었다.[4] 당시 학부학생들의 모임과 전국 규모의 학회도 활발했다. 신학과 종교학을 전공하던 대학생들의 전국 모임이 한신대에서 열렸고 한국종교학회가 서강대에서 개최되었다. 하버드대에서 캔트웰 스미스(W. C. Smith, 1916-2000)와 공부한 길희성, 김승혜 교수는 종교 전통 연구와 종교 간 대화를 강조하는 한국종교학의 '서강학파'를 형성했다. 반면에 엘리아데(M. Eliade, 1907-1986)를 국내에 본격적으로 소개한 소전을 중심으로 서울대에서는 '시카고학파'의 학풍이 강하게 유행하고 있었다.[5] 한편 한국종교문화연구소의 전신이었던 한국종교연구회도 서울대 종교학과 출신들을 중심으로 포천 답사를 비롯한 활발한 연구 활동을 이어나가고 있었다.

이러한 역동적인 분위기 속에서 군복무를 마치고 일찍 결혼한 학부생이었던 필자는 '종교학의 세례'를 받을 수 있었다. 그러던 어느 날 소전의 연구실에서 책을 옮기는 일을 돕던 중에 그에게 칼뱅(John Calvin, 1509-1564)의 『기독교강요』 영문 번역서를 선물로 받았다.[6] 그는 당시 필자에게 이렇게 말했다. "나에게 더 이상 필요하지 않네. 자네가 한 번 공부해 보게." 당시 보수적 한국장로교회가 신학적 원형(archtype)으로 삼고 있었던 칼뱅의 글에는 신학적으로 타종교에 대하여 배타적인 입장이 담겨 있기보다는 오히려 인간의 본성 안에 종교적 심성이 뿌리 깊게 자리 잡고 있으며, 이러한 종교성의 보편적 구조가 산재함을 주장하는 참신한 생각들이 담겨있었다.

3장 1절. 인간의 마음속에 본능적으로 신에 대한 자각이 존재한다는 것을 우리는 논란의 여지가 없는 사실로 받아들인다. (중략) 삶의 다른 면에서는 짐승들과 별로 다를 바 없는 것 같은 미개한 사람들에게도 여전히 종교의 씨앗 같은 것이 어느 정도 있는 것을 보게 되는 것이다.[7]

3장 3절. 건전한 판단을 하는 사람이라면 누구든지 절대로 지울 수 없는 신격에 대한 지각이 사람의 마음에 새겨져 있다는 것을 인정할 것이다. (중략) 내가 말하고자 하는 것은 다만, 불경건한 자들이 어리석게도 하나님을 거부하려고 마음의 완악함을 발동시키지만 그것은 희미해져가고, 그들이 그렇게도 없애기를 원하는 그 신(神)에 대한 지각은 여전히 왕성하게 살아서 곧 터져 나온다는 것이다.[8]

4장 1절. 하나님께서 모든 사람들에게 종교의 씨앗을 심어 놓으셨다는 것을 경험을 통해서 알 수 있지만, 그것을 마음으로 기리는 사람을 백 사람 중에 한 사람도 만나기 어렵고, 성숙한 상태에 이르는 사람은 하나도 없고, 더욱이 시절을 좇아 과실을 내는 사람은 더 만나기 어려운 현실이다.[9]

4장 4절. 어떤 신적인 존재가 있다는 신념은 계속해서 남아 있다. 그러나 이 씨앗이 너무도 부패하여 그 자체로서는 오로지 지극히 악한 열매밖에는 맺지는 못하는 것이다.[10]

5장 1절. 복된 삶의 최종적인 목표가 하나님을 아는 데 있으므로, 하나님은 아무도 복을 접하는 데에서 제외되지 않도록 하시기 위하여 이미 앞에서 논의한 종교의 씨앗을 우리 마음 속에 심어 놓으셨을 뿐 아니라, 우주의 구조 전체 속에 자기 자신을 드러내셨고 또한 날마다 자신을 드러내시기를 기뻐하

셨다.[11]

이와 같은 칼뱅의 종교관은 주로 "장로교"라고 불리는 개혁교회의 세계관을 구축한다. 소전이 우연히 건네준 책은 필자에게 결정적인 '종교학으로의 초대'였다. 우리가 이러한 칼뱅의 종교관을 이해한다면, 네덜란드의 종교현상학자 반 델 레에우가 왜 개혁교회의 신학자이며 목사로서 이집트 종교와 그리스 종교를 공감적으로 연구할 수 있었는지 그 신학적 이유를 어느 정도 설명할 수 있다. 그는 칼뱅이 주장한 보편적 종교성과 신에 대한 일반적 관념을 고대인들의 문명에서도 충분히 발견할 수 있다고 생각했던 것이다.

3. 소전이 이해한 반 델 레에우의 특징
: 보수신학에 대한 창조적 반발

필자는 소전과 반 델 레에우를 각각 주체와 객체의 자리에 놓고 그 만남과 경험의 현상을 이해하고자 한다. 소전은 실존적 차원에서 반 델 레에우에게 큰 호감을 느꼈고 그의 자리에서 설명될 수 있는 반 델 레에우의 새로운 이미지를 창조하였다. 따라서 소전의 삶을 먼저 살펴보고 이어 반 델 레에우의 삶에서 소전이 강조하지 않고 간과된 부분을 고려하여 다시 재구성해 보자.

소전은 1937년 11월 23일 충남 공주에서 태어났다. 판사였던 부친과 달리 이화여전 보육과를 졸업한 모친은 기독교 신앙이 투철하여 소전을 주일학교에 보냈다. 그러나 그는 유년시절 부모에게 따뜻한 사랑을 받아 본 적이 없다고 기억한다. 6·25전쟁이 발발하면서 부친이 납북되고 가세가 급격히 기우는 바람에 손위 누이는 중학교를 마치고 직장에 갔고 소전은 종교기관이 운영하던 고아원에 맡겨졌기 때문이다. 모친은 손아래 동생들만을 키웠다. 소전은 이때 모친의 종교적 신앙, 자신이 맡겨진 기관의 성직자가 보여주는 신앙, 그리고 절망 가운데 자기 자신이 매달렸던 기독교 신앙을 통해서 종교적 삶을 구체적으로 경험했다. 당시엔 희망이 없었기에 죽고만 싶었다고 하지만 그럴 만한 용기가 나지 않았다고 고백한다. 16세가 되자 모자원으로 자리를 옮겨 고등학교 2학년과 3학년을 전쟁 미망인들을 도우며 성장하였다. 그는 당시 상황 속에서 자신의 신앙을 다음과 같이 묘사한다.

> 새벽이면 존경하던 전도사님이 저를 깨워서 등잔불을 켜놓고 저보고 공부하라고 하시고 새벽예배를 가신다. 그리곤 5시 반부터는 제가 아이들을 데리고 새벽예배를 해야 한다. 그런데 아이들에게 예수 믿으라고 할 자신이 없었다. 예수를 믿으면 좋은 사람이 될지 안 될지 판단이 안 섰기 때문이다. 그런데 기도해야 될 당위성은 분명했었다.[12]

불우한 청소년기를 보내면서 기독교 신앙은 그에게 큰 힘이 되었고 소전은 목사가 되고 싶었다. 그러나 그가 서울대 종교학과에 입학하여 종교학을 공부하면서 원래의 기대와는 다른 경험을 하였다. 그는 철학과에 들어가 좋아하는 책들을 읽고도 싶었지만 당시 10명을 모집하던 종교학과를 알게 되어 "이런 학과도 있나 싶어" 지원하였다. 소전은 종교학과에서 보수적이며 배타적인 기독교신학을 대표하던 신사훈 교수(1911-1998)를 만나게 되었다. 삶과 종교에 대하여 자유로운 물음들이 '이단'이라는 이름으로 차단되자 그는 크게 실망하였다.[13] 한때 대학 포기를 고려하기도 했지만 가족의 기대를 생각하여 4년 동안 대학에 다니며 가정교사를 하다가 1960년에 졸업 후 입대했다.

가정교사를 하는 동안에는 교회에 출석하지 않았는데 이러한 신앙 활동의 공백 기간이 오히려 소전 자신의 신앙을 객관적으로 조명할 수 있는 "축복"의 시간이었다고 술회한다. 제대 후에 서울대에서 무급조교로 일하다가 1965년에 대학원을 졸업했다.[14] 대학원 조교 시절에 이화여대 부속 중학교에서 성경교사로 일하면서 신학적 용어의 한계를 인식하게 되었다. 구약, 신약, 교회사를 가르쳤지만 학생들로부터 싸늘한 반응이 돌아오자 소전은 분노와 실망 그리고 좌절감에 휩싸였다. 그는 기독교 언어를 보편적 소통이 불가능한 일종의 사투리로 규정하고 엘리아데의 저서를 통하여 종교학적 시야를 넓혀 나갔다.

이후 소전은 도미를 결행하였고 오하이오주 연합신학대학원에서 1971년 신학석사를 마쳤다. 그 시기에 그는 시카고대에 가서 엘리아데의 강의를 청강하였다. 소전은 귀국한 후에 명지전문대(1974년), 덕성여대(1977년), 명지대(1979년)에서 교편을 잡았다. 그리고 1981년에 샌프란시스코신학대학원에서 목회학 박사학위를 받고 서울대에 부임하여 1982년부터 2003년까지 종교학과 교수로 재직하였다. 그의 종교학에 대한 학문적 기여가 인정되어 1999년에는 대한민국학술원 회원으로 선출되었다. 서울대 은퇴 후에도 한림대와 이화여대의 석좌교수를 역임했고, 현재 울산대 석좌교수를 지내며 한국종교문화연구소 이사장으로서 왕성한 활동을 이어가고 있다.

소전은 기독교 신앙을 배경으로 성장하였지만 종교 연구를 진행하면서 신학에서 종교학으로 인식의 전환, 패러다임의 전환을 이루었다. 그러나 그는 종교학을 계속 공부하면서도 여전히 기독교인으로서 정체성을 갖고 산다. 2008년에 10월 16일 한국기독교목회자협의회가 주최한 강연에서 소전은 "다원 사회 속에서의 기독교와 기독교인의 자세"를 다루었다. 그는 한국 기독교가 위기에 처해 있다고 지적하며 하루 속히 회개하여 "배타와 독선의 생존 전략"을 포기할 것을 주장하였다. 그는 종교학의 논리를 가지고 기독교문화를 혹독히 비판했다.

소전은 1970년 미국 유학 시절에 엘리아데를 직접 만날 기회를 가졌지만 1950년에 사망한 반 델 레에우를 만난 적은 없다. 반 델 레에우의 저서와 그에 대한 학문적 평가가 많지 않았기 때문에 주로 와덴버그(J. Waardenburg)의 자료[15]에 의존하여 반 델 레에우에 대한 전기적 소묘를 전하였다.[16]이제 그의 설명 가운데 몇 가지 내용을 보완하여 반 델 레에우의 삶을 재구성해 보자.[17]

소전이 밝히고 있는 1890년 3월 19일과는 달리 반 델 레에우는 하루 앞선 18일에 네덜란드 헤이그에서 태어났다. 그는 "다재다능한 천재이며 다작하는 작가"라는 엘리아데의 찬사를 받기도 했고 사망한 후에 그의 제자이며 후임자였던 시에르크스마(F. Sierksma)는 "신의 종이며 그로닝겐의 교수"로 평가하기도 하였다.[18] 그는 학자이며 목회자였고 정치가였으며 음악가였다. 크고 작은 국내외 학회를 창립하였고 국제학술대회를 개최하는 치밀한 조직가였으며 신학과 종교학뿐만 아니라 교육과 예술에도 조예가 깊었다.

반 델 레에우는 초등학교를 마친 후에 1902년부터 1908년까지 김나지움을 다녔다. 그는 이 시절에 시와 음악을 사랑했고 연설과 글쓰기에 뛰어난 학생이며 리더로서도 큰 두각을 나타냈다. 그는 동시에 신에 붙잡힌 독실한 크리스천이었다. 소전은 반 델 레에우가 괴테를 비롯한 낭만주의에 깊은 영향을 받은 것에 대하여 크게 주목하지 않았다. 그러나 반 델 레에우는 말년에 자신의 삶을 회상하면서 다음과 같이 주장하였다.

나는 괴테에 의하여 길러진 세대에 속한다. 나는 그와 분리된 나의 발전, 나의 현재의 사고방식, 나의 삶을 상상할 수 없다. 그의 『파우스트』는 오랫동안 나를 위한 일종의 세계성경이었다. 성경과 우위를 다툴 정도였다. 명확히 이

끝없는 투쟁을 통하여 그 작품은 계속해서 나에게 영향을 미치고 있다.[19]

　이러한 낭만주의의 영향을 강조하기보다는 소전은 반 델 레에우가 "가장 관심을 가졌던 분야"를 크리스텐센의 '종교사'와 '종교현상학' 강의로 제한하고 있다.[20]그러나 케레트센(J. H. Gerretsen)과 피에르 샹뜨피 드 라 소쎄이(P. D. Chantepie de la Saussaye, 1848-1920)[21]의 영향도 상당했다. 케레트센은 시대를 앞선 영성과 의례의 전문가로서 반 델 레에우의 입교식, 결혼식, 목사취임식을 집례한 정신적 스승이었다. 영국 의례운동에 영향을 받은 네덜란드 의례운동의 중심에 서 있던 케레트센은 1911년에 다음과 같이 주장했다.

　(지금까지) 설교는 개신교예배의 가장 중요한 요소가 되어왔다. 개신교인은 교회에 나가서 신의 말씀 아래 모인다. 그러나 설교를 듣는 것이 우리가 교회에 가는 유일한 목적은 틀림없이 아니다. 우리는 신의 말씀을 들을 뿐만 아니라 예배드리러 교회에 가야만 한다. 예배는 모든 인간에게 필요한 것이다. 예배는 신 앞에 무릎을 꿇고 그에게 합당한 찬양을 드리고 감사한 마음으로 신을 바라보며 신과 하나가 되는 것이다. 만약 우리가 신의 위대함을 찬양하기 원한다면 합의가 필요하다. 의례에서 회중은 설교자가 그렇게 하라는 요청 없이도 노래를 부른다. 의례는 회중에 속한다.[22]

　한편 드 라 소쎄이는 라이덴대학교에서 윤리와 신학을 가르쳤던 입지전적인 자유주의신학자였다. 그는 1891년에 『종교학 매뉴얼』(Manual of the Science of Religion)에서 세계종교를 크게 현상학, 민속학, 역사학으로 구분하여 설명하였는데, 종교현상학을 다음과 같이 정의하였다.

종교현상학은 인간의식의 사실들을 다루고 있다는 점에서 심리학과 매우 긴밀하게 연결되어 있다. 종교의 외적인 형태조차도 내적인 과정들로부터만 설명될 수 있다. 종교적 행위들, 관념들, 느낌들은 비종교적 행위들, 관념들, 느낌들과 외관상 구별되지 않지만 특정한 내적 관계를 통해서만 구별된다.[23]

반 델 레에우는 라이덴대학교에서 드 라 소쎄이의 종교현상학에 큰 영향을 받았다. 그는 크리스텐센의 영향 아래 신학분야에서 종교사를 전공하였으며 이집트 종교를 세부 전공분야로 선택하였다. 그러나 반 델 레에우는 학문적 능력을 기르면서도 기독교학생운동에 적극적으로 참여하였는데 당시 이 운동을 지도하던 이가 바로 드 라 소쎄이였다.

반 델 레에우는 1913년에 학위 자격 시험을 마치고 독일 베를린대와 괴팅겐대에서 한 학기씩 이집트학과 신학을 공부했다. 그는 크리스텐센을 지도교수로 1916년 3월 15일에 논문 방어에 성공했다. 소전은 『고대 이집트 피라미드 경전에 나타난 신관념』을 언급했지만 그 의의에 집중하지는 않았다. 반 델 레에우는 당시 유행하던 이집트어에 치중하기보다는 이집트 문화에 관심을 기울이며 신의 개념을 연구했다. 나아가 이를 위한 방법론으로 레비 브륄의 원시심성론을 적용하였다. 그는 학위를 마치자 신학생과 결혼하였고 남부 네덜란드로 내려가 목회 활동을 하면서 예비 신학생들에게 히브리어를 강의했다.

1918년에 반 델 레에우는 그로닝겐대학교의 종교학 교수가 되었다. 그는 암스테르담대, 유트레히트대, 시카고대, 마르부르크대로부터 교수초빙 제안을 받았지만 정치에 참여하던 시기를 제외하고는 줄곧 그로닝겐대에 남아서 연구를 계속하였다. 그는 "종교사", "신론의 역사", "이집트언어"와 "이집트문헌"을 가르쳤지만 많은 학생이 그의 강좌를 수강하지 않았다. 그 덕분에 연구에 전념할 수 있었다. 그는 네덜란드개혁교회신학회와 성례갱신위원회의 회장으로도 활동했다.

반 델 레에우의 학문적 관심은 신학, 고대종교, 종교현상학, 심리학, 성례 등으로 다양했다. 그가 최초로 낸 저술은 1919년에 출판된 『역사적 기독교』였고 1938년에 『신학개론』을 완성했다. 1924년에 집필한 『종교사개론』은 이듬해 독일어로 번역되었다. 이 저서는 확대되어 1933년에 『종교현상학』으로 출판되었다. 1927년에 『아크나톤, 기원전 14세기의 종교미학적 혁명』과 『고대 그리스의 신과 인간』 등 고대종교에 관한 저작을 내기도 하였다. 반 델 레에우는 심리학에 지대한 관심을 보여 1926년에는 「심리학의 최근 연구와 종교사에 대한 적용」을 펴냈고, 이어 1928년에는 「구조심리학과 신학」을 발표했다. 1937년에는 『원시인과 종교』를, 1941년에는 『인간과 종교』를 출간하였다. 1944년에 『고대 이집트의 종교』를, 다시 1949년에는 『이집트의 종말론』과 『성례전 신학』을 마지막으로 저술하였다.

반 델 레에우는 원시심성(primitive mentality)이 종교사의 모든 현장에서 발견된다고 주장했다. 그는 서양의 논리와 합리성을 지나치게 강조하는 실증주의에 대하여 상당히 비판적인 태도를 취하였고 진화론적인 틀을 벗어나 구조화된 인간심성의 연구를 추구하였다. 따라서 이집트 종교와 그리스 종교는 현재로부터의 시공의 차이에도 불구하고 동일한 인간 현상일 뿐 결코 열등하거나 이해 불가능한 문화가 아닌 것이다. 소전도 반 델 레에우가 레비브륄의 사상을 차용한 것에 주목하였다.

레비-브륄에게는 원시라고 표현된 '이전의 의식의 현상'에 대한 기술이 그 목표이지만 반 [델] 레에우에게는 이러한 이전의 사유양식을 탐구함으로써 오늘날의 사유의 본성, 더 나아가 인류의 사유양식 일반 그리고 특별히 종교의 본질에 대한 명료한 터득을 할 수 있으리라는 것이 그 목표이다. 원시심성을 현대문화를 진단할 뿐만 아니라 그 진단에 의하여 확인된 위기를 극복하기 위한 가능한 준거로 수용하고 있는 것이다. (중략) 이 원시심성이란 현대심성 (modern mentality) 안에서도 여전히 발견할 수 있는 것이다. 그러한 예가 지나치게 편향적인 것이라면, 다시 종교인(기독교인을 포함한)의 행동양태를 살펴보는 것이 좋으리라고 그는 주장한다. 원시인의 심성을 특징지우는 여섯 가지 사실[① 집합적, ② 총체적, ③ 참여, ④ 주술적, ⑤ 신화적, ⑥ 제의적]은 그대로 현대의 종교인의 행동양식에 대한 묘사이기도 한 것이라고 그는 판단하고 있기 때문이다. 그렇다면 원시나 현대라고 구분되는 두 심성은 비록 그러한 구분의 묘사가 불가능하지는 않다 하더라도 공존하고 있는 현상이다. 뿐만 아니라 현대를 위기로 진단할 수밖에 없는 맥락에서 본다면 오히려 원시심성으로 묘사한 그러한 특성들은 인간학적인 면에서나 종교적인 차원에서나 현대와 비교하여 더 순수한 형식을 지닌 것으로 판단할 수 있다고 그는 주장한다. 이러한 그의 주장에 의하면 반 [델] 레에우는 참여의 구조, 신화적 사유, 주술적 행위 등의 원시심성을 인간의 문화적 삶 그리고 인간심성 자체의 근원적인 기반으로 전제하고 있음을 확인할 수 있다.[24]

이미 반 델 레에우는 이러한 원시심성의 이해에 기초하여 박사과정에서 신학을 공부하며 종교사를 전공할 수 있었던 것이다. 그가 1918년 9월 그로닝겐대에 교수로 취임할 때에도 그의 학문분야에 의구심을 갖고 있었던 동료 교수들과 신학생들을 설득하려는 노력이 보인다.

당시 반 델 레에우는 "신학에서 종교사의 위치와 과제"를 강연하였다. 소전은 이 강연에서 종교사가 신학적 학문이며 신학을 위하여 종교사가 필요하다는 반 델 레에우의 입장에 주목하였다. 그러나 좀 더 자세히 분석하면 반 델 레에우가 지향한 종교 연구의 방향과 경향을 우리는 파악할 수 있다.[25] 반 델 레에우에게 종교학은 종교사, 종교철학, 종교심리학, 종교현상학으로 구성되는 학문이었다. 종교사는 구체적인 사건들을 분석하고 종교현상학은 역사적 사건들 가운데 보편적 구조를 탐색하는 것이다. 반 델 레에우의 학문적 목표는 바로 이러한 구체적인 종교들(religions)에 대한 역사적 탐색보다는 종교들의 본질로서 종교(religion)를 현상학적으로 규명하는 데 있었다.[26]

1920년대에 반 델 레에우는 네덜란드신학회의 회장을 지낼 정도로 학문과 신앙의 균형을 이루어 나갔다. 점차 네덜란드 신학계에서는 그의 입지는 좁아지고 급기야 독불장군으로 여겨지며 소외되었지만 세계학회에서 종교학자로서의 명성은 커져 갔다. 반 델 레에우는 학문적 성과를 인정받아 1936년에 네덜란드 학술원 회원으로 선출되었다. 2차 세계대전을 맞이할 때까지도 시대 상황에 대하여 긍정적인 태도를 갖고 있었지만 1940년대에 접어들면서 허무주의적 태도로 기울게 되었다. 그는 1945년 유럽에서 전쟁이 끝났을 때에 초대 교육예술과학 장관으로 선출되었다. 그는 문화정치를 통하여 예술가들을 적극적으로 도왔다. 그러나 그의 이상적이며 열정적인 활동은 현실정치와는 큰 괴리가 있었다. 1년 뒤 1946년 여름에 그는 장관직을 잃었고 이에 그는 크게 실망하였다. 같은 해에 그는 30년 동안 자신의 옆을 지켜주었던 아내와 사별하였다. 이러한 실망스러운 사건들 가운데 반 델 레에우는 체코슬로바키아의 마사릭대학교에서 명예박사학위를 받으면서 "과학적 고백"이라는 자전적 연설을 하게 되었다.

반 델 레에우는 사망 전까지 매우 바쁜 일정을 보냈다. 1948년, 1949년, 1950년에 에라노스학회에 참석했고 미국과 남아공을 방문하기도 하였다. 1950년 3월 18일에 60세 생일을 맞았다. 그는 네덜란드종교학회를 만드는

데 크게 기여했고 독일종교학회에서도 적극적으로 활동했다. 1950년 9월 암스테르담에서 열린 국제종교학회의 조직에도 핵심 인물로 일했다. 그러나 그는 암스테르담학회를 마친 후에 유트레히트병원에 바로 입원했고 결국 신부전증으로 11월 18일에 사망했다. 아마도 불운한 정치 활동과 아내와의 사별 그리고 국제학회활동이 그에게 큰 부담으로 작용한 듯하다.

4. 반 델 레에우는 "신학의 종교학화"를 의도했나?

소전은 반 델 레에우를 신학자이며 종교학자로 소개하지만 두 분야에서 출판된 그의 저서들이 독자들에게 상반된 반응을 보였음에 크게 주목하지 않았다. 종교현상학과 관련된 저서들은 독일어, 불어, 영어, 심지어 한국어로까지 번역되어 세계의 독자들에게 널리 유포되었지만 그의 신학과 관련된 저서는 네덜란드어를 할 수 있는 독자들에게 국한해 영향을 미쳤다. 반 델 레에우가 독일과 미국의 대학교로부터 교수제안을 거절한 이유도 네덜란드에 남아서 개혁교회를 위한 나름대로의 창조적 신학을 마련하려는 실존적 바람 때문이었다. 나아가 그의 종교학자로서의 명성이 신학을 전업으로 하는 전통적인 의미의 신학자들에게 일종의 위기감과 거부감을 주었다. 그리고 반 델 레에우가 신학 저술을 출판한 20세기 전반기에는 세계 신학의 거인들이 활동하던 시기였다. 바르트, 브루너, 불트만, 틸리히 등 걸출한 학자들이 세계 신학계를 이미 장악하고 있는 상황에서 반 델 레에우의 신학적 영향력은 네덜란드를 넘어서 국외로까지 큰 파급력을 일으킬 수 없었다.

소전은 반 델 레에우가 "신학의 종교학화"를 시도했다고 주장하지만 반 델 레에우는 네덜란드의 신학계에서 어느 특정한 학파에 소속되지 않고 점차 고립되어 갔다. 그는 성육신 신학과 의례 신학을 강조했을 뿐만 아니라

기독교와 타종교 사이에 기독교 계시의 연속성을 주장하였다. 그러나 네덜란드 개혁교회에서는 신의 말씀(The Word of God)을 강조하는 바르트의 신학, 바로 변증법적 신학이 1920년대부터 크게 유행하고 있었다. 바르트 라인에 있었던 보수적 선교학자 핸드릭 크레머(Hendrik Kraemer)는 반 델 레에우의 신학이 지나치게 종교학의 길로 갔다고 비판했다. 기독교와 타종교의 차이가 없어지고 신학과 심리학의 경계를 무너뜨리고 종교와 계시를 동일시하는 과오를 저질렀다고 판단했던 것이다. 다시 말해, 소전의 반 델 레에우에 대한 평가는 보수신학의 시각과 비슷한 논조를 띠고 있다. 오히려 반 델 레에우가 초기에 동일시하려던 윤리신학이 네덜란드에서 지지 세력을 상실하면서 그의 신학적 고립이 심화된 것으로 보아야 할 것이다. 반 델 레에우는 설교를 강조하는 주류 개혁교회의 입장에도 속하지 않았고 그렇다고 해서 성사를 강조하는 가톨릭 교회의 입장에도 포함되지 않았다. 그는 특정한 교파의 기독교인이 되려는 의도보다는 교회 일치를 지향하는 에큐메니컬 성향을 띤 신학자였다.[27]

　칼뱅대학교의 플란팅가는 반 델 레에우의 학문적 약점을 크게 두 가지로 지적한다. 첫째로 그의 연구 방식이 지나치게 주관적이었다는 점이다. 직관에 의존한 연구를 진행하다 보니 해석들이 인상주의적이었고 경험적 연구를 결여하고 있다는 것이다. 그가 세상을 떠난 후 구체성과 사실성을 추구하는 후학들은 반 델 레에우의 이해와 설명에 대하여 혹독한 비판을 가했다. 그의 제자 시에르크스마는 그의 스승이 프로이트와 융의 심층심리학에 대한 이해가 부족했음을 지적했고 그로닝겐대의 후계자 반 바렌(T. P. van Baaren)도 반 델 레에우의 인류학적 불확실성을 지적하였다. 플란팅가가 지적한 두 번째 문제는 반 델 레에우의 종교현상학은 오히려 지나치게 기독교적이며 신학적이라는 오해를 받았다는 사실이다. 학자로서 신학과 종교학을 동시에 조화롭게 실천할 수 있다는 그의 강력한 신념은 사후에 후학들에게 거의 공감과 동의를 얻지 못했다는 것이다. 그의 업적이 지니고 있는 난해한 범주와 언어적 한계 그리고 철학적 비약이 후속 연구자들에게 큰 걸림돌로 작용했고 결국 반 델 레에우를 연구하려는 학자가 별로 없게 되었으며 따라서 그의 학문적 평가도 더디게 진행되었던 것이다.[28]

한국에서 반 델 레에우에 대한 체계적인 연구를 본격적으로 시도한 소전도 후속 연구의 필요성을 주장하며 몇 가지 과제를 우리에게 제시하였다.[29] 첫째로 반 델 레에우에 대하여 "위장된 신학자"라는 비판이 있지만 그가 제시한 현상의 개념, 다시 말해 인카네이션의 개념이 오늘날 종교학에 주는 의미를 연구할 필요가 있다고 주장한다. 둘째로, 반 델 레에우의 사회-역사-문화적 요인을 배경이 아니라 학문적 진술을 위한 하나의 범주로 수용할 것을 천명한다. 그러나 소전도 반 델 레에우의 종교현상학 방법과 문화비평적 기능을 소개하는 데 관심을 기울여 정작 반 델 레에우의 신학적 진화, 예를 들어, 윤리신학에서 종교현상학으로 다시 의례신학으로의 변화를 역사적 맥락과 범주로 심도 있게 설명해 주지 못하였다.[30]

우리는 반 델 레에우의 위치를 이해하기 위하여 네덜란드에서의 신학교육이 어떻게 변해 왔는지 탐색할 필요가 있다. 1877년에 네덜란드 대학교 법령에 의하여 대학에서의 자연신학이 종교사로 대체되었다. 라이덴대학교는 틸레를 종교학 초대교수로 임명했고, 암스테르담대학교는 드 라 소쎄이를 교수로 채용했다. 1878년에 취임한 소쎄이는 종교학에 생소해 하는 기존의 신학자들과 신학생들을 설득하기 위하여 종교학의 필요성을 역설했다. 종교의 본질과 현상을 이해하기 위하여 종교철학과 신학을 연결시키는 일종의 가교로서 종교사를 제시하였던 것이다. 소쎄이에게 종교철학은 종교의 객관적 차원을 다루는 형이상학적 접근과 더불어 종교의 주관적인 차원을 해석하는 심리학적 접근이 공존하는 학문분야로 생각되었다. 나아가 그는 종교현상학이 종교사와 종교철학을 연결한다고 간주했는데 종교현상학은 심리학과 깊은 관계를 맺고 있다고 주장했다. 소쎄이는 1899년에 암스테르담대학교를 떠나 라이덴대학교의 신학과 윤리학 교수로 다시 자리를 잡았다. 이러한 소쎄이의 영향 아래 청년 반 델 레에우는 1908년부터 1916년까지 라이덴대학교에서 신학과 종교사를 공부하였던 것이다. 따라서 그가 종교현상학과 심리학의 관계성을 강조했고 나아가 윤리신학의 중요성을 인정한 것은 스승 소쎄이의 주장을 강화하고 확장한 것이라 볼 수 있다. 나아가 소쎄이처럼 종교학이 신학자들에게 거부감 없이 수용될 수 있도록 종교학과 신학의 호혜적 관계성을 주장하였다. 소전은 반 델 레에우에 대한 이러한 신학적 형성배경에 대해서는 깊이 있는 성찰을 시도하지 않았다. 오히려 스승이었지만 나중에 강력한 비판자가 된 스승 크리스텐센의 영향만을 언급하였을 뿐이다.

1901년 틸레가 은퇴한 후에 그의 후임자로 라이덴대학교에 온 노르웨이 출신의 크리스텐센은 '가치판단을 위한 비교연구'(evaluative comparison)보다는 '정보 제공을 위한 비교연구'(informed comparison)를 선호하였다.[31] 그는 이론에 기초한 종교 이해보다는 종교 스스로 드러내는 세계관을 이해하는 것을 중시했다. 신자들이 증언하는 것에 대하여 연구자는 진위를 물을 수 없으며 오히려 신자는 언제나 옳으며 그 신앙의 절대성을 연구자는 승인해야 한다고 보았다. 연구자의 견해가 신자의 견해와 다르다면 이미 그 해석은 그 종교에 대한 해석이 아니라는 것이다. 따라서 현대인이 고대인의 종교를 그들의 시선으로 바라볼 수 없다. 그러나 공감과 상상력을 사용하여 가능한 한 고대인의 종교를 이해할 수 있을 뿐이다. 크리스텐센은 종교현상학을 "체계적이며 비교연구에 토대를 둔 종교사"로 규정하였다. 그러나 그는 자신이 박사과정에서 지도했던 반 델 레에우가 지나치게 심리학적이며 주관적이라고 비판했다. 반 델 레에우는 역사적 자료의 사용을 정밀하게 사용하지 않았고 철학적이며 해석학적 접근을 좀 더 강하게 시도했기 때문이다.

반 델 레에우는 19세기에 풍미했던 슐라이에르마허가 형성한 자유주의 신학의 영향을 받았다. 루돌프 오토와 나탄 쇠더블럼은 그러한 전통 위에 서 있는 대표적인 학자들이었고 유럽에서의 그들의 활동은 반 델 레에우에게 좋은 귀감이 되었다. 오토는 명제적 종교 연구에서 심리학적 종교 연구로 방향을 전환한 신학자였고 쇠더블럼은 종교학과 신학의 통합적 연구를 대표하는 인물이었다. 반 델 레에우는 오토가 종교를 성스러움의 차원에서 설명했듯이 모든 종교들을 힘의 차원으로 설명했고 쇠더블럼이 교회 일치 운동에 진력했듯이 네덜란드의 에큐메니컬운동에 관심을 기울였던 것이다.[32]

소전은 반 델 레에우가 상정한 종교의 개념을 심층적으로 탐색하기보다는 현상학적 이해의 방식과 과정을 분석하는 데 큰 비중을 두었다.[33] 아마도 문화비평의 차원에서 그의 세계관을 밝히려는 의도 때문인 것 같다. 그렇다면 반 델 레에우는 종교를 어떻게 이해하고 있었을까? 그는 모든 종교들의 본질을 힘(power)이나 힘들과의 관계에서 파악하였다. 물론 그 힘은 인격적으로도 혹은 비인격적으로도 간주되므로 의지(will)와 형태(form)로 표현된다. 따라서 모든 종교의 객체는 힘, 의지, 형태의 개념으로 설명된다. 그러나 반 델 레에우는 자신이 사용하는 '신'의 개념이 신학적 오해를 받지 않도록 주의를 기울였다.

여기서 무엇보다도 기억해야 할 것은 우리가 이 "신"이란 용어를 당분간 매우 넓은 의미로 사용한다는 점과 그리스도교에서 공식적으로 내세운 신의 모습이나 심지어 그리스 종교의 신의 모습에서 발견되는 모든 특성들을 일단 무시하고 있다는 사실이다. 어떤 것을 경건의 대상으로 삼기 위해서 인격성이나 도덕성이나 혹은 다른 어떤 뚜렷한 성격 규정이 반드시 필요한 것은 아니다. 따라서 우리는 신이란 이름이 우리에게 생겨나게 하는 모든 것을 가능한 한 제거한 후에야 "신"에 대해서 논할 수 있을 것이다. "종교의 대상"에 대해서 어떤 막연하지만 확실한 느낌을 표현할 때 사람들은 "역시 사람은 무언가를 믿어야지" 혹은 "무언가 있겠지"라고 말한다. 그 "무언가"는 무엇이라도 좋다.[34]

반 델 레에우는 멜라네시아의 마나(mana)와 같은 비인격적인 힘을, 도덕과 관계없는 최초의 신 관념으로 간주하며 "힘의 숭배"(dynamism)로 칭했다. 반면에 사변적인 힘에 대한 믿음을 힌두교의 브라흐만, 도교의 도, 그리스 종교의 모이라의 사례들에서 발견했다. 반 델 레에우는 진화론적인 설명을 지양하며 인간 사고의 특징으로 힘에 대한 개념을 다음과 같이 설명했다.

힘은 다만 하나다. 인간의 힘은 골짜기에 있는 저수지로서 저 높은 곳에 있는 무진장의 저수지, 곧 신으로부터 물을 공급받는 것이다. 물은 동일한 물이나 다만 양에 있어 차이가 날 뿐이다. 마나에 대해서 이보다 더 잘 서술할 수 있겠는가? 원시적 사고는 항상 다시 살아나고, 심지어 가장 현대적인 종교에서도 다시 나타난다.[35]

스승이었던 크리스텐센은 "힘"과 같은 본질론의 범주를 사용하는 태도에 대하여 반 델 레에우에게 비판적이었다. 과연 모든 사람들이 토착민들의 힘에 대한 관념을 정말 제대로 이해할 수 있겠느냐는 의문 때문이었다. 특히 철학적 언어와 보편적 개념을 사용하여 구체적인 인간의 삶들을 이해하려

는 반 델 레에우의 시도는 크리스텐센의 시각에서는 지나친 현상학의 철학화에 불과했다.[36]

소전은 반 델 레에우가 『역사적 기독교』에서 주장했던 인카네이션 신학(성육신 신학)의 구조를 독창적인 시도로 밝히고 있지만 19세기 말 네덜란드에서 풍미하던 신학적 지성사와 반 델 레에우에 미친 영향에 대한 역사적 분석을 결여하고 있다. 반 델 레에우가 "역사적" 기독교, 즉 기독교의 "문화적 함축"에 주목하려 했던 의도는 "고백적"이며 "초월적" '신학으로부터의 이탈'이라기보다는 제3의 길을 창조하는 '신학함의 새로운 정향'을 위해서였는데, 이러한 인카네이션 신학 안에서 "신학의 종교학화의 가능성"이 이미 배태되고 있었다고 소전은 무리한 주장을 펴고 있다.[37] 소전의 도식처럼 인카네이션 신학은 신의 자리를 강조하는 "전통적인 정통신학"과 인간의 자리를 강조하는 "휴머니즘적인 윤리신학"의 자리를 절충하려는 의도를 지녔을까? 소전은 반 델 레에우의 신학을 '윤리적 정통'에서 찾는다.

> 반 [델] 레에우는 이 같은 신학적 정향의 그의 목회 경험에서 도출하고 있다. 그는 고백적인 정통신학의 교리적 진술이 위기에 처한 서구 문명과 문화 그리고 그 속에서 살아가는 현대인들에게 적합성을 가지지 못하고 있다는 사실을 실제로 체험한다. 삶의 현장에서의 그러한 경험은 불가피하게 그로 하여금 당대의 윤리신학에 기울게 한다. 그러나 그는 거기에 만족하지 못한다. '신으로부터'에서 '인간으로부터'로의 선회를 통해 그 신학의 부적합성을 극복하려는 것은, 비록 정통성으로부터 벗어나는 자유와 교리적인 데서부터 놓여나는 현대성을 확보하는 것이기는 해도 그것은 균형의 깨짐이기 때문이다. 정통신학의 부적합성이 단순히 '윤리적'이라고 불리는 '다른 선택'에 의해서 극복되는 것은 아니다. (중략) 그러므로 굳이 전통적인 신학을 수용하면

서 동시에 '인간으로부터'라고 하는 새로운 적합성의 모색마저 수용해야 하는 것이라면 새로운 신학은 윤리신학(ethical theology)이 아니라 윤리적 정통(ethical orthodox)이라고 표현해야 한다고 반 [델] 레에우는 주장한다.[38]

제3의 길을 선택한 반 델 레에우는 19세기의 슐라이어마허 신학과 헤겔의 철학에 큰 영향을 받았고 기독교와 문화, 그리고 신학과 철학을 화해시키는 태도를 보였다. 그는 고백적 보수주의와 경험적 자유주의의 사이에 서 있었고 초월주의와 합리주의의 극단을 극복하는 새로운 대안을 탐색했다. 그러나 이러한 절충신학의 조류는 이미 독일에서 크게 유행하고 있었고 이에 대응하는 네덜란드의 운동이 바로 윤리신학(ethical theology)이었던 것이다.

윤리신학 운동의 핵심 인물은 피에르 다니엘 드 라 소쎄이의 부친이었던 다니엘 드 라 소쎄이(Daniel Chantepie de la Saussaye, 1818-1874)였다. 그는 라이덴대학교에서 신학을 공부하고 목회 활동을 하면서 현대 사회에서 기독교의 신학을 재정립해야 할 필요성을 느꼈다. 19세기 후반에 네덜란드에서는 정통주의와 현대주의, 초자연주의와 자연주의가 충돌하고 있었기 때문이다. 그는 충돌을 극복하기 위한 대안으로서 "기독론적 인간관에 기초한 (신학적) 재정립"을 시도했다. 그에게 "윤리신학"은 도덕적 신학을 의미하는 것이 아니라 "신학에 대한 실존적이며 지적이지 않은 태도와 모든 삶"을 뜻했다. 부친 소쎄이는 그로닝겐대학교에 신학교수로 1872년에 초빙되었지만 2년 뒤에 생을 마감하였다. 그의 뒤를 이어 구닝(Johannes Hermanus Gunning, 1829-1905)이 윤리신학파를 이끌었다. 구닝은 유틀레히트대학교에서 신학을 공부한 후에 목회 활동을 하였다. 그도 나중에 암스테르담대와 라이덴대에서 신학을 교수했는데 정통주의와 현대주의, 우파와 좌파를 화해시키기 위하여 새로운 대안을 기독론에서 찾았다. 성육신을 신과 인간 사이를 연결하는 적절한 연결고리로 간주했으며 그리스도의 내적 임재를 강조하였다. 윤리신학파의 2세대에 속했던 아들 소쎄이가 사사한 반 델 레에우는 윤리신학파의 3세대를 이끌었던 것이다. 그러나 바르트의 변증법적 신학이 1920년대에 등장하면서 윤리신학파는 네덜란드의 신학계에서 자취를 감췄다.[39]

소전은 "신학의 종교학화"[40]를 강조하며 반 델 레에우의 사상적 변화를 언급하고 있지만 반 델 레에우는 오히려 신학의 독자성을 인정하며 종교사가 더 나은 신학의 형성으로 나아가는 데 크게 기여할 것을 확신했다.[41] 신학은 종교학에 일종의 규범을 제공하며 종교학은 신학이 스스로를 이해할 수 있도록 돕는다고 보았던 것이다. 기독교는 다른 종교들과의 비교를 통하여 차이를 드러내고 다른 종교들도 그들의 본질에서 이해될 수 있다는 것이다. 반 델 레에우에 따르면 신학은 결코 종교학의 일부가 될 수 없으며 오히려 종교학이 신학으로 인도하는 기초가 될 수 있다. 신학은 하나의 종교를 연구하고 종교학은 여러 종교들을 연구하므로 종교학은 신학 안에 합당한 자리를 갖고 있다고 보았던 것이다. 신학은 기독교 공동체의 신앙을 묘사하므로 이 묘사는 종교학의 자료가 될 수 있다는 입장이다. 신학에서 조직신학과 역사신학이 상보적인 관계를 맺듯이 역사신학에 포함되는 종교사는 조직신학으로부터 규범을 제공받는다. 이러한 신학과 종교학의 긴밀한 관계에 대한 반 델 레에우의 뚜렷한 입장은 네덜란드에서 유행하던 윤리신학으로 설명될 수 있다.[42] 따라서 반 델 레에우의 종교현상학을 "신학의 종교학화"로 평가하는 소전의 해석에는 무리가 있다.[43]

5. 반 델 레에우는 문화비평가인가?

소전은 반 델 레에우의 종교현상학에서 경험의 구체성을 훼손하는 실증적 탐색과 형이상학적 논리에 대한 저항의 흔적을 발견한다. 그는 반 델 레에우의 종교학이 문화비평의 기능을 갖고 있다고 평가하였다. 그러나 우리가 과연 그러한 소전의 평가에 전적으로 동의할 수 있을지 의문이 든다. 반 델 레에우는 자기의 학문적 지향을 '문화비평'으로 표현한 적이 없고 기존의 문화를 "비신화화"하지도 않았으며 종교 연구에서도 규범적 태도를 가능한 지양하려고 하였다. 소전은 1937년 "공동체, 권위, 신앙"을 다룬 반 델 레에우의 라이텐대학교 강연에 주목하였는데, 반 델 레에우가 시대의 위기를 파악하고 그에 대한 치유책으로 종교학의 기능을 강조했던 것으로 판단하였다. 그렇다면 반 델 레에우를 비롯한 당시 지식인들이 공유하고 있었던 "문화에 대한 물음"을 소전은 어떻게 제시하고 있는가?

> [반 델 레에우가] 문화비평을 행하고 있다고 했을 때의 그의 문화에 대한 물음은 다른 것이 아니다. 구체적으로 공동체와 권위와 신앙에 대한 것이고, 근원적으로 각기 그 공동체가 붕괴하고 있고, 권위가 몰락하고 있으며, 신앙이 소멸하고 있다고 하는 그 모든 것의 '위기'에 관한 것이다.[44]

　소전은 이러한 시대적 위기에 대한 반 델 레에우의 문화비평이 지닌 부적절함과 부적합성에 대해서 불만을 표시하면서도 그 나름대로 의의가 있음에 주목하였다.

> 분명히 그는 자신의 문제인 문화비평을 위한 비전은 있어도 방법은 없었다고 해도 좋을 만큼 충분히 논리적이지 못했고, 개념을 명료화하지 못했으며, 자신의 진술에 대한 성찰을 결여하고 있었고, 여타 종교학의 경험적, 분석적 탐구와 직접적으로 연계하지 못하고 있었다. 하지만 그는 자기가 위기로 인식

한 정황 속에서 기존의 물음을 되물을 수밖에 없음을 절감하면서 바로 그 계기가 새로운 의미의 출현일 수 있기를 기대하고 있다. 그 계기에 대한 의미론적 개혁(semantic innovation)을 추구하고 있는 것이다. 다시 말하면 그는 신학과의 조우에서 그 언어의 부적합성을 통감했고, 그리하여 의미론적 적합성의 차원에서 자신의 신학의 종교학화를 시도했던 것이며, 그러한 새로운 지성의 출현을 요청하는 차원에서 자신의 종교현상학을 문화비평의 기능 담지자로 자리 잡게 했던 것이다.[45]

소전은 "신학의 종교학화"를 추진한 배경을 "문화비평"의 의도로까지 확대하여 해석한다. 그러나 반 델 레에우는 "신학의 종교학화"를 시도하지 않았고 독특한 신학을 발전시키려 하였다는 점, 그리고 네덜란드 예술과 의례에 나타난 기독교문화에 대한 신학적·미학적 비평을 이어갔지만 문화비평을 위한 명확한 의도와 경향이 발견되지 않는다는 점에서 소전의 해석에는 한계가 있어 보인다.

반 델 레에우에게 종교는 인간의 행위와 문화만이 아니었다. 오히려 신이 인간에게 부여한 선물이며 계시를 통하여 인간 안에 부여한 변화였다. 다시 말해 인간 행위를 넘어서는 초인간적인 현상이었던 것이다.[46] 그는 종교현상학의 역사를 기술하면서도 인간의 심리적 통일성을 강조하였다. 그리고 크리스토프 마이더스(Christoph Meiners, 1747-1810)를 최초의 현상학적 종교 연구가로 간주했다. 기독교와 비기독교 종교들 사이에 공통점을 규명하고 다양한 종교들에 대한 명명과 분류를 시도하였다. 나아가 스위스학자 벤자민 콘스탄트(Benjamin Constant, 1767-1830)의 종교에 대한 심리적 본성론에 대해서도 주목하였다. 종교는 감성과 깊은 관계를 맺으므로 외적인 차원보다는 내적인 심성에 관심을 기울여야 하며 특히 인간 내면적 본성의 문제이므로 우연적인 현상이 아님을 천명하였다. 반 델 레에우에 따르면 콘스탄트는 종교의 기원보다는 종교의 본질에 관심을 기울였다.[47]

반 델 레에우는 18세기와 19세기에 발흥한 철학적 낭만주의와 실증주의에 대항하여 시도되었던 현상학적 종교 연구에 주목하였다. 당시 네덜란드의 신학이 방법론적으로 신학 안에만 고립된다면 더 이상 생존이 불가능하다고 판단했던 것이다. 반 델 레에우는 이해의 학파를 구성하는 딜타이, 야스퍼스, 슈프랑거 등의 현상학적 심리학을 적극적으로 차용하여 객체를 유기적 전체로서 이해하였다. 그는 인과적 관계보다는 이해 가능한 관계를 통하여 유형론적 본성을 탐색하였던 것이다. 딜타이(Wilhelm Dilthey, 1833-1911)는 삶 자체 안에 역사성과 시간성이 내재되어 있다고 보았다. 그에게 체험은 의미 속에 주어진 의식 행위 자체로서 체험의 표현은 개인적인 것이 아니라 체험 자체의 사회역사적 표현이었다.[48] 반 델 레에우는 딜타이의 철학을 수용하였고 야스퍼스(Karl Jaspers, 1883-1969)의 실존철학에서 문화비평적 방법론을 수용하였다.[49] 나아가 딜타이의 제자 슈프랑거(Eduard Spranger, 1882-1963)는 가치를 추구하는 정신을 모든 실재의 근본으로 파악하였고 문화를 역사 속에 드러난 정신의 객관으로 간주하였다. 따라서 삶을 이해하기 위해서는 문화를 이해하는 것이 필수적이라고 보았다. 그에게 삶의 위기는 역사의 위기이며 동시에 문화의 위기였던 것이다.

소전은 반 델 레에우의 문화비평적 차원을 지나치게 부각시키고 있다. 그러나 과연 그 비평의 잣대는 무엇이었을까? 우리는 그 잣대를 반 델 레에우가 처한 삶의 외부와 내부에서 찾을 수 있다. 먼저 조나단 스미스도 주목했던 서구 학문의 역사상 최초로 세속대학의 인문학적 종교 연구와 교과적 신학 연구를 병행한 네덜란드 교육의 이중구조(duplex ordo)가 지닌 구조적 문제와 한계는 아니었을까? 정통주의와 근대주의의 충돌을 극복하기 위하여 네덜란드에서 반 델 레에우는 외로운 길, 좁은 길로 걸어갔던 것이다. 나아가 그는 교파적 분리주의를 극복하는 교회 일치의 태도를 주장했지만 당시 대중은 그의 입장을 따르지 않았다.

반 델 레에우도 19세기와 20세기 네덜란드의 제국주의적 경향으로부터 완전히 자유로울 수 없다. 위베는 이러한 맥락에서 그의 종교현상학을 '십자군전쟁'으로 간주하지 않았던가? 그리고 반 델 레에우가 문화비평을 시도한 것도 네덜란드 개혁교회를 위한 것이었다. 그가 봉직한 그로닝겐대학교는 유트레히트대학교와 함께 교파적 성격을 강하게 지니고 있었다. 항의파 학생들이 주로 교육을 받았던 라이덴대학교와 루터교와 메노나이트파 학생들이 주로 수학하였던 암스테르담대학교가 지향했던 자유주의 신학을 경계하는 차원에서 그로닝겐대학교는 정통 칼뱅주의의 교리를 회복하려는 경향을 가지고 있었다. 따라서 고백적 신학을 고수하기 위하여 반 델 레에우는 신학과 종교학의 분리를 거부하였던 것으로 해석될 수 있다. 소전이 주목했던 반 델 레에우의 문화비평가적 이미지 대신에 오히려 반 델 레에우를 특정한 문화의 옹호자로 볼 수 있을 것이다.

6. 결론: 반 델 레에우 새로 읽기

소전은 반 델 레에우에게서 신학의 종교학화와 문화비평적 차원을 발견하였다. 그러나 필자는 시대적 맥락과 학문적 형성에 대한 사상적 고찰을 통하여 그러한 해석에도 어느 정도 한계가 있음을 언급하였다. 오히려 우리는 반 델 레에우와 소전의 종교현상학에서 기성종교에 대한 불만과 특정한 신념의 등장을 발견한다. 그들의 삶의 자리와 사상적 형성과정에 영향을 주고받은 주요 인물들과 사건들이 그들의 학문적 혹은 종교적 세계관, 다시 말해 그들의 가치판단의 척도를 구축한 것으로 보아야 할 것이다. 현상이 주체와 객체의 만남을 전제한다면 반 델 레에우와 소전에 대한 이해를 시도하는 연구 주체의 관점과 방법에 따라서 다양한 해석들이 도출될 수 있을 것이다. 반 델 레에우의 제자들은 스승이 갑작스럽게 사망한 후에 그의 이론과 방법에 대하여 제기된 신랄한 비판들에 대하여 적극적으로 해명에 나서기보다는 그러한 비판들에 동참하였다. 이러한 비판 담론들은 반 델 레에우에 대한 다양한 이미지들을 형성하였고 확산시켰다. 마찬가지로 앞으로 소전과 그의 종교현상학에 대한 연구와 평가도 다각적으로 그리고 더욱 비판적으로 이루어질 것이다. 그것이 외로운 길을 걸어오셨던 스승으로부터 가르침의 은혜를 입은 후학들에게 남겨진 엄중한 학문적 사명이라고 믿고 있기 때문이다.

제3부

상상

'틈새'의 종교학과 상상의 시학

소전학에 있어 종교 · 문학 · 예술

박 규 태

소전학에서 종교와 예술과 문학
은 그 각각이 하나의 환원 불가
능한 틈새로서, 모든 꽉 차 있는
것, 즉 자명성과 객관성과 자기
완결성을 주장하는 '덫'으로서의
학문성에 대한 극적이고 래디칼
한 저항의 매듭으로서 기능한다.

1. 들어가는 말

긴 호흡의 글쓰기로 사유의 깊이를 드러내는 소전(素田) 정진홍의 학문은 인식의 논리를 바깥에서부터 껴안으면서 그 틈새의 사이로 언뜻 언뜻 새어 나오는 상상의 내적 열림을 지향한다. 소전 종교학이 예술과 문학의 향취를 차마 거부하지 못하는 소이가 여기에 있다. 본 소고는 이와 같은 소전학이 '틈새의 종교학과 상상의 시학'이라는 표현으로 응축될 수 있다고 보면서, 거기서 종교와 예술 및 문학의 불가결한 얽힘을 읽어내려는 시도이다. 더 정확하게 말한다면, 소전학에서 종교와 예술과 문학은 그 각각이 하나의 환원 불가능한 틈새로서, 모든 꽉 차 있는 것, 즉 자명성과 객관성과 자기완결성을 주장하는 '닻'으로서의 학문성에 대한 극적이고 래디칼한 저항의 매듭으로서 기능한다.

그러면서 종교와 예술과 문학은 인간의 삶과 세계를 구성하는 세 가지 범주인 이성과 감성과 상상, 또는 그것들의 밑그림이자 변주곡이라 할 만한 시간과 공간과 기억, 경험과 고백과 인식, 코기토와 크레도와 레고, 말짓과 몸짓과 글짓, 물음과 해답과 되물음, 열림과 닫힘과 되열림, 하늘과 순수와 상상, 망각과 회상과 구원 등의 동심원적 파장으로 끝없이 퍼져나간다. 그 요동치는 고요한 물결이 닿는 곳은 다름 아닌 시인의 집이다. 물론 그 집은 더 이상 우주의 중심이 아니다. 변방과 중심이 교차되면서 사라지고 다시 나타나며 허물어지고 다시 지어지기를 무수히 되풀이하는 '정직한 열림'의 자리이다. 그것은 어떤 열림일까? 본 소고의 시선이 던지는 궁극적인 물음은 바로 이것이다.

2. '틈새'의 종교학 : 물음과 해답 '사이'

빈틈없다는 것은 꽉 차 있다는 것이다. 이때 틈이란 비어 있는 어떤 것을 가리킨다. 그것은 꽉 차 있는 것들 '사이'에 비어있는 어떤 공간이다. 그래서 틈은 '틈새'(틈=사이)인 것이다. 학문을 비롯하여 정통성을 지향하는 모든 권력은 틈새를 좋아하지 않는다. 꽉 차 있어야 정통성을 주장할 수 있다고 믿기 때문이다. 하지만 정말로 꽉 차 있는, 그래서 빈틈이 하나도 없는 그런 학문이란 환상에 불과한 것이다. 학문을 근저에서 지탱해 주는 것은 정작 현실세계의 곳곳에 복병처럼 숨어 있는 무수한 틈새들이기 때문이다. 새로운 지식과 관점 및 방법론에 대한 학문의 끊임없는 굴착도 실은 그 틈새들과의 만남에서 비롯된다. 왜냐하면 '모름'에 대한 과잉 자의식의 콤플렉스와 결코 무관하다고 할 수 없는 모든 학문의 기원 자체야말로 하나의 틈새이며, "모름의 진정한 난점은 존재의미의 불투명성"(2010:365)에 있기 때문이다. 그런데도 학문은 어느 새인가 스스로를 앎의 전권자로 자처하면서 모든 '모름'을 재단하려 든다. 학문이야말로 환상의 원천이 될 수 있는 소지가 여기에 있다.

그 환상은 앎과 모름 사이의 틈새를 봉쇄해 버리거나 혹은 무한히 확장시킴으로써 틈새의 존재감 자체를 무화시키려 든다. 소전의 표현을 빌리자면 "학문에 있어 가장 기본적인 작업은 '사실에 대한 기술'인데, 정작 '사물을 경험하는 것'과 '그 사물을 기술하는 것'은 일치하지 않는다."[1] 그리하여 소전은 "학문이 실재를 드러낸다는 사실에 대한 전폭적인 신뢰를 더 이상 지탱하지 못한다. … 학문이 기술하는 사실은 '개념과 논리로 재단된 추상'이지 '실재'는 아니므로 학문적 진술에서는 '실재의 상실'이 불가피하다."(2003:326-27)고 토로한다.[2] 학문의 한계에 대한 이와 같은 성찰은 "제아무리 스스로 최선을 다해도 끝내 투명한 귀결에 이르지는 못하는 것이 학문"이며 그것은 "개념이나 논리의 틈새에서 스스로 그 안에 담기지 못한 사실들이 절규하는 발언을 의도적으로 차단"함으로써 급기야 "자기의 시각과 다른 시각의 타당성을 부정하는 데 이르면서 스스로 독선적이게 된다. … 이는 학문이라는 이름의 지적 태도는 처음부터 기만적일 수 있다는 사실을 학문 스스로 승인하는 것"(2003:330-332)이라는 비판으로 이어진다. 이런 비판은 마침내 "학문이 스스로 배제하고 차단한 상상력, 그 상상력의 빈곤이 초래한 한심한 학문의 현실을 어떻게 제자리에 되돌려 놓을 수 있을 것인가?"(2003:346)라는 물음에서 하나의 고원에 도달하게 된다.

하지만 고원은 아직 끝이 아니며 시작도 아니다. 고원은 중간에 있으면서 자기 자신 위에서 진동하고 어떤 정점이나 외부의 목적지를 향하지 않으면서 자기 자신을 전개하는 그런 지역이기 때문이다. 그런 고원에는 항상 강렬함이 존재한다.[3] 소전에게 그 강렬함은 무엇보다 먼저 종교 개념의 다양한 층위로 산포되고 있다. 예컨대 폴 틸리히에 공감한 그는 종교란 물음이 아니라 해답이며 "처음 물음에 대한 처음 해답이자 마지막 해답"(2003:414) 즉 "물음에 대한 해답의 상징체계"이자 "존재론적 물음에 대한 존재론적 의미론"(2010:223)이며 요컨대 "물음과 해답의 문화", "물음과 해답의 구조가 표상화된 문화", "물음이 출산한 해답의 문화"[4]라고 규정한다.

이처럼 소전이 종교를 물음과 해답[5]의 쌍곡선상에 놓고 사유한 것은 어제 오늘의 일이 아니다. 가령 그는 『하늘과 순수와 상상』(1997)에서 "종교의 이야기는 상징을 현존하게 하는 이야기, 고백을 발언하게 하는 이야기, 신화를 진술하게 하는 이야기, 소박한 원초적 서사를 가능하게 하는 이야기, 그리하여 삶의 질곡 속에서 의미를 확보하는 이야기, 있음을 근원적으로 긍정하는 이야기"라 하여 '이야기'를 공통분모로 하는 다양한 방식의 정의를 내릴 때부터 이미 그것을 "물음에 대한 해답의 이야기"라고 귀결지으면서 "구원의 이야기"와 등치시키고 있다.(1997:344-345) 나아가 "우리가 종교를 개념으로 읽지 않고(역사적이고 전통적인 실체로서의 개별 종교를 운위하지 않고) 경험 주체가 드러내는 삶의 현실 속에서 만나게 되는 이미지로 묘사한다면 그것은 신화를 사는 삶, 제의를 사는 삶, 상징을 사는 삶, 궁극성을 지향하는 삶이라고 말할 수 있다."면서 그것을 "다름과의 만남"(1997:366)이라고 부연하기도 한다.

이상과 같은 정의가 신념 체계나 의례 체계와 관계가 있다면, "고백공동체의 복합적인 구조와 현상에 대한 이름"(2010:208)이 곧 종교라는 규정은 신앙공동체의 측면에 의거하고 있다. 이는 "인식의 언어가 아니라 고백의 언어"(2010:95)인 종교 언어의 측면과 연동하는 정의이다. 종교가 한편으로 가장 성숙한 인간을 위한 문화[6]이면서도 동시에 다른 한편으로 폭력과 악의 원천[7]이 될 수도 있는 소이연은 어쩌면 그것이 문화역사적 제약[8]이 수반된 고백공동체라는 사실과 무관하지 않을 듯싶다. 고백의 언어는 그것이 적절하게 인식을 수용하지 못할 때 반지성적 태도, 맹목성, 나르시시즘, 자기상실 등의 한계를 노정하지 않을 수 없기 때문이다.[9]

그렇다면 고백의 언어를 넘어서서 종교에 대해 말할 수 있는 길은 어떤 것일까? 가령 해답으로서의 신은 고백의 언어로만 말할 수 있다는 주장에 대해 소전은 한걸음 비켜서서 "종교에 대해 말한다는 것은 신이 아닌, 신을 이야기하는 인간에 대한 관심"[10]이라는 인간학적 동기를 표명한다. 이를 시간에 대한 물음과 결부시켜 다시 말하자면 "모든 종교는 시간의 무화(지금 여기에서의 삶을 벗어난 그때 저곳으로 귀속하는 삶)를 의도하는 인간의 동기가 구체화한 문화"(2000:193)가 되며, 그것을 다시 현실 속으로 끌고 들어오면 '힘의 문화'[11]가 된다. 이런 이해는 인간학적 관심이야말로 종교학의 지평임을 새삼 확인시켜준다.[12]

하지만 소전이 경험한 종교계와 학계는 이와 같은 종교학의 지평을 지극히 못마땅해 한다. 게다가 종교학은 "불행히도 아직 자기정체성을 확보하지 못하고 있"(2010:603)는 '불행한 학문'(2003:440)이고 그래서 그 자체로 '스캔들'[13]일지 모른다는 것이다.[14] 과잉 자의식이라 하든 소외의식이라 부르든 소전은 스스로 '종교학의 천형(天刑)'(2003:443)이라 부르는 이런 스캔들을 통째로 받아들여 "지금도 필자는 '종교학 본령'이라는 것이 과연 무엇인지, 그런 것이 참으로 있는 것인지 모호한 채 '나는 그 울안에 속해 있지 않다'고 하는 것만은 스스로 자인하고 있다. 아예 필자는 '학문의 본령'에 속해 있지 않다고 하는 것이 더 정확할는지도 모른다."(2010:395)고 말한다.

이것은 분명 심연으로의 추락이다. 그런데 이런 추락에서 틈새의 종교학이 그 모습을 드러내는 까닭은 '추락하는 것은 날개가 있기 때문'일까? 혹은 갈라진 심연이야말로 바닥을 알 수 없는 틈새이고 거기에 걸맞는 사유의 깊이에서 비로소 탄생할 수 있는 것이 '틈-학'이기 때문일까? 아무튼 소전은 심연의 바닥에서 "텅 빈 쪽이 편하고 꽉 차 있는 쪽은 아무래도 불편하다. 이 불편은 설명할 수 없는 질병이다. 이 질병을 앓으면서 혼자 남몰래 즐겨온 것이 있다. '틈'(=낙수)이 그것이다. '틈의 범주화'를 기도하고 싶었다. 하지만 그것을 이루지는 못했다. '틈'을 스스로 치료제라 여기고 기호품처럼 즐겼을 뿐"[15]이라고 고백한다.

이 대목은 소전이 세계종교문화기행 「신을 찾아, 인간을 찾아」의 타이편에서 "종교문화의 이원적 구조, 그 틈새에서 끊임없이 새어 내리는 진실을 담고 싶은 내 욕심은 끝내 도로일 뿐일까?"(1994:260)라고 되묻는 장면을 떠올리게 한다. 여기서 '종교문화의 이원적 구조'와 그 '틈새'는 일면 엘리아데가 말하는 성속의 변증법을 연상케 한다. 하지만 소전에게 틈새는 성속의 변증법 이전의 좀 더 근원적인 사유로 전개된다. 물음과 해답, 주체와 객체의 이원적 구조에 내장되어 있는 어떤 틈새에 대한 월경(越境)의 현상학적 사유가 그것이다.

소전에 의하면, 물음과 해답 사이에는 무언가 간격(틈)이 있다. 그 틈은 인식을 위한 거리가 아니라, 존재의 전이가 이루어지는 어떤 공간이다. 그리고 그 공간은 물음과 해답이 만나 어우러지는 장이다. 그것은 물음과 해답의 이원성을 초월하여 제3의 영역으로 들어가는 것이 아니다. 문제를 가지고 해답과 부닥쳤을 때 문제만 있는 자아이지 않고 해답에 이미 도달한 자아이지도 않은 자아, 거기에 종교가 있다. 소전은 기존의 인식론이 가지고 있는 이원적 구조가 놓쳐 버린 어떤 것을 틈이라고 여기면서 틈의 실재, 틈의 범주, 틈적인 존재로서의 종교에 대해 말하고 싶어 하는 것이다.

이런 관심의 밑바탕에는 소전의 개성적인 현상학 읽기가 깔려 있다. 현상학의 기본 구조는 물음 주(S)에서 출발해서 물음객체(O)를 향하고 물음객체에서 반응하여 물음 주를 향해 가는 과정을 통해 만나는 (S+O)의 새로운 리얼리티에 있다. 인식은 거기서부터 비롯된다. 객체를 알기 위해 거리를 전제하고 주체의 자리에서 바라보는 것이 아니다. 객체는 객체의 자리에서 주체에게 아무런 반응도 못한 채 주체의 의식에 귀속되는 것이 아니다. 객체도 주체를 향해 다가오는 것이다. 이처럼 객체가 주체를 향해 다가오는 발자국 소리는 어쩌면 행간 읽기를 통해서만 들을 수 있는 그런 것일지 모르겠다. 행간 읽기가 아니라면 주체에게 객체는 영원히 코기토(이성)의 외부(without) 대상으로만 남아 있게 될 것이다. 행간을 읽지 못한다면 주체는 크레도(신앙)의 내부(within) 대상으로서 객체를 동화시키려는 제국주의적 도그마로부터 벗어나기 힘들 것이다. 하지만 레고(행간 읽기)는 안과 밖이 함께 있는(detached-within) 자리를 지향한다.

> 레고는 그것이 실은 불명료하게 확장되고 불투명하게 심화될수록 레고다워집니다. 그러므로 레고는 보이는 것만을 읽지 않습니다. 보이지 않는 것도 읽습니다. 보이는 것에 가려 보이지 않는 것도 읽는 것이 참다운 레고입니다. 그래서 행간을 읽지 않았다면 우리는 읽은 것이 아닙니다. 나아가 내가 스스로 여백을 채워 거기 있는 문장에 더해 내 문장마저 읽어야 합니다. 우리는 크레도도 그렇게 읽어야 합니다. 코기토조차 그렇게 읽어야 합니다. (2010:628)

이와 같은 행간 읽기를 통해 객체는 객체의 자리를 떠나고 주체도 주체의 자리를 떠나는 것이 가능해진다. 그리하여 양자가 함께 모여 있는 어떤 자리, 그것이 틈이라는 것이다. 요컨대 소전은 주체와 객체의 이원적인 경계 구조를 넘어서서 주체와 객체 사이가 사이 그 자체로서, 그 틈 자체로서 존재적인 위상을 가진다고 하는 점에 주목하고 있다. 이것이 틈의 범주화이다. 다시 말해 인식의 구조 속에 틈이라고 하는 것을 새로운 범주로 자리 잡게 하자는 것이다.[16] 그렇다면 '틈새의 종교학'이라 칭해질 만한 이런 행간 읽기를 통해 무엇을 새롭게 보자는 것일까? '상상의 시학'이라 할 만한 관심의 지향성은 '틈새의 종교학'과 어떤 자리에서 만나고 겹쳐지는 것일까?

3. '상상'의 시학 : 상상력의 복원

소전은 의외로 『마담 보바리』를 두 차례나 읽었다고 하는데, 그 동기는 엘리아데와의 첫 만남에서 비롯된 것이었다. 그것은 이를테면 『마담 보바리』의 행간 읽기였다.

> 제가 처음으로 종교학자 멀치아 엘리아데의 책을 읽은 것은 1963년이었습니다. 그때 그의 저서들은 제게 하나의 계시와 같은 것이었습니다. 종교를 서술하는 범주, 그래서 문화를 서술하는 범주가 전혀 달랐기 때문입니다. 종교문화를 개별 종교 전통을 좇아 서술하거나 이해하지 않아도 된다는 가능성과 현실성을 아울러 시사해준 그의 저술들은 제게 '신학적 사유'의 질식할 것 같던 상황에서 발견한 유일한 출구였습니다. 그런데 그의 책을 읽는 첫 마디에서 저는 플로베르의 『마담 보바리』를 만났습니다.(2003a:223)

엘리아데는 『종교양태론』 서론에서 "『마담 보바리』를 일련의 사회적, 경제적, 정치적 사실 등으로 설명할 수 있다고 생각하는 것은 소용없는 일이다. 아무리 그러한 설명이 참되다 하더라도 그 책을 문학작품으로 다루고 있는 것은 아니기 때문"이라고 적고 있다. 이는 '종교를 종교로 보아야지 사회현상이나 심리현상으로 환원해서 보아서는 종교 자체를 볼 수 없다.'는 이른바 반환원론적 입장을 천명하는 맥락에서 나온 말이다. 물론 엘리아데는 '순수한 종교'란 없다고 인정한다. 종교는 동시에 사회적이고 정치적이고 경제적이며 심리적인 것이기 때문이다. 그럼에도 그는 그러한 제각각의 시각으로 종교현상이 해체된다 하더라도 여전히 어떤 것은 스스로 종교이기를 고집하며 남아 있다고 말한다. 이는 순진한 본질론자이거나 지극히 고

전적인 관념론자로 비칠 수도 있겠다. 하지만 그는 이런 여러 시각을 수렴하여 하나이게 하는 '어떤 것'이 곧 우리가 일컫는 '종교다움'이라는 사실을 강조하려 했던 것이다. 어쨌거나 그의 예시가 소전으로 하여금 『마담 보바리』를 읽게 한 직접적인 계기였다는 것이다.(2003a:223-225) 이와 같은 『마담 보바리』의 행간 읽기가 보여주는 새로움에 관해 소전은 다음과 같이 명료하게 밝히고 있다.

> 개개 종교라고 일컬어지는 것이 종교학의 자료인 것은 분명합니다. 그러나 이미 그것을 당연한 자료로 여긴다면 종교학은 없어도 좋았을 것입니다. 흔한 말로 하면 그 자료들을 통한 엄청난 양의 '앎'이 끊임없이 재생산되고 확산되고 있습니다. 그러나 종교학은 그것만이 자료일 수 없다는 어떤 필연적인 경험에서 비롯한 것입니다. … 그런데 종교학은 개개 종교가 아닌 어떤 다른 것인데 종교라고 불릴 수 있는 그런 것이 분명하게 현존하리라고 여기면서도, 처음부터 이에 대한 기술이 불가능하거나 충분할 수 없다는 어떤 한계를 예감하고 있습니다.(2010:591)

틈새의 종교학은 종교학의 한계를 강하게 의식하면서 "개개 종교가 아닌 어떤 다른 것인데 종교라고 불릴 수 있는 그런 것"을 보여주려 한다. 그리고 '종교와 문학' 혹은 '종교와 예술'에 대한 소전의 오래된 천착은 '시적 상상력'을 매개로 하여 이런 틈새의 종교학이 제기하는 비전과 떼려야 뗄 수 없는 관계로 단단히 결부되어 있다. 이 점과 관련하여 먼저 산문과 시에 대한 소전의 사유를 따라가 보자. 일찍부터 소전은 산문적 실증과 시적 상상 모두를 아우르는 자리에 진실이 있다고 여겼다.

각기 시와 산문에 담겨야 할 것은 시적 상상의 진실과 산문적 실증의 진실 모두이다. ⋯ 그렇기 때문에 시는 시의 형식 안에 산문적 진실을 담고 있어야 하고, 산문은 산문의 형식 안에 시적 진실을 담고 있어야 한다. 그때 비로소 시는 편리한 환상이기를 그만둘 수 있을 것이고, 산문은 불성실하고 부정직한 억지를 배제할 수 있을 것이다.(1988:43)

이와 같은 사유를 출발점으로 삼고 있는 소전은 "삶은 산문적 현실에 담기는 것이지 시적 진실에 담기는 것은 아닐지 모른다."(2003a:247)는 점을 수긍하면서도 그러나 "산문으로는 만족할 수 없는 것이 삶"이고 그래서 "시의 현존은 한 번도 상실된 적이 없"(2003:335)으며, "시가 있어 비로소 산문은 산문다움을 지니게 되는 것"(2010:435)이라고 말한다.[17] 이와 더불어 소전은 역사의식도 시적 성격을 내장한다는 점,[18] 종교언어는 그 자체가 산문적이라기보다 시적이라는 점을 상기시킨다.[19] 전술했듯이 종교언어는 고백의 언어이고 고백의 언어는 사물에 대한 분석적 인식이 아니라 사물의 현존이 내게 가지는 의미에 대한 진술이라고 여기기 때문이다.(2010:251) 이와 같은 시적 진실은 고백의 언어에서 비롯된 종교에 대해 '없음'의 역설을 드러내 보여주고자 한다.

스스로 자신이 자신이지 않게 되기를 요청하는 문화가 곧 종교입니다. 물음이든 해답이든 열림은 그렇게 된 상태를 지칭합니다. 무릇 모든 종교가 그러합니다. 그것은 자신이 힘의 실체임을 부정하는 일, 자신에게서 힘을 지우는 일, 그래서 스스로 존재이기를 거부하는 일, 존재이지 않은 자기를 승인하는 일과 다르지 않습니다. 그럴 수 있는 힘의 실체가 종교입니다. 그런데 그것은 불가능합니다. 그러면 종교는 없기 때문입니다. 또는 없게 되기 때문입니다.

그런데 바로 그것이 해답입니다. 산문의 논리로는 그러합니다. 하지만 혹 시의 읊음 속에서는 그렇게 없어지면 비로소 있게 되는 경험을 할 수 있을지도 모릅니다.(2010:194-195)

'있음'으로 표상되는 산문이 삶의 경험을 다 담을 수 없다는, 그래서 '없음'의 역설을 내장한 시적 진실이 요청된다는 소전의 문제의식은 이윽고 언어 일반의 한계에 대한 사유로 전개된다. 경험은 언어보다 크다. 삶이 언어를 지니는 것이지, 언어가 삶을 담지는 못한다. 문학의 동기는 이와 같은 "언어의 한계를 의식한 언어의 확장"(2003:325)을 의도하는 데에 있다. 하지만 인간의 경험을 모두 담을 수 있는 완전한 언어란 실은 현존하지 않을지도 모른다. 우리가 발언하는 언어는 언제나 무언가 부족한 듯한 '결손의 느낌'을 가지게 한다.(2000:199)

소전은 이와 같은 언어의 한계를 인정하면서 이른바 '언어의 공간화'라는 개념을 제시한다. 이때 '언어의 공간화'는 지성적 감성과 감성적 인식을 수반하는 '진술언어'의 가능성에 대한 물음을 수반한다. 발언 주체의 의식은 사물을 만나 그 실재에 대한 인식의 언어를 낳지만, 거기에서 머물지 않고 그 언어에 그 사물을 가두어 두지 않을 뿐만 아니라 자신도 그 언어에 매여 사물을 인식하는 데 묶이지 않는 그러한 진술언어를 필요로 한다. 이런 진술언어는 언어들이 자리잡고 있는 맥락을 '선적인 것' 대신 '확장된 공간'으로 바꿈으로써 지성이 놓친 '잔여'(틈새)마저 포함하는 삶의 총체적인 모습을 드러낼 수 있을 것이며, 그럴 때 비로소 실재를 진술하는 언어들이 '진정한 언어'가 될 것이라고 기대된다.

한편 이처럼 언어가 공간화되면서 확보하는 자리에 있는 것은 언어가 아니라 그 언어의 '울림'이다. 그 공간은 언어에 의해 채워지는 것이 아니다.

언어에서 비롯되었지만 이미 언어가 아닌 것으로 채워진다. 다만 언어는 그 공간 안에서 울림으로 유영할 뿐이며, 그 울림은 인식의 중심에 끼어들지 못한 주변적인 실재의 절규나 떨림에 가 닿아 울리게 된다. 여기서 더 주목해야 할 것은 그렇게 이루어진 언어의 공간화는 '언어의 울림'이기는 해도 '언어의 발언'은 아니라는 사실이다. 공간화된 언어는 이미 언어라기보다는 하나의 '침묵'이기 때문이다. 요컨대 '언어의 공간화'는 '침묵의 공간'에서 언어의 발언을 듣고자 하려는 의식의 작용과 다르지 않다. 이리하여 마침내 그 의식은 침묵의 소리를 듣는 데 이른다. 그런데 그것은 이성의 작용도 아니고 감성의 작용도 아니다. 그 들음의 가능성은 오직 인간의 상상력에서 비롯될 따름이다. (2003:338-341) 학문도 신앙도 이런 상상력을 필요로 한다.[20]

"균형잡기"[21]로서의 상상력은 이성이나 감성에 선행하는, 또는 그 둘이 수렴되는 의식의 총체를 가리킨다. 다시 말해 상상력은 단지 감성만이 아니라 이성까지 규정하는 어떤 것이라는 말이다. 상상력은 온갖 사물과의 만남을 수용하는 '원초적 경험'인데, 이성적 인식이란 실은 만남을 수용하는 이런 상상력을 구체적으로 다듬은 것이다. 그러므로 이성이 그 총체성과 원초성을 회복하기 위해서는 상상력에 의해서 지적 진술의 구체성이 해체되지 않으면 안 된다. 상상력은 개념이나 논리를 넘어 그것들의 원초적 총체성을 회복하게 함으로써 다시 그 개념이나 논리를 자유롭게 해 줄 것이기 때문이다. (2003:341-342)[22] 모든 만남과 그 만남에서 의미를 캐내는 것은 상상력으로 인해 누구에게나 가능한 일이다.

> 인간의 상상력은 결코 어느 특정한 사람들의 전유물이 아닙니다. … 사물 또는 사실의 세계에서 그 세계를 뚫고 혹은 넘어서 사물이나 사실로 하여금 스스로 자신을 넘어서게 하여 그것을 의미의 실체이게 하고, 이제는 '만남'을 넘

어 그렇게 다른 실체이게 된 사물이나 사실을 '겪으면서' 삶 자체가 의미의 자리가 되도록 하는 것, 그리고 마침내 그 의미를 누리고 확장하도록 하게 하는 것은 사람이면 누구나 지니는 상상력의 기능입니다. (2003:355-356)

이처럼 '의미'를 누리게 하고 '자유'[23]와 '가능성'을 체현케 하는(2003:356) 상상력은 거리 만들기(앎, 이성)와 거리 없애기(느낌, 감성)를 넘어서는 또 다른 마음결[24]로 대상을 인지하고 수용하는 과정에서 자신의 독특성을 드러낸다. 즉 상상력은 불가능성을 발언하고 언표 불가능한 명제를 현실화하며, 시간 의식과 관련하여 '회상'을 가능케 한다. 사실로서의 과거는 이미 끝난 것이지만 회상 속에서는 과거가 완결되지 않는다. 또한 사실로서의 미래는 아직 없지만, 거기에 도달하는 것을 가능케 해 주는 것은 다만 상상력뿐이다. 뿐만 아니라 상상력은 현재의 있음을 비로소 현실화하며, 나아가 현실 속의 역설적인 갈등을 넘어서게 하기도 한다. (1997:369-371) 이처럼 다양하게 규정될 수 있는 상상력의 기능은 '여백과 잉여로서의 틈새'[25]에서 작동된다. 그것은 틈새를 열어 보이는 하나의 열쇠이다.

상상은 결국 열림입니다. 크레도는 닫힘의 전형입니다. 크레도는 스스로를 무한에의 열림이라고 주장하면서도, 자기주장을 그러한 무한에의 열림 안에 유폐시킵니다.… 코기토는 처음부터 자기가 열림 지향적이라고 주장합니다.… 그러나 코기토도 마찬가지로 그 열림의 지속 안에 자신을 가둡니다.… 그러나 상상력은 언제나 이성적 사유에 의해서는 병리적인 현상으로 치부되었고, 돈독한 신앙에 의해서는 일탈한 믿음이 낳은 환상으로 여겨졌습니다. (2010:631)

소전은 이성(코기토)과 신앙(크레도)에 의해 병리적 환상으로 치부되어 온 상상력을 물음과 해답, 열림과 닫힘의 변증법 안에서 다음과 같이 재규정하고 있다.

> 해답은 닫혀야 합니다. 물음도 당연히 그래야 합니다. 그래야 우리는 실천할 수 있습니다. 닫힌 물음과 해답은 인식의 완성을 뜻하는 것이기 때문입니다. 판단은 그때 가능한 것이고, 실천은 그 판단에 근거해 이루어지는 몸짓이기 때문입니다.… (그러나_필자) 우리는 선택과 실천의 다음 순간에 기존의 물음과 해답을 새로운 상황을 향해 열어놓을 수 있는 상상력을 발휘할 수 있어야 합니다. 그렇지 않으면 우리의 해답은 그대로 독선이 되고 폭력이 되고 맙니다. 그러므로 상상력을 결여한 어떤 해답도 그것은 바람직하지 않습니다.(2010:367-368)

물음과 해답의 닫힘을 통해 이루어지는 선택과 실천은 끝이 아니다. 그 선택과 실천의 계기 앞에서 물음과 해답은 다시금 열려야만 한다. 상상력은 그런 열림을 가능케 한다. 상상력이야말로 현실 속에서 불가피하게 닫힐 수밖에 없는 물음과 해답을 다시 열어 줄 수 있는 출구라는 것이다. 하지만 정치, 경제, 종교, 학문의 현실은 물음과 해답의 닫힘에 안주하고 있다. 이 정황을 소전은 "정치적 상상력의 빈곤, 경제적 상상력의 빈곤, 종교적 상상력의 빈곤, 게다가 학문적 상상력의 빈곤이 초래하는 황량함"(2010:368)이라고 묘사하면서, 거기서 더 나아가 '문학적 상상력의 고갈과 배반'[26]조차 서슴없이 언명하고 있다.

이는 어쩌면 상상력에 대한 빈곤 혹은 상상에 대한 상상력의 빈곤 그 자체일지도 모른다. 그것은 모든 이해와 소통의 가능성 자체를 지워 버릴 수 있는 빈곤함이다. 이해할 수 있음과 이해할 수 없음 사이에만 벽이 존재하는 것은 아니다. 이해 자체가 하나의 벽일 수 있기 때문이다. 그러니까 이해한다는 것은 어떤 벽을 깨뜨린다거나 혹은 벽을 뚫고 나간다거나 벽을 허무는 것을 의미하지 않는다. 이해란 깨지지 않는 단단한 벽을 앞에 둔 채 그 벽 너머의 무언가를 상상할 수 있는 능력을 가리킨다. 따라서 상상력의 빈곤이야말로 이해와 소통의 가장 큰 장애물인 셈이다. 때문에 "닫힌 것을 여는 시적 상상력"(2010:434) 곧 상상의 시학을 복원하는 일이 무엇보다 시급한 과제가 아닐 수 없다.

4. '틈새' 상상하기 : 종교 · 문학 · 예술의 재범주화

'상상의 시학'의 복원은 틈새 상상하기를 떠나서 생각할 수 없다. 소전 종교학에서 문학과 예술은 틈새 상상하기를 위한 범주가 아닐까 싶다. 예컨대 소전이 문학을 '허구의 존재론'으로 그리고 예술을 '허구의 해석학'으로 규정하는 데에서 우리는 틈새 상상하기의 낌새를 느낄 수 있다. 문학은 인간과 사회, 자연과 우주에 대한 인간의 상상력을 구체화시켜 그 상상의 세계를 전달하는 언어로 지어낸 이야기로서, 그런 이야기는 '허구의 사실'(사실 아닌 사실)을 전달한다. 이때의 허구는 기만적인 것을 뜻하는 것이 아니라, 다만 사실을 직접적으로 전달하는 것이 아니라는 의미에서 선택된 어휘이다. 즉 허구는 오히려 사실이 모두 소멸하고도 남는 어떤 잔여로서의 사실, 또는 사실을 넘어서는 사실의 어떤 잉여로서의 사실, 곧 흔히 일컫는 상징화된 사실들이 매개하는 '의미의 세계'를 지칭하는 말이다.(2003:349-350) 거기서 의미를 낳는 것은 잔여와 잉여로서의 어떤 틈새와 다르지 않다. 이것이 '허구의 존재론'이다.

한편 소전은 "신화라고 일컬어진 허구는 '감정'의 다른 이름이고 또한 생생한 '경험'의 다른 이름"이라는 베르나르 드 퐁트넬의 관점을 '허구의 해석학'으로 재구성한다. 직접적인 삶의 경험은 로고스만으로 다 담아낼 수 없다. 그것은 로고스와 대칭되는 것으로 여겨지는 다른 범주에서 다르게 드러난다. 신화라는 허구가 그러하듯이 예술 또한 그 다름이 범주화된 것이다. 그럼으로써 허구가 의미 있는 현존으로 읽혀지게 된다는 것이다.(2003:300-301) 이와 같은 '허구의 존재론' 혹은 '허구의 해석학'을 매개로 이제 종교와 문학과 예술의 재범주화가 의도된다. 그것은 '종교'와 '문학' 혹은 '종교'와 '예술'이 아닌, '종교와 문학' 혹은 '종교와 예술'이라는 범주로 재편된다.

먼저 '종교와 문학'이라는 범주를 생각해 보자. 이와 관련하여 소전이 무엇보다 주목하는 것은 '종교 안의 문학'이라든가 '문학 안의 종교'라기보다는 '문학의 종교성'이다. 문학에 대한 소전의 직접적인 관심은 문학의 당위성이 아닌 필연성에 있다. 다시 말하자면 현존하는 문학이 무엇을 위해 어떻게 있어야 하는가 하는 규범적 당위가 아니라, 인간이 왜 이야기를 하고(쓰고) 또 듣는가(읽는가) 하는 것을 '존재론적 필연'이라는 입장에서 들여다보려 하는 것이다.(2003:354) 이때 '존재론적 필연'은 '구원론적 필연'에 상응하는 쌍개념으로 이해된다. 즉 소전에게 문학은 그것 자체로 '구원론'(soteriology)이다.[27] 이 '구원론'이라는 말은 기존의 전통적인 용어인 종교에 식상하여 선택한 다른 호칭이다. '종교'라는 말이 이미 충분히 낡아 오늘의 문화가 직면하는 물음의 맥락에서 적합성을 잃었다고 보고 그것 대신 등장한 용어가 '구원론'이라는 말이다.

이런 맥락에서 소전은 문학이란 애당초부터 실은 '종교'이거나 적어도 '종교적'이라고 언명한다. 프라이의 말대로 문학이 '세속적인 경전'(the secular scripture)이라면, 종교는 '거룩한 문학'(the sacred literature)이 된다.(2003:369-370) 달리 말하자면 "문학의 이야기는 구원의 이야기"이다. 거기서 구원론은 종교만의 전유물이 아니라 인간 삶의 현실에 대한 담론의 하나로 간주된다.(1997:346-354) 이처럼 구원론의 자리에서 문학의 종교성을 언급할 수 있는 중요한 근거로 문학의 제의적 구조를 들 수 있다. 이와 관련하여 소전은 니체의『차라투스트라는 이렇게 말했다』에 대한 행간 읽기의 체험을 다음과 같이 기술하고 있다.

> 기존의 모든 것을 바로 그것이 기존의 것이라는 이유만으로 경멸해야 하고 무시해야 하며 저주해야 한다고 생각하고 있던 터에, 그런데 그러한 생각을 차마 드러내지 못한 책 감추어야 한다고 자신을 타이르고 있던 터에, 이 책은 상상할 수 없는 '자유로움'으로 제 닫힌 삶을 뒤흔들어 놓았습니다. 속이 아주 시원했습니다...책읽기가 이처럼 감격을 통하여 존재 양태의 변화를 가능하게 한다는 것은 책읽음의 문화가 제의적 구조를 지니고 있다는 사실과 다르지 않음을 보여주는 것이기도 합니다.(2003a:339-40)

책읽기를 위한 일상의 정지, 책에 몰입함으로써 이루어지는 '다른 시간의 지속', 그리고 마침내 감격을 누리는 탈자의 경험, 그리고 새벽의 잠깸처럼 문득 새로운 자아로 되돌아오는 일상에의 회귀. 이것이 소전이 말하는 문학의 제의적 구조이다. 그리하여 소전은 "니체를 읽는 자리에서는 제의의 집전이 나 스스로 사제가 되고 나 스스로 제물이 되면서 수행되었습니다."(2003a:346)라고 고백한다.

그러나 소전은 이와 같은 문학의 종교성이 종교와 문학이라는 주제에 대한 궁극적인 관심은 아니라고 언명한다. 즉 종교와 문학이라는 주제는 종교문화가 지닌 문학적 표상에 대한 관심도 아니고 문학이 지닌 종교성의 표상에 대한 관심도 아니다. 그보다는 '문학'이라고 일컬어지고 '종교'라고 일컬어지는 그 '일컬음' 자체에 대한 물음이야말로 가장 중요한 관심사이다. 그것은 '종교'와 '문학'의 관계에 대한 탐구가 아니라 '종교와 문학'을 운위할 수밖에 없는, 그래서 결국 '종교'도 '문학'도 해체하지 않으면 안 될, 그러면서도 '종교와 문학'으로 언표될 수밖에 없는 당대적 물음의 절박성에 기초한 문화 담론 편제 자체의 재편을 의도한다는 것이다.(1997:335) 이는 '종교와 문학'을 종교학의 한 하위분과적인 주제 범위를 넘어서서 실재의 새로운 범주로 설정하자는 기획이다.

마찬가지로 소전은 종교와 예술이라는 주제에 대해서도 '종교'와 '예술'이 아니라 '종교와 예술'을 실재의 새로운 범주로 설정하자고 제안한다.(1997:363) 그렇다면 '종교'와 '예술'이 아니라 '종교와 예술'이 보여주는 새로운 범주란 어떤 것인가? 첫째, '종교와 예술 범주는 우리가 인지하는 실재 간의 상관성에 대한 새로운 성찰이 불가피하다는 것을 의식케 한다. 즉 우리로 하여금 기존 분류 체계 안에 유폐되지 않게 한다. 둘째, 그것은 각 실재의 현존이 지니고 있는 주변성이 그 실재가 자기를 넘어서는 출구임을 확인하게 한다는 것이다.

의미는 사실에서 비롯된다. 그러나 그렇게 이루어진 의미는 사실보다 크다. 사실 자체에 담겨 머무는 것은 이미 의미가 아니다. 그러므로 의미는 언제나 주변성으로부터 말미암는 그런 것이다. 의미란 언제나 그 실재가 스스로 자신을 초극하려는 계기에서 비롯된다는 말이다. 이처럼 의미를 주변성과 결부시키는 관점에서 우리는 틈새의 주변성을 확인하게 된다. 그 틈새의 주변성은 다시 여백과 잉여의 존재론을 거쳐 경계의 사유로 전개된다. 즉 실재하는 사물은 자신의 여백을 지님으로써 자신을 초극할 수 있으며, 자신의 잉여를 확보함으로써 자신을 성숙하게 할 수 있고, 자신의 침전을 여과

함으로써 표상의 변화에도 불구하고 자기정체성을 유지할 수 있는 것이며, 이로써 '종교와 예술'이라는 범주는 '종교'와 '예술'이 마련할 수 없는 경계의 모호함을 통하여 오히려 그 둘이 스스로 자신의 성숙을 기할 수 있는 의미의 영역을 확보하게 된다.(1997:373-74)

문화담론편제의 재편[28]을 의도하는 '종교와 문학' 혹은 '종교와 예술'이 실재의 새로운 범주로서 그 모습을 드러내는 방식은 이처럼 주변성과 경계성, 여백과 잉여의 '틈-학'을 통한 의미의 재구성 즉 '회상'에 의해 이루어진다. 소전이 '문화비평'으로서의 종교학을 주창하는 맥락이 바로 이것이다.

> "종교학은 '종교'에 대한 인식의 논리일 수 없다. 그것은 오히려 종교라고 언표된 원초적 경험의 '회상'을 통한 문화 자체, 곧 삶의 총체에 대한 '적합한' 서술의 시도를 그 과제로 하지 않으면 안 된다. 즉 종교학은 종교를 통한 '문화비평'[29]이어야 한다."(1997:332-33)

여기서 '종교학은 종교를 통한 문화비평이어야 한다'고 할 때의 종교는 전술한 '종교와 문학'이나 '종교와 예술' 혹은 더 나아가 '종교와 과학'[30] 담론에서 언표된 새로운 실재 범주를 지향하는 것이라고 말해도 좋을 성싶다. 이 대목에서 새 술은 새 포대에 담아야 한다는 금언을 떠올린다면, 문화비평의 끝자락에서 "종교라는 어휘 자체를 폐기해야 비로소 인류의 '종교'를 운위할 수 있다."(2010:99/214)고 외치는 소전의 '선언'은 결코 과격한 발언만은 아닐 것이다. 죽음과 삶이 병풍화처럼 서로 이어져 있는 인도의 성지 바라나시로부터 동북쪽으로 120km 떨어진 오지 마을을 체험한 소전의 입에서 "종교가 별로 중요하지 않은 삶, 그것이 아예 없는 삶, 그것이 참으로 종교적인 삶이다. 종교의 범람, 그것보다 더 세속적인 삶은 없다."(1994:199)는 탄식 같은 탄성이 새어 나올 때, 우리는 실은 과격하기 짝이 없는 저 종교 폐기 선언으로 인해 '죽어 가고 있는 종교'의 신음소리를 듣는 것 같은 환각에 빠지게 된다.

만일 정말로 종교가 폐기처분된다면, "제의를 통해 존재 양태의 변화를 추구하는 인간"(1997:326) 즉 '종교적 인간'(homo religiosus)의 운명은 어찌 될 것인가? 이런 물음에 대한 소전의 답변은 너무도 투명하고 단순한 인간학적 물음으로 되돌아온다: "우리는 언제 사람이 될 것인가?" 소전은 "도대체 우리는 얼마나 더 성숙해야 종교적일 수 있는 사람이 될 것인가?"라는 안타까움을 담아 이렇게 말한다.

> 종교 간의 갈등을 극복하지 못했다든가 자기 종교의 절대성의 훼손에 대하여 아직도 초조하고 불안하다면, 그것은 아직도 사람의 사람답지 못함을 참으로 고뇌해 보지 못한 사람, 사람다움을 위해 스스로 정직한 아픔을 살아본 경험이 없는 사람이라고 말할 수는 없을까? 그러한 사람은 또 다른 말로 하면 종교를 '소유'하기는 했어도 종교를 '살지'는 못하고 있는 사람이라고 말할 수도 있을 것이다. (1989:258)

> '종교인'이기를 그만두고 '인간'이 되기 전에는 종교 간의 신뢰란 불가능합니다. 그러나 그렇게 종교인이기를 그만두고 이루어지는 종교 간의 신뢰를 구현한 인간을 우리는 '종교적인 인간'이라고 말할 수 있습니다. (2010:147)[31]

5. 나오는 말 : 정직한 열림과 사랑의 '회상'

내 멋대로의 상상이겠지만, 소전에게 틈새의 종교학과 상상의 시학은 틈새 상상하기로 모아졌다가 다시 '정직한 인식'과 '열린 상상력'으로 흩어지기를 되풀이하면서 어느 새인가 '정직한 열림'으로 수렴되는 것은 아닐까? 생선비늘 같은 내게 소전학은 때로 생선가시와도 같다. 이를테면 '정직의 존재론'이라 할 만한 소전의 역설적인 수사학에 대면할 때 특히 그러하다.

> 저 정직이라는 말 참 많이 쓰는데, 제가 부정직한 어떤 강박관념 때문에 그런 건지도 모르겠습니다. 제 퍼스낼러티가 역시 부정직해서요. 그런지도 모르겠는데, 정직함이 막 솟아나는 거예요.[32]

사실이다. 소전학에는 '정직'이 넘쳐난다. 때로는 과격하리만치 너무 정직하다. 그가 '정직'이라는 말을 쓰는 맥락은 매우 다채로우면서도 하나의 지평선으로 수렴된다. 내게 그 다채로운 지평선을 상상하고 '회상'하는 일은 '틈새'를 상상하고 '회상'하는 일과 크게 다르지 않다. 소전은 '정직'을 다음과 같이 규정한다.

> 우리는 정직하기를 원하고 있고 정직하게 살기를 바라고 있다. 그런데 정직이란 사물에 대해 열려진 상태이다. 어떤 현상이나 사실에 대해서도 자기 인식의 기존의 틀을 적용하지 않고, 있는 그대로를 승인하는 자세가 정직이다. 그러므로 정직한 상태에 있음은 행동하지 않음의 상태, 혹은 행동 이전의 상태를 지칭한다. 아울러 엄밀한 의미에서 본다면 정직이란 그 인식적인 차원에서 볼 때 가치판단을 유보한 상태이기도 하다. 사실을 사실대로 현상을 현상대로 서술할 수 있으며 그러기 위한 분석과 종합의 과정을 겪는 흐름이 곧 정직인 것이다...삶의 현실성은 정직의 열려진 가능성이 행동하는 부정직의 닫혀진 구체성으로 옮겨져 비로소 가능한 것이다. (1988:147)

정직은 '사물에 대해 열려진 상태'인데, 그것은 동(動)하기 이전의 미발(未發) 상태, 곧 모든 가능성이 잠재되어 있는 어떤 원형적인 상태에 가까운 것이다. 그런 만큼 모든 정직성이 다 정당화될 수 있는 것은 아니다. 예컨대 고백의 언어와 맞물려 있는 '자신에 대한 정직'은 동어반복적인 것에 불과하다.[33] 한편 부정직 혹은 비정직[34]은 이미 동(動)한 이발(旣發)의 '닫힌 구체성'으로 묘사된다. 정직성이 그러하듯이 이 부정직(비정직) 또한 항상 부정적인 의미만 가지는 것도 아니다. 가령 소전이 말하는 '시적 비정직성'은 오히려 '산문적 정직성'의 완성을 위해 없어서는 안 될 덕목이다.[35] 이런 독특한 발상은 소전학에 있어 '정직의 존재론'이 '참회의 윤리[36]'를 수반하면서도 결코 단순한 도덕교과서[37]가 아니라는 점을 잘 보여준다. 그럼에도 불구하고 '정직'이라는 말은 종종 내가 알지 못하는 죄의식의 동굴 속으로 나를 밀어 넣는다. 그럴 때 '상상력'은 나로 하여금 내게 너무도 익숙한 죄의식의 동굴로부터 빠져 나오게 도와준다. 그래서 나는 '정직한 상상력'과 협상하면서 위로받기도 한다. 하지만 소전학은 '정직한 상상력' 대신 '정직한 열림'을 지향한다. 그에게 상상력은 '정직한 열림'을 위한 하나의 사다리일 따름이다.

정직성은 현상의 기술에서부터 시작되어야 합니다. 그러나 그러기 위해서는 기존의 해답이라고 일컬어진 인식의 내용을 되물어야 합니다. 그것은 해답에 의해서 닫힌 상황을 열린 상황으로 바꾸는 일이기도 합니다. 그런데 이 일을 가능하게 하는 것은 개념적 실재의 논리적 진전을 통해서 이루어지는 것이 아닙니다. 기존의 개념들이 내게 과하는 '편리한 현실'을 넘어 내 경험의 현장에서 새로운 개념의 출현을 의도하는 상상력을 통해서만 비로소 이루어지는 일입니다. 자유로울 수 있어야 하기 때문입니다. 미로는 아직도 그것이 미로인 한 열려진 출구가 있습니다. 닫힌 문을 확인하는 일이 열린 문을 확인하는

첩경일 것입니다.[38]

위 인용문은 소전이 말하는 '정직한 인식'과 '열린 상상력'이 어떤 것인지를 잘 보여준다. 그것은 무엇보다 '물음과 해답의 존재론'[39]에 입각하여 '편리한 현실'을 거부한 채 새로운 문화담론편재의 재편을 꿈꾸는 문화비평에의 비전이라 할 수 있다. 이때 '정직한 인식'과 '열린 상상력'은 상호 침투 가능한 삼투막으로 맞닿아 있다. '정직한 열림'을 말할 수 있는 소이연이다. 그런 '정직한 열림'은 마침내 '있음'의 산문을 폐기하고 '없음'의 시를 선택하자는 귀결에 이르게 된다.

> '열림'에의 지향이 없다면 상상은 비롯할 수 없습니다. '열림'은 산문을 '폐기'하고 시를 '선택'하는 일이며, 상상을 감행하여 '버려진 산문을 구해내는 일'입니다. (2010:431)

이런 '정직한 열림'의 풍경 속에서 마침내 모든 '있음'의 당위성이 아닌 '없음'의 역설로 충만한 '시인의 집'이 그 모습을 드러내게 된다. 그것은 "사랑 밖에는 아무 것도 발설될 수 없는 새 집과 새 우주"(1994:90)이다. 물론 그 집은 더 이상 우주의 중심이 아니다. 변방과 중심이 교차되면서 사라지고 다시 나타나며 허물어지고 다시 지어지기를 무수히 되풀이하는 '정직한 열림'의 자리이다. 그것은 정말 어떤 열림일까?

『만툴리사 거리』를 서성거리며 소전은 사랑의 역설을 떠올린다: "사랑은 자기의 소멸을 통한 자기의 확인이라는 역설적인 구조를 통하여 마침내 역설 그 자체를 초극합니다. 바로 이 때문에 사랑은 종교적 구원을 드러내는 상징일 수 있는 것입니다."(2003:392) "가능한 신비이면서도 끝내 불가능한 현실이 곧 사랑"이라고 말하는 소전에 의하면, 구원의 신비는 '없음'의 역설 한복판에서 그 역설을 살아가는 데 있다. 사랑은 그 역설의 정황 자체에서 이루어지는 삶 바로 그것이라는 말이다.(2003:394-395)

소전의 사랑은 '시간의 꿈'[40]에서 '하늘의 꿈'(1997)[41]으로, '감추려는 사랑'[42]에서 '죽음에의 사랑'[43]과 '회상의 구원론'[44]에 이르기까지 다채로운 음영을 드리우고 있다. 이런 사랑의 모호함이 가지는 가능성에 대해 소전은 다음과 같이 기술하고 있다.

> 오히려 모호함은 분명함보다 더 많은 가능성을 지니고 있습니다. 왜냐하면 모호함은 분명함이 재단하여 잘라낸 부분마저 자기 삶으로 안고 씨름하기 때문입니다. 모호함은 비록 불분명할지라도 삶 자체를 배신하는 일은 하지 않습니다.(2004:79)

우리는 '열림'을 분명함으로 오해하기 십상이다. 그러나 분명하고 철저한 신념과 행동이 종종 비극적인 닫힘을 초래하기도 한다. '정직한 열림'은 오히려 모호함 쪽에 가까운 것일 수 있다. 어쩌면 이런 모호함으로 인해 모든 사랑이 소전에게 신비로 각인되는 것일지도 모른다. 남자와 여자의 사랑의 행위가 제의적인 것도 이 때문이다. 그렇다면 앎에 대한 사랑도 다르지 않으리라는 것이 소전의 생각이다.(2003a:345) 그러니까 "종교학은 인간이 발전시킬 마지막 학문으로서 세상의 모습을 바꾸어 놓을 것"이라는 막스 뮐러의 꿈을 따라 "지난 한 세기 동안 충분히 '새로운 언어'였던"(1996:32/62, 2003:372/462, 2010:634) 종교학이 은유의 상실을 앓고 있는 오늘날 다시금 "새로운 언어를 낳는 어머니"(1980:415, 2003:463)여야 한다는 점을 누누이 강조해 온 소전이 마침내 '형이상학적 반란'[45]을 언급하기에 이른 것도 모호함의 가능성과 결코 무관하지 않을 것이다. 틈새의 틈새다움은 모호함에 있고 그런 틈새 상상하기야말로 이단적 상상력의 본령에 속한 것일 테니까.

신화와 역사

의미 형성의 두 지층

임현수

엘리아데의 길과 해석학의 길
은 그의 신화론 안에서 신화 정
의 및 '신화와 역사'의 관계를 탐
색하는 데 결정적인 시야를 확
보해 주었다. 두 길을 따라 도
달한 종착지는 서로 다른 풍
경과 분위기를 내뿜고 있었다.

1. 머리말

이 글은 정진홍이 구축한 학문 세계 가운데서 일부를 다룰 뿐이다. 그의 학문 세계에 대한 총괄적인 평가가 드러나기까지는 아직 갈 길이 멀다. 앞으로 그가 걸어온 다양한 분야에 걸쳐 엄밀한 분석과 비판이 이루어져야 할 것이다. 이 글은 이와 같은 시도를 염두에 두고 착수된 하나의 단편이며, 이와 유사한 관심을 가지고 진행된 다른 연구들과 더불어 전체적인 그림을 그리는 데 기여하기를 바란다. 정진홍에 대한 평가는 한 개인의 학문적 성취 여부를 떠나 한국 종교학의 빛과 그림자를 인식할 수 있는 좋은 기회이기도 하다. 왜냐하면 그가 걸어온 길은 한국 종교학의 흐름과 완전히 일치하는 것일 수는 없어도, 그것을 반영하는 것임에는 틀림없기 때문이다. 한국 종교학의 비전과 과제를 그의 학문을 조명함으로써 간접적으로 엿볼 수도 있을 것이다.

이 글이 주목하는 부분은 신화론이다. 정진홍은 신화를 어떻게 정의하고 있는가, 그러한 정의를 끌어내는 데 동원된 근거는 무엇인가, 그의 신화론이 다른 신화학자들의 입론과 어떤 점에서 차별성을 지니는가, 그의 신화론이 남긴 문제점은 무엇인가. 특히 그의 신화론은 논의의 전개 과정에서 '역사'를 비교의 한 축으로 설정하는 경향이 강하게 나타난다. 신화가 역사와 함께 짝을 이루어 '신화와 역사'라고 하는 문제의식을 형성하면서 신화 인식 자체의 폭과 깊이를 확장하는 데 기여한다. 따라서 이 글은 정진홍의 신화론이 '신화와 역사'에 관한 논의로 방향을 잡아나가게 된 배경과 동기를 따져보고 실제 어떠한 논의가 전개되었는지를 파헤쳐 보고자 한다.

여기서 무엇보다도 정진홍의 신화론이 걸어간 길이 하나가 아니라는 사실이 부각된다. 그가 신화를 정의하는 방식이나 '신화와 역사'를 바라보는 시야는 단일하지 않다는 것이다. 두 가지 서로 이질적인 길이 공존한다. 이 두 개의 방향은 상호 보완적인가 아니면 모순된 것인가. 궁극적으로 이 둘은 그의 신화론을 채색하는 데 어떤 작용을 하고 있는가. 이 글의 논의 과정은 바로 이와 같은 두 개의 길을 뼈대로 삼아 전개될 것이다.

2. 신화의 정의를 위한 두 가지 노선
: 엘리아데의 길과 해석학의 길

정진홍의 신화 연구에서 나타나는 특징 가운데 하나는 구체적인 자료를 분석함으로써 개별 신화들이 지닌 특수성을 규명하고 이를 바탕으로 신화에 대한 일반 이론을 이끌어내는 방향으로 전개되고 있지 않다는 점이다. 『삼국유사』나 『규원사화』 등과 같은 전통 문헌 자료를 특정한 문제의식에 입각하여 분석한 사례가 눈에 띄지만, 전체적으로 보면 그 비중은 극히 낮은 편이다.[1] 이에 반해 대부분의 저술은 신화에 대한 이론적 천착으로 이루어져 있다. 여기서 우선적으로 살펴보고자 하는 것은 신화의 정의에 관한 것이다. 그는 신화를 존재론적인 차원과 연결하여 이해한다. 신화는 '비롯함의 이야기'로서 우주 및 삶의 본질과 행동의 규범을 가르쳐준다는 것이다.

神話를 實在로 承認하는 神話에 대한 論理는 무엇보다도 神話가 「비롯함의 이야기」임을 證言한다. 神話는 그것이 지닌 內容과 主題, 그리고 그 內的 動機가 「비롯함」을 軸으로 하여 旋回하고 있음을 보여주고 있는 것이다. 이른 바 太初의 이야기, 創造의 이야기, 根源의 이야기 등으로 說明되고 있는 것이 그러한 論理이다.[2]

「비롯함의 이야기」인 神話는 점차 人間의 實存的 意識 속에서의 삶의 根源的인 範例(primordial model)로 받아들여지고 있다. 삶의 意味, 삶의 樣態 등의 本來的이고 規範的인 說明의 바탕이 되고 있는 것이다. 예를 들면, 무엇인가를 하려 할 때, 왜 그것을 해야 하는지, 또 어떻게 그것을 해야 하는지, 그리고 어떤 結果를 期待해야 하는지 하는 것을 說明해 주거나 解答해 주는 典型(exemplar)이 되고 있다.[3]

위의 인용문은 비교적 초기 저작에 속하는 글에서 발췌한 것인데, 신화에 대한 이와 같은 정의는 이후의 저술에서도 지속적으로 나타나는 것으로 보아 정진홍의 신화관을 집약적으로 표현하고 있는 것으로 보인다.[4] 위의 신화 정의는 그가 신화학자이기 이전에 종교학자로서 신화를 종교문화를 구성하는 하나의 중심 요소로 바라보는 태도를 반영한다. 신화를 존재론적 차원에서 이해하고 있는 위의 인용문은 종교를 '존재론적 물음에 대한 해답의 상징체계'로[5] 보는 그의 입장과 일맥상통한다.

모든 종교는 이러한 이야기를 자신의 이야기로 발언하고 있습니다. '비롯함'과 '근원'과 '궁극적인 것'에 대한 이야기를 결하고 있는 종교는 없습니다. 그렇다면 종교는 '처음 이야기'로 범주화되는 이야기인 신화 안에 현존하는 문화 현상이라고 말할 수 있습니다. 그러므로 신화를 아는 일은 종교를 아는 일과 다르지 않습니다.[6]

정진홍의 신화 정의는 종교학 진영 내부에서 신화를 바라보는 다른 입장들과 유사한 것으로 판단된다. 특히 신화를 원초적인 때(in illo tempore)에 초자연적 존재들에 의하여 일어난 원형적 창조 사건에 대한 이야기로 규정하는 엘리아데의 견해를 충실히 반영하고 있는 것으로 보인다.[7] 필자는 정진홍의 이와 같은 입장을 엘리아데의 길로 부르고자 한다. 그가 걸어가는 엘리아데의 길이 그의 신화론에 어떤 영향을 미쳤는지는 특히 '신화와 역사'의 관계를 논의하는 부분에서 다시 언급될 것이다.

정진홍이 신화를 정의하는 방식에는 앞서 소개한 것과 불가분의 관계에 놓여 있지만 그렇다고 완전한 포함의 관계로 수렴시키기에는 결이 다른 논의가 있다. 신화의 존재 자체에 대한 변증이라고 이를 만한 논의가 신화에 대한 또 다른 정의를 형성하는 데 중심적인 역할을 하고 있는 것이다. 앞의 신화 정의가 신화의 내용과 기능에 초점을 맞추어 개진된 것이었다면 지금부터 언급하고자 하는 정의는 반드시 그런 것은 아니지만 편의상 신화의 형식적 측면을 강조한 것이라고 하겠다.

필자가 보기에 여기에는 종교학자로서 신화 연구의 필요성을 설명해야 하는 고민이 묻어 있다. 신화라는 것이 인간의 삶 속에서 도대체 어떤 위상과 의미를 차지하고 있기에 유의미한 연구의 대상이 될 수 있는가. 신화는 고대시기에나 존재했던 이야기라서 현대인들의 삶과는 무관할 뿐만 아니라, 그 이야기 속에 등장하는 초월적 존재들의 활약상도 허구와 다를 바 없는데, 어째서 이와 같은 이야기를 연구하는 일이 필요하단 말인가. 종교학자가 적어도 문학 연구자가 아닌 이상 허구에 불과한 신화를 연구해야 하는 까닭이 어디에 있는가. 물론 이러한 물음들은 근대적인 맥락에서 신화에 대하여 가지고 있는 편견에 근거한 것이지만, 종교학자의 입장에서는 어떻게 해서든 이에 대한 변론이 필요하다고 느낄 수밖에 없을 것이다. 다음은 이러한 고민이 여실히 드러나는 발언이다.

> 神話는 「다른」 이야기를 담고 있다. 그것은 日常의 經驗에서 直接的인 知覺의 斷絶될 수밖에 없는 異質性을 지니고 있다. 따라서 神話는 언제나 그것이 認知하는 認識의 領域에서 歷史라든가 事實과의 對稱概念으로 받아들여졌다. 「歷史以前」, 혹은 「事實 아님」의 含蓄을 지닌 說話로 看做되었던 것이다.[8]

위의 인용문에는 오늘날 역사나 사실의 대칭 개념으로 수용되고 있는 신화를 주목해야 하는 이유에 대하여 고민하는 저자의 의중이 담겨 있다. 이미 그 위상이 '역사 이전'으로 떨어져 버려 사문화된 신화, 그렇기 때문에 더 이상 사실의 범주 안에서는 운위될 수 없는 상황에 처한 신화에 관심을 가져야 하는 이유는 무엇인가. 만약 신화를 허구의 범주에 귀속시킬 경우 신화는 문학 연구자들의 관심사가 될지언정 굳이 종교학자까지 나설 이유는 없는 것이다. 신화는 사실도 아니고 허구도 아니라는 판단은 바로 이와 같은 딜레마에서 찾아진 하나의 돌파구였을 것이다. 정진홍은 말리노프스키가 트로브리안드 섬 주민들의 이야기 문화에 관해 연구한 결과물을 활용하여 자신의 문제의식을 해결하고자 한다. 그에 따르면 말리노프스키는 트로브리안드 섬에 거주하는 원주민들의 이야기를 세 가지 범주로 구분하였다. 정진홍은 그 가운데 첫 번째 범주의 이야기는 상식의 세계에 속하는 사실을 전달해 주는 이야기이며, 두 번째 범주의 이야기는 허구의 이야기로서 오늘날 문학의 개념에 상응하는 것으로 파악한다. 또한 첫 번째 이야기는 이성과 관련되는 것으로, 두 번째 이야기는 상상력과 관련된 것으로 보았다. 말리노프스키가 신화라고 부른 세 번째 범주의 이야기는 정진홍에 따르면 사실도 허구도 아니라는 점에서 특별한 위치를 점한다. 다음의 진술을 들어보자.

> 그 이야기는 어떤 구체적인 사물이나 사건을 진술하고 있기 때문에 하나의 사실에 대한 진술과 근원적으로 다르지 않다. 그러나 그 진술의 내용이 사실이라고 하는 실증은 불가능하다. 그렇다고 하면 그 이야기는 당연히 두 번째 범주의 이야기인 꾸며낸 이야기, 곧 허구라고 단정할 수 있다. 그런데 그렇게 거짓이라는 사실을 실증할 수 없다는 점에서 두 번째 이야기의 범주에도 들 수 없다. 사실인데도 사실이라고 실증할 수 없고 허구인데도 허구라고 실증할 수 없는 이 이야기의 현존은 적어도 논리적으로 본다면 불가해한 현상이다.[9]

그에 따르면 신화란 사실임을 실증할 수도 없고, 허구임을 실증할 수도 없는, 그야말로 논리적으로 이해할 수 없는 제3의 이야기이다. 여기서 우리는 그가 신화의 위상을 구하는 데 실증 가능성을 염두에 두고 있다는 점을 발견한다. 근대적인 맥락에서 실증 가능성이 진리 판단의 기준으로서 강력한 힘을 발휘하고 있는 현실을 감안할 때, 신화의 존재론적 가치를 확보하기 위해서는 어떻게 하면 이러한 실증 가능성의 벽을 통과할 수 있는가에 골몰할 수밖에 없었을 것이다. 그는 실증 가능성이라는 진리 기준이 낳은 부산물, 즉 사실과 허구의 이분법을 간단히 뛰어 넘어감으로써 신화의 특수한 지위를 확보하는 전략을 취한다. 신화는 사실도 허구도 아니라는 것이다. 그렇다면 어떤 근거에서 신화는 실증의 범주와 무관하다고 판단한 것일까.

> 그런데 그 이야기의 사실 여부를 확인할 수 없는 것은 바로 그 이야기가 처음 비롯함과 연결되어 있기 때문입니다. 무릇 기원은 실증의 대상이 아닙니다. 그것은 형이상학적인 전제이거나 아니면 지금 이야기를 운위하기 위한 논거로서 요청된 것이고, 그러한 것으로서의 사실성만을 지니기 때문입니다. 따라서 그 사실 여부는 인식의 논리에 담기지 않습니다. 진위를 실증할 수 없는 것입니다. 만약 인식의 논리에 담긴 이야기라면 사실이라는 것을 실증할 수 있을 뿐만 아니라 허구라는 사실조차 분명하게 실증할 수 있었을 것입니다. 그러나 신화는 그러한 실증의 범주에 드는 이야기가 아니기 때문에 신화입니다.[10]

신화를 실증 가능성 여부에 따라 진위를 판별할 수 있는 이야기로 여길 수 없는 근본적인 이유는 신화가 기원을 다루기 때문이다. 그에 의하면 기원의 문제는 실증의 대상이 될 수 없다. 그렇다면 좀 더 나아가 기원의 문제가 실증의 범주에 들지 않는 까닭은 무엇인가. 그것은 우리가 서 있는 자리가 애당초 기원에 대한 실증 가능성으로부터 멀리 벗어나 있기 때문이다.

> 다시 되풀이한다면 '신화'라고 일컫는 이야기가 담고 있는 내용들이 과연 사실인가 아닌가 하는 것은 '실증'할 수 없습니다. 그것이 사실이라는 것도 실

증할 수 없고, 그것이 허구라는 것도 실증할 수 없습니다. 까닭인즉 분명합니다. 그것은 '처음 이야기'이고 '비롯함의 이야기'이기 때문입니다. 처음과 비롯함 '위에' 있거나 '밖에' 있어야 비로소 그것이 처음이고 비롯함이라고 말할 수 있을 것인데 우리는 분명히 그러한 자리에 있지 않습니다. '처음 이후'나 '비롯함 뒤'에 안겨 있는 것이 우리의 삶일 뿐입니다.[11]

처음의 시간에 무엇인가가 일어났음에 틀림없지만 우리가 자리하고 있는 위치가 그러한 사건이 벌어진 이후의 자리에 놓일 수밖에 없기 때문에 처음의 일을 확인할 도리가 없다는 논리이다. 이는 이를테면 현존재로서 인간이 지닌 실존적 조건과 관련된 문제라고도 할 수 있다. 자신의 존재 근거를 밝히기 위하여 기원의 영역을 탐사하지 않을 수 없는 인간에게 실증 가능성이라는 판단 준거는 불필요할 뿐이다.

종교학자로서 신화에 관심을 가져야 하는 이유는 이렇게 신화가 차지하는 특별한 위상으로부터 찾을 수 있다. 신화는 사실도 허구도 아닌 실재이기 때문에 누군가의 특별한 관심을 필요로 하는 것이다. 그러나 이와 같은 논의는 신화에 대한 소극적인 판단에 불과하다는 점을 인정하지 않을 수 없다. 신화는 이것도 저것도 아닐 뿐 그 무엇은 아닌 것이다. 다시 말해서 신화가 사실도 허구도 아니라면 무엇이란 말인가. 여기서 우리는 신화에 대한 새로운 정의가 시도되고 있는 현실과 접하게 된다. 정진홍은 이러한 정의를 도출하기 위해서 앞서 말한 엘리아데의 길과는 다른 노선을 따르고 있는데, 우리는 이것을 해석학의 길이라 부를 것이다. 물론 엘리아데의 길과 해석학의 길이 전혀 다른 것은 아니며 중첩되는 부분도 있는 것이 사실이다. 하지만 각각의 노선이 보여주는 강조점과 차이점을 부각시키는 데는 이와 같은 명명법도 나름의 이점을 지닌 것으로 판단된다.

정진홍이 따라간 해석학의 길은 신화를 좀 더 보편적인 맥락에 위치시킨다. 엘리아데의 길이 신화만이 지닌 특수성에 입각하여 정의를 내리고 있다면, 해석학의 길은 신화로 하여금 그러한 장벽을 헐어 버리고 범상하고 친숙한 세계로 나아가도록 유도한다. 해석학의 길은 신화가 아주 먼 과거에 특별한 내용과 형식을 지니고 유통된 이야기가 아니라, 지금 여기에서 삶의 한 차원으로 누구에게나 상존하는 이야기로 재정의한다. 그러나 그렇게 해서 얻어진 신화의 정의가 보편성의 바다 속에서 신화 고유의 정체성을 포기하고 있는 것은 아닌지 의심의 눈초리를 던지는 사람들도 있을 것이다. 분명한 것은 해석학의 길을 따를 때 신화를 둘러싼 경계도 사라질 가능성이 짙어진다는 것이다. 이러한 결과에 대한 평가는 아마도 정진홍이 의도하고 있는 바가 궁극적으로 무엇인지를 밝혀 내는 과정과 불가분의 관계에 놓여 있을 것이다.

해석학의 길은 신화를 고백의 언어로 정의한다. 정진홍이 신화의 정의를 위하여 고백의 언어라는 말을 사용하는 것을 보면 그가 해석학의 입장을 따른다는 점이 분명해진다. 이 글이 그의 두 번째 신화 정의가 가로놓여 있는 맥락을 해석학의 길이라 명명한 것도 바로 여기에 근거한 것이다. 고백의 언어(language of confession)란 용어는 폴 리쾨르에게서 차용한 것으로 보인다.[12] 폴 리쾨르는『악의 상징』에서 원초적인 악의 경험이 어떻게 고백의 언어를 통해서 형상화되는지를 탐구한 바 있다. 신화는 고백의 언어 가운데 하나로 취급되는데, 리쾨르는 악에 관하여 이야기하는 신화를 해석함으로써 악의 경험을 이해하고자 한다. 정진홍은 리쾨르가 의식 현상으로서의 악의 경험이 언어를 통하여 형상화되는 과정을 묘사하기 위하여 도입한 고백의 언어란 용어를 원래의 맥락에서 떼어내어 신화를 정의하기 위한 용도로 재활용하고 있다. 고백의 언어에 관한 진술은 그의 저술 곳곳에서 발견된다. 우선 다음의 인용문을 통하여 고백의 언어가 무엇을 뜻하는지를 살펴본다.

> 고백의 언어는 근원적으로 사실을 묘사하는 언어가 아닙니다. 그것은 사실이
> 지닌 의미, 또는 의미가 현실화된 실재를 진술하는 언어입니다.[13]

　고백의 언어는 사실의 영역과 의미의 세계 사이에서 진동한다. 분명한 것
은 고백의 언어는 사실보다는 의미를 지향한다는 것이다. 사실과 의미의 관
계는 반드시 대립적이라고까지는 할 수 없지만 동질적인 것은 아니다. 그
렇다고 의미의 세계가 사실을 전적으로 배제하고 성립되는 것은 아닐 터이
다. 의미는 사실을 몸체로 빙의하지 않으면 현실화될 수 없는 실재이기 때
문이다. 그러나 고백의 언어가 객관적 사실의 기술과 설명을 추구하는 인식
의 언어와[14] 다른 점은 그러한 사실에 감추어진 의미를 발견하고 들추어내
는 효력을 발휘하기 때문이다. 고백의 언어가 필연적으로 해석학의 관심사
가 될 수밖에 없는 이유이다. 해석학의 임무란 결국 우리가 살아가는 세계
안에서 겉으로 들어나지 않고 은폐되어 있는 의미의 차원을 발굴하는 작업
이 아닌가. 정진홍은 고백의 언어가 매개하는 사실과 의미의 관계를 다음과
같이 설명한다.

> 우리는 고백의 담론에 포함되는 사실이란 사실 자체가 아니라 발언자와 사실
> 사이의 간주체적 영역 안에서의 사실, 곧 직접적인 서술의 언어에 수반되는
> '잉여'의 영역 안에 새롭게 현존하는 사실이라고 말할 수 있다. 따라서 사실
> 은, 만약 그 사실 자체로 현존하는 것이 있다면, 언제나 그 사실 자체를 스스
> 로 넘어서는 다른 지평에서 자기를 현시함을 알 수 있다. 이때 '사실'의 진술
> 에서 그 사실을 넘어서는 그 잉여를 우리는 의미라고 부른다. 그렇기 때문에

고백의 담론이 진술하는 사실은 실상 사실이 아니라 '의미의 실재'이다. 그리고 그것도 단순한 하나의 의미를 지닌 것이 아니라 다양한 의미를 지닌 실재이다. 발언자와의 공감에 의해서 실재화할 수 있는 '의미로 충전된 사실'인 것이다. 그러므로 그 사실은 우리의 일상적인 이해에 의하면 기호적 사실이 아니라 상징적 실재이다.[15]

의미는 사실의 잉여이다. 주체는 사실 저 너머에 혹은 사실 저 깊은 곳에 은폐되어 있는 의미의 세계를 향하여 고백의 목소리를 토해낸다.[16] 그러나 모든 주체가 이러한 고백의 언어를 발설하는 것은 아니다. 오로지 고백의 언어에 눈을 뜬 자만이 그것이 개방하는 의미의 세계를 맛볼 수 있을 것이다. 의미란 '눈을 떠 바라보면 있음이지만 눈을 감거나 다른 것을 보는 경우, 그리고 스쳐 지나가는 것으로서의 만남일 경우에는 없음'이기 때문이다.[17] 여기서 정진홍은 의미의 세계가 출현하는 과정을 현상학적 지향성 개념을 통하여 설명하고 있다. 의미는 고백의 발언이 없으면 결코 모습을 드러낼 수 없는 실재이다. 그는 이러한 고백의 언어가 인식의 언어와 달리 의미의 세계를 그 자체 안에 담아내기 위해서 일상 언어이기를 포기하고 비일상적인 언어가 된다고 한다.[18] 그리고 이제 비로소 신화는 고백의 언어임이 언명된다.

우리는 신화에 대하여 아주 중요한 발언을 할 수 있습니다. 본디 비롯함에 관한 이야기, 처음에 관한 진술은 사실을 묘사하는 이야기가 아니라는 것을 유념해야 하는 일이 그것입니다. 그것은 말하자면 객관적 사실을 '인식의 언어'로 발언하는 그러한 이야기가 아닙니다. 오히려 지금 여기 우리의 현존이 어떻게 비롯했으리라는 것을 지금 여기의 삶이 규범적으로 완성되기를 희망하

며 그렇기를 바라 진술한 '고백의 언어'라고 하는 편이 더 진실에 가까울 듯합니다.[19]

정진홍처럼 신화를 고백의 언어로 정의하는 경우는 매우 이례적임에 틀림없다. 그러나 신화가 고백의 언어이듯이, 고백의 언어를 신화라고 부를 수 있을까. 의미의 세계를 지향하는 고백의 언어에는 신화만이 존재하는 것은 아니기 때문이다. 정진홍이 신화의 정의를 내리기 위해 따라간 두 번째 길의 막바지에서 우리를 기다리고 있는 것은 신화와 신화 아닌 것 사이의 경계가 희미해지는 당혹감이다.

3. 두 개의 길에서 바라본 '신화와 역사'

정진홍의 신화론에서 가장 두드러진 특징 가운데 하나를 꼽자면 역사를 신화를 위한 비교의 한 축으로 삼고 있다는 점이다. '신화와 역사'의 관계에 대한 논의는 그의 신화론에서 매우 빈번하게 출현한다. 따라서 우리는 그의 신화론에 대한 좀 더 심도 깊은 이해를 추구하기 위해서는 '신화와 역사'에 대한 논의를 분석할 필요가 있다. 이 장에서는 '신화와 역사'의 관계를 바라보는 그의 입장을 두 가지로 나누어 볼 것이다. 앞서 신화 정의에 내재한 두 가지 길에 대하여 논의한 바 있지만, 이 두 개의 길은 '신화와 역사'에 대한 논의에서도 그대로 발견된다. 이 두 개의 길은 완전한 평행을 달리는 것은 아니지만, 그렇다고 수렴의 방향으로 모이지도 않는다. 상호 모순적이라고도 할 수 있을 이 두 길은 그의 저술 전반에 걸쳐 혼재되어 있다. 그럼에도 분명하게 확인할 수 있었던 사실은 '신화와 역사'의 관계에 대한 이해가 시간이 지날수록 상당한 변화를 초래하고 있다는 것이다. 이러한 인식의 변화는 신화와 신화 아닌 것 사이의 경계가 희미해지는 현상과 밀접한 관련이 있었다. 우리는 아마도 분석을 마무리하는 이 장의 끝자락에서 '신화와 역사'의 관계가 희미해지는 것을 바라볼 수 있을 것이다.

엘리아데의 길은 정진홍이 '신화와 역사'의 문제를 이해하기 위하여 따라갔던 노선 가운데 하나였다. 이 노선에서는 신화와 역사는 상호 대립적인 것으로 다루어지며, 신화와 역사에 대한 뚜렷한 가치평가가 동반된다. 신화는 삶에 대한 본래적인 태도를 반영한 것으로 취급되는 반면 역사는 그러한 태도에서 벗어난 것으로 여겨진다. 신화적 삶에 대한 희구와 역사에 대한 비판적 태도는 이 노선이 보여주는 가장 두드러진 특징이다. 정진홍은 신화와 역사에 대한 엘리아데의 관점을 다음과 같이 정리한다.

> 여기에서 우리가 가장 깊은 관심을 가지고 살펴보아야 할 것은 엘리아데의 시간 이해 혹은 그의 역사관이다. 그는 이 문제에 대한 그의 입장을 그의 대표적인 사상서라고 할 수 있는 「우주와 역사」(Cosmos and History)에서 전개하고 있다. 그가 고대인이나 원시인의 연구를 통하여 큰 충격을 받은 것은 그들이나 그들의 사회가 '구체적이고 역사적인 시간'을 거절하고 태초의 신화적인 시간에 대한 짙은 향수(鄕愁)를 지니며 그 '비롯함의 때'에로 주기적인 회귀를 하고 있다는 사실이었다. 즉 그들은 원형에 의하여 규제되지 않은 시간 곧 '역사'에 대하여, 강한 저항을 하고 있는 것이었다. 엘리아데는 이것이 단순히 그 사회의 보수적 경향 때문이 아니라 속의 거절, 초월적인 범례가 없는 형이상학적인 추론적 실존의 거절 때문이라고 이해한 것이다. 그러므로 그에 의하면 제의를 통한 신화의 재연은 근본적으로 '역사의 퇴거'를 요청하는 행위이다. 그 제의 속에서 시간은 그 진전을 정지당하고, 시간 자체가 소거되면서 근원적인 혼돈이 회복되고 '시작이 되시작'되는 것이다. 엘리아데가 원시인,

고대인, 성속의 변증법을 사는 사람들, 종교인, 혹은 종교적인 삶을 사는 사람들에게 발견하는 가장 심각한 사실은 바로 이와 같은 '시간의 재생가능성' 혹은 '시간의 역류 가능성'이었다.[20]

위의 인용문에는 신화와 역사, 신화적 시간과 역사적 시간 사이의 극명한 대비가 잘 표현되어 있다. 엘리아데가 역사에 대한 반감을 표명하는 근본적인 이유는 역사가 초월적인 지평을 상실하고 있기 때문이다. 정진홍에 따르면 엘리아데는 근대인들의 역사주의(historicism)와 위에서 언급한 고대인이나 원시인들의 고대 존재론을 대비시키는 수법을 통해서 역사가 지닌 한계를 강조한다.[21] 근대적 역사주의는 역사 자체를 절대화한 나머지 역사의 공포로부터 벗어날 출구를 봉쇄한다. 그 결과 역사로 인해 발생하는 고통을 치유할 어떠한 수단도 제공하지 못한다는 것이다. 왜냐하면 역사 안에서 발생하는 고통은 역사 밖의 초월을 통해서만 치유될 수 있기 때문이다. 반면 고대 존재론은 신화적 원형을 의례적으로 반복함으로써 역사를 거절하거나 소거할 수 있을 뿐만 아니라 궁극적으로는 시간을 새롭게 재생시키는 메커니즘을 가동시킨다. 다음은 근대적 역사주의와 역사의식에 관한 부정적 판단이 개진된 대목이다.

헤에겔로부터 비롯하여 모든 歷史主義者들의 노력은 역사적인 사건, 그것 자체에다 그 역사적인 사건 자체 속에 있는, 그리고 그 역사적인 사건 자체를 위한 가치를 간직하고 부여하려는 데로 傾注되고 있다. 그리하여 모든 것은 '역사적 必然'에 의하여 정당화되고 있는 것이다. 그렇다면 어떻게 '歷史의 恐怖'가 歷史主義의 관점으로부터 감내될 수 있을 것인가?[22]

기술한 바 있지만, 현대의 의식을 지배하고 있는 것은 역사의식(historical consciousness)이다. 역사의식은 두 가지 점에서 신화-제의적인 시간상징과 상위된다. 첫째는 사물의 단회성에 대한 주장에서 역사의식은 시간의 반복성, 혹은 순환성을 부정한다. … 이 같은 반복성의 거절과 단회성의 주장 속에서 현대의 역사의식은 평면적(spatial)이고 직선적 시간개념으로 그 두 번째 성격이 특징지어진다. 과거–현재–미래라고 하는 시간적인 질서와 하나의 비롯함에서 하나의 종말에 이르리라고 하는 역사이해가 그것이다. 그리하여 인간은 역사에 의해서 형성되고 동시에 역사를 창조하는 주인이 된다. 인간은 역사적 실존(historical Being)이 되는 것이다. 역사를 넘어서는 어떠한 기원이나 역사 밖의 어떠한 종국도 경험의 실재라고 하는 차원에서 배제된다. 초월은 한갓 문화적인 잔존개념일 뿐이다.[23]

'신화와 역사'에 대하여 엘리아데가 취한 이와 같은 입장은 정진홍이 당대 한국사회의 현실을 바라보는 안목에도 그대도 반영된다. 정진홍은 한국의 종교적 지성들이 취한 역사의식을 분석한 한 논문에서 엘리아데의 시각을 통하여 이들을 비판적으로 고찰한다.[24] 그가 선택한 대상들은 한국의 대표적인 기독교 지성들로서 무엇보다도 당대 현실에 대한 역사의식으로 충만한 인물들이다. 정진홍이 다른 누구보다도 기독교 지성들을 상대로 그들의 역사의식을 비판하고자 했던 것은 엘리아데의 눈으로 이들을 바라보고 있었기 때문이다. 엘리아데가 영원 회귀의 신화를 바탕으로 역사의 소거를 지향하는 고대적 존재론을 옹호한 것에 대해서는 앞에서 이미 언급한 바 있다. 이와 더불어 엘리아데는 종교사에서 유대기독교 전통이 차지하는 특별한 위치를 강조한다. 그에 따르면 유대기독교 전통은 역사 자체를 신의 의지가 나타나는 차원으로 이해함으로써 역사에 가치를 부여한 최초의 종교이다.[25] 그러나 이와 같은 역사의 부상은 민중들의 종교적 갈망을 전혀 고려하지 않은 종교적 엘리트들의 창조물에 지나지 않는다. 왜냐하면 민중들에게는 역사란 어디까지나 고통의 다른 이름에 불과하기 때문이다.[26] 이들에게 역사를 감내하는 유일한 방법은 시간과 역사를 주기적으로 무화시키는 반역사적 태도이다. 다음 문장은 정진홍이 한국 기독교 지성들의 역사의식을 분석한 후 논문의 후반부에서 총괄적인 비판을 가하는 대목이다. 이를 읽으면 정진홍이 얼마나 엘리아데의 관점에 동화되어 있는지가 분명하게 드러난다.

> 최초에 언급한 바와 같이 이스라엘의 아브라함의 경험은 역사의 소거가 아니라 역사 자체의 수용과 구제라고 하는 '다른 차원'의 종교경험을 비롯하게 한 것이고, … 그것은 고전적인 역사의식과 비교해서 무한한 반복 가능성을 제거하고 역사적 순간 자체에다 새로운 가치를 부여하려는 것이었다. 역사는 긍정적이든 부정적이든 그것 자체가 본질적으로 가치를 지니고 있는 신현(神顯)으로 나타나고 있는 것이다. 하지만 분명한, 그리고 중요한 사실은 이러한 관념이 종교적 엘리트의 독점적인 창조물이었다고 하는 점이다.[27]
>
> 민중의 관점에서 보면 역사는 고통과 다르지 않다고 하는 사실이다. 그리고 그때 그 고통을 감내하기 위한 노력은 역사 자체를 무시하려는 반역사적 태도에서만 가능하다. 즉 신화적 사유의 범주에다 역사적 사건을 투사하여 의미 있는 것으로 수용할 수 있을 때 비로소 그것을 견디어낸다. 의미 부여가 가능해지기 때문이다. 문화가 전승해주는 이른바 집단기억이 무엇을 기억하고 있는가를 살펴보면 우리는 흥미 있는 문제와 부딪치게 된다. 민중이 전승하고 있는 설화는 결코 역사적 사실에 대한 결단과 참여의 내용이 아니다. 그것은 역사적 진실이 아니다. 오히려 민간전승 속에서는 사건 대신에 하나의

범주가, 역사적인 인물 대신에 하나의 원형이, 그 구조를 이루고 있다. 역사적인 인물이 신화적인 모델과 동화되고, 역사적인 사건이 신화적인 행동의 범주와 일치될 때에만 그것은 기억 속에서 보존된다. 그러한 범주와 구조만이 역사를 감내하고 고통을 견디는 해답일 수 있기 때문이다.[28]

정진홍은 이와 같은 반역사적 태도의 자리에 서서 지금까지 기독교 지성들이 내세웠던 역사의식이 얼마나 민중들의 뜻에 반하는 것이었는지 반문해야 한다고 역설한다. 엘리아데의 길은 이처럼 역사에 대한 비판적 태도를 기저로 신화와 역사의 이분법을 유지한다. 이 길을 따라 계속해서 걷는 한 신화와 역사의 수렴이나 교차를 상상하기란 불가능한 듯하다. 정진홍이 걸어간 두 번째 길은 그동안 당연하다고 여겨왔던 신화와 역사의 이분법을 반성하면서 시작된다.

정진홍의 신화 정의를 분석한 바 있었던 앞 장에서 우리는 해석학의 길을 따를 때 생기는 결과에 대하여 주목한 바 있다. 신화는 고백의 언어로 치환되면서 결국에는 의미의 실재로 다시 정의되었다. 여기서 고백의 언어에는 신화만이 귀속되어 있는 것은 아니라는 점, 더 나아가 사실의 잉여인 의미를 생산하는 문화적 장치는 신화 이외에도 얼마든지 존재할 수 있다는 의문이 생기는 것은 매우 당연한 것이었다. 그렇다면 이러한 해석학의 길을 '신화와 역사'의 관계에 대한 고찰에 적용할 때 어떤 일이 벌어지게 될까.

이 문제에 본격적으로 착수하기에 앞서 한 가지 짚고 넘어갈 사안이 있다. 우리는 앞 장에서 고백의 언어가 의미의 세계를 개방한다는 점을 지적한 바 있다. 하지만 이 둘의 관계를 무엇이 매개하는지에 관해서는 아무런 물음도 제기하지 않았다. 다시 말해서 고백의 언어가 의미를 낳는 원동력은 무엇인지에 관한 문제에 대하여 정진홍은 어떤 해결책을 제시했는지에 관하여 아무런 언급도 하지 않았던 것이다. 이제 와서 이러한 물음을 가까스로 다시 기억에 떠올려 한번 검토하고 넘어가고자 하는 까닭은 해석학의 길에서 신화와 역사의 관계를 천착하는데 이 문제가 하나의 전제로 작용하기 때문이다.

정진홍은 고백의 언어가 의미를 산출하는 근원적인 힘을 그러한 언어가 지닌 형식적인 측면에서 찾는다. 고백의 언어는 무엇보다도 이야기라고 하는 사실이 그것이다.[29] 물론 모든 고백의 언어가 이야기로 되어 있는 것은 아니지만, 이야기는 고백의 언어를 형성하는 중요한 원동력이라는 것이다. 그렇다면 여기서 우리의 관심사인 신화만이 이야기에 속하는 것은 아니라고 하는 점이 하나의 물음으로 제기될 수 있을 것이다. 정진홍이 문학에 관심을 가지게 된 계기는 여러 가지가 있겠지만, 그 중에서 이야기 형식을 지닌 대표적인 양식으로 문학을 빼놓을 수는 없었기 때문이었을 것이다. 그는 문학이 지닌 이야기의 힘이 의미를 생산하는 현실을 다음과 같이 묘사한다.

문학이라 일컬어진 '이야기'에 대하여 두 가지 사실을 언급할 수 있을 듯합니다. … 그 하나는 만약 '이야기'가 인류의 언어문화를 구성하는 내용이라면 문학은 인간이 언어를 사용하는 존재인 한 인간에게 '필연적인 사실'이라고 해야 옳을 듯하다는 점입니다. … 이와 아울러 또 지적할 수 있는 다른 하나는 그러한 '이야기'가 인간의 상상력에 근거한 것인 한 그것은 사실을, 또는 사실에 대한 것을, 전달하는 것이 아니고, 사실을 통해서나 사실을 바탕으로 해서 묘사되지만, 그 사실을 넘어서거나 그 사실과 직접적으로 매개되지 않는 실은 '사실 아닌 사실' 곧 허구의 사실을 전달해주고 있다는 점입니다. … 그 때 허구적인 것이란 오히려 사실이 모두 소멸하고도 남는 어떤 잔여로써의 사실, 또는 사실을 넘어서는 사실의 어떤 잉여로서의 사실, 곧 흔히 일컫는 상

징화된 사실들이 매개하는 '의미의 세계'에 대한 지칭이기도 합니다.[30]

앞서 정진홍은 말리노프스키의 발언에 힘입어 신화를 사실을 전달하는 이야기도 아니고, 허구의 이야기도 아닌 제3의 이야기임을 표명한 바 있었다. 그러나 위의 인용문에 따르면 문학적 허구도 신화와 마찬가지로 고백의 언어라는 사실이 분명해진다. 신화와 허구, 혹은 신화와 문학의 경계가 희미해지는 결과가 초래되고 있는 것이다. 그가 과감하게도 신화를 하나의 구성 요소로 삼고 있는 종교와 문학의 동질성을 발언할 수 있었던 것은 이러한 배경이 자리 잡고 있었기 때문으로 판단된다.[31] 흥미로운 것은 종교와 문학의 경계가 희미해진 만큼 신앙과 상상력의 경계도 무뎌지고 있다는 점이다. 그에 따르면 상상력은 이야기의 배후에서 의미의 세계를 열어주는 데 핵심적인 역할을 담당한다. 그렇다면 고백의 언어를 내장하고 있는 종교의 신앙과 문학의 상상력이 서로 교차한다고 해서 지나치다고 할 수는 없을 것이다.

> 사실의 세계에서 그 세계를 뚫고, 혹은 넘어서, 사실을 의미의 실체이게 하고, 그렇게 다른 실체이게 된 상징을 통하여 사실이 드러내주는 의미의 세계를 지향할 수 있는 것은 인간 누구나 지니는 상상력의 기능입니다.[32]
>
> 만약 문학이 '종교적'이라고 일컬어지는 자리에서 다시 신앙과 상상력을 되살핀다면 신앙은 상상력과 더불어 있는, 또는 그것과 겹치는, 마음의 결이지 그 결들 밖에 있는 동떨어진 것은 아닙니다. 신앙이라 지칭되는 경험의 다양하고 현란한 문화적 표상은 결코 신앙이 상상의 맥락에서 자유로울 수 없음을 보여줍니다.[33]

신화와 문학, 종교와 문학, 신앙과 상상력이 서로 단절되어 있지 않다는 사실을 역설하고 있는 위의 인용문을 끝으로 다시 원래의 관심사인 '신화와 역사'의 문제에 접근하기로 한다. 해석학의 길에서 정진홍이 취한 첫걸음은 왜 '신화와 역사'인가를 되묻는 작업이었다. 다시 말해서 신화와 역사가 별개의 항들로 각각 다루어지지 않고, 하나의 조합으로 묶여서 특별한 문제로 제기되는 상황이 왜 발생했는지를 점검하는 일이었다. 엘리아데의 길 위에서는 이러한 반성 작업은 이루어지지 않았다. 신화와 역사의 단절은 의심 없이 수용되었다. 심지어 이 둘의 관계를 바라보는 시각은 당대 현실 사회를 해석하는 잣대로 거침없이 활용되기도 하였다.

해석학의 길을 걷기 위한 출발점에서 정진홍은 신화란 상대적인 개념에 불과하다는 점을 강조한다. 우리가 오늘날 신화라고 부르는 것은 그것을 신화답게 만드는 실체가 있기 때문에 붙여진 이름이 아니다.[34] 신화는 역사라고 부르는 개념이 출현하지 않았다면 결코 존재할 수 없었다. 역설적이지만 신화는 역사에 의존하는 개념인 것이다. 역사는 신화에 대한 비판을 통해서 자신의 정체를 확립하였고, 이에 대한 반작용으로 신화의 정체성도 확립되었던 것이다. 그에 따르면 신화와 역사의 이와 같은 경계 설정이 이루어진 뿌리를 쫓아가 보면 플라톤에 이른다. 플라톤은 뮈토스에 대한 로고스의 우위를 강조하면서 전자를 허구 혹은 거짓, 후자를 사실 혹은 참으로 이원화했던 것이다.

> 그렇다면 신화라고 하는 것을 범주화한 처음 자리를 살피지 않으면 안 됩니다. 그런데, 만약 서양 전통의 자리에 서는 것을 용서해주신다면, 아무래도 그 뿌리를 찾아가노라면 어쩔 수 없이 Plato에 이를 수밖에 없을 듯합니다. … 그는 그러한 뮈토스를 분명하게 '거짓' 이야기로 범주화하고, 이를 통해 로고

스의 정당성을 '진리'란 이름으로 주장한 '인식의 논리'를 전개했기 때문입니다. … 이러한 사실을 유념하면 서양의 지성사에서 신화가 어떤 대접을 받아왔는지 하는 것은 충분히 짐작할 수 있습니다. 이른바 역사주의의 출현에 의하여 '역사이전의 허구'라고 정죄되기 전부터 그러한 판단을 초래할 수밖에 없는 인식의 흐름이 그 지성사를 관통하고 있었기 때문입니다. 그러므로 서양 지성사에 나타난 신화론은 한결같이 이 플라토의 판단을 준거로 한 무수한 설명의 변주(變奏)들이라고 할 수 있습니다.[35]

정진홍은 위의 인용문에서 플라톤 이래 뮈토스와 로고스의 대립은 서구 지성사 전체를 통틀어 지속되고 있다고 말한다. 다만 근대성의 출현으로 말미암아 빚어진 이성주의 및 실증과학에 대한 강조, 진화론과 낙관적 진보주의의 득세, 인간의 완전성에 대한 신념 등은 이러한 흐름을 더욱 강화시켰을 뿐이다.[36] 결국 이러한 과정을 거쳐서 신화는 '역사 이전'의 유산으로, 해체와 소멸의 대상으로 전락하고 만 것이다.

우리는 신화를 사실로 여기지 않는 현실 속에서 신화를 만나고 있고, 그렇기 때문에 신화를 이야기하는 것은 현실적이지 않다는 정황을 경험하고 있습니다. 그런데 이러한 사태를 빚는 가장 강한 힘으로 우리는 오늘 우리의 의식을 거의 결정해 버렸다고 말해도 좋을 '역사'를 들지 않을 수 없습니다. 역사는 '신화적 현실'이라고 말할 수 있는 '이야기 문화'에 정면으로 대항하면서 그것을 '사실이 아닌 허구'라고 단정하고 이의 해체를 담당한 주역입니다.[37]

지금까지 엘리아데의 길에서는 당연시되었던 신화와 역사의 경계가 해석학의 길로 접어들어서는 성찰의 대상으로 부각되는 광경을 지켜보았다.

아직까지도 상식적으로 여겨지고 있는 신화와 역사의 관계, 즉 신화는 '역사이전'의 단계라고 여기는 태도는 사물의 본질에서 유래된 것이 아니라 어느 특정한 맥락 속에서 탄생한 결과라고 하는 사실이 밝혀졌다. 이로부터 신화와 역사의 관계에 대한 전면적인 재고의 움직임이 포착된다. 종전까지만 해도 공고하다고 여겨졌던 신화와 역사의 관계는 영원하지 않다는 사실이 드러났기 때문이다.

정진홍이 해석학의 길을 걸으며 지나쳤던 두 번째 단계는 지금까지 존재했던 신화 이론들의 성격을 재검토하는 일이었다. 그에 의하면 신화학사에 등장하는 대부분의 신화 이론들은 허구의 해석학을 기저로 전개된 것들이다. 사실 신화를 '역사 이전' 단계의 소산으로 취급하는 인식의 자기장 속에서는 신화 연구란 불필요한 것일 뿐만 아니라, 설령 그 필요성이 인정되어 연구를 진행한다 하더라도 그것은 점차 소멸해 가고 있는 인류의 과거 문화유산을 향한 마지막 조종에 지나지 않은 것이다. 그러나 신화는 종교의 현존이 실증하는 바와 같이 여전히 현실의 일부를 이루고 있다. 대부분의 신화 이론은 바로 이처럼 허구로 여겨졌던 신화의 현존을 해명하지 않으면 안되는 상황에서 나온 것이다. 이때 신화 연구는 무엇보다도 허구 자체에 대한 관심을 증대시키는 방향으로 진행될 가능성이 높다. 여기서 그는 허구에 대한 관심은 어쩔 수 없이 허구의 해석학으로 이어진다고 말한다.

부정해야 마땅할 어떤 현존이 제거할 수 없는 실재로 엄존하는 사실을 인식의 지평 안에 수용해야 하는 역설을 논리적으로 정착시킬 수 있는 방법은 '사실 기술'을 통한 '사실의 현존의 문법'을 밝히는 것만으로 종결될 수 없습니다. 그것은 불가피하게 사실로부터 비롯하지만 사실에 유폐되지 않는 의미를 읽어내는 일로 다듬어질 수밖에 없습니다. 신화이론들은 그러한 맥락에서

'허구의 해석학'의 범주를 벗어날 수 없습니다.[38]

위의 인용문에 따르면 앞 장에서 정진홍이 신화 정의를 위해 따라간 두 번째 길도 허구의 해석학의 범주에 속하는 것이었음이 분명해진다. 이미 본고는 그가 허구의 해석학을 전개하는 과정에서 신화를 고백의 언어로 정의하고 있음을 확인한 바 있다. 또한 고백의 언어인 신화가 의미의 실재가 될 수 있었던 것은 이야기를 그 형식으로 취하고 있었기 때문이었다. 이와 같은 논의의 끝에서 정진홍은 비로소 세 번째 단계로 나아간다. 해석학의 길 위에서 전개되는 세 번째 행보는 역사에 대한 관심이었다. 이 단계에서 그가 터득한 것은 역사는 단순한 사실의 기록에 불과한 것이 아니라는 점이었다. 역사는 사실의 기록을 넘어서며, 사실이 은폐하고 있는 의미의 세계를 적극적으로 해석함으로써 온전한 모습을 갖춘다.

> 역사는 우리가 다 알 듯이 '사실의 기록'만이 아닙니다.… 역사는 사실에 근거한 '사실의 의미 발견', 또는 '사실로부터 비롯하는 의미의 빚음'이라고 해야 더 적합할 듯합니다. 그런데 그때 말하는 사실이란 것도 실은 선택된 사실입니다. 찾고자 하는, 또는 빚고자 하는 의미와 관련하여 적합성을 가졌다고 믿어지는 사실을 의도적으로 선택한 것입니다. 그러므로 역사서술의 완성은 결국 해석학의 틀 속에서 비로소 이루어집니다.[39]

그의 표현을 빌려 말한다면 역사는 한편으로는 인식의 언어이면서도, 고백의 언어를 발언할 때 비로소 완결성을 갖춘다.[40] 그리고 역사를 의미의 실재로 구성해 내는 데 결정적인 역할을 하는 것은 이야기이다. 역사도 신화와 마찬가지로 이야기인 것이다. 그렇기 때문에 역사는 사실의 잉여인 의미를 생산할 수 있다.

> 역사의 종국은 사실의 기술에 있지 않고 사실의 의미를 긷는 데 있습니다. 그
> 런데 그렇게 길어 올린 의미는 사실에 되 안기지 않습니다. 의미는 사실의
> '용량'을 늘 벗어나는 더 큰 용량을 지니기 때문입니다. 그래서 실은 '의미'란
> 사실의 잉여입니다. '부풀어진 사실'인데, 그래서 그것은 '이야기'입니다.[41]

　논의가 여기에 이르게 되면 신화와 역사의 경계가 희미해지기 시작하는
것을 보게 된다. 정진홍도 이 점을 인식하면서 다음과 같이 언급한다.

> '사실'은 스스로 발언하지 않습니다. '그것에 관한 이야기'가 비로소 사실을 발
> 언합니다. 그렇다면 신화와 역사는 단절되지 않습니다. 신화는 사실이 가려
> 져 있어 처음부터 다만 이야기라고 일컬어진 데 비해 역사는 사실에서 비롯
> 한 사실에 대한 이야기라는 자의식 속에서 사실을 덮지 않은 채, 또는 가리지
> 못한 채, 발언하는 이야기일 뿐, 이야기임에는, 부풀어진 사실임에는, 다르지
> 않기 때문입니다.[42]

　그런데 그가 최종적으로 신화와 역사의 수렴 혹은 교차에 대하여 발언하
는 방식은 두 가지이다. 우선 역사는 사실을 기술하는 한편 사실의 잉여인
의미에 대한 해석이라고 지적한 바 있다. 바꿔 말하면 역사는 인식의 언어
와 고백의 언어 두 측면을 동시에 구비하고 있다. 정진홍은 이 가운데 고백
의 언어를 신화적 범주에 속하는 것으로 이해한다. 이렇게 되면 역사는 자
체 안에 신화적 범주를 포함하고 있는 것으로 여겨진다. 다음 인용문에는
그가 역사적 상상력이 초래한 의미의 실재를 신화적 범주와 어떻게 동일시

하고 있는지 잘 드러나 있다.

> 모든 역사적 해석은 근원적으로 지금 여기를 준거로 한 '창조적인 의미부여'
> 와 다르지 않습니다. 그것은 결국 기술된 '사건'을 '사실'로부터 벗어나게 하려
> 는 것이라고 할 수 있습니다. 그런데 그것은 다시 말하면 시공과 상관없으면
> 서도 규범적 기반으로 기능하는 '신화적 범주' 안에 '역사적 사실'을 집어넣는
> 것과 마찬가지입니다. 그리고 그러한 해석이나 의미부여의 과정에서 역사적
> 사건의 주역들은 마치 신화에서의 신적인 존재와 마찬가지로 '비일상적인 주
> 역'으로 '고정'됩니다. 그렇다면 모든 역사는 그것이 해석인 한 스스로 자신의
> 서술을 신화화한다고 말할 수 있습니다. 그런데 역사가 이처럼 신화의 범주
> 안에 들지 않으면 그것은 의미의 실체일 수도 없거니와 전승될 수도 없습니
> 다.[43]

여기서 신화와 역사의 교차 현상이 지닌 의의를 평가하는 첫 번째 방식과
관련된 일련의 발언들을 검토하면 한 가지 흥미로운 점이 발견된다. 그는
역사가 신화적 범주를 포함하고 있다는 사실을 엘리아데의 특정 발언과 의
도적으로 연결시키려고 한다. 즉 그는 엘리아데가 『우주와 역사』에서 역사
는 신화적인 범주로 변형되지 않는 한 전승될 수도 없고 감내될 수 없다고
발언한 사실에 주목하면서, 이를 신화와 역사의 교차 현상을 뒷받침해 주는
근거로 활용하고 있다.[44] 그러나 문제는 그가 신화와 역사의 관계를 고찰하
는 두 가지 길 중 엘리아데의 길을 따를 때는 엘리아데의 이와 같은 발언을
전혀 다른 목적으로 사용하고 있다는 점이다. 당시 그는 엘리아데의 발언이
신화적 원형의 반복을 통하여 소거될 수밖에 없는 역사의 무가치함을 강조
하는 의미라고 해석하였다.[45] 그렇다면 왜 정진홍은 동일한 자료를 서로 다

른 용도에 적용하고 있는 것일까. 혹 신화와 역사의 관계를 바라보는 두 가지 관점, 즉 엘리아데의 길과 해석학의 길이 서로 모순되는 것이 아님을 입증하고 싶었던 것은 아닐까. 그러나 아직까지는 엘리아데의 길과 해석학의 길 사이의 경계는 신화와 역사의 그것보다는 훨씬 뚜렷한 것처럼 보인다.

신화와 역사의 교차 현상에 직면하여 정진홍이 선택한 두 번째 방식의 평가는 다소 과감한 편이다. 이 두 번째 방식에 입각하여 개진된 발언은 해석학의 길을 충실히 따를 경우 도출될 수 있는 논리적 귀결점이다. 신화와 역사가 공히 고백의 언어임이 분명해진 이상 이 둘의 경계는 모호할 수밖에 없다. 이때 신화와 역사라는 기존 개념을 계속해서 사용하는 한 이 둘이 교차하는 현실은 결코 담을 수 없다. 여기서 정진홍은 신화와 역사를 포괄하면서도 넘어설 수 있는 새로운 서술 범주의 필요성을 제기한다.

> 그러므로 '신화와 역사'는 대칭적인 범주를 넘어 다시 그 둘이 함께 있는 새로운 서술범주를 마련하지 않는 한 풀릴 길이 없습니다. 어쩌면 신화라는 용어나 역사라는 용어조차 그 적합성을 폐기해야 하는 새로운 지평의 열림이 바람직한 것이라고 말하고 싶은데 그것은 아무래도 지나친 오기(傲氣)일 듯하여 삼가고자 합니다. 다만 감히 말씀드릴 수 있는 것은 신화를 '역사가 쓴 시'라고 이해하는 몇몇 신화학자들의 주장입니다. '역사도' 시를 쓴다는 사실, 아니면 삶은 '역사가 쓴 시를 읊을 때' 비로소 그 존재기반이 확보된다는 사실, 그러므로 시를 거절하거나 시를 쓰지 못하는 역사는 아직 그 유치함이 더 없이 측은하다는 사실을 주장하고 싶은 것입니다.[46]

과연 신화와 역사 개념의 해체와 더불어 정진홍이 추구하는 새로운 용어의 탄생은 가능한 것일까. 가능하다면 그는 이를 위하여 무엇을 준비하고 있는가. 분명한 것은 새로운 개념의 탄생은 아직까지는 희구의 차원에 머물고 있다는 것이다. 다만 그가 제안하고 있는 '신화—역사적 상상력(mytho-historical imagination)'[47]이 이러한 바람을 실현하는 데 얼마나 기여할지는 앞으로 관심을 갖고 지켜보아야 할 것이다.

4. 맺음말

우리는 지금까지 정진홍이 자신의 신화론을 전개하기 위하여 두 개의 길을 따랐다는 사실을 검토하였다. 엘리아데의 길과 해석학의 길은 그의 신화론 안에서 신화 정의 및 '신화와 역사'의 관계를 탐색하는 데 결정적인 시야를 확보해 주었다. 두 길을 따라 도달한 종착지는 서로 다른 풍경과 분위기를 내뿜고 있었다. 엘리아데의 길은 신화를 다른 문화적 요소와 명확하게 구별할 수 있게 해 주었고, 신화와 역사의 관계를 대립적인 것으로 바라보게 하였다. 해석학의 길 위에서 신화는 의미의 실재로 새롭게 정의되었다. 신화와 역사의 경계가 희미해지게 된 것은 애당초 이 길 위에서 신화를 재정의하는 동안 예고된 일이기도 하다. 고백의 언어가 지닌 외연은 생각보다 더 넓기 때문이다.

그렇다면 정진홍은 이 두 개의 길을 어떻게 수용하고 있는가. 그의 저술에는 이 두 개의 길이 아직도 혼재하기도 하지만, 별도로 취급되는 경우가 더 많다. 본고는 이 두 개의 길이 그의 학문 역정에서 동시에 등장한 것이 아니라 순차적인 방식으로 출현했다고 판단한다. 엘리아데의 길보다는 해석학의 길이 시기적으로 후기에 나타난 관점이라고 본다. 이러한 판단이 오류가 아니라는 전제 하에서 그는 시간이 지남에 따라서 이전 시기에 자신이 받았던 엘리아데의 영향력을 점차 희석시켜 나갔다고 말할 수 있을 것이다.

물론 어느 대목에서는 두 개의 길을 화해시키려는 의도가 엿보이기도 하지만 전반적인 흐름은 해석학의 길을 향하고 있다고 판단된다. 이러한 변화를 보여주는 단적인 예가 역사에 대한 달라진 태도이다. 다음의 인용문은 엘리아데의 길을 따르면서 반역사적 입장에 호응하였던 그의 태도가 어떻게 바뀌었는지를 잘 보여준다.

> 종교가 역사 안에 있다는 것, 역사적 실재라는 것, 변화의 흐름 안에 있다는 것은, 적어도 그 긍정적인 함축만을 서술한다면, 종교가 시간 안에서 이루어지는 인간의 꿈의 구현과 다르지 않다는 것을 뜻하는 것이기도 합니다. 그러므로 종교가 역사적 현상이라는 이해는 반종교적인 진술이 아닙니다. 그것은 종교를 온전하게 인식하려는 태도가 가지는 우선하는 인식의 조건입니다.[48]

정진홍은 엘리아데의 길에서 해석학의 길로 문제의식의 중심을 이동시키면서 매우 도전적인 과제를 남긴 것으로 평가된다. 신화는 고백의 언어로 이해되면서 그동안 그것을 둘러싸고 있었던 견고한 경계가 흔들리게 되었다. 신화와 신화 아닌 것이 고백의 언어 안에서 합류하게 된 것이다. 한편 신화는 역사 개념이 아니었다면 존재할 수 없었다는 지적은 신화 개념의 역사성 및 상대성을 새롭게 인식할 수 있는 계기가 되었다. 또한 역사를 고백의 언어로 인식하는 계기에서 신화와 역사의 경계는 희미해지고 있었다. 그는 신화와 역사를 해체하고 새로운 범주의 필요성을 역설한다.

정진홍의 논의는 신화와 신화학의 정체성에 대하여 심각한 고민을 유발한다는 점에서 불편하다. 하지만 신화와 신화 아닌 것 사이의 경계를 뛰어넘어 새로운 실재와 언어의 탄생을 상상해 보는 자극제인 것은 분명하다. 그렇다면 새로운 범주를 초래하기 위하여 우리가 할 수 있는 일은 무엇이며, 방법으로는 어떤 것이 있을까. 이 물음에 대한 구체적인 전망과 답변이 갖추어지기 전까지는 새로운 범주의 희구는 단순한 선언 혹은 시론적 논의에 그칠 우려가 크다. 그렇지 않다면 새로운 범주를 맞이하기에는 아직은 기존의 범주를 고수하면서 풀어야 할 과제가 남아 있는 것은 아닐까. 이를테면 동일한 고백의 언어라 할지라도 신화와 신화 아닌 것 사이에 의미를 형상화하는 방법의 차별성이 존재할 수도 있을 것이다. 또한 신화와 역사의 상호 존재 방식도 시대와 지역에 따라 다양하게 나타날 가능성이 있다. 기존 체제 안에서 발생하는 다양한 사례들을 구체적으로 분석하는 과정을 통해서 그 체제의 유효성과 잠재력을 가늠해 볼 수도 있을 것이다. 새로운 범주의 출현을 기대하기에 앞서 이런 문제들에 대한 분석적 연구가 선행되어야 하는 것은 아닐까 전망해 본다.

죽음에 관한
일곱 가지 이야기

정진홍의 죽음론

이 창 익

정진홍 교수는 "종교사는 바로 죽음 물음과 그에 대한 답변의 역사라고 단언해도 좋을 만큼 죽음으로 짙게 채색되어 있습니다."라고 말한다. 그의 종교학은 필연적으로 죽음을 물을 수밖에 없었을 것이다.

1. 죽음의 공유

인간은 사물을 있는 그대로 경험하지 않는다. 사물은 항상 뒤틀리고 여과되어 최초의 사물과는 다른 것으로 인간의 내면에 수용된다. 인간과 사물 사이의 거리에는 수많은 환상과 기대와 기억이 개입하기 때문에, 우리는 항상 최초의 사물을 놓칠 수밖에 없다. 물론 우리는 환상의 매개 없이, 사물의 그림자 없이 날것 그대로 총체적으로 사물을 경험하고 싶어 한다. 우리는 완전한 경험의 가능성을 꿈꾼다. 그러나 우리는 어떤 사물도 어떤 인간도 완벽하게 경험할 수 없다. 인간에게 완전한 경험이란 애당초 불가능한 것이다. 우리는 사랑이라는 관계를 통해 한 인간에 대한 완전한 경험의 가능성을 실험하기도 한다. 하지만 이것 역시 완전한 경험의 대리 충족일 뿐이다. 그리고 모든 대체물은 위험하다.

우리는 결코 한 사람의 전부를 기억할 수도 없고 예상할 수도 없고 이야기할 수도 없다. 한 사람은 그 자체로 거대한 신비일 수밖에 없다. 한 사람이 짧은 인생 동안 품고 살아가는 수많은 생각들, 그가 들었을 수많은 소리들, 그가 보았을 수많은 장면들, 그가 음미했던 수많은 사물들, 이제는 스스로도 망각한 그 사람의 수많은 행동들, 그 사람이 내뱉은 수많은 말들, 그 사람이 종이에 검게 물들인 수많은 문자들, 우리는 금세 이 모든 것의 총체성에 압도당하고 만다. 인간에게 다른 한 인간은 결코 학문적 대상이 될 수 없다. 아니 학문이라는 범주 안에서 한 사람을 이야기한다는 것 자체가 어불성설일지도 모른다.

지금 이 자리에서 내가 풀어나가야 할 과제는 정진홍 교수의 죽음론에 대한 것이다. 그러나 내가 그의 글을 다른 사람의 글처럼 읽을 수 없었다는 것이 내내 나의 입을 가로막았다. 우리가 사람을 기억하는 방식에는 여러 가지가 있다. 예컨대 그리스 신화를 보면 죽은 자들은 하데스에서 그림자가 된다. 그림자는 얼굴도 없고 목소리도 없고 겨우 윤곽으로만 지탱하는 검은 사물이다. 하데스에서는 그림자만 보고서 곧장 그가 누구인지 알아보지 못한다. 그런데 하데스에 들어가는 죽은 자는 자기 존재를 압축적으로 표현하는 똑같은 몸짓을 영원히 반복해야 한다. 영원히 반복되는 그 몸짓을 대하게 될 때 사람들은 그가 누구인지를 알아보게 된다. 익시온은 영원히 수레바퀴와 함께 돌아야 하고, 다나이데스는 헛되이 체로 물을 길어 나르는 일을 계속한다. 마찬가지로 죽은 자는 살아 있는 자의 기억 속에서 이러한 '존재의 무한 재현'을 겪게 되는 것 같다.[1] 타인의 기억은 나를 어떤 존재로 반복할 것인가? 발터 벤야민은 정형화된 고정된 몸짓으로 존재한다는 것이 바로 지옥의 표지(標識)라고 말한 바 있다.[2] 우리의 영혼은 타인의 기억이 펼칠 그림자극을 벗어날 수 있을까?

저승에 대한 이러한 묘사는 참으로 흥미로우면서도 끔찍한 것이다. 나는 사람들에게 어떤 몸짓으로 어떤 그림자로 기억되고 있는가? 하데스에 대한 묘사가 마치 기억에 대한 묘사처럼 여겨졌던 것은 이 때문이다. 우리의 기억은 내가 겪은 수많은 사람들의 그림자를 담고 있는 하데스 같은 것이다.

천국과 지옥이 있다면 그것은 바로 사람들의 기억일 것이다. 내 기억의 하데스에서 지옥을 경험하는 그림자도 있을 것이고 천국을 경험하는 그림자도 있을 것이다. 정말 우리는 이런 방식으로 죽음을 경험하곤 한다. 내가 죽으면 너는 나를 어떻게 기억할까? 다시 말해서 다른 사람들의 기억에서 내가 차지하는 부피나 넓이의 총합이야말로 최후의 심판이 아닐까 하는 생각을 해 볼 수도 있다. 죽음에 대한 공포의 일정 부분은 기억의 문제와 연관되어 있다. 이것을 '기억에의 의지'나 '기억 투쟁'이라고 불러도 무방하다.

초두에 이러한 이야기를 꺼내는 것은 죽음과 기억의 문제에 대한 관심을 환기하기 위한 것이다. 적어도 대학원 시절부터 정진홍 교수에게 가장 많이 들었던 말은 자신의 실존적 관심사를 좇아 연구하라는 권고였다. 우리는 그러한 그의 교수법을 두고 '방목(放牧)'이라는 표현을 썼다. 모든 학생들은 '나의 실존적 관심사는 무엇인가?'를 물어야만 했다. 이것은 어쩌면 자기의 삶을 문제화하는 작업이었다. 이전에 항상 타인과 외부를 문제화하는 데 익숙했던 사람이라면 그것이 어쩌면 쉽지 않은 요구 사항이었을 것이다. 때마침 나는 알베르 카뮈나 마르틴 하이데거처럼 실존적인 물음을 던지는 저자들을 읽고 있었다. 하이데거가 인간을 두고서 '죽음을 향해 있는 존재'라고 묘사했을 때 나는 그러한 말에 매료되었다. 인간은 죽음을 향해 불어가는 바람을 맞으며 각자 다른 모습으로 버티고 서 있다는 생각이 들었기 때문이다. 삶의 유한성에 대한 자각이 만들어 내는 팽팽한 시간 의식이 바로 '존재의 의미'일 거라는 하이데거의 말이 주는 울림은 매우 컸다.

나는 1993년에 '종교현상학' 강의를 들으면서 정진홍 교수를 처음 보았다. 종교학과 전공 수업을 거의 듣지 않았던 터라 학과 교수의 얼굴도 잘 모르고 지낸 세월이 길었다. 그러고 보면 내가 그를 안 지 이제 20년이 된 셈이다. 지금 생각해 보면 1992년은 그에게 사적 연대기상으로 위기의 한 해였을 것이다. 아마 내가 그에게 죽음에 관한 이야기를 처음으로 듣기 시작한 것은 1994년 '신화학' 강의 시간에 박상륭의 『죽음의 한 연구』를 읽으면서부터였을 것이다. 나는 1996년에 대학원에 입학하고 나서 「시간과 죽음의 상관성에 대한 연구」라는 제목으로 석사학위논문을 작성하면서, 정진홍 교수와 가끔씩 대화를 나눌 수 있었다. 강의실과 연구실에 자욱이 쌓인 담배 연기는 마치 못다 한 이야기의 잔흔처럼 느껴졌다. 사실 대화라기보다 일방적으로 이야기를 듣는 관계였다고 말하는 것이 더 적당할 것도 같다.

내 기억으로 당시에 정진홍 교수는 죽음의 문제에 무척 깊이 골몰해 있었다. 엘리아데의 『만틀리사 거리』를 번역한 지 10년째 되는 해에 작고하신 사모님의 논문 몇 편이 그의 책상 위에 가지런히 쌓여 있었다. 시간의 햇살에 녹아내린 듯 벌써 종잇장이 약간 누르스름해진 논문들은 참 쓸쓸해 보였다. 논문들을 책으로 묶고 싶다는 이야기를 여러 차례 들었던 것 같다. 비슷한 시기에 그의 연구실 서가에는 부친의 흑백 증명사진이 확대되어 액자에 담겨 있었다. 어렵사리 법원 기록을 뒤져 겨우 구한 사진이라는 이야기를 들었던 걸로 기억한다. 부친의 공동무덤을 옮기던 이야기와 묘비의 한자가 틀려 속상했던 이야기가 역시 여전히 내 기억에 생생히 남아 있다. 정진홍 교수의 예순은 그렇게 녹록하지 않은 시간의 문턱이었을 것이다. 그래서인지 나는 1997년에 발표된 그의 시집 『마당에는 때로 은빛 꽃이 핀다』를 펼치기가 참 힘들었다.[3] 누군가에게 이 시집은 죽음의 향기가 너무 강하다고 투덜거렸던 기억이 있다. 시인이 자신의 기억의 하데스에서 발견한 숱한 그림자극을 서로 다른 제목으로 무한 재생하는 곳이 바로 시집 아닌가? 나는 시(詩)의 언어를 통하지 않고서는 발언할 수 없는 앙상하고 추운 언어들이 그의 내면에 잠들어 있다고 생각했다.

물론 누구나 죽음의 기억은 있다. 그러나 편안한 마음으로 사석에서 죽음에 관한 자신의 기억을 넋두리처럼 풀어낼 수 있는 사람은 그나마 행복하다. 차마 이야기할 수 없는, 아니 도저히 이야기로는 드러낼 수 없는 죽음들이 있기 때문이다. 정진홍 교수의 말처럼 우리는 항상 살아 있는 자와 죽은 자가 더불어 형성하는 공동체 안에서 살고 있으며, 죽음의 간섭을 받지 않는 삶은 존재하지 않는다. 우리는 내 주변의 가까운 죽음에서 시작하여 나와 무관한 듯 보이는 먼 죽음에 이르기까지 차츰 인간의 죽음을 공유하면서 살아간다. 더 오래 살수록 내 기억의 하데스에는 더욱 많은 그림자들이 각자의 몸짓을 하며 살아가게 된다. 정진홍 교수의 표현을 맥락 없이 빌려 쓴다면, 우리는 그것을 '죽음의 공유'라고 말할 수 있을 것이다.[4] 우리의 의식은 죽음을 먹으면서 성장해 간다. 아니 우리는 타인의 죽음을 먹기 때문에 죽어 간다.

2. 죽음, 종교, 종교학

나는 정진홍 교수의 『만남, 죽음과의 만남』을 시선을 떨구지 않은 채 자기가 만난 죽음을 정면으로 응시하려 했던 치열한 분투처럼 기억하고 있다. 이 책은 그가 자신의 삶 속에서 만난 모호한 죽음들을 하나의 총체적인 현상으로 엮어 드러내는 과정을 보여주고 있다. 굳이 이름을 붙이자면, 죽음이 자아내는 온갖 현상들을 유형별로 체계적으로 서술하고 있다는 점에서 이 책은 '죽음의 현상학'을 지향하고 있다고 말할 수 있다. 이 책에서 그는 죽을 수밖에 없는 모든 사람, 누군가의 죽음을 애도하는 사람, 스스로 죽는 사람, 누군가를 죽이는 사람, 죽은 자를 다시 만나고자 하는 사람, 죽어도 죽지 않는다고 믿는 사람, 곧 죽을 사람 등의 자리를 찾아가 그 각각의 자리에서 죽음이 어떻게 현상되는지를 이야기하고 있다.

그러나 고백컨대 나는 이 책에서 그가 제시하는 '죽음의 윤리학'에 관한 서술을 여전히 수용하기 힘들다. 정직함과 열림 사이에서, 인식과 상상력 사이에서 그가 최근에 보여주던 느슨한 긴장감이 이 책에서는 투명하게 드러나지 않기 때문이다. "'죽기 전에', 아직 살아 있을 때 지금 여기에서 옳고 바르게 살아야 합니다. 지금 여기에서 미워하지 말아야 하고, 지금 여기에서 서로 용서하고 서로 이해해야 합니다. 지금 여기에서 맡은 일과 해야 할 일을 해야 합니다. 지금 여기 말고는 사랑할 수 있는 기회도 없습니다."와 같은 표현은 물론 그가 항상 보여주는 정직성에 대한 강박증의 한 예일 뿐일지도 모른다. 그러나 불쌍한 죽음, 불안한 죽음, 부끄러운 죽음, 경멸하고 싶은 죽음 등을 겪지 않기 위한 '죽음의 윤리'를 설파하는 자리에서, 그는 결국 '죽음의 위계'에 대한 암묵적인 그림을 설정하고 있지 않은가? 물론 이러한 그의 주장은 살아 있는 자들에게 미치는 죽은 자의 영향력이 얼마나 큰 것인지에 대한 그의 발견에서 기인했을 것이다. 그리고 그의 '죽음의 현상학'이 '죽음의 윤리학'에 의해 여과되지 않았을 때 어쩌면 그는 '죽음을 사랑하는 일'에 결코 이르지 못했을지도 모른다. 이 책이 '죽음과의 만남'이라는 제목으로 처음 출간(우진출판사)된 것은 1995년이었다. 나는 1996년 가을에 이 책을 정진홍 교수로부터 선물 받아 읽은 적이 있다.

나는 '죽음의 문화'가 아니라 '죽음'에 대해서 물으면서, 정진홍 교수가 이미 물었던 물음, 즉 과연 '죽음을 서술할 수 있는 언어는 무엇인가?'라는 물음을 되묻지 않을 수 없었다. 첫째, 정진홍 교수가 모색했던 죽음과의 만남은 산문적 언어와 시적 언어의 '중간 언어'에서 서술되고 있다. 나는 대부분의 사람들이 생각하는 것만큼 정진홍 교수가 '시적인 인간'은 아닐 거라고 항상 생각해 왔다. 왜냐하면 그가 문어보다는 의도적으로 구어를 선택하는 것은, 사실 지극히 '산문적인 인간'이 자기 안에 '시적 인간'을 담기 위해 분투하는 것처럼 여겨졌기 때문이다. 그러나 구어는 장점도 있지만 단점도 안고 있다. 구어는 고백의 언어이기는 하지만, 그 대신 독백의 언어를 배제하는 장치가 될 수도 있기 때문이다. 그는 죽음 진술의 언어가 인식의 언어보다는 고백의 언어라고 말하면서 고백과 인식 사이에서 아슬아슬하게 줄타기를 한다. 하지만 나는 그의 책이 인식보다는 훨씬 고백으로 경도되었다는 인상을 받았다.

그러나 정진홍 교수의 죽음 물음에서는 실천적이며 윤리적인 차원과 연결되는 두 번째 언어적 특징이 더욱 두드러지는 것 같다. 그는 "죽음은 살아있는 모든 존재들이 한데 어울려 더불어 고뇌하고 함께 그 해답을 모색해야 하는 공동체적 과제이기도 합니다."라고 말한다.[5] 이러한 말은 "어느 하나의 죽음은 모든 사람이 참여하는 사건이기도 하고, 누구나 공유해야만 하는 사건이기도 한 것입니다."라는 주장과 공명을 일으키면서, 우리에게 죽음 물음이 필연적으로 실천적인 차원으로 귀결될 수밖에 없다는 인상을 준다.[6] 그에 의하면 "우리는 모든 죽음을 공유할 수 있어야 하고, 모든 죽음을 책임질 수 있어야" 한다.[7] 그러나 우리는 마찬가지로 우리의 죽음도 다른 사람들에 의해 공유된다는 것을 자각해야 한다. "나는 내 죽음이 빚을 공동체적 책임을 내 죽음이 스스로 수용할 수 있도록 해야" 하는 것이다. 그가 말하는 '죽음의 공유'는 "내가 살던 공동체에서 내 죽음이 나의 죽음 이후에 어떠한 현상으로 어떻게 그 공동체에 손실을 입힐지, 아니면 이익을 더해 줄지"를 예상하는 것이기도 하다.[8]

이런 맥락에서 그는 "그 모든 죽음들은 한결같이 동시에 나의 죽음이고, 우리의 죽음입니다. 그러므로 모든 자살은 나의 자살입니다. 그리고 모든 살인은 나의 살인입니다."라고 말한다. 죽음은 '사회적 현상'이기 때문에, "우리는 누구도 이 세상에 있는 어떤 죽음에서도 자유롭지 않"다는 것이다.

그가 "한 사람의 죽음은 끊임없이 되일어난다."고 말하는 것도 모든 죽음의 흔적이 "모든 사람에게 크고 작은, 짙고 옅은 어떤 영향을" 미친다는 그의 생각 때문일 것이다.[9] 그런데 "하나의 죽음은 실은 모두의 죽음이기도 하다."는 그의 주장에 이르면,[10] 이 문장은 보르헤스의 소설 「죽지 않는 사람들」에 나오는 "나는 모든 사람이 될 것이다. 즉 나는 죽을 것이다."라는 구절과 호응하며 기묘한 울림을 전해준다.[11] 우리는 죽어야 비로소 모두가 된다. 정진홍 교수에게 죽음은, 아니 어쩌면 삶은 '모든 사람이 되고자 하는 한 사람'의 문제일지도 모른다는 불안감이 일었다. 왜냐하면 이러한 사유는 결국 또 다른 죽음 물음을 불러일으킬 것이기 때문이다.

정진홍 교수는 "종교사는 바로 죽음 물음과 그에 대한 답변의 역사라고 단언해도 좋을 만큼 죽음으로 짙게 채색되어 있습니다."라고 말하면서, 나아가 "종교는 죽음 물음을 축으로 선회하면서 죽음 물음에 대한 해답을 드러내주는 상징체계라고 할 수 있습니다."라는 문장을 추가하고 있다.[12] 그의 종교학은 필연적으로 죽음을 물을 수밖에 없었을 것이다. 그가 기억하든 못하든, 엘리아데가 그토록 쓰고 싶어 했지만 사실은 존재하지 않는 책인 『죽음의 신화』를 나에게 처음 이야기해 준 사람도 그였다. 엘리아데는 불멸성의 기술로서의 요가와 연금술에 대한 관심에서부터 시작하여, 살아 있는 동안 죽음과 재생을 경험하게 하는 '인간 만들기'의 기술인 성인식의 구조에 대한 관심을 지속하고, 나아가 살아 있는 동안 이미 죽어 버려서 자유자재로 삶과 죽음의 경계선을 횡단할 수 있게 된 존재인 샤먼에 대해서 이야기하고, 또한 죽음 너머와 접촉하는 신비 체험을 이야기하고, 자연세계의 종교적인 상징체계를 드러냄으로써 자연 자체가 종교적 해답이었던 세계를 그렸던 사람이다. 엘리아데가 정진홍 교수에게 미친 깊은 영향력으로 인해 필연적으로 그의 종교학은 죽음론에 기반하여 전개될 수밖에 없었는지도 모른다.

우리가 해독할 수 있는 것은 오로지 삶의 거울에 비치는 죽음의 그림자뿐이다. 정진홍 교수는 "죽음 물음이란 결국 삶에 대한 물음"이라는 이러한 물음의 전환을 통해 죽음 물음을 재구조화해야 한다고 말한다. 왜냐하면 "나 자신의 죽음을 예상하고 그 죽음을 기점으로 할 때 비로소 삶은 자기 전체 모습을 드러"내기 때문이다.[13] 죽음은 '존재의 총체성'을 드러나게 하는 지렛목이다. 그러나 죽음에 대한 사유는 여기에서 끝나지 않는다. 왜냐하면 죽음이란 존재를 엄습하는 '비존재의 위협'일 뿐만 아니라, 우리가 경험하지 않을 수 없는 '비존재의 존재'이기 때문이다.[14] 결국 삶과 죽음의 문제는 존재와 비존재의 문제일 수밖에 없다. 그래서 죽음 문제에 대한 종교적 해법에서는 존재는 덧없는 것이고 비존재야말로 진정한 존재라는 식의 주장을 펼치기도 한다. 또는 인간은 '완전한 존재'에 도달하기 위해 어쩔 수 없이 비존재의 영역을 통과해야 한다는 종교적 주장이 제기되기도 한다.

그러므로 죽음은 삶의 끝이면서도 또 다른 세계가 시작될 수 있는 기점으로 상상된다. 완전한 끝만이 완전한 시작을 가능하게 하기 때문이다. 모든 종교는 그 기저에 자신만의 '죽음의 신화'를 품고 있다. 우리는 대부분의 종교적인 세계가 사후세계에 대한 상상력에 근거하고 있다는 사실에 주목해야 한다. 죽음은 '전혀 알 수 없는 무엇'이자 '절대 타자' 같은 것이다. 죽음의 공간에 거주하는 신은 죽지 않는 불멸의 존재이다. 성스러움은 죽음이 시작된 기점을 가리킬 뿐만 아니라 죽음이 끝나는 종점을 가리키는 언어이다. 종교 안에서 인간이 딛는 모든 걸음은 죽음을 부정하기 위한 발걸음이고, 종교 안에서 인간이 내뱉는 모든 언어는 죽음을 제거하기 위해서 발언된다.

3. 자연적인 죽음

쇼펜하우어는「인생의 나이」라는 글의 한 주석에서 '자연적인 죽음'에 관한 흥미로운 이야기를 덧붙인다. 그는『우파니샤드』에서 인간 수명의 자연적인 길이를 100년으로 설정하고 있다는 것에 동의한다. 그가 관찰한 바에 따르면, 질병이나 뇌졸중이나 경풍 없이, 그리고 어떤 고통도 없이 자연적인 안락사에 도달할 수 있는 사람은 오로지 90세의 나이를 넘어선 사람들뿐이다. 그들은 창백한 혈색조차 내비치지 않은 채 앉은 자세로 숨을 거두거나 식사를 마치고 나서 조용히 세상을 떠난다. 그들에 대해서는 죽는다는 표현보다는 삶을 멈춘다는 표현이 더 적절하다. 따라서 90세 이전에 삶의 끝에 도달한다는 것은 질병으로 죽는다는 것, 혹은 때이르게 죽는다는 것을 의미할 뿐이다. 또한 그는 구약성서나 헤로도토스가 인간 수명의 한계를 70~80세로 설정하고 있는 것은 잘못된 것이라고 말한다. 왜냐하면 그러한 추정이 옳다면 70~80세의 나이에 사람들이 그저 노령으로 죽어야 하는데 그렇지가 않다는 것이다. 70~80세의 사람들은 여전히 젊은이들처럼 질병으로 죽는다. 질병은 비정상적인 것이며, 따라서 그러한 나이에 죽는 것은 자연스럽지가 않다. 노령으로 죽을 수 있는 사람은 오로지 90~100세 사이의 사람들뿐이다. 그들은 질병 없이, 임종시의 가래 끓는 소리 없이, 경풍이나 창백함 없이 자연적인 안락사에 도달한다.[15]

쇼펜하우어의 이 글을 읽는 순간 우리는 자신이 생각했던 죽음이라는 개념을 의심할 수밖에 없다. 내가 일정한 죽음의 이미지 안에 갇혀 있다는 생각을 할 수밖에 없는 것이다. 사실 죽음에 대한 우리의 공포는 일정 부분 개념에 대한 공포에서 기인한다. 현재 우리는 의료 기술과 기계적인 생명 유지 장치를 통해 죽음을 상당 부분 지연시킬 수 있는 능력을 확보하게 되었다. 그러나 죽음의 지연 현상이 가져온 가장 중요한 결과는 '자연적인 죽음'이라는 개념의 소거였을 것이다. 이제 대부분의 인간은 결코 자연스럽게 죽을 수가 없다. 쇼펜하우어의 말처럼, 죽음의 공포를 치료할 수 있는 유일한 방법은 어쩌면 충분히 오래 살다가 마치 기계가 멈추듯이 죽는 것뿐이다. 90세를 넘긴, 충분히 오래 산 자만이 더 이상 죽음을 두려워하지 않을 수 있는 것은 아닐까? 일전에 정진홍 교수에게 전해들은 이야기가 그러했다. 현재 한국사회에서 70세를 넘긴 많은 노인들은 '비참하게 죽지 않는 것'에 대한 소망 같은 것을 품고 살아간다. 아픈 몸을 질질 끌고 비참하게 연명하느니 차라리 자살을 택하는 게 낫다는 생각이 확산되고 있다는 것이다. 그는 어떤 글에서 "연장되는 수명은 축복이기보다 '지연된 죽음의 현실화'이면서 실은 현대인이 직면하는 죽음 공포를 가장 구체적으로 드러내는 현상이기도 합니다."라고 말한 적이 있다.[16] 우리는 현재 우리가 살고 있는 세계 속에서 유통되고 있는 모든 죽음 개념에 대해서 물어야 한다. 그리고 그 모든 죽음 개념이 형성하는 혼란스럽고도 복잡한 죽음의 이미지가 우리에게 어떤 영향을 미치고 있는지를 아울러 물어야 한다.

정진홍 교수는 친구의 친구가 자살했다는 이야기를 언급하면서, 자살한 친구의 죽음을 부러워한 친구의 발언에 자신도 은근한 공감을 표했다는 다음과 같은 이야기를 한 적이 있다. "별 흠이 없이 늘그막까지 잘 살다가 남에게 짐이 될 즈음해서 스스로 목숨을 끊는 일이야말로 제가 선택해야 할 죽음이 아닌가 하는 생각이 든 것입니다. 그런 생각을 요즘 자주 하게 됩니다. 무엇보다도 지금 여기에서 우리가 겪는 이런저런 죽음의 현실이 그러한 생각을 하도록 저를 몰아갑니다. 기막힌 역설입니다만, 이를 의학의 발달이 초래한 재앙이라고 해도 좋을지 모르겠습니다." 이어서 그는 자신의 공감에 대한 이유를 아래와 같이 풀어 나간다.

아무튼 오늘 우리가 부닥치는 죽음 현실은 예상외로 '심각'합니다. 이를테면 심폐소생술에서 장기이식에 이르기까지 이런저런 치유기술을 통해 죽음은 상당기간 유예될 수 있습니다. 그런데 문제는 그 죽음 유예기간이 삶다운 삶일 수 없다는 데 있습니다. '죽었으면 좋았을 시점'에서부터 이어지는 삶은 몸의 특정 기관의 기능 상실, 몸 전체의 거동 불능, 치매, 의식의 잃음 등 온통 망가진 몸의 현실을 펼칩니다. 그런데 죽었으면 좋았을 시점 이전에 이러한 죽음 유예가 자기에게 가해지지 않도록 하지 않으면 그 시점을 넘어서는 순간부터는 아무런 일도 스스로 결정할 수 없습니다. 그런데 내 몸이 그 지경이 되면 나를 보살피는 '의무를 지닌 사람들'에게 나는 말도 못할 견딜 수 없는 짐이 됩니다. 그들의 삶이 내가 아직 죽지 않고 살아 있다는 사실 때문에 온통 구겨지고 찢깁니다. 사랑하는 배우자나 혈연이 우선 그런 사람들이고, 그밖에도 수많은 사람들이 있습니다. 그런데 이런 일은 일어나지 말았어야 할 일입니다. 그들을 사랑했고 그들을 위한 삶을 살아온 것이 내 삶이었는데 내 마지막이 이제까지 쌓아온 모든 것을 허물 수는 없습니다. 그러나 '죽어야 할 좋은 시점'을 알 수가 없습니다. 그렇다면 그런 일이 벌어지기 전에 스스로 죽는 것이 상책입니다. 그러나 어차피 죽을 삶인데 죽음을 스스로 결정하는 것은 가장 삶다운 삶을 사는 의연한 모습일지도 모른다는 생각을 하지 않을 수 없습니다. 아니, 그렇기 때문에 스스로 죽어야 마땅합니다. 그것이 늙음의 도덕일지도 모릅니다.[17]

최근 한국사회에서는 연명 치료와 관련하여 사전에 자기의 의사를 결정하는 '사전의료의향서' 작성 운동이 일고 있다. 사전의료의향서는 뇌사 상태, 질병 말기 상태, 노화로 인한 죽음 임박 상태에서 심폐소생술이나 생명유지 장치의 사용을 시작하지 않거나 중단하는 것을 결정하는 내용을 담고 있다. 또한 영양 공급, 혈액투석, 계속적인 수혈이나 혈액검사, 항암제 투여 등의 치료 검사를 거부할 수 있는 내용도 담고 있다. 존엄사나 안락사의 문제뿐만 아니라, 이러한 운동은 모두 죽음의 자기 결정권 문제와 연관되어 있다. 그런데 정진홍 교수는 "만약 자기의 죽음과 관련하여 자기결정권이 허용된다면 삶의 현실에서 어떤 일이 벌어질지 생각해 보는 그러한 시각에서 다가갈 필요가 있습니다."라고 말하면서, 아마도 죽음의 자기 결정권이 "인간은 자기만이 아니라 나 아닌 타자의 죽음도 결정할 수 있다는, 다시 말하면 인간은 인간의 죽음을 결정할 수 있다는 풍토를 우리 문화 안에 일게 할지도 모른다는 예상을 할 수 있는 것입니다."라고 주장한다. '죽음 결정권이 인권이라는 이름으로 승인 될 때' 죽음 문화가 아니라 삶 자체가 위기에 처할 수도 있다는 것이다. '죽음으로 그 모든 것을 치우고 정리해야 한다'는 생각이 사람들에게 유포될 때, "죽음은 삶을 위한 가장 '편리한 수단'"이라는 생각이 만연해질 수도 있다는 것이다. 그는 '죽음을 통해 내 삶을 온통 지워 버리면 아무런 염려 없이 삶을 마감할 수 있으리라는 판단'은 죽음을 문제의 해답으로 여기는 '편리한 환상'일 뿐이라고 비판한다.[18]

정진홍 교수는 최근에 나에게 이러한 문제와 관련하여 '미끄러운 경사면(slippery slope)' 논쟁에 관해 이야기해 준 적이 있다. '미끄러운 경사면'의 위험성을 주장하는 입장은 이러하다. 예외적이고 특별한 경우로 제한하여 자발적인 의사조력조살(physician-assisted suicide) 같은 안락사를 인정할 경우, 이로 인해 예외성을 판단하기 어려운 경우에도 점차 안락사가 시행될 것이고, 결국에는 국가에서 운영하는 일반적인 안락사 프로그램이 만들어질 것이다. 설령 위독한 말기 환자라고 하더라도 안락사가 법제화되어 허용될 경우에, 이것이 결국 엄청난 유혈사태를 몰고 올 수 있다. 하나의 안락사가 결국에는 여성, 불구자, 빈민, 노인, 소수집단 등에 대한 강제적인 안락사 프로그램으로 무한 확장될 수 있는 보이지 않는 '윤리적 경사면'이 존재한다는 것이다. 물론 이러한 '상상의 경사면'은 사람들의 공포심을 이용하여 사회의 현상태를 유지하기 위한 보수적인 주장이라고 반박할 수도 있다.[19]

자연적인 죽음의 불가능성이 지배하는 세계 속에서 인간은 자살할 수밖에 없다. 의학적인 죽음 지연으로 인해서 아마도 점점 더 많은 인간이 자살을 통해서만 죽을 수 있는 그런 시대가 도래할 것이다. 존엄사나 안락사의 문제는 개인의 죽음 선택권이라는 이름으로 정당화될 수 없다. 오히려 우리는 존엄사와 안락사가 '공인된 자살 프로그램'이라는 것을 인정할 필요가 있다. 오늘날 인간에게 남은 가능한 죽음의 선택지는 점점 줄어들고 있다. 살인과 자살의 공모 속에 탄생한 새로운 죽음의 형식이 이제 우리에게 남은 마지막 죽음 양식일지도 모른다. 다테이와 신야는 '주위에 폐를 끼치고 싶지 않다는 심정'에서 선택하게 되는 안락사나 존엄사와 관련하여, 먼저 우리는 한 개인의 생명에 대한 사회적 책무를 다하고 있는지를 성찰해야 한다고 주장한다.[20] 죽어 가는 사람은 주변 사람에게 폐를 끼치는 것을 미안해하고 이로 인한 죄책감에 시달릴 수밖에 없다. 아파 죽어 가기 때문에 미안해지는 이러한 사회적 분위기는 사람들에게 '아름다운 죽음'을 강요하게 된다. 하나의 죽음을 허용하는 순간 우리는 무수한 죽음을 동시에 허용하게 될는지도 모른다. 죽음 개념은 그렇게 쉽고 빠르게 질병처럼 하나의 불안이 되어 모두의 영혼을 잠식할 것이기 때문이다. 그러므로 어쩌면 우리에게 필요한 것은 '죽음 표상의 전염학' 같은 것일지도 모른다.

마르셀 모스는 「집단성이 제시하는 죽음 관념이 개인에게 미치는 신체적 영향(오스트레일리아, 뉴질랜드)」이라는 짧은 글에서 전혀 개인적인 요소의 개입 없이 순수하게 사회적인 기원을 갖는 죽음의 강박증이 어떻게 개인의 의식과 신체에 대한 심적이며 신체적인 파괴를 감행하여 개인을 죽음에 이르게 할 수 있는지를 이야기한다.[21] 종교는 인간을 죽음으로부터 구원하는 유일한 방법처럼 생각된다. 그러나 인간은 종교 때문에, 혹은 종교가 제시하는 죽음 관념 때문에 죽을 수도 있다. 종교가 묘사하는 천국과 지옥, 최후의 심판, 유령의 존재 등은 우리의 죽음 관념을 일정한 방향으로 몰아간다. 이러한 문화적이며 사회적인 죽음 관념은 각 개인의 심리학적 상태를 경유하여 신경계에 작용하며, 이로 인해 인간이 죽을 수도 있다. 인간의 마음은 사회와 개인의 신체가 만나는 접점에서 형성되기 때문이다. 자신이 저주를 받았다고 믿는 사람이나, 도저히 씻을 수 없는 죄를 저질렀다고 믿는 사람들의 신체는 우리가 생각하는 것보다 쉽게 붕괴될 수 있다. 로베르 에르츠가 말했던 것처럼, 종교가 '죄의 파괴'와 '과거의 파괴'를 실행하는 속죄의식을 상실하면서 오로지 죄의 내면화를 통해 개인이 홀로 외로이 내면에서 죄와 마주하게 할 때, 이때 파괴되는 것은 죄가 아니라 죄인이 된다.[22] 에르츠는 이중 장례식에 대한 탁월한 연구 성과인 「죽음의 집단 표상 연구에 대한 기여」를 통해 죽음 사건이 사회적인 맥락에서 어떻게 처리되는가를 분석한 바 있다. 그는 사회가 고통스럽고 복잡한 이중 장례식에 의해 어떻게 서서히 죽음을 극복하여 다시 평화를 되찾는가를 보여준다.[23]

4. 죽음의 죽음

일정 기간 동안 각각의 사회가, 또는 각각의 민족이 보여주는 자살률은 어느 정도 안정되게 유지된다. 에밀 뒤르켐은 이러한 자살률의 안정성 속에서 묘한 신비로움을 감득했던 것 같다. 사회의 극소수를 형성하는 자살자들은 서로 흩어진 채 다른 자살자와 아무런 교감 없이 각자 자살을 결행한다. 그렇다면 어떻게 해서 해마다 같은 수의 자살자가 발생할 수 있는가? 마치 자살자들이 어떤 하나의 법칙에 순응하고 있는 것처럼 모든 일이 벌어진다. 뒤르켐은 동일한 사회적 환경이, 그리고 동일한 집단적 힘이 같은 수의 자살자를 해마다 만들어 내는 것이라고 주장한다. 이렇게 설명하지 않고서는 자살률의 안정성이 보여주는 신비로움을 설명할 길이 없다는 것이다. 각각의 사회는 그 자체의 기질을 가지고 있으며, 자살의 경향성은 집단의 도덕적인 기질 안에 그 원인을 두고 있기 때문에, 집단에 따라 자살률이 달라지고, 같은 집단이 동일한 자살률을 보여준다는 것이다. 사회마다 각 개인의 신체 기관이 만들어 내는 사회적 감각의 총량이 달라진다.[24] 심지어 뒤르켐은 자살의 원인으로 지목되는 다양한 개인적인 사건들이 사회 안에서 해마다 같은 비율로 발생한다고 생각할 수도 있지 않느냐고 묻는다. 해마다 같은 수의 불행한 결혼, 파산, 좌절한 야망, 빈곤 등이 사회 안에서 발생하고, 이로 인해 이러한 상황이 암시하는 결단을 해마다 같은 수의 개인들이 내리게 될 수도 있다는 것이다. 뒤르켐이 선호하는 이야기는 아니지만, 이러한 종류의 상상은 사회라는 실체가 살아 움직이는 신비로운 것임을 드러낸다. 그에 따르면 집단적인 경향성은 우주적인 힘만큼이나 실제적인 것이다.

현대사회의 죽음 문제에서 중요한 것은 '자연적인 죽음'이 거의 사라지고 죽음의 영역이 온통 자살과 살인으로 뒤덮이고 있다는 점이다. 이제 자살은 극소수의 사람이 선택하는 자기 살해의 문제가 아니다. 현대사회를 살아가는 모든 사람의 모든 죽음에서 언제나 우리는 어느 정도 자살의 징후를 해독할 수 있다. 정상적인 죽음과 비정상적인 죽음의 관계가 역전되었다고 말할 수도 있다. 이제 누구도 쇼펜하우어가 말한 '자연적인 죽음'을 맞이할 수 없는 상황에 처한 것이다. 제프리 고러는 '죽음의 포르노그라피'에 대해 이야기하면서, 우리가 죽음을 감추려고 하면 할수록 죽음은 '공포 만화'(horror comic)가 되어 회귀한다고 말한 적이 있다.[25] 일상 문화 안에서 죽음이 배제되고 은폐될수록, 죽음은 영화와 대중적인 판타지 속에서 점점 더 폭력적이고 선정적인 모습으로 드러난다. 이때 우리는 '진짜 죽음'이 억압된 일상을 살아가지만, 매일같이 영화·소설·텔레비전·게임을 통해 회귀하는 '가짜 죽음'을 경험하게 된다. 현실의 지면(紙面)에서는 죽음이 공포의 대상이지만, 상상의 지면에서는 죽음이 오락과 쾌락의 대상이 되는 역설적 정황에 처하게 되는 것이다. 그러나 오늘날 우리는 제프리 고러가 말하는 '침묵하는 죽음'이 아니라 '소거된 죽음'의 시대를 살아가고 있다. 죽음이 사라진 시대 속에서 인위적으로 죽음을 만들어 내고 있는 것이다. 죽음이 아니라 죽음의 시뮬라크르만이 존재한다고 말해야 될지도 모른다. 우리는 이미 눈앞에 놓인 죽음으로부터 죽음을 경험하지 못한다. 이것이 바로 우리가 부딪히고 있는 '죽음의 종언'의 문제이며, 이러한 종언을 촉발하는 것은 생명과 죽음의 경계선이 인위적으로 재편되거나 아예 사라지고 있다는 사실과 무관하지 않다.

1959년에 프랑스의 신경생리학자인 몰라레(P. Mollaret)와 굴롱(M. Goulon)은 인공적인 호흡, 아드레날린 정맥 주사에 의한 심장 혈액 순환, 체온 조절 장치 등과 같은 새로운 생명 유지 기술의 등장이 낳은 새로운 코마 상태를 정의하기 위해 '손을 쓸 수 없는 코마(coma dépassé)'라는 표현을 사용한다. 이처럼 깊은 코마 상태에 빠진 환자는 기계의 도움으로 겨우 생명을 유지할 뿐이며 소생의 기미를 전혀 보여주지 않는다. 그리고 이때 생명과 죽음의 경계선을 결정하는 것은 자연이 아니라 인간이 만든 기계이다. '손을 쓸 수 없는 코마'를 발생시킨 생명 유지 장치의 발달과 거의 같은 시기에 등장한 것이 바로 장기 이식 기술이다. 그리고 '손을 쓸 수 없는 코마'에 빠진 사람은 장기 제거를 위한 이상적인 조건을 갖추고 있다. 하지만 장기 이식이 살인이 되지 않도록 하기 위해서는 죽음의 경계선을 엄밀히 재정의하는 것이 필

요했다.[26]

1967년에 남아프리카에서 세계 최초로 심장이식 수술이 이루어진다. 그리고 1968년에 미국 하버드 의과대학의 특별위원회에서 의사들은 회복 불가능한 코마 상태에 빠진 뇌사 판정 환자는 죽은 것으로 선언해야 한다고 주장한다. 하버드 의과대학의 보고서는 "회복 불가능한 코마를 새로운 죽음 기준으로 정의하는 것이 우리의 목적이다."라고 명시하고 있다.[27] 그 이전에는 심장 박동과 호흡의 정지가 죽음을 판정하는 기준이었다. 그러나 인공호흡기 같은 생명 유지 장치가 사용되면서 뇌 기능의 정지에도 불구하고 심박동은 멈추지 않는 혼란스러운 사태가 발생했다. 이와 관련하여 하버드 의과대학의 특별위원회는 생명을 소생시키고 유지시키는 장치의 발달로 인해 환자와 환자 가족과 병원의 부담이 가중되고, 죽음을 정의하는 낡은 기준으로 인해 이식할 수 있는 장기를 얻는 데 논란이 일 수 있다는 이유를 들어, 뇌사라는 새로운 죽음 정의를 도입해야 한다고 주장했다.[28] 그러므로 뇌사 개념은 장기 기증자와 의사의 법적 권리를 보호하기 위한 의학적인 죽음 정의였다고 할 수 있다. 그래야만 장기 기증자는 자살하지 않게 되고 의사는 살인하지 않게 되기 때문이다. 여기에서 우리가 목도하는 것은 자살과 살인이 죽음을 대체하는 현상이다. 생명 유지 장치 덕분일지라도 이제 '호흡하는 시체'라는 새로운 존재가 인간 삶의 영역으로 들어온 것이다. 의료 기술의 발달로 인해서 모든 사람들은 이제 몸이 없는 유령이 아니라, 역으로 영혼이 없는 '신체 유령'으로 존재할 수도 있는 불안한 미래를 걱정해야 한다.

정진홍 교수는 이러한 현상과 관련하여 뇌사와 식물인간이라는 개념을 언급하면서 "죽음은 있는데 그것이 자기 윤곽을 드러내며 뚜렷하게 나타나지 않습니다."라고 말하면서, "어디까지가 삶이고 어디서부터 죽음인지, 무엇이 삶이고 무엇이 죽음인지, 생명인 것은 어떤 것이고 죽음인 것은 어떤 것인지 모르는 이러한 상황에서 딱히 죽음을 표적으로 물음을 묻는다는 것이 불가능합니다."라고 주장한다.[29] 죽음을 물으려 해도 죽음 현상을 인식 객체로 지목할 수 없게 되었다는 것이다. 이것을 우리는 '인식 객체의 실종'이라고 부를 수 있을 것 같다. 이어서 그는 이렇게 말한다.

> 그러나 주목할 것은 그 정의 자체가 끊임없이 수정되고 또 보완되고 있다는 사실입니다. 그렇기 때문에 우리가 일상적으로 발언하는 '죽음'은 이미 현실 적합성을 잃은 다만 낡은 흔적을 보여주는 언어로만 발언되고 있습니다. 어쩌면 그래서 오늘 '죽음이라는 언어'가 발언되면 당연하게 인식의 혼란이 일게 되는지도 모릅니다. 그 언어가 담는 실체가 없기 때문입니다.[30]

어쩌면 이러한 사태는 죽음의 현상학 자체가 불가능한 상황을 가리키고 있는지도 모른다. 혹은 그렇기 때문에 죽음의 현상학에 대한 근본적인 재수정이 필요하다는 것을 의미하는 것인지도 모른다. 보이지 않는 죽음, 사라진 죽음, 즉 정진홍 교수의 표현대로라면 편의주의에 실려 '유실된 죽음'을 어떻게 현상할 것인가? 화장이나 상장례에 대한 그의 비판은 이제 '편의는 새로운 죽음 문화의 윤리'라는 진술로 이어진다. 그는 안락사나 존엄사와 관련된 죽음의 자기 결정권도 결국 죽음의 책임을 죽음 주체에게 떠넘기는 무책임한 편의주의의 소산일 수 있다고 비판한다. 그는 '삶과 죽음의 혼효'가 이러한 현상을 낳았다고 진단한다. 그는 이러한 사태를 정직하게 인식하기 위해서는 '죽음과 삶을 총체적으로 조망하는 일'이 필요하며, 이를 통해 '총체성의 시(詩)'를 읊어야 한다고 말한다.[31] 죽음이 사라진 시대에, 우리는 죽음에 대해서 어떻게 이야기할 수 있을까? 이것이 그저 사라진 죽음을 복원하는 문제는 아닐 것이다.

지그문트 바우만은 근대 세계와 근대 이후의 세계가 어떻게 죽음을 해체했는지에 대해서 이야기한다.[32] 죽음을 해체하는 근대적인 전략이란 특수한 질병들과 생명을 위협하는 여타의 위협들과의 결코 소진되지 않는 전투를 통해, 죽음과의 투쟁이라는 문제를 해체해 버리는 방식을 취한다. 삶의 지평 끝에 놓인 멀리 떨어진 죽음을 일상적인 삶의 자리로 이동시켜서, 건강의 위협처럼 상대적으로 작은 해결 가능한 문제들로 죽음을 치환하는 것이다. 죽음을 미시적으로 잘게 분해하여 죽음을 사라지게 하는 전략이라고 할 수 있다. 이때 삶의 끝에 놓인 '큰 죽음'은 사라지지만, 그 대신에 우리의 삶은 온통 '작은 죽음들'로 뒤덮이게 된다. 그런데 '포스트모던'으로 지칭되는 근대 이후의 전략은 이와 다르다. 포스트모던적 전략은 '주체의 필멸성'을 해체하기 위해서 필멸성을 해체하는 것이 아니라 주체를 해체하는 쪽으로 방향을 선회한다. 주체의 해체는 삶 자체를 일종의 환영의 연속으로 변형시킨다. 매순간이 불멸성의 기호가 되지만, 어떤 불멸성도 불멸하지 않게 된다. 이를 두고 바우만은 '포스트모던적 열반'(postmodern nirvana)이라는 표현을 사용한다.[33]

정진홍 교수는 "건강은 오늘의 문화 속에서 새로운 '구원론(救援論)'의 자리를 차지하고 있다고 해도 좋을 지경입니다."라고 말하면서, "건강하면 결코 죽지 않을 거라는 환상이 장수에 대한 간절한 희구로 자리잡습니다."라고 덧붙인다.[34] 우리가 건강과 행복을 추구하는 웰빙(well-being)의 문화 안에 은닉된 '죽음 공포'를 해독해야 하는 것도 이 때문이다. 현대인은 '거대한 죽음'과의 전쟁보다는 외관상 죽음처럼 보이지 않는 '무한히 작은 죽음들'과의 전투에 골몰한다. 웰빙 역시 그러하다. 아직은 죽음의 냄새가 나지 않지만 혹여 죽음에 이를지도 모르는 온갖 미시적인 죽음의 가능성을 사전에 차단하는 것이 웰빙의 주목적인 것처럼 보이기 때문이다. 죽음은 이제 가시적인 신의 형상이 아니라 비가시적인 바이러스의 형상으로 묘사된다. 정신의학적 연구에 따르면, 어떤 근본적인 내적·외적 현실에 대한 지각을 지속적으로 회피할 수 있게 하는 방어기제를 형성하기 위해서는 값비싼 심리적 비용이 필요하다. 마찬가지로 죽음의 실재성을 회피하고 불멸과 영생에 대한 믿음을 만들어 내기 위해 우리는 엄청난 심리적 비용을 치러야 한다. 죽음의 공포를 은폐하고 치환하기 위해 우리는 자유로운 창조적인 일에 쓰일 수도 있는 다른 에너지를 훔쳐 쓸 수밖에 없다.[35] 죽음이 당장 내 눈앞에서 사라지면 일시적으로는 행복할지 모른다. 그러나 그러한 죽음의 비가시성은 엄청난 심리적 희생을 통해서만 가능하다.

5. 죽음의 부정

어떤 이는 죽음에 대한 이야기와 사색이 증가하면 죽음의 문제가 해결될 수 있다고 주장하기도 한다. 그러나 죽음을 이야기한다고 해서 죽음의 문제가 해결되는 것은 아니다. 물론 쇼펜하우어는 죽음이 없다면 철학도 가능하지 않았을 것이라고 말한다. 그에 따르면, 철학과 종교, 나아가 모든 문화는 일차적으로 이성이 만들어 낸 죽음의 해독제 같은 것이다. 메를로 퐁티(M. Merleau-Ponty)에 따르면, 인간은 결코 자신의 탄생도 죽음도 경험할 수 없으며, 오로지 자신이 이미 태어났음과 여전히 살고 있음, 그리고 여전히 죽지 않았음만을 파악할 수 있을 뿐이다. 탄생과 죽음은 항상 개인적인 지평 외부에 위치하는 것일 수밖에 없다는 것이다. 그렇다면 '나의 탄생'이나 '나의 죽음'은 결코 내가 소유할 수 없는 '나의 것'일 수밖에 없다. 에드가 모랭(Edgar Morin)은 죽음 관념이란 '내용 없는 관념'이자 가장 공허한 관념이며, 생각할 수도 설명할 수도 형용할 수도 없는 개념이라고 말한다. 죽음에 대한 공포는 텅 빔에 대한 공포이자 궁극적인 부재에 대한 공포이고, 결국 비존재에 대한 공포이다. 따라서 죽음에 대한 생각은 항상 인간에게 심리적인 외상을 남길 수밖에 없다는 것이다. 죽음에 대해서 생각하는 순간 항상 이성은 자신의 절대적인 패배를 인정할 수밖에 없다. 죽음은 결코 알 수도 없고 생각할 수도 없는 것이기 때문이다.[36]

그래서 알베르 카뮈(Albert Camus)의 소설에 등장하는, 두 다리가 잘린 반쪽짜리 인간 롤랑 자그뢰스는 "다만 행복해지려면 시간이 있어야 되는 거예요. 그것도 많은 시간이. 행복 역시 길고 긴 인내에서 오는 겁니다. 그러나 대부분의 경우 사람들은 돈을 버느라고 삶을 허비해요, 돈으로 시간을 벌어야 하는데 말예요. … 부자이거나 부자가 된다는 것, 그건 바로 우리가 행복해질 자격이 있을 때 행복하기 위한 시간을 갖는다는 것을 의미해요."라고 말한다. 그가 이렇게 말하는 이유는 다른 것이 아니다. "죽음을 생각할 때 끔찍한 것은, 나의 인생이 나와는 관계도 없이 막을 내린다는 확신을 죽음이 가져다 준다는 점입니다. 나는 기껏해야 들러리다, 이겁니다. 알겠어요?"[37] 죽음을 응시한 대부분의 인간은 죽음의 의미를 음미하기보다는 부자가 되어 행복하게 살다 죽는 것을 꿈꾸게 된다. 죽음과의 전투는 항상 인간의 패배로 끝날 뿐이다.

어니스트 베커(Ernest Becker)는 종교가 죽음을 부정하고 마치 죽지 않을 것처럼 살아가기 위한 '영웅주의'의 산물이라고 말한다. 베커는 영웅주의라는 개념을 전면에 내세우면서, 사회는 죽음을 부정을 위한 영웅주의 체계라고 주장한다. 나아가 그는 모든 사회는 종교일 수밖에 없다고 주장하면서, 영웅주의와 영웅론의 관점에서 모든 문화적 창조물의 종교적인 성격을 보여주고자 한다.[38] 유사한 맥락에서 프로이트는 "자신의 죽음을 상상하는 것은 불가능하다. 상상하려고 애쓸 때도 있지만, 그때마다 우리는 여전히 구경꾼으로 존재한다는 사실을 알 수 있다. 따라서 정신분석학파는, 마음속 깊은 곳에서는 아무도 자신의 죽음을 믿지 않는다고, 바꿔 말하면 무의식 속에서는 모든 사람이 자신의 불멸을 확신하고 있다고 주장할 수 있다."라고 말한다.[39] 프로이트에 따르면 인간은 결코 자신의 죽음을 상상할 수 없다. 아무리 죽음을 상상해도 인간은 그저 자신의 주검을 관찰하는 구경꾼으로 남을 뿐이다. 미래의 자기 주검을 상상 속에서 목격하는 이러한 구경꾼을 우리는 '영혼'이라고 부른다.

이러한 사실은 임사체험(NDE)을 주장하는 사람들의 증언에서도 알 수 있다. 임사체험은 그저 자신의 죽음을 목격하는 또 다른 구경꾼에 대한 증언이다. 죽음에 대한 우리의 상상력은 결코 우리를 살해할 수 없다. 익사하거나 암벽에서 떨어지는 등의 이유로 죽음의 문턱을 체험한 임사체험자들 가운데 어떤 이는 '생애 회고(life review)'라는 독특한 체험을 했다고 주장한다. 생애 회고는 자신의 삶의 중요한 장면이 마치 슬라이드처럼 자신의 눈앞에 펼쳐지는 경험을 가리킨다. 그런데 당대의 임사체험자의 이러한 경험에서는 사법적이고 도덕적인 최후의 심판이 아니라, 자기 평가나 학습이나 성장의 의미가 강조된다. 마치 영화처럼 자신의 삶을 회고한다는 점에서 이러한 체험은 최후의 심판의 최신 버전인 것으로 해석될 수 있다.[40] 물론 생애 회고에 대해서 이와는 다른 주장도 가능하다. 생명을 위협하는 극단적인 상황에 처할 때 자동적으로 인간은 과거의 기억을 더듬어 위기를 탈출할 수 있는 해법을 모색하게 된다. 임박한 죽음의 상황에서 인간은 생명을 위협했던 과거의 유사한 상황들을 더듬어 기억 속에서 해법을 발견하기 위해, 자신의 뇌를 쥐어짜는 필사적인 노력을 기울이게 된다. 생애 회고는 이러한 기억 탐색의 소산이라고 주장할 수도 있을 것이다.[41] 어찌 됐든 인간은 자신의 죽음을 사실 그대로 받아들일 수 없으며, 어딘가에 죽음을 회피할 수 있는 해법이 있을지도 모른다는 생각을 하게 되는 것 같다.

우리는 자살을 죽음을 긍정하는 가장 극단적인 방식이라고 생각하는 경우가 많다. 그러나 찰스 월이 분석한 자살 동기에 따르면, 자살은 합리적인 인과관계에 의존하지 않는 '주술적인 행위'일지도 모른다.[42] 첫째, 자살자가 자신의 죽음에 대한 죄의식을 불러일으켜서 부모, 형제, 사회, 인류를 처벌하고자 하는 경우가 있다. 이때 자살자는 은연중에 죽음이 최종 행위라는 사실을 부정하게 된다. 왜냐하면 자신의 행위가 야기할 다른 사람들의 양심의 가책을 직접 보고 음미하기 위해서는 죽음 이후에도 자신이 존속해야 하기 때문이다. 둘째, 자살자가 자신의 개인적인 죄의식을 덜기 위해 자기 처벌의 방식으로 자살을 하는 경우가 있다. 인간의 무의식에서 생각과 행위는 동일한 것으로 취급된다. 즉 누군가가 죽었으면 좋겠다고 생각했는데 마침 그 사람이 죽게 될 때, 우리는 마치 우리가 그 사람을 살해한 것과도 같은 엄청난 죄의식을 느끼게 된다. 이때 자살자는 '눈에는 눈, 이에는 이'라는 탈리온(Talion)의 법칙에 의해 자신을 살해함으로써 죄의식을 덜고자 한다. 셋째, 위압적인 죽음의 공포에 대처하기 위해 자살자가 역으로 자살을 이용하는 경우가 있다. 죽음에 맞서는 수단으로 자살을 이용하는 것이다. 이때 자살자는 죽음이 돌이킬 수 없는 항구적인 과정이 아니라, 돌이킬 수 있는 일시적인 것이라고 생각할 수 있다. 넷째, 감당할 수 없는 어려운 문제에 직면했을 때, 자살자가 유아적인 '우주적 동일시(cosmic identification)'의 시기로 퇴행함으로써, 즉 유아적 전능성의 시기로 되돌아감으로써 문제를 해결하려 하는 경우가 있다. 자아 발달의 초기 단계에서 아이는 다른 사람이나 사물로부터 자신을 구분하지 못한다. 그래서 아이는 자신의 생각과 몸이, 즉 자기가 우주의 전부라고 생각하며, 모든 사람과 사물이 자기와 연결되어 있다고 생각한다. 이때 자살자는 자기 처벌을 통해 다른 사람들에 대한 복수를 수행한다. 이런 경우 자살자는 세계와 자기를 동일시함으로써 자기를 살해하는 것이 존재하는 모든 것을 살해하는 것이라고 믿는다. 적어도 자살자에게 자신의 죽음은 한 사람을 살해하는 행위가 아니라 다수를 살해하는 행위가 된다. 이때 자살은 부계살해, 모계살해, 형제살해, 자매살해, 집단학살의 대체물이 된다. 자살자의 마음은 그를 괴롭히고 비방한 모든 사람들이 거주하는 텅 빈 우주 같은 것이 된다. 그래서 그는 자기를 파괴함으로써 모두를 파괴한다.[43]

찰스 윌의 분석에서 우리가 주목해야 할 것은 자살자가 종교적이며 주술적인 사유를 하고 있다는 사실이다. 종교적인 신념이 한 사람의 머릿속을 지배할 때 그는 깊이 각인된 종교적이고 문화적인 믿음으로 인해 '종교적인 자살'이나 '문화적인 자살'을 범할 수도 있다.[44] 무의식적 차원에서 우리는 죽음이 존재의 끝이거나 결코 되돌아올 수 없는 항구적인 상태라고 생각하지 않는다. 게다가 우리는 수많은 종교적·철학적 체계의 도움을 통해 죽음이란 존재의 끝이 아니라 다만 하나의 존재 형태에서 다른 존재 형태로 옮겨가는 것일 뿐이라고 믿게 된다. 종교인은 의식적 차원에서 죽음을 부정하고 불멸성을 확신하지만, 비종교인은 무의식적 차원에서 불멸성을 향유한다. 그러므로 종교적인 맥락에서 이탈한 종교적인 사유는 극히 위험한 무의식적 자살 프로그램으로 전락할 수 있다. 심지어 우리는 현대사회에서 개인의 심적 공간이 유일한 종교적 공간으로 전유됨으로써, 종교적 사유가 자살을 조장하는 이데올로기로 기능하고 있는 것 아닌가 하는 의심까지도 해볼 수 있다.

일반적으로 에스키모족에게서 관찰되는 독특한 '죽은 자의 연회'는 크게 두 부분으로 구성된다. 이들에게는 가장 최근에 태어난 아이가 가장 마지막으로 죽은 자의 이름을 취하도록 하는 관습이 있다. 잠시 동안 죽은 자가 같은 이름을 지닌 사람(namesake) 안에 환생하도록 요청하는 연회가 열린다. 그리고 죽은 자들과 같은 이름을 지닌 살아 있는 자들에게 선물이 주어지며, 함께 모인 살아 있는 자들끼리도 서로 선물을 주고받는다. 그 이후에 영혼들은 인간들의 거처를 떠나 죽은 자들의 땅으로 길을 떠난다. 이름과 환생의 이러한 상관성 안에서 우리는 '영속적인 환생의 시스템'을 보게 된다.[45] 이때 에스키모에게 새로운 이름이나 다른 이름은 출현할 수 없다. 이러한 환생 체계는 결국 한 사람이 같은 이름을 사용했던 모든 죽은 사람을 표상한다는 것을 의미한다. 한 사람이 모든 사람이 되는 것이다. 한정된 수의 이름을 통해 한정된 사람들 안에서 모든 죽은 자들이 영속적으로 환생하는 것이다. 이처럼 인간은 다른 인간을 자신의 무덤으로 삼을 수 있다. 혹은 빙의를 통한 단속적인 환생이라는 의미에서 이러한 현상을 독해해야 하는 것인지도 모른다.

　죽음의 부정은 여기에서 끝나지 않는다. 파스칼 보이어에 따르면 주검은 인간에게 대체로 몇 가지 추론 체계의 갈등을 유발한다. 먼저 유생성(animacy) 체계는 생물학적인 의미에서 주검이 더 이상 생명이 없는 대상이라고 판단하고, 전염 체계와 포식 체계는 주검을 위험의 징조로 받아들인다. 즉 주검을 질병을 옮길 수도 있는, 먹을 수 없는 것으로 받아들이는 것이다. 그러나 우리의 마음속에 보관된 사람 파일 체계는 여전히 주검을 '사람'으로 받아들이며 그렇게 취급한다.[46] 다시 말해서 주검은 생물학적으로는 죽었지만 심리학적으로는 죽지 않은 존재인 것이다. 마음속에 깃든 '사람'의 심리학적 죽음이 어느 정도 완성될 때까지 인간은 결코 해당 죽음을 받아들이지 못한다. 일반적으로 장례문화가 생물학적 죽음을 처리하는 장치라면, 제사 문화는 심리학적 죽음과 관계된 장치라고 할 수 있다. 정진홍 교수의 말처럼 "망자와의 관계가 삶의 현실 속에서 완전히 잊혀지면 혼이든 영이든 넋이든 그러한 망자의 현존도 사라지는" 것이라고 말할 수도 있다. 그는 "그 망자를 기억하는 마지막 사람마저 죽어 사라지면 그 존재는 또 한 번 죽어 이제 영영 삶의 세계에서 사라질 수밖에 없습니다."라고 이야기한다.[47] 그러므로 제사 문화는 살아 있는 자와 죽은 자의 새로운 사후 공동체 같은 것을 형성한다.

정진홍 교수는 주검을 다루는 기술로서의 장례식과 관련하여 매우 흥미로운 분석을 전개한 바 있다. 그는 '주검의 공간' 또는 '주검의 현전'과 관련하여 "주검은 주검 나름의 존재의미 또는 존재의 힘을 갖는다."고 말한다.[48] 또한 그는 '주검을 다루는 일은 무엇보다 끝은 다루는 일'이며, '끝을 분명한 끝이게 하는 상징적인 몸짓, 그것이 곧 장례'라고 말한다. 장례는 '끝을 철저하게 극화(劇化)하는 것'일 뿐만 아니라, '끝과 시작을 연계'하기 위한 '새로운 비롯됨을 위한 제의'이다. 우리는 끝다운 끝을 맺지 않으면 새로운 시작을 만날 수 없다. 특히 의례는 끝과 시작의 신비로운 공존을 가능하게 하는 현장이다. 그러므로 우리는 의례가 결여된 죽음론이 얼마나 위험할 수 있는지를 유념해야 한다. 왜냐하면 불멸의 담론만이 넘쳐흐르는 죽음론은 오로지 '끝의 부정'에만 골몰할 것이며, 그리하여 자살 프로그램으로 전락할 수도 있기 때문이다. 장례식은 죽은 자의 끝과 시작일 뿐만 아니라, 살아 있는 자들의 끝과 시작이기도 한 것이다.

6. 좋은 죽음

언제부턴가 웰다잉이나 '좋은 죽음'이라는 말이 우리 사회에서 유행하기 시작했다. 살 만큼 살았으니 '잘 죽어야 한다'는 것이다. 이제는 죽더라도 누가 장례를 치러 줄지 염려해야 하고, 무덤을 위한 작은 땅뙈기라도 미리 마련해야 하고, 화장이나 수목장처럼 남은 자들에게 최대한 덜 미안한 방식으로 죽은 몸을 감추어야 한다는 말이 들려온다. 자신의 주검이 자연을 훼손할까, 살아 있는 자들의 공간에 누를 끼치지 않을까 염려해야 한다는 말도 들려온다. 제사를 제때 지내 달라고 하기에도 왠지 미안하고, 무덤에 자주 찾아와 달라고 말하는 것은 더욱 면목 없는 부탁인 것만 같다. 죽더라도 과연 누가 얼마나 기억해 줄지 모르겠고, 아예 최대한 흔적을 지우고 죽는 것이 그나마 죽더라도 욕을 덜 먹는 것 아닌가 하는 생각마저 들게 한다.

웰다잉은 자기가 살았던 빈자리를 깨끗하게 치우고, 남은 자들에게 최대한 작은 상처를 주고, 그동안 행복하게 잘 살았다고 고백하면서, 의연하게 죽음을 맞이하는 아름다운 장면을 연출하라는 말처럼 들린다. 이제 죽음을 앞둔 사람들은 표준화된 '엔딩 매뉴얼'에 따라 자신의 죽음을 준비하면서, 행복한 죽음을 맞이하기 위한 '죽음의 기술'을 습득해야 할 것 같다. 결국 웰빙이나 웰다잉은 자신의 삶과 죽음의 질에 대한 개인적 책무를 강조하는 말이다. 우리는 여기에서 삶과 죽음을 철저히 개인에게 돌려주어 '개별화'하는 과정을 엿볼 수 있다. 그런데 이러한 삶과 죽음이 철저히 외로운 것일 수밖에 없겠다는 생각도 하지 않을 수 없다.

20세기에 들어서면서 인류가 겪은 가장 큰 혁명은 비약적인 '생명 연장'의 실현에 있다. 선사시대 이래로 현재까지 인류는 다양한 문명화 수단을 통해 조금씩 인간의 평균 수명을 늘려 왔다. 그러나 선사와 역사를 통해 인류가 각고의 노력 끝에 획득한 부가적인 '생명의 양'의 대부분은 20세기 이후의 산물이다. 20세기 이후의 노인은 자신의 부모보다 20년 이상을 더 살게 됐다. 과거에는 많은 사람들이 출생시에 죽거나, 전염병·사고·전쟁 등으로 죽었지만, 20세기 이후에 인간은 '유례 없는 장수'를 누리게 되었다. 이처럼 갑작스럽게 불어난 생명은 현대사회가 비약적으로 성장할 수 있는 탁월한 동력이었다. 그러나 과도한 '생명의 양'을 잘 관리하여 효율적으로 사용하는 것은 현대사회의 가장 큰 문젯거리였다.

무엇보다도 의학의 발달과 생활환경의 개선 등으로 인해 인간이 65세 이전에 사망할 확률이 급격히 감소했다. 미국의 경우에는 대체로 전체 죽음의 80% 이상이 65세 이상의 노인에게서 발생하는 것으로 추산된다.[49] 그러므로 현대사회에서 죽음은 '노인의 전유물'처럼 인지될 수밖에 없다. 노인은 '곧 죽을 사람'이자 '관리해야 하는 인구'로 인식된다.[50] 종교 역시 '종교는 노인을 위한 만병통치약'이라는 주장을 통해 '노인에게 종교적이기를 요청하는' 터무니없는 일을 자행하기도 한다.[51] 이제 종교를 통해 죽음을 준비하라는 것이다. '노인=죽음'의 등가 현상으로 인해 노인은 '이미 죽음을 겪고 있는 자'로 간주된다. 죽지 않으려면 노인이 되지 않으면 된다는 식의 인식이 팽배해지는 것이다. 이런 방식으로 현대사회에서는 '죽음과의 투쟁'이 교묘하게 '늙음과의 투쟁'으로 전환되고, 젊은이는 '노인과의 거리두기'를 통해 자신의 죽음을 망각하려 한다. 성형수술을 하고 흰머리를 염색함으로써 사람들은 자신의 늙음을, 나아가 자신의 죽음을 은폐하려 한다.

과거에 사람들은 '너무 빨리 죽는 것'을 염려했지만, 이제는 '너무 늦게 죽는 것'이 문제가 된다. 과거에 사람들은 때 이른 죽음을 위로하기 위해 온갖 '죽음 지연의 사회적 장치'를 만들었다. 제사·추도식·무덤 같은 죽음 기억의 문화가 그러하다. 생물학적으로는 죽었을지라도 사회적 기억을 통해 오랫동안 불멸할 수 있도록 배려했던 것이다. 더 이상 제사를 드리지 않을 때 그때 비로소 인간은 사회적인 죽음을 맞이했다. 그러나 오늘날 사람들은 생물학적 죽음을 맞기도 전에 사회적인 죽음을 겪는 경우가 많다. 늙어서 일자리를 잃거나 아파서 병원에 입원함으로써, 사람들은 몸이 죽기도 전에 사람들의 기억 속에서 미리 죽어 버리게 된다.

알츠하이머병에 걸린 자는 서서히 기억·언어·시간·공간 등을 잃게 되며, 따라서 생물학적 죽음 이전에 사회적인 죽음을 겪게 된다. 치명적인 질병으로 인해 병원에서 여생을 보내야 하는 많은 사람들도 사회적인 죽음을 선고받는다. 마찬가지로 정년퇴임을 했거나 요양원에 수용된 노인들은 사람들로부터 망각되는 것을 무척 두려워한다. 살아 있지만 이미 죽은 사람처럼 취급되는 상태, 혹은 살아 있는 것도 죽어 버린 것도 아닌 어중된 상태를 맞는 것처럼 겁나는 일도 없다. 따라서 '생명의 양'이 과도한 현대사회는 '죽음 촉진의 사회적 장치'를 은밀하게 가동시킨다. 생물학적으로 죽지 않기 때문에, 사회적으로 미리 죽일 수밖에 없게 된 것이라고 말할 수도 있다.

웰다잉이라는 말은 이처럼 쉽게 잘 죽지 않는 사람들, 너무 늦게 죽는 사람들, 즉 사회적으로는 이미 죽어 버렸지만 의학적으로는 여전히 살아 있는 사람들의 존재가 문제시되는 상황 속에서 등장한 개념이다.[52] 우리는 뇌사·안락사·존엄사 등의 문제를 이러한 맥락에서 다시 살펴볼 필요가 있다. 인공호흡기 같은 생명 유지 장치는 뇌사라고 하는 새로운 형태의 죽음을 낳았다. 뇌사 판단이 내려져야 장기 이식을 할 수 있다는 점에서, 뇌사는 인위적인 살해의 범주에 놓일 수 있는 아슬아슬한 개념이다. 안락사는 육체는 살아 있지만 불치병 등의 이유로 생이 너무 고통스러운 사람들이 요청하는 새로운 죽음 형태이다. 안락사는 어차피 죽을 테니 조금 더 빨리 죽게 해달라는 것이며, 미래의 죽음과 현재 사이의 짧은 시간적 거리만이 죽음을 정당화한다. 안락사 역시 의학적 자살이나 살인의 혐의를 받을 수밖에 없다. '무의미한 연명 치료 중단'의 문제와 연결된 존엄사의 문제도 결국 의학적인 자살과 살인의 문제로 귀결된다.

뇌사·안락사·존엄사의 문제에서 볼 수 있듯이, 사람을 살리기 위해서 등장한 의학이 이제는 사람을 어디쯤에서 죽여야 좋은지를 고민하고 있다. 20세기 이후에 획득한 '부가적인 생명의 양'을 감당하지 못한 채, 인간은 이전과는 확연히 다른 '삶과 죽음의 경계선'에 직면하고 있다. 그러므로 웰다잉은 자연적인 죽음이 사라지고 인공적인 죽음이 넘쳐나는 시대가 낳은 위기의식의 산물이라고 할 수 있다. 유언장이나 사전의료의향서는 환자의 '죽음의 시기'를 결정해야 한다는 부담감으로부터 의사들을 해방시켜 준다. 이제 노인은 매장이 아니라 화장을 선택함으로써 자신의 주검이 행여 오염물질이 되지 않도록 주의를 기울인다. 행복한 웃음을 띠며 임종하는 것은 남은 자를 위한 작은 선물이다. 사회적인 비용을 줄여 주기 위해 자신의 연명치료가 '무의미하다'는 선고마저 달게 받는다. 이쯤 되면 우리는 '좋은 죽음'이란 것이 도대체 누구를 위해 좋은 것인지를 생각하지 않을 수 없다.

7. 죽음의 공간

오래 전에 정진홍 교수는 「죽음, 종교, 문화」라는 글에서 종교와 죽음의 관계 문제에 대한 자신의 이해를 선명하게 보여준 바 있다.[53] 이를 '끝의 의미론'이라는 관점에서 정리하면 다음과 같이 말할 수도 있을 것 같다. 첫째, 죽음은 '신체의 종언'이다. 죽음은 자연스러운 것이지만 자연스럽지 않은 것으로서 경험된다. 죽음은 생명의 단절이 주는 원초적인 공포로 얼룩져 있기 때문이다. 둘째, 죽음은 '의미의 종언'이다. '죽음의 현실이 마련하는 좌절과 단절, 가능성의 소멸과 희망의 무산'에서 읽을 수 있는 것처럼, 차디찬 주검은 '시간의 완벽한 소모, 더 이상 지속될 수 없는 삶 그것 자체의 질식'을 담고 있다. 셋째, 죽음은 '문제의 종언'이다. 자살이나 살인의 경우에서처럼 죽음은 문제의 해결을 위한 수단으로 사용된다. 넷째, 죽음은 '증언의 종언'이다. '죽음 이후의 사실에 대해서는 어떤 증언도 접할 수 없다는 사실' 때문에 죽음의 언어와 이미지는 어떤 실증도 결여한 상상의 산물일 수밖에 없다. 다섯째, 죽음은 '관계의 종언'이다. 어떤 다른 사람이 나를 대신해 줄 수 없다는 점에서 '죽음은 유독히 단독자의 경험'으로 전개되기 때문이다. 죽음은 모든 인간관계에 대한 근원적인 불신을 조장한다. 여섯째, 죽음은 '개인의 종언'이다. 전쟁이나 천재지변에 의한 대량의 죽음은 개인이 사라지는 경험을 초래한다. 이때 죽음은 숫자로 요약되거나 사고로 기록되거나 생존을 위한 몸부림으로 남게 된다. 죽음이 '죽음에 대한 전혀 다른 감각'으로 채색된다. 일곱째, 죽음은 '죽음의 종언'이다. 즉 가장의 죽음, 어머니의 죽음, 정치인의 죽음처럼 죽음은 삶에 막대한 영향을 주면서 사회적 충격을 초래한다. 이처럼 우리는 죽음이 죽음으로 끝나지 않는 상황과 항상 마주칠 수밖에 없다.

이러한 죽음의 복잡한 의미 층위에 대한 분석은 줄곧 정진홍 교수의 죽음론을 구성하는 핵심적인 자리를 차지했던 것으로 보인다. 정진홍 교수는 "죽음이 인간이 경험하는 가장 불가사의한 '문제'라고 할 때, 그리고 종교가 실은 각개의 문화가 의식하고 있는 물음에 대한 '해답'이라고 할 때, 종교가 그 죽음을 담당하고 있다고 하는 것은 자명한 일이다."라고 말한다. 종교는 물음과 해답의 상징체계이기 때문에, 당연히 종교는 죽음이라는 보편적인 문제에 대한 해답을 도모한다는 것이다. 심지어 그는 "어떤 현상이 종교냐 아니냐 하는 종교를 판별하는 시금석은 죽음에의 로고스를 지니고 있는가 없는가 하는 것일 수도 있을 정도이다."라고 말한다. 종교는 일종의 "죽음 풀이", 즉 죽음의 해석학일 수 있다는 것이다.[54] 그러므로 평소에 그가 하던 말을 따르자면, 종교학은 문화 안에 얼키설키 스며들어 있는 복잡한 죽음 풀이의 과정에 대한 추적일 수밖에 없다. "죽음은 인식의 객체가 아니라 처음부터 해석의 객체라고 해야 옳을지 모릅니다."라고 말하면서 "죽음학은 해석학이어야 한다."고 주장하는 최근의 그의 말도 동일한 선상에 놓여 있는 것이라고 할 수 있다.[55] 또한 정진홍 교수는 현대사회에서는 '죽음의 양화 현상'과 '죽음의 부정'이라는 역설적인 현상이 공존하고 있다고 말한다.[56] 죽음이 철저히 수량화되고 수치화되어 계산되고 있음에도 불구하고, 죽음의 현실성을 거절하고 은폐하려는 경향성이 동시에 존재한다는 것이다. 어쩌면 현대사회가 겪는 죽음 현상의 착종은 이러한 역설에서 기인한 바 크다고 할 수 있다.

사실 내가 관심을 가지고 읽었던 글은 정진홍 교수의 「이승과 저승: 한국인의 종교적 공간관의 모색」이라는 글이었다. 이 글에서 정진홍 교수는 이승과 저승의 지리적·공간적 배치 양식을 구분함으로써 '저승의 유형론'이라고 할 만한 것을 작도하고 있다. 이러한 작업을 통해 그는 죽음의 유형론, 나아가 종교의 유형론을 지향하고 있는 것으로 보인다. 그는 한국의 전통적인 저승관을 다음과 같이 묘사한다.[57]

첫째, '저편'이 하늘, 바다, 땅, 산 등으로 묘사되고 있다는 점.

둘째, 죽음이 단절의 사건이기는 해도 죽음을 통해 이르는 '저편'이 결코 초월이나 분리된 별유세계(別有世界)가 아니라는 점, 따라서 하늘, 바다, 땅, 산 등은 확대된 공간이지 '다른' 자리가 아니라는 점, 결국 '저승'은 제장적(祭場的) 함축을 지닌다는 것.

셋째, 죽어서 가는 세상인 저승은 그저 죽으면 가는 곳이고, 가도 왕래할 수 있으며, 따라서 그러한 미분성(未分性), 순환성(循環性), 지속성(持續性) 때문에 저승은 기하학적인 공간이나 지리적 공간으로 정착할 수 없다는 점.

넷째, 죽음을 계기로 하는 구원의 모티브가 도덕적 함축을 지니고 전개되면 저승이 특정한 공간으로 언표되는 것은 외래 종교의 영향이라는 점.

다섯째, 그러나 여전히 그러한 외래종교(外來宗敎)의 저승관은 전통적인 저승 개념의 언어적 표상으로만 기능하고 있다는 점 등이 그것이다.

이처럼 정진홍 교수는 "우리의 전통문화가 지니고 있는 죽음을 넘어서는 저승과 죽음 이전의 이승은 그 공간적인 개념을 확립하지 않은 것으로 특징 지을 수 있다."고 말한다. 오로지 "죽음을 경험하는 현장에서 비롯하는 제장 적 의미에서의 공간적 표현이 있을 뿐"이라는 것이다. 그리고 그는 불교나 도교 같은 "외래 종교 수용 이후에 비로소 이승이나 저승의 언표가 분명"해 졌을 것이라고 추정한다. 그러나 정진홍 교수에 따르면 한국의 전통적인 저 승관은 불교나 도교의 언어와 개념을 차용하여 전통적인 구원론을 더욱 선 명하게 논리적으로 묘사했을 뿐이다. 즉 불교나 도교의 저승관이 전통적인 저승관을 대체하지는 못했다는 것이다. 이에 대한 예증으로 그는 "무속 신 앙의 의례나 신화 속에서 나타나는 불교적 용어의 빈번한 사용은 불교적인 맥락에서보다는 전통적인 경험의 표상적 맥락에서 더 편리하게 이용되고" 있다고 주장한다.[58]

한국의 저승관에 대한 구체적인 묘사를 위해 그는 엘리아데로부터 시 사받은 세 가지 종교적 유형론을 이용한다. 그는 신현(theophany), 성현 (hierophany), 역현(kratophany)이라는 성스러움의 세 가지 유형에 근거하여 신론 적 종교(theology), 우주론적 종교(cosmology), 인간론적 종교(anthropology)로 종교 를 유형화한다. 그리고 이러한 도식에 의해 각각에 고유한 세 가지 저승관 을 대별한다. 우주론적 종교에서 저승은 그저 이승의 확장일 뿐이기 때문 에, 이승은 저승이고 저승은 이승이라고 말할 수 있다. 즉 우주 안에 자연, 인간, 신이 모두 포괄되면서 삶과 죽음의 경계선이 분리되지 않기에 이계(異

界)를 전제할 필요가 없다. 신론적 종교에서는 이계의 공간이 뚜렷하며, 죽음은 삶을 넘어서는 초인간적 영역으로의 이행이 된다. 저승은 보통 윤리적 함축에 의해 천당과 지옥으로 구분된다. 이승은 이승이고 저승은 저승일 뿐이며, 저승은 이승에 대한 해답의 역할을 수행한다. 이때 천당이나 낙토(樂土) 같은 저승은 우주 밖에 있는 분명한 실재의 세계가 된다. 인간론적 종교에서는 인간이 필요에 따라 이승과 저승을 자의적으로 설정한다. 이때 인간은 죽음을 초래하는 힘의 근원에 대한 물음을 풀기 위해 제장의 힘에 의해 임시로 저승을 만들어 낸다. 제장이 만들어 내는 저승만이 존재할 뿐, 공간적 장소로서의 저승은 실재하지 않는다.[59]

정진홍 교수에 의하면 한국의 전통적인 저승관은 우주론적 종교와 인간론적 종교가 융합되는 지점에서 형성된다. 즉 우주론적 틀 안에서 인간 중심적인 종교가 형성된 것이다. 그래서 한국의 전통적인 저승관에서는 "이승과 저승은 구분되지만 분리되지는 않는다." 즉 제장에 의해 저승이 의례적으로 형성되지만, 이것은 우주 안의 어딘가에 이미지로만 존재하는 것일 뿐 실제적인 공간을 점유하는 것은 아니다. 그는 여기에서 한국적인 "독특한 구원론"을 발견하고자 한다. 그리고 한국적 저승관의 가장 큰 특징은 저승이 끝내 공간성을 부여받지 못한다는 점에 있다. 즉 죽음 이후의 세계에 대한 구체적인 장례 지리학적 묘사가 결여되어 있는 것이다. 물론 불교와 같은 외래 종교의 도입에 의해 "죽음의 사건이 자연만이 아닌 도덕적 함축을 지니면서 죽음 이후의 공간은 저승이되 극락과 지옥으로 분화되고, 이곳 지금과 연결된 죽음 이후가 구원론으로 수렴되면서 저승이라는 공간 개념은 극락천도(極樂遷度)의 규범을 위한 전제로서 기능하게 된다."[60] 그는 외래 종교의 유입에 의해 점차 전통적인 저승관에 변화가 생겨난 것 같다고 말한다. 그러나 저승이 이승으로부터 분리된 실재라고 일컬어지지만, 여전히 우주 공간 밖의 구체적인 공간으로 뚜렷이 자리잡지는 못하고 있다는 말도 덧붙인다. 즉 극락과 지옥이 이름으로만 존재할 뿐 완전한 독립 공간으로 존재하지 않는다는 것이다. 물론 이러한 상황은 기독교의 유입과 더불어 급변할 것이라고 예측할 수 있다. 아쉽게도 이승과 저승에 대한 이 글 이후에 정진홍 교수는 한국의 전통적인 죽음관에 대한 구체적인 연구를 지속하지 않았다. 우리는 그의 연구가 중단된 여러 가지 이유를 상상할 수 있다.

8. 미끄러운 초월성

사실 정진홍 교수의 죽음론은 철저하게 죽음의 현상학과 죽음의 해석학이라는 틀에 의하여 전개되고 있다. 그러므로 죽음의 인류학이나 죽음의 역사학이라고 불릴 만한 것에 관심을 갖고 있는 이는 그러한 그의 죽음론에 실망할 수도 있다. 물론 그의 죽음론은 집중적인 연구의 소산이라기보다는 간헐적인 요청에 의해 이루어진 강요된 발언이었을지도 모른다. 그러나 그의 죽음론은 그의 종교학 연구 전체를 짙게 채색하고 있다. 정진홍 교수는 한국전쟁의 직접적인 피해자였기에 전장의 죽음에 무관심할 수 없었고, 개인사적 상처로 인해 끊임없는 죽음의 유혹에 시달려야 했고, 이제는 노인이 되어 "저 이렇게 살면 돼요? 괜찮으면 웃어 주세요!"라고 하늘을 향해 고백하고 있다. 그의 삶은 죽고 싶었지만 죽지 않기 위해 분투한 역사이기도 했다.[61]

파스칼(Pascal)은 삶을 위해 투쟁할 필요도 없고, 날마다 빵을 얻기 위해 땀을 흘릴 필요도 없고, 아이들을 키우기 위해 분투할 필요도 없는 사람들만이 오로지 죽음에 대해서 성찰하는 경향이 있다고 말한 적이 있다. 마찬가지로 폴 발레리(Paul Valéry)는 영원은 잃어버릴 시간이 있는 사람들의 것이며,

영원성은 여유로움의 한 형태라고 냉소를 날린다.[62] 그래서 나는 현재 우리들의 무성한 죽음 이야기가 현대문화의 여유로움을 반영하고 있는 것은 아닌지, 아니면 엘리아데가 말한 '불멸성의 민주화'로 인해서 이제 겨우 죽음의 민주화가 이루어지기 시작한 것은 아닌지 물을 수밖에 없었다. 어쩌면 우리의 문화는 그 자체로 죽음의 기호로 가득 차 있는지도 모른다. 그저 우리가 애써 그 의미를 해독하지 않으려 할 뿐, 문화의 모든 요소는 인간 불멸화 프로젝트의 소산일지도 모른다. 정진홍 교수는 그의 책에서 다음과 같이 말한다.

> 그래서 인류의 문화는 결국 '죽고 싶지 않음'이 투사된 삶의 경험이 응축된 것이라고 말할 수 있습니다. 다시 말하면, 문화는 죽음이, 또는 죽음에 대한 두려움이 그렇게 스스로 변형되어 나타난 상(像)이라고 할 수도 있습니다. 삶은 따지고 보면 온통 죽고 싶지 않음을 드러내는 몸짓이기 때문입니다. 먹는 것도, 학문을 탐구하는 것도, 생활인으로 온갖 일을 하는 것도, 사상이나 이념을 추구하는 것도, 종교라는 독특한 삶도 그러한 몸부림의 모습입니다. 그러나 사람들은 그렇게 죽음을 저어하며 살아가지만 어떤 것도 죽음에서 벗어날 수 있도록 해주지 않습니다. 사람은 어쩔 수 없이 서서히 죽어갑니다.[63]

우리는 항상 죽음을 망각한 채 살아가며 그렇게 하고자 한다. 그런데 누군가가 우리에게 와서 죽음의 의미를 이야기한다. 우리는 이러한 이야기 속에서 영원성이나 불멸성을 슬쩍 맛보게 된다. 그러나 지그문트 바우만의 말처럼 초월성은 미끄러져서 손에 붙잡기 힘든 것이다.[64] 그래서 인간은 큰 불멸성을 미세한 불멸성으로 분할하여, 이제는 불멸성이라고 부르기도 민망한 미시적인 불멸성들을 물질화하는 작업을 시도한다. 이것이 인간의 문화

일는지도 모른다. 그래서 바우만은 문화란 필멸성을 망각하기 위한 정교한 반(反)-기억술적 장치라고 말한다. 우리가 '불멸성의 정치경제학'을 이야기해야 하는 것도 이 때문이다. 우리는 우리가 죽고 난 뒤에도 여전히 살아남아 있을 사람들의 기억을 점유하기 위해, 즉 기억의 하데스에서 그림자로 존재하기 위해 분투한다. 사실 죽음은 기억될 것인가 그저 잊혀질 것인가의 문제이기도 하다. 지금 이 자리도 결국 불멸화 프로젝트의 산물이 아니겠는가?

제4부

회상

종교현상학과 1982년 봄

허남린

언제부터인가 종교학의 범주를 넘나드는 연구 활동을 하기 시작했다. 한동안은 일본의 불교문화에 대해 집중하다가 한동안은 국제 관계에 관련된 문제들에 집중했다. 그러다 조선후기 사회사에 관심을 갖기도 하도, 이제는 군사 전쟁 연구에 정력을 쏟고 있다. 그러면서 때로는 불교 문제를 다루기도 하고, 유교 문화에 대한 글을 발표하기도 한다. 도대체 당신의 전공은 무엇이냐고 질문을 받을 때도 있다.

전공영역으로 갈라지는 학문 세계에서는 단연 이단아에 속한다. 학부 시절 그리고 대학원 시절 졸업을 앞둔 동료들의 논문 발표가 있을 때면 어김없이 위에서 내려오는 추상과 같은 질문이 있었다. "그래서 이 논문이 왜 '종교학적'인지 설명해 봐." 아니면 "이게 어떻게 '종교학' 논문이야?" 하는 물음이었고, 기어가는 목소리로 겨우겨우 올리는 답변을 구석에 앉아 들으며 가슴을 졸이던 적도 있었다.

그러던 나는 언젠가 내 자신이 종교학에서 해방되었다는 느낌을 갖게 되었다. 해방은 신선하고 유쾌한 경험이다. 해방이라고 느끼는 감정의 근저에는 무언가 답답함이 도사리고 있었다는 증거일 것이다. 무엇이 답답했던가? '종교학' 내지는 '종교학적'이라는 범주의 설정과 그 경계 안에 있는지 없는지를 살피는 주위의 감독이 알게 모르게 압박감으로 다가왔던 것이다. 아니 같은 인간에 대한 연구이고 같은 사회에 대한 탐구인데 왜 이리저리 쪼개고 담을 쌓아놓고 있는지 답답했던 것이다. 인간은 정말 쪼개질 수 있을까.

자유는 언제나 즐거운 것이다. 내가 살고 있는 이곳 캐나다의 헌법은 '자유의 헌장'이라고 명명되어 있다. 여기에 모여 사는 인간들이나 국가의 존재 이유는 무엇보다 자유에 있다는 선언이다. 자유롭게 학문을 하지 않으면 위헌이 되는 셈이다. 자기들 멋대로 갈라 놓고 쌓아 놓은 담 안에 갇히어 학문을 한다고 하면 말하자면 그것은 헌법을 범하는 범법자가 되는 셈이다. 하지만 학문에 있어 위헌을 하지 않기 위해서는 담력 아니면 만용이 필요하다. 나의 경우에는 만용이다.

학부 시절 정진홍 선생님의 강의를 들으며 한 학기 내내 전율한 적이 있었다. 종교현상학 강의였다. 군대를 갔다오고, 군부가 철권을 휘두르던 시대, 4학년의 봄학기였다. 구체적으로 어떤 내용을 강의하셨는지는 그 편린만 기억하고 있다. 하지만 선생님의 말씀 한마디 한마디가 가슴에 큰 파도를 일으켰던 것은 아직도 생생하다.

내가 흥분된 어조로 말하자 언제나 대학원 연구실에 틀어박혀 있던 회의주의자 선배도 움직였다. 강의실 뒷줄에 앉아 있는 모습을 내내 볼 수 있었다. 인간이 살아가는 의미라 할까 죽으면 어떻게 되나 하는 걱정의 저변이라 할까 사회와 연결되고 우주와 이어지는 의미들에 대한 강의였다.

감동은 용기를 가져다 준다. 강의를 들으면서 내심으로는 앞으로는 제멋대로 살겠다는 결의를 했다. 종교학에서 얻은 힘으로 종교학을 벗어나자. 이것이 내가 정 선생님의 강의에서 받은 교시였다. 어떻게 인간의 삶을 역사학으로 잘라내고 사회학으로 전단하며 철학으로 우롱할 수 있는가. 나의 허파는 철학, 나의 심장은 인류학, 나의 사지는 경제학인가. 적어도 내가 전율했던 종교현상학은 현상의 근저에 있는 의식의 통합이었다.

어떻게 통합할지 그때는 알 수가 없는 과제였다. 지금은 나름의 답이 생겨나게 되었다. 학문도 인생도 제멋대로 사는 것이라는 믿음이다. 제멋대로라는 것은 즐거움을 삶의 중앙에 놓는 것이다. 아니면 적어도 자유에 몸을 놓아 두고 즐거움을 기다리는 것이다. 외부가 배정하는 칸막이도 문제가 되지 않는다. 내부에서 요구하는 경계도 훌훌 털어 버리는 것이다. 제멋대로 사는 것에는 때로는 고통도 있다.

종교학을 했다가 역사학을 한다고 했다가 사상사의 글을 쓴다고 하면서 예술사에도 관심을 두니 머리가 빙빙 돌 때도 있다. 그래도 즐거움에는 미치지 못한다. 여행을 떠나 방랑자가 되는 것이라고나 할까. 인생은 방랑이다. 지금 하고 있는 임진왜란 연구도 방랑인 것이다. 나의 방랑의 원죄는 아마 정 선생님의 종교현상학 강의에 뿌리를 내리고 있지 않나 생각될 때도 있다. 자유가 불러온 전쟁이고, 만용이 불러온 전쟁이다. 1982년의 봄, 아직도 가슴을 설레게 한다.

거친 기억 속의 '스승의 그림자'

심형준

모든 사람의 기억은 사적(私的) 문학이다.

올더스 헉슬리

진지했던 면접관

그와의 첫 대면은 다시 떠올리기에도 낯 뜨거운 대입 면접장에서였다. 긴장한 상태였기 때문에 면접장의 분위기라는 것이 그다지 분명하게 기억에 남아 있지는 않았지만, 종교학과 면접장이라면 익히 떠올릴 수 있는 '기독교 신앙인'의 면접에 면접관 선생님들이 편하게 임하고 계신 상황으로 느껴졌다. 내가 신앙에 입각한 봉사활동에 대한 소망을 피력했을 때, 안경을 잠시 치켜 올리며 진지하고 엄숙한 표정으로 그는 그 진정성을 캐물었다. 근엄해 보였던 그는 중저음의 목소리로 핵심을 파고드는 질문을 던졌고, 잠시 긴장의 끈을 놓고 있던 나는 아마도 식은땀을 흘리며 상기된 표정으로 정답일 것 같은 이야기를 주절주절 떠들었던 것으로 기억한다.

되돌아 볼 때마다 낯 뜨거울 수밖에 없는 것은 봉사활동은 물론이거니와 그때의 신앙인의 자리에서 했던 이야기들이 지금으로서는 다른 시대에 살았던 나를 닮은 다른 누군가의 이야기로 들리기 때문이다. 그래서 결국은 거짓말을 한 셈이 된 그때의 일을 떠올릴 때마다 어디론가 숨고 싶어진다. 나중에 그가 '정직'을 삶의 핵심 좌표로 삼고 있다는 것을 확인하고 나서 그 부끄러움은 배가되었다. 다만 숨죽이고 조용히 고개를 숙일 따름이다.

종교학의 문외한, 게다가 나름대로 신앙인입네 하는 풋내기 대학생이 품을 수 있는 이 학문에 대한 생각은 항간의 익숙한 선입관에 따른 것이 되기 마련이다. 목회자가 되는 것보다 한 단계 더 나아가, 모든 종교들을 아울러서 이해하면 기독교 선교에 도움을 줄 수 있으리란 기대를 실현할 수 있는 통로쯤으로 생각하는 것이다. 뭐 간단히 말하자면 너 목사 되려고 그러냐는 식의 물음에 자못 긍정적인 답변을 했던 시기였다.

그 시절에는 무척 진지한 척하며 그 목표를 향해 나아가고자 했던 것 같다. 그래서 제법 열심히 종교학 수업을 들었는데, 아이러니하게도 결국 1, 2년 사이에 아마도 '개종'(비기독교인으로)을 하게 된 것 같다. 이때 그를 다시 만나긴 했었다. 애초의 부끄러움은 안드로메다쯤에 가 있었다. 과에서 커리큘럼으로 제시하는 '필수'과목들 정도를 기웃거렸을 때인데, 선배나 동기들을 따라서 여러 필수 코스들을 '관광'하듯 같이 들었던 것으로 어렴풋이 기억한다. 이때의 나는 개종이나 연애에 몰두했던, 그래서 상대적으로 학문적 문제의식과는 거리가 있던 그런 '열혈' 청년이었지 싶다.

소문 그리고 전설들

그 무렵 그에 대한 소문을 듣게 되었던 것 같다. 인문대 3대 명강의가 종교학과에도 있다고 했다. 그 강의를 하시는 분이 바로 그 선생님이라는 것이다. 그런 이야기들이 그에 대한 새로운 이미지, 즉 '아우라'를 만들어 냈다. 강의실 좌석이 모두 차고, 좌석을 제외한 통로에도 학생들이 앉아 있고, 강의실 뒤에도 학생들이 자리를 차지해서 그야말로 강의실을 가득 메웠다고 했다. 반짝반짝 빛나는 눈으로 선생님의 강의를 듣고는 어김없이 감동의 눈물을 흘리기도 했다는 것이다.

기억나는 소문의 잔상에 그 강의의 내용이 어땠느냐 하는 것은 남아 있지 않다. 희미하게 떠올려지는 것은 그것이 그 전해진 이야기의 핵심과는 아무 상관이 없었다는 것 정도다. 단지 그렇게 대단한 강의를 하시는 선생님이 우리 과에도 있다는 어느 선배의 자부심 섞인 자랑이었기 때문이다. 나의 기억이 보여 주는 불완전함의 완성은 그 3대 명강의의 어느 하나의 강좌 명도 제대로 기억하지 못하는 데에서 이루어지고 있다. 아마도 인간이 가진 기억의 불완전함이란 이런 것이겠거니 스스로 위로할 따름이다.

다른 이야기들도 있었다. 그것은 얼마 안 되는 대면의 기억들과 어우러져 증폭된 이미지를 만들어 냈다. 그가 아주 엄격하다는 것이다. 몇 가지 일화들이 선배들의 입을 통해서 전해졌다. 불완전한 기억의 파편 사이에서 건져 낼 수 있는 진술은 이런 것들이다. 발표를 할 때, 원고를 읽지 않고 글의 대의를 말로 불명료하게 설명하거나 제대로 설명하지 못하는 경우에 읽을 수 없는 글을 뭐 하러 써 왔냐는 핀잔, 아니 그 이상의 질타를 받았다는 이야기, 약속을 엄격하게 지키도록 해서 기한 내에 제출하지 않은 과제물은 절대 받지 않으셨다는 이야기, 그 외에도 엄격함을 증언하는 이야기들은 많았던 것 같다.

이런 과장된 에피소드도 있었다. 수업 시간에 열정적으로 임하면서도 자신의 신앙과 학문적 문제의식의 충돌을 과감하게 시도했던 선배가, 자신이 들었던 선생님의 수업에서 그 외의 사람들을 (학점에서) '올킬'했다는 이야기가 그것이다. 풍문으로 들었던 것이기에 진실이 무엇인지는 모르지만 선생님의 수업에 임하는 학생의 자세가 어떠해야 하는지를 보여주는 예로서는 손색이 없었다. 사족으로 당시 학생들이 점심 식사 후에 단체로 일삼던 팩차기(우유팩 두 개를 합친 것을 여러 사람이 모여서 차는 놀이인데, 우유는 거의 항상 커피우유였다)를 싫어하셔서 종교학과 학생들이 공터에서 팩차기를 하고 있는 것을 보시면 종종 혼내시면서 '운동장에 가서 공을 차지'라는 핀잔을 주셨다는 이야기도 있었다.

그 시절(90년대 후반) 그의 인상은 완고한 할아버지의 모습이었다. '아우라'와 덧붙여진 이러한 이야기들은 나에게 하나의 결론에 도달하게 했다. 되도록 피하자. 그러한 결론을 강화시켜 준 경험이 내게 이내 찾아왔다.

목도(目睹)

종교학의 정신이 무엇인지, 소위 종교학의 맛이 무엇인지 조금은 알 수 있게 된 것은 복학하고 나서도 한참 후였던 것 같다. 트로브리안드섬 사람이 이야기를 쿠콰네부(kukwanebu), 리브워그워(libwogwo), 릴리우(liliu)로 나누는 것을 왜 주목해야 하는 것인지, 북미 침시언 인디언의 아스디왈 신화에 관한 이야기들은 무슨 맥락에서 살펴보는 것인지 알지 못한 채로 수업을 들었던 것 같다. 이런 이야기들을 처음 접한 것이 2학년 때 일이었고, 그때의 전공 성적은 참으로 '상큼'(?)했다.

'빌빌'거릴 이때에 학문 관광객의 심정으로 〈종교학 개론〉(아마 인문대 3대 명강의로 회자되었던 그 강의(?))을 다른 여러 동기들과 함께 들었다. 이때 기억에 사무치는 것은 지은이의 이름이 '박삼룡'으로 구수하게 기억된(그러나 '박상륭'인) 『죽음의 한 연구』라는 책과 그것의 영화판, 박신양 주연의 〈유리〉다. 그런 것이 세상에 버젓이 존재하고 있었다니! 책을 읽고 좌절하고 영화를 보면 좀 나으려나 하고 영화를 보고 더욱 좌절했던 기억은 이후 군 경험이 제공해 준 인생의 크나큰 기억의 장벽에도 불구하고 뚜렷하게 남아 있다.

그 경험을 좀 더 자세하고 길게 떠올려 보면, 물론 어느 정도 과장이 이루어진 것이겠지만, 고등학교 때 교과서에서 보았던 만연체라는 것을 비로소 확인하게 되었던 기회였던 것 같다. 소설이지만 소설이라 생각하지 않았기에 후에 이 책이 소설이었다는 것을 떠올릴 때마다 느꼈던 낭패감에 더해 내가 읽은 글이 무엇인지 도통 기억하지 못한 채로 막연히 제목에 기대어 죽음에 관한 연구서 정도로 생각하는 지경에 이르게 하였던 것이 바로 이 책이었으니 더 말을 보탠들 나을 것이 없겠지만, 덧붙여진 오해라는 것에 한이 없어서 영화 〈유리〉와 이 책은 기억 속에서 관계가 있나 싶을 정도로 따로 떨어져 있기도 하여 오로지 연결고리라고는 이 수업 시간에 읽었고 보았던 책과 영화지 하는 정도라서 내 기억의 작위성을 절절하게 느끼도록 했던 그런 경험이 되고 말았기에, 이건 마치 '어려움'의 전범과도 같은 것이 되어 버려서, 그러한 관념의 회상(어려운 글을 읽을 때는)에 어김없이 끼어드는 집요한 기억의 잔상을 남길 정도에 이르렀으니 거창하게 트라우마라 일컫기에 부족함이 없는 것이었는데, 게다가 어설픈 사유의 무게를 겨우 지탱할 정도의 머리의 소유자였던지라, 뼈아픈 것은 별로 나아지지 않았다는 점이지만, 그랬기에 '죽음'이라는 테마와 그의 수업은 그저 하나의 부유물이 되어 버렸던 그런 경험을 했던 것이 아닌가 하는 생각이 들고는 하는데, 내게는 '죽음'과의 예기치 못한 단절을 낳은 계기쯤이 되지 않았는가 하는 거창한 생각까지 곁들여질 정도로 강한 인상을 남겨 놓은 것 같다.

희미한 기억 속에서 붙잡을 수 있는 명강의의 면모가 그리 많지 않았는데, 그것은 전해진 소문에서처럼 강의실이 인산인해를 이뤘다는 것을 증명할 수도 없는 보통의 '대형 강의'와 다를 바가 없었기 때문이었고, 게다가 차분하게 차근차근 하나하나 논리 정연한 사유의 흐름이 중저음의 목소리를 타고 들려오는 그의 강의는 익숙해지기 전까지는, 그래서 그 사유의 흐름을 쫓아 호흡을 함께할 수 있을 때까지는 학문의 수단이 되기보다는 반복적인 생리적 의식 상실 상태를 불러오기 쉬운 것이었기 때문이었다. 그래도 과거의 명성, 실상 바뀐 세대에게는 그렇게 기억될 수 있었는데, 그 잔영을 볼 수 있었던 몇 가지 테마가 인상 깊게 남아 있기도 하다.

인간의 '성숙'에 대해서 이야기를 하셨던 부분이다. 그는 관혼상제와 같은 비일상의 계기들을 설명하면서, 이후로 교과서 같은 책들에서 귀가 따갑게 그러나 별 감흥 없이 읽었던 '통과의례'의 종교적 경험을 20대 초반 청춘들의 뇌리에 새길 수 있는 언어로 탈바꿈시켰던 것으로 기억한다. 요즘 젊은이들은 성숙하지 못했다는 '꼰대'의 질타가 아니라 '어른'이 되는 경험의 부재를 안타까워하며 그렇게 '성숙'해질 기회가 박탈된 세대에 대한 연민의 감정을 토로하는 것이었다고 여겨지는 그런 방식이었다. 나와 우리가 아직 덜 된 인간이라는 선언을 함축하는 것이었지만 반항의 좋은 먹잇감이 되는 잔소리의 형태로 된 것이 아니었기에 젊은 마음에 닿을 수 있었던 것이 아닌가 하는 생각이 든다.

마디, 비일상의 계기로 그 이전의 나와 그 이후의 나를, 경험적으로 각자의 피부에 새기는 일이 뭔가 '다른 것'을 만들어 낼 수 있을 것이라는 이미지를 인류학적 사례들, 선생님 개인의 경험적 사례들을 통해서 보여주셨던 듯하다. 더욱이 '개종'이 완벽히 이루어지지 않은 시기였기에 '설교 말씀'을 하나의 익숙한 이야기 장르로서 받아들였던 것도 한몫하여 '목사 아닌 목사'의 이미지도 남기게 되었던 것 같다. 물론 이 이미지는 그때 그려 볼 수 있었던 것은 아니다. 그것은 나중에 좀 더 그에 대한 증언과 기억이 쌓이고 직접 목격한 경험들을 반추하는 계기에서 생성된 것이었다. 그는 목자였던 듯하다. 열혈 젊은이들에게.

나중에 선생님의 제자들로부터, 특히 82학번에게서 들은 이야기가 생각난다. 신입생으로 들어간 그들에게 선생님께서 그렇게 말씀하셨다고 한다. 열정을 가지고 가능한 모든 경험을 해 나가라고. 정확한 기억은 아닐 테지만 그런 이야기를 듣고 정말 열심히 다양한 경험을 일삼았었다는 이야기, 그리고 후에 본과 진입 이후에 공부를 열심히 하지 않는다는 질타를 들으셨다는 것으로 완성되는 이야기. 그는 변덕스러운 목자였던가? 옛일을 기억하지 못하시고 엄격한 선생님의 모습을 보이신 것인지, 상황에 맞는 선생님으로서의 역할을 하신 것인지는 잘 모르겠다. 어쨌든 학생들이 선생님의 말씀에 이끌려 인생을 살았던 하나의 전설적인 이야기인 것은 틀림이 없는 것 같다.

스타

어느 천문학자의 썰렁한 농담 중 하나, 별은 스스로 타서 스타다. 그런 이미지가 만들어지기 시작한 것은 아무래도 복학 이후에 종교학의 '스멜'을 좀 맡고 나서였던 것 같다. 그렇지만 불행한 것인지 애석한 것인지 내가 복학할 즈음이 선생님의 정년퇴직 시기였다. 아마 마지막 한 학기 정도는 학교에서 뵐 수 있었던 것 같다. 회피의 정서가 옅어질 무렵에 선생님은 더 이상 학교 강단에서 뵐 수 없게 된 셈이었다.

고별 강연은 학교 문화관에서 하셨던 것으로 기억한다. 그로부터 벌써 11년이 되어 간다. 복학했지만 2학년에 불과했던 내게 조금은 아쉽지만 그의 진면목을 바라볼 수 있게 했던 계기였던 것 같다. 그는 그 강연에서 자신을 박물관의 유리 상자에 진열되어 있을 구시대의 인물에 지나지 않아 후학들에게 해체되고 재구성되어야 할 하나의 텍스트라고 말했다. '골동품에 지나지 않는 과거의 사람이 현재의 사람들과 소통할 수 있다.'라는 식의 겸사의 느낌도 있었지만 자기 객관화의 발로라고 여겨지기도 했다.

가물가물한 기억에 의지하는 것이지만 그 이후에도 종종 듣게 되었던 일반적인 레퍼토리를 떠올려 보면, 스캔들로서의 종교학을 이야기하시기 전에 통상 하시는 말씀인 듯한데, 신학 공부 하냐는 친구의 물음에 종교 공부를 한다고 답하신다는 이야기, 그러면 어느 종교가 제일 낫느냐는 질문에 제법 숙련되게 '네가 믿는 종교'라고 답하신다는, 덧붙여 종교 안 믿는 친구에게는 '안 믿는 게 가장 좋다'는 답을 하신다는 이야기였다. 제법 재미있는 우스갯소리이지만 종교학의 희미한 정체성을 담고 있는 이야기이다. 또 이어서 늘 하시는 '믿지 왜 물어'라는 물음에 대한 직면, 스캔들로서의 종교학, 그것을 '정직하게' 물어야 했던 상황에 대한 묘사는 당시 '개종'의 완성을 향해 가고 있던 내게 적지 않은 울림을 주었다.

'왜 믿지, 알려고 하느냐' 하는 물음이 존재하는 현상 자체를 간과할 수 없다는 이야기에서 학문과 언어에 대한 자신의 술회로 이야기를 진행시키면서 '종교학 하기', '기존의 문법 넘어서기', '학문의 식민성'에 대한 노기어린 일성을 내셨다. 이제까지 강단 학자로서 활동하시면서 겪으셨던 많은 어려움을 함축적으로 담아낸 것이었다는 것을 그때는 아직 알지 못했다. 다만 그러한 지적이 '정직하게 학문함'에 고심하는 노학자의 좋은 가르침이라 여겼을 따름이다.

그의 관심은 종교로부터 종교적인 것으로 이행했고, 자신의 학문 인생을 통해서 '종교문화'라는 개념을 써보고자 했다고 했다. 그것은 'religious culture'라고 번역하기보다는 그대로 'religion'에 대한 이야기인데, 종교라는 제도에만 초점을 두는 시각을 반성하고자 하는 기획에서 나온 개념이라고 설명했다. 그것과 긴밀히 연관되는 것으로 여겨지는데, 이어서 종교학의 문화비평적 기능을 강조했다. 그러면서 종교학은 종교 자체를 이해하려는 학문이 아니고, 종교를 통해서 인간의 삶을 읽어 보려는 것이라고 역설했다. 이것이 내게는 아주 큰 울림이 되어 다가왔다. 그리고 그의 강연에서 이후로도 종종 듣게 되었던 종언의 표현, '우리(종교학도)는 새로운 낱말을 낳는 어머니여야 한다.'는 말로 고별 강연을 마쳤다.

덧붙이자면 이 강연 중에도 박상륭의 『죽음의 한 연구』가 언급되었다. 퍽 인상적이었다는 소회를 밝히셨다. 이것은 내가 기억하지 못했고 나중에 자료를 확인해서 안 사실인데, 보면서 흠칫 놀라고 말았다. 이해력 부족을 질타 받는 느낌?

좁은 강연장이었지만 많은 사람들이 있었다. 동료이자 후배인 교수들과 다른 과의 교수들, 학과 학생들, 그리고 그 밖의 학생들과 다른 관계자들, 매스컴에서도 몇 사람이 나와 있었다. 그가 강단을 떠난다는 이 의식이 제법 주목을 받는 행사라는 것을 몸소 체험했던 것 같다. 아마도 앞자리 바닥에서 강연을 들었던 것으로 기억하는데, 예정된 한 시간이 훌쩍 지나가 버렸던 것 같다. 생각해 보면, 그의 강의는 강단에서보다 강단 밖에서 더 많이 듣게 되었던 것 같다.

2004년에 있었던 「종교학의 낙수」 강좌가 학교 밖 강의로서 제법 큰 자리였다. 대학 강단과는 다른, 협소한 곳이었지만, 강연자에게 아주 조용히 숨죽이며 집중했던 시간이었다고 기억된다. 침을 삼키는 소리마저 크게 들리는 것 같았으니 말이다. 다섯 번의 강의가 이루어졌다. 종교학, 엘리아데, 종교 개념, 종교 서술 방법론, 종교학적 문화비평이라는 테마(강의 제목은 이와는 달랐다)들이 다뤄졌다.

인상적인 바를 두서없이 떠올려 보면, 엘리아데가 그에게 '스타'였던 것 같다. 그 스타는 그에게 '종교적 인간', 그가 만들어낸 상상력의 세계를 '종교들'을 서술하지 않으면서 이야기할 수 있는 길을 열어 준 것으로 회상되었다. 종교 개념은 종교적 인간을 이해하는 데에 주요한 통로이지만 그것이 과거의 문법 속에서 새로운 이해를 가로막는 걸림돌이 되는 것으로 묘사되었다. 이 점에 대해서는 당시에 제법 잘 좇아 갈 수 있었던 것으로 기억한다. '5학년'을 앞두고 있었기 때문이었으리라 생각한다.

이후 공부하는 데 더 큰 도움을 얻은 개념은 종교학적 서술 대상을 포착하는 시각을 담은 '지형도와 기상도' 이야기였다. 종교들에 대한 서술의 총합이 종교사일 수 없듯이 종교문화, 종교를 통해서 인간의 삶을 이해하려고 한다면 그 총체에 대한 서술을 시도해야 한다고 주장하는 것으로 내게는 이해되었다. 그 삶의 계기들은 시시각각 달라질 수밖에 없고 그래서 기상도라는 유비가 등장하는 것이라고 여겨졌다. 그의 주장을 실현할 구체적인 방법은 여전히 오리무중이지만 '한국인의 종교'나 '20세기 후반 한국의 종교문화'와 같은 제하의 문제들을 서술해 내기 위해서는 필수불가결한 관점일 것이다. 이것은 여전히 우리 후학들의 과제로 남겨져 있지 않나 생각된다.

그는 낙수 이야기를 종종 한다. 수확이 끝난 빈 들판에 떨어진 이삭을 줍는다는 것과 자신의 학문 세계를 유비시키는 것일 텐데, 그의 가난은 웬만한 연구자들의 가난과는 좀 다른 듯한 느낌을 준다. 다른 이들이 다 거둬들이고 난 후의 남겨진 것, 거기에 물어 납득해야 할 문제들을 씨름했던 그 고난의 시기들에 대한 유비였을 것이다. 어쩌면 과거형에 머무는 것만은 아닐는지도. 그것이 아우라일지도 모르겠지만, 어쨌든 생각보다 쓸쓸한 풍경은 아닌 듯하다. 왠지 빈곤 속의 풍요가 깃들여 있을 것만 같은 느낌을 갖게 해 준다. 그래서 아직도 빈 들판을 서성이는 사람들이 제법 적지 않은지도.

다른 시선

참고 문헌 각주를 달지 않는 글쓰기로 많은 사람들로부터 따가운 눈총을 받으셨다고. 나의 친한 후배 중에 하나는 못내 선생님의 문체를 읽어 내기 힘들다고 말하곤 했다. 내가 이 세계에 발을 디딘 이후로 선생님의 글은 아마도 대부분 그의 육성 강연 원고와 크게 차이가 나지 않았던 것 같다. 그의 글을 읽으면 그러한 강연을 듣고 있는 듯한 착각마저 불러일으키게 했다. 그렇게 보통의 글을 읽는다는 느낌과는 다른 글을 그는 보여 주었다. 그런데 그것을 달가워하지 않은 사람이 제법 적지 않았던 것 같다. 그의 강연에서 어김없이 행간에 드러나는 미묘한 굴곡들이 있는데, 그가 힘들게 했던, 그리고 그를 힘들게 했던 경험들의 나이테 같은 것이다. 내게는 그렇게 읽힌다.

당신에게 들은 이야기들 중에 고 정주영 회장과 관련된 일화는 사뭇 인상적이다. 디테일한 것이 떠오를 리 만무하기에 대강의 이미지만을 말할 수밖에 없는데, 그게 도움이 될지는 모르겠다. 어쨌든 작문을 이어나가 보면, 신문에 칼럼을 실으셨다고. 그 칼럼을 보고 고 정주영 회장이 연락해 와서 만나 보자고 해서 만나 보게 되었고, 그렇게 서로 마음이 통한다는 사실을 확인한 후에 좋은 인연을 쌓아 왔고, 그것이 지금의 정몽준 의원과의 인연으로 이어져 오고 있다는 이야기이다. 그 칼럼에 대해서 물론 들었을 터인데, 기억이 나지는 않는다. 아마 스케일에 압도된 탓일 게다. 어찌해도 이놈의 촌놈 기질을 떨칠 수가 없는 것 같다.

정치적 인간으로서의 선생님에 대해서는 제법 복잡한 이해 과정을 거쳐 이해했던 것 같다. 순진한 학생의 치기어린 상상력 속에서 그의 학문 세계와 한국 현실 세계에서 그의 인생 행로를 나란히 놓아 본 적이 있었다. 보수와 진보라는 구닥다리 이념 잣대로 재 보는 제법 시대착오적인 시도였는데, 그 틀로 보았을 때는 그의 입장이 잘 이해되지 않았다. 역사인식에 대한 세대 차이를 고려한다고 해도 한국 기득권 세력이 '자행'해 온 왜곡과 불의, 부조리의 실태는, 어린 눈에는 이지적 시각으로 분별되는 것이라고 생각했기 때문이다. 젊은 학자들도 따라가기 힘든 종교적 인간에 관한 사유의 차원을 열어낸 선생님의 사고력을 고려할 때 그러한 '착각'이 정당하다고 생각했기 때문이다. 그런데 아마도 그 이념이 낳는 맹목성을 견디기 힘들어 하셨던 것이 아니었나 생각된다. 작지만 공권력에 대항해 학생들을 지키려 했던 시도에 대한 기억들도 들을 수 있었고, 이념에 맹목적으로 경도된 학생들의 폭거에 대항하셨던 기억도 들을 수 있었기 때문이다.

여러 기억들 속에서 특히, 21세기를 전후로 그의 '아우라'에서 엄격함이 많이 사라지게 되었다는 것도 떠오른다. 뭐 여전히 엄격하시긴 하지만 강의실에서 질타와 호통을 쏟아 놓던 호랑이 선생님의 모습은 보기 어려워졌다. 마음씨 좋은 마을 어르신 분위기를 언제부턴가 가득 풍기시고 있다. 분명 그 이미지의 전환도 기억에 남는 것이다.

거성의 갈림길

거성(巨星)은 항성의 진화 단계의 거의 끝자리에 다다른 상태의 별을 말한다. 애초의 스스로 타던 별은 중심부의 연료가 소진되면 중심부의 바로 바깥쪽의 연료가 타기 시작하면서 팽창한다. 그렇게 해서 스타는 거성이 되는데, 바깥쪽의 연료마저 다 타 버리면 별의 최종 진화 단계로 진행해 간다. 별의 질량에 따라서 초신성으로 폭발할 수도 있고, 백색왜성과 같은 수축된 별의 잔해로 끝이 날 수도 있다. 초신성 폭발로 이 별은 우주에 다양한 원소들을 쏟아 놓는다고 한다. 그리고 결국 인간은 그런 별들의 죽음에서 탄생한 탄소들로 만들어진 것이라고 한다. 물론 초신성 폭발 이후로도 중성자별과 블랙홀의 갈림길이 있지만 어느 쪽으로든 이 폭발은 우주에 새로운 생명을 담은 씨앗을 만들어 준다. 우주적 시간의 차원에서 종말은 곧 새로운 시작이 될 수 있는 것이다.

거성의 비유로 생각해 보고 싶은 것은 거성 그 다음 단계의 문제이다. 그는 그의 고별 강연에서 이야기했던 심판이 있을 끝자리를 향해 가고 있다. 그의 말대로 그는 앞으로도 계속 해체되어야 하고 재구성되어야 할 텍스트로 남아 있을 것이다. 재구성된 거성은 새로운 항성계를 만들어 낼 폭발을 일으킬 것인가 아니면 그저 우주의 한 켠에 차갑게 식은 별의 잔해가 되어 버릴 것인가? 두렵게도 그것은 오롯이 우리 같은 후학의 몫이다. 이것이 아마도 말석에서 내가 바라본 그의 그림자가 아닐까 싶다.

종교학과 신학의 만남
정진홍 선생님과 고(故) 허혁 선생님의 경우

김 석 진

금년은 소전 정진홍 선생님의 희수를 맞는 해이다. 필자는 정진홍 선생님을 1977년 봄학기에 관악산 서울대 인문대 종교학과의 '종교와 문화' 수업에 참여하면서 처음으로 뵙게 되었다. 당시에 필자는 경영대 4학년에 재학 중이었는데 졸업학점에 여유가 생겨 종교학과의 강의 중 정진홍 선생님의 강의와 허혁 선생님의 '종교철학' 강의에 참석하였다.

당시의 서울대 학제는 신입생을 계열별로 선발하여 인문계열과 사회계열은 3학기, 자연계열은 2학기의 교양과정부를 마치고 각 과별로 배정하는 체제였다. 1974년 사회계열에 입학했던 필자는 이에 따라 1975년 가을학기에 경영대 경영학과에 진입하였다. 전공과목을 이수하면서도 인문학에 관심을 지니고 있었던 필자는 4학년 봄학기에 상기의 종교학 2과목에 참석하였던 것이다. 고등학교 시절부터 기독교인이 된 필자는 사실 1974년 1학년 가을 학기 때 동숭동 서울대 문리과 대학의 종교학과 과목 중 고(故) 신사훈 교수의 '종교철학' 강의를 청강하기도 했다. 그러나 거기에서 큰 감명을 받지는 못하였고, 1975년에 이전한 관악산 캠퍼스에서 신 교수의 후임으로 오신 나학진 선생님의 '종교윤리' 강의를 청강하기도 하였으나 마찬가지였다.

1977년 봄학기의 정진홍 선생님의 '종교와 문화' 강의에서는 인류학자 말리노프스키와 기어츠, 종교학자 엘리아데 등의 이론이 소개되었고, 그에 따라 엘리아데의 책 『우주와 역사 Cosmos and History』를 흥미롭게 읽게 되었다. 미국에서 귀국하시어 종교학계의 '떠오르는 태양'으로 각광을 받던 정진홍 선생님의 인기는 대단하였다. 서울대학교에서 아직 전임은 아니었으나 학생들 사이에서 실질적인 영향력은 막강하였다.

그런데 당시 이화여대 인문대 기독교학과 교수였던 허혁 선생님이 1977년 봄학기부터 서울대 종교학과 강의에 나오시게 되었는데, 이는 서울대 종교학과의 장병길 교수님께서 허 선생님께 '와서 아무것이나 가르쳐 보라.'는 권유에 의한 것이었다.

필자는 허 선생님께서 번역하신 독일신학자 본회퍼의 『나를 따르라』를 통해 허 선생님의 이름을 알고 있었는데, 실제 종교철학 수업에서 고(故) 신사훈 교수나 나학진 교수님과는 전혀 다른 차원의 기독교신학에 접하게 되어 매우 인상적이었다. 신학은 '신'을 연구하기 때문에 형이상학적 차원이 필요할 뿐 아니라 동시에 '예수'를 연구하기 때문에 역사비평학적 차원이 필요하다는 것이었다. 그래서 바이블 창세기의 창조설화, 공관복음서의 예수의 비유 등에 대한 역사비평학적 접근법을 배우게 되었다. 그는 비기독교인인 학생들 가령 불교신자인 학생들도 서구 신학계에서 종교개혁 이래 수백 년의 전통을 지니면서 축적되고 발전되어 온 역사비평 방법을 불경에 적용하여 연구하는 것도 가능하고 또 바람직하다고 권고하였다. 그러면서 독일 성서학자 불트만의 'Das Urchristentum - im Ramen der Antiken Religionen' (1993년에 '기독교 초대교회 형성사'라는 제목으로 번역됨)의 강독에 들어갔다. 그 책의 내용은 구약성서적 유산, 유대교, 그리스적 유산, 헬레니즘, 초대기독교로 이루어져 있었다. 그 강독 수업이 기독교 신자인 학생들에게서는 환영받았으나 그것에 대한 비기독교인 종교학과 학생들의 반응은 그리 탐탁치 않았다. 종교학과 신학 사이에 긴장이 고조되어 갔다.

그래서 1977년 봄학기 강의가 끝날 무렵 종교학과에서 정진홍 선생님과 허혁 선생님의 토론 모임이 이루어졌다. 뜨거운 여름날 오후였다. 정진홍 선생님은 조교를 시켜 'Fanta' 한 병씩을 돌렸다. 첫 번째 논제는 종교학과 신학의 대상 문제였다. 정 선생님은 종교학이 세계의 모든 종교에서의 '공통점'을 추출하여 그 연구대상으로 삼는다고 하였다. 이에 대해 허 선생님은 신학이 인간의 삶의 종교적인 부분뿐 아니라 인간의 삶의 '모든' 영역을 그 연구 대상으로 삼는다고 하여 대립각을 세웠다. 그러면서 우선 각 개별 종교의 텍스트가 무엇을 말하는지를 철저하게 탐구해 보는 것으로 시작하자고 하셨다. 가령 기독교의 경우 성서의 역사비평 방법에 의해 예수의 말들이 마태, 마가, 누가 등의 편집자들에 의해 첨가 윤색되기 이전의 순수한 형태와 의미를 탐구해 보자고 하셨다.

둘째 논제는 엘리트와 대중의 관계문제였다. 이는 토인비와 마르크스의 논제이기도 했다. '도전과 응전'의 문명론에서 창조적 소수(Creative Minority)의 역할을 강조하는 토인비와 자본주의의 경제적 예속에서의 인간 해방을 외치며 대중(Mass)의 중요성을 강조한 휴머니스트 사상가 마르크스의 문제였다. 정 선생님은 대중을 위한 엘리트의 봉사하는 측면을 강조하셨다. 허 선생님은 엘리트는 철저하게 엘리트일 수밖에 없다고 역설하셨다. 이는 지금도 계속되는 논의의 주제인 듯이 보인다.

정 선생님은 엘리아데의 '역사의 공포', 인류의 달의 차고 기울음에 대한 경험의 종교적 우주적 낭만적 해석 등을 말씀하셨다. 그러면서 종교학의 등장은 신학으로부터의 '출애굽' 사건에 해당한다고 말씀하셨고, 허 선생님은 반대로 엘리아데의 저술에서의 성서 인용의 정확성 문제를 지적하면서 종교학이 점점 더 신학의 품 안으로 들어오고 있다고 평가하셨다.

정 선생님은 종교학이 독자적 관점에서 세계 각 종교에 대해 발언할 수 있으며 종교학의 '문화비평' 기능이 증대되고 있다고 역설하셨다. 허 선생님은 한국의 국립대학 또는 종합대학에서의 신학의 위상이, 일본인들이 경성제국대학 안에 '철학과'를 두고 '철학'이라는 한쪽만을 가지고 가르치고 '신학'이라는 다른 한쪽은 무시해 버린 영향으로, 상대적으로 약화되고 있다고 말하면서 신학은 본래 대학의 진리 탐구와 학문 연구를 무한히 확대시키는 기능을 할 수 있다고 강조하셨다. 즉 대학에서의 신학이 기존 교단의 교리 옹호의 역할에서 벗어나, 바닷가에서 새로운 조약돌을 찾아 기뻐하는 소년처럼, 새로운 진리 탐구의 역할을 수행해야 한다고 역설하셨다. 그러면서 한국 신학자들의 일차적 과제로서 우선 서구신학계의 대작들만 꾸준히 번역하여 한국 신학의 기초를 튼튼히 다지자고 권유하셨다. 그리하여 한국 신학도들이 굳이 외국 유학을 가지 않더라도 번역서들을 참고하여 학위를 하고 시간이 흐르면 후학들이 세계 수준에 육박하는 글을 써낼 수 있을 것이라고 전망하셨다.

두 분의 토론은 여기에서 일단락 지어졌고, 정진홍 선생님의 종교학과 허혁 선생님의 신학의 대화는 서로 팽팽한 평행선을 달리는 것으로 마무리 지어졌다고 기억된다. 두 분의 강의와 토론은 당시의 필자에게 깊은 감명을 주어 추후의 종교학과 신학 공부에 대한 하나의 계기를 만들어 주었고 이후에도 필자의 뇌리에는 종교학과 신학 그 어느 것 하나도 소홀히 할 수 없다는, 나름의 신념이 자리 잡게 되었다.

1977년의 토론 이후의 두 분의 학문 세계의 발전과 전개 양상은 너무나 방대하여 필자로서는 이들을 조감할 능력이 부족하다. 정진홍 선생님은 다복하셔서 많은 남녀 제자들을 두셨는데 비해 허혁 선생님은 이화여대에서 많은 여제자들을 길러 내셨으나 남자 제자는 드물고 1997년에 77세를 일기로 돌아가셨다. 한 사람의 남자 제자로서 안타까움을 금할 수 없다. 여제자들은 신학 분야뿐만 아니라 영문학, 법철학 등에까지 다양한 영역에 포진하고 있다. 직장생활을 하다가 뒤늦게 개신교 신학대학원에서 석사(M.Div.)를 마친 필자는 2000년에 니니안 스마트의 『Background To The Long Search』와 『종교와 세계관』을 읽고 서울대에서 정 선생님의 지도를 받으며 종교학 공부를 하고자 정 선생님께 전화를 드렸으나 정 선생님께서는 당신이 이제 정년퇴임을 얼마 남겨놓지 않아 더 이상 제자를 받아들일 수 없다고 하시며 애석해 하셨다. 그러면서 누구나 실존적인 고뇌를 지니는 법이라며 위로해 주셨다. 그래서 필자는 2001년에 한국학중앙연구원(전 한국정신문화연구원) 문화예술학부 종교학과 박사 과정에 입학하여 종교학과 신학을 공부하고 2004년에 수료하였다. 그러면서 2001년부터 정 선생님께서 이사장님으로 계신 한국종교문화연구소의 회원이 되어 정 선생님을 꾸준히 접하고 있다.

금년에 희수를 맞이하신 정 선생님의 지난 40여 년간의 학문적 업적은 6월 22일에 한국종교문화연구소의 상반기 심포지엄에서 여러 제자들에 의해 다각적으로 검토된 바 있다. 즉 종교문화, 종교사 서술, 종교현상학, 기독교적인 삶, 종교예술과 문학, 신화와 역사, 종교 의례, 삶과 죽음, 민간신앙 등의 여덟 주제로 논의가 전개되었다. 여기서 이진구는 '관리인(caretaker)과 비평가(critic) 사이에서: 한국 기독교를 보는 정진홍의 시선'이라는 글에서 정 선생님께서 신학에 제기한 문제들 즉 신학의 '고백의 언어'와 종교학의 '인식의 언어'의 차이점, 신학의 '상징의 기호화'의 문제점 지적 그리고 신학에 대한 '시적 상상력'의 제안들을 다루면서 이러한 정 선생님의 입장은 근본주의 성격이 강한 한국 기독교를 염두에 둔 것이라고 설명하고 있다. 필자의 소견에도 역시 정 선생님께서는 보수적인 경향이 강한 고(故) 신사훈 교수의 제자들을 의식하시며 신학과 종교학의 관계를 다루고 있는 것으로 사료된다. 정 선생님의 수많은 저서들은 '정직한 인식과 열린 상상력'이라는 키워드를 중심으로 종교적 세계의 다양한 분야를 아우르는 것으로 보인다. 소전(素田)은 시집도 내셨고 '종교와 예술'이라는 주제로 한국종교학회 학술대회의 기조강연을 하시기도 하셨고 독일 신학자 루돌프 불트만의 '탈신화화론'의 의의에 대해 간단히 언급하신 적이 있으시며 폴 틸리히의 『기독교와 세계종교』를 번역하기도 하셨다.

한편 허혁 선생님께서는 그 이후로도 꾸준히 독일 신학계의 대작들을 번역해 오셨는데 요아킴 예레미아스의 『예수의 비유』, 루돌프 불트만의 『예수』, 게오르그 포러의 『욥기』, 불트만의 『공관복음서 전승사』, 『요한복음서 연구』, 『신약성서신학』, 『학문과 실존』, 『기독교초대교회 형성사』, 막스 폴렌츠의 『스토아와 그리스도교』, 칼 호이시의 『그리스도교회사 편람』, 판넨베르그의 『인간이란 무엇인가?』, 융엘의 『바울과 예수』, 폰 라트의 『구약성서신학』, 게르하르트 로핑크의 『당신은 성서를 어떻게 이해하십니까?』, 보만의 『히브리적 사유와 그리스적 사유의 비교』, 보른캄의 『바울-그의 생애와 사상』 등이 그것들이다. 그러면서 그는 이러한 책들이 한국 신학계에서 적어도 50년은 살아 있어야 할 책들이라고 주장하셨다. 그리고 헌법 연구를 시작하시며 일본인 미야자와 도시요시의 『헌법강화-대일본제국헌법의 탈신화화』를 편역하셨다. 그의 저서 『그리스도교의 현재와 미래』(1990)에서는 한국신학자 안병무, 박봉랑, 유동식, 박순경 등에게 보내는 공개서한을 통해 제2의 종교개혁의 필요성을 역설하셨다. 그의 마지막 저서 『신학의 여로』(1993)는 신학적 에세이들의 모음집으로서 자유분방한 필치로 신학의 대상론, 신학의 방법론, 현대 헌법과 산상설교 등을 다루고 있다. 신학의 대상론에서는 '신학이란 무엇인가', '다 이루었다', '예배', '흙에서 났으니 흙으로 돌아가라', '무서운 말들', '이웃', '아메리카', '돈', '김일성', '춤', '교육', '이름' 등을 다루고 있다. '김일성'에서는 허 선생님 당신의 정신적 영웅들로서 하이데거, 까뮈 등의 실존주의 문학가들, 사르뜨르와 시몬느 보봐르, 신학자 루돌프 불트만, 칼 바르트, 에밀 브루너, 한문사전을 개혁한 최남선, 크리스챤 아카데미의 강원용, 민중신학자 안병무, 바르티언 조직신학자 박봉랑, 신약성서학자이자 바르티언인 전경연 등을 내세우고 있다. 허 선생님 당신은 영웅이 아니지만 자신은 과감하게 죽어 갈 수 있으며 그 죽음을 기뻐할 수 있고, 우리 모두는 혼자서 외로이 죽어 간다는 면에서 모두가 영웅이라 할 수 있다고 했다. '춤'에서는 경제적으로 어렵고 정치가 잘 되지 않더라도 춤과 순수한 기쁨은 우리에게 항상 남아 있어야 한다고 주장하셨다.

　'신학의 방법론-산파술'이라는 글에서는 학문 ─ 즉 방법론적으로 무엇을 알아내려는 노력 ─ 의 시조로서의 탈레스로부터 소크라테스, 플라톤, 아리스토텔레스, 토마스 아퀴나스, 프란체스코, 루터, 계몽주의 시대, 헤겔, 키에르케고어, 마르크스, 니체 등의 사상과 방법론을 일별하고 니체의 '인간'이 히틀러와 스탈린, 모택동으로 나타난 것은 그의 약점이라고 비판하셨다. 제2차 세계대전의 종결과 영웅시대의 마감으로 이어지는 '역사'의 재조명과 문예비평, 양식비평, 편집비평 등의 '역사비평'이 현대의 신학적 방법론임을 지적하셨다. 즉 각 시대에 따라 방법론도 변화해 왔고 앞으로도 그럴 것이라며 민주주의 시대의 현대 헌법은 우리에게 불변성을 허락하지 않는다고 한다. 그리고 이 모든 방법론을 항상 초월해 있으며 그 방법론에 생기를 제공할 수 있는 것은 '고맙다'라는 말이라고 주장하셨다. 즉 '고맙다'라는 말은 우리에게 부패를 제공하지 않고, 사람과 사람 사이를 오가며 항상 새롭고 신선하게 관계를 유지해 주고 새로운 것을 창작해준다는 것이다.

　'현대 헌법과 산상설교'라는 그의 글에서는 풍부하고 세련된 현대생활을 위해서는 헌법과 법에 대한 지식과 이해가 필수적이라 하고, 현대 헌법이 구약성서의 십계명이나 신약성서의 예수의 산상설교보다도 더 창조적인 교회의 설교의 텍스트가 될 수 있다고 한다. 헌법 기본권의 신체의 자유, 양심의 자유, 종교의 자유, 학문과 예술의 자유 등은, 옛날 사도바울이 예수의 죽음을 인간이 구원받았다는 만방에 전해야 할 기쁜 소식이라고 주장한 것처럼, 교회 설교를 통해 현대인에게 전해야 할 기쁜 소식이라는 것이다. 헌법은 법이면서도 명령문으로 되어 있지 않고 서술문으로 되어 있는 인간 해방과 구원의 기쁜 소식이라는 것이다.

허 선생님의 말년에 정 선생님께서 예방하셔서 대화를 나누시다가 허 선생님께서 학자들에게 있어서의 섹슈얼리티의 중요성을 언급하셨다는 말을 10여년 전 일본 교토에서 열렸던 한일종교학회에서 정 선생님으로부터 들은 적이 있다. 한종연에서는 '종교와 섹슈얼리티'라는 제목의 특집을 『종교문화비평』23호(2013년 3월)에 게재한 바가 있는데 상기의 두 분의 대화와 일맥상통하는 바가 있다고 여겨진다.

희수를 맞이하신 정진홍 선생님의 방대한 학문적 업적에 경의를 표하며 한종연의 모임에서 만나 뵐 때마다 악수를 청하시며 밝은 미소로 반겨주시는 정 선생님의 인간적인 따스함에 깊이 감사드린다. 더욱 건강하시고 장수하셔서 종교학계와 신학계에 계속 많은 공헌을 남기시기를 기원한다. "개인에게 있어서 길고 복된 삶은 최고의 선이다." (루돌프 불트만, 『기독교 초대교회 형성사』)

종교문화 개념의 등장과 그 배경 : 소전 정진홍의 종교문화 개념의 의미

1   http://www.religion.ac.kr/intro1

2   http://www.kirc.or.kr/about/about_01.php

3   http://cr.aks.ac.kr/01_about/about_0102.asp

4   한국종교학총서로 간행된 13권 가운데 7권이 한국 종교교단 연구라는 제목을 가지고 있고 다른 연구도 교단을 주요 기준으로 삼으면서 진행된 것이다.

5   위 사이트.

6   2013년 6월 심포지엄에서 이 글에 대한 논평을 맡아준 조현범 교수는 명칭의 변화가 문화와놀이연구소와 종교문화연구소가 합해진 결과로 나타난 것일 뿐이라고 지적하였다. 단지 한국학중앙연구원 내부의 제도적 재편 때문에 바뀐 명칭이므로 지나치게 의미를 부여할 필요가 없다는 의견이었다. 하지만 그렇게 바뀐 명칭이 발휘하는 효과가 그 명칭을 붙인 연구원 내부의 사정과 다르다는 것은 분명하다.

7   http://www.rdialog.com/main01_2.php

8   또한 서울대학교 종교문제연구소에서 1995년부터 간행하는『종교와 문화』라는 저널이 있다. 설립 목적에 관한 서술에서 다음과 같이 종교문화라는 용어를 사용한다. "유구한 한국역사의 종교문화를 입체적으로 조망함으로써, 새로운 시대에 필요한 건전한 종교문화 육성과 이해 도모를 위하여 책임 있는 연구 주체가 되고자" 한다. http://plaza6.snu.ac.kr/~centerrs/index.html

9   『한국종교문화의 전개』 집문당, 1986.;『종교문화의 이해』, 서당, 1992(청년사, 1995).;『종교문화의 인식과 해석: 종교현상학의 전개』, 서울대학교 출판부, 1996.;『하늘과 순수와 상상: 종교문화의 현상과 구조』, 도서출판 강, 1997.;『종교문화의 논리』, 서울대학교 출판부, 2000.;『경험과 기억: 종교문화의 틈 읽기』, 당대, 2003.;『열림과 닫힘: 인문학적 상상을 통한 종교문화 읽기』, 산처럼, 2006.

10 정진홍,『종교학 서설』, 전망사, 1980, 415쪽.

11 다음과 같은 내용은 이 시의 내용을 다시 한 번 확인해 준다. "그런데 저는 공부를 하면서 지금 여기에서의 내 물음을 정직하게 묻기 위해서는 그 물음을 온전하게 담을 수 있는 새 언어가 절실하게 요청된다고 하는 것을 '터득'하였습니다. 기존의 개념들이 다 이상 적합성을 발휘하지 못할 때 마땅히 우리는 '낡은 언어'를 버리고 '새 언어'를 우리 물음을 담는 그릇으로 마련하지 않으면 아니 된다고 생각했습니다. '새 언어 낳기'는 제가 이해한 이른바 '학문'의 실제적이고 종국적인 목적이라고 여기게 되었습니다. 이를 위한 노력, 이를 실제로 실현시키지 못하는 고뇌, 그것으로 점

철된 것이 저에게는 제가 학문에 몸담고 있는 '온 세월'이었다고 말씀드리고 싶습니다." 정진홍, 『잃어버린 언어들: 정진홍 산문집』, 도서출판 당대, 2004, 7쪽.

12 정진홍, 『종교문화의 이해』, 서당, 1992, 378-9쪽.

13 정진홍, 『종교문화의 인식과 해석: 종교현상학의 전개』, 서울대학교 출판부, 1996, v쪽

14 위의 책.

15 『종교문화의 이해』, 379쪽.

16 위의 책, 16쪽.

17 『종교문화의 인식과 해석: 종교현상학의 전개』, iv-v쪽

18 『종교문화의 이해』, 14쪽.

19 위의 책, 16-18쪽.

20 정진홍, 『한국종교문화의 전개』, 집문당, 1986, 3쪽. 소전은 "종교와 문화", 혹은 "한국의 문화와 종교"라고 할 때에도 "와"가 나타내는 대칭적인 의미뿐만 아니라, 포용적인 논리가 함께 전개되어야 한다고 주장한다.

21 정진홍, 『하늘과 순수와 상상: 종교문화의 현상과 구조』, 도서출판 강, 1997. 머리말.

22 위의 글.

23 『종교문화의 이해』, 14쪽.

24 위의 책, 121쪽.

25 정진홍, 『경험과 기억: 종교문화의 틈 읽기』, 당대, 2003, 9-10쪽.

26 위의 책, 10쪽.

27 위의 책, 8-9쪽.

28 정진홍, 『열림과 닫힘: 인문학적 상상을 통한 종교문화 읽기』, 산처럼, 2006, 11쪽.

29 위의 책, 12쪽.

30 위의 책, 15쪽.

31 위의 책, 15쪽.

32 위의 책, 407쪽.

33 『경험과 기억: 종교문화의 틈 읽기』, 445쪽, 462-3쪽.

34 이 논문은 강돈구, 『종교이론과 한국종교』, 박문사, 2011, 제6장(159-195쪽)으로 다시 간행되었다.

35 강돈구, 「'종교문화'의 의미」, 『종교이론과 한국종교』, 박문사, 2011, 160쪽.

36 「'종교문화'의 영어표기?」, 『한국종교문화연구소 뉴스레터』 제93호, 2010년 3월 9일.

37 강돈구, 앞의 글, 167-170쪽.

38 「'종교문화'의 영어표기?」

39 강돈구, 앞의 글, 180-181쪽.

40 위의 글.

41 위의 글, 194-195쪽.

42 Russell T. McCutcheon, *Critics, Not Caretakers: Redescribing the Public Study of Religion*, Albany: State University of New York Press, 2001, p.180.

43 Ibid., p.181.

44 Jonathan Z. Smith, *Imagining Religion: From Babylon to Jonestown*, University of Chicago Press, 1982, p. xi.

45 http://www.as.ua.edu/rel/home.html 맥커천이 주도하는 에퀴녹스 시리즈 (Religion in Culture: Studies in Social Contest and Contestation, Equinox Publishers, UK) 및 그가 재직하고 있는 알라바마대학의 Religion in Culture Lecture Series는 이런 전제를 가지고 진행되고 있다.

46 이 점은 "호모 렐리기오수스"라는 관점을 방법론적인 것으로 설정하는가 아니면 실체화하는가 하는 문제와 연관되어 있다. 하지만 소전에게 후자의 관점은 점차 약화되는 경향을 보인다.

47 William H. Sewell, Jr., "The Concept(s) of Culture", *Logics of History: Social Theory and Social Transformation*, Chicago and London: University of Chicago Press, 2005. 문화 개념의 자명성을 문제 삼은 대표적인 책 가운데 하나가 1986년에 간행된 James Clifford and George E. Marcus (eds.) *Writing Culture*이다.

48 Mark Hobart, *After Culture: Anthropology as Radical Metaphysical Critique*, Yogyakarta: Duta Wacana University Press, 2000, p.4.

49 『종교문화의 이해』, 380쪽.

50 『열림과 닫힘: 인문학적 상상을 통한 종교문화 읽기』, 387쪽.

51 위의 책, 392쪽.

종교문화와 그 다원성 : 또 하나의 시각

1 이 논문은 원천적으로 정진홍의 글을 의식하면서 작성하였다. 본서의 동기가 그러해서이기도 하지만 무엇보다 강돈구(2010)에서 보여주었듯이 그만큼 이 주제에 천착한 이가 없다는 판단에서이다. 필자 역시 나름대로 찾아보았으나 이 개념을 둘러싼 이론적 논의가 그의 글에서보다 본격적으로 전개된 경우는 아직 찾아보질 못했다. 졸고를 통해 그의 업적에 심심한 경의를 표하며, 부족한 후학이 '손들고 질문'함으로써 은사의 고견을 얻어들을 수 있기를 바라는 바이다. 또한 졸고를 꼼꼼히 읽고 적절하고 유익한 지적을 해주신 심사위원들께 감사를 표하고 싶다.

2   '문화'에 대한 정의는 아래 각주 22 참조.

3   Pratt(1992).

4   Raj(2007).

5   Burke(2009).

6   두 문화가 평등하게 만났을 때와 불평등하게 만났을 때, 조절과 혼합을 쉽게 수용하는 전통과 그렇지 않은 전통, 지리적 중심과 경계, 다양한 사회 계급 등의 다양한 상황과 자리가 있고 그에 따라 문화 혼합은 다르게 나타난다.

7   때론 일종의 유행을 일으키는 적극적인 수용의 태도(acceptance), 침범에 대한 대응으로 문화적 경계선을 긋는 저항(resistance)이나 이미 수용된 것을 추출 제거하려는 문화적 정화와 같은 거부 반응(rejection), 전반적인 거부는 아니지만 자문화의 일부를 지키기 위한 타문화 분리 수용(segregation), 그리고 타문화를 분해하여 필요한 부분을 취해서 자문화의 적절하게 끼워맞추는 적용(adaptation)이 그것이다.

8   이러한 주고받음의 관계는 돌고돌아 차용되었던 것이 본래의 자리로 되돌아 오기도 한다. 이와 관련해서 그가 든 예 가운데 우리에게 흥미로운 것은, 로마 제국 시대 황제의 공식적인 초상의 표현 형식으로부터 초기 가톨릭 교회는 신이나 그리스도를 표현하는 방식을 취한 경우이다. 그 후 오랜 시간이 지나 루이 14세가 파리에 세워진 자신의 동상에 조명을 비추게 하자, 어떤 이는 황제가 스스로를 성인 취급하는 신성모독을 범했다고 생각했다. 그러나 그는 다만 로마 제국 시대의 정치적 관습으로 돌아갔을 뿐이었다. Burke(2009), pp.96-97.

9   크레올은 일반적으로 혼합된 언어를 가리킨다. 예를 들어, 서인도 제도의 프랑스령에서 사용되는 언어를 그렇게 부르는데, 이 언어에는 불어와 현지어가 하나는 문법적 요소를 하나는 어휘적 요소를 제공하며 혼합되어 있다.

10 강돈구(2010), 58쪽의 정리와 평가를 참조할 수 있다.

11 그 예로 Lamine(2004)와 Lamine et al.(2008) 등이 있다.

12 Augé(1992), pp.50-55.

13 Willaime(1995), pp.104-110. 그 안에서 종교는, 사회화 과정이라든가 혹은 의례적 수단을 통한 그것의 문화적 침투 능력에 힘입어, 소속 공동체의 정체성 역할을 하는 데에 동원된다. 종교는 사회 생활을 구속하지 않고, 개인의 자율과 민주적 다원주의를 존중하면서, 영성적, 윤리적, 문화적 심지어 정치적 가능성의 원천으로서의 역할을 십분 발휘할 수 있다. 현대 사회의 근대화로 인한 추상화와 능력 본위주의로 받은 피해를 보상해 주는 역할을 종교가 맡는다. 즉, 감성과 상상의 세계는 종교적 기억 속에 남아 있는 상징적 재료들을 가지고서 만들어진다. 종교와 관련된 이러한 '초근대적'(surmodernité) 재구성은 개인적 차원만 관계된 것이 아니라 사회 체계 차원에서도 관찰된다. 특히 인권 문제를 둘러싼 여러 가지 위기에 처해서 민주적 행정 국가는 사회 전체가 받아들일 수 있는 도덕적 시민 정신을 찾는 데에 다양한 종

교 전통으로 하여금 동등하게 참여하도록 하고 있다. 현대 사회의 특징 가운데 하나인 사회의 종교적 재충전은, 사회와 개인의 심층적 세속화와 연결되어 있고, 종교적인 것이 문화적 개인적 세계에서 그 지위를 회복하는 형식을 취하고 있다.

14 Willaime(1995), pp.98-103. 그는 근대화의 여러 특징들이 모두 제각기 종교의 사회적 영향력을 약화시켰던 동시에, 종교가 새로운 역할과 모습으로 재등장하도록 하는 데에도 기여했다고 설명한다. 그 가운데에서, 합리성은 종교 조직 기구에까지 관료제의 합리화를 가져온 한편, 세속화를 통해서 종교 자체가 세속화되었다. 즉, 세속화는 종교가 사회 내에서 점하는 위상과 권위에만 영향을 미친 것이 아니라, 나아가 종교 내부 사회 전체의 지식과 실천의 위상과 권위에도 관계했다는 것이다. 그리고 개인과 종교의 관계를 상대화시키는 데에 어느 정도 기여한 다원주의는, 어느 종교 전통도 사회의 유일한 권위를 행사하지 못하게 함과 동시에 각 개인에게는 자신의 사회적 종교적 욕망을 스스로 충족시킬 수 있는 수많은 방식을 제공했다.

15 Willaime(1995), pp.82-87. 소속 없는 신앙 (believing without belonging), 즉 제도적 소속의 약화는 종교성 형식의 증대를 수반한다. 종교적 감성은 개인화되고 주관화되어서 종교적 '수요', 즉 구원을 요구하는 입장에서 보면, 자율성을 지닌 개인들이 그들의 믿음과 종교적 경험들을 조작하고 소속의 문제에 있어서는 유연해진다. 종교적 '공급'의 측면을 보면, 구원을 제공하는 수많은 '중소기업'들이 생기거나 경쟁 시장을 이루는 한편, 거대 종교 내에서도 신도들에게 그들의 종교를 '사는' 방식을 다양하게 제시한다. 변화가 온 곳은 행위로서의 믿음에서라기보다는 더이상 제도화될 수 없는 믿음의 내용에서이다. 즉, 믿음 행위 혹은 '성스러움'의 경험 그 자체가 변한 것이 아니라, 어떠어떠한 초월적 힘, 비가시적 세계 혹은 구세주라는 구체적 믿음의 내용 혹은 표상이 집단 내에서 권위로서 작용하는 것이 더이상 불가능하다는 점에서의 변화를 말한다. "(행위로서의) 믿음은, 의미가 만발한 세계를 거닐기 위해서 연대감에서 벗어나 휴가를 떠난다." (Lemieux(1992), p.41. Willaime(1995), p.84에서 재인용). 반면 믿음의 내용이 되는 표상들은 어떠한 사회적 동원력도 발휘하지 못한 채 잠정적이고 일시적인 것이 되었다. 이러한 상황에 따라, 연대감과 동원력을 상실한 신앙의 내용들을 더욱 '소비'하는 성향이 강해지고, 우리는 갈수록 종교 슈퍼마켓, 즉 소비가 믿음을 조절하는 상황, '종교 메뉴판'이 발달하는 상황을 목도하는 것이다. 그리고 종교적 '상품', 즉 신앙의 내용은 개개인의 경험에 얼마나 부응하며 얼마나 '유용한가'에 따라 그 '상품' 가치가 매겨진다는 것이다.

16 위에서 요약한 현대 사회의 종교 관련 현상은 다만 서구 사회에만 국한된 것이 아니다. 한국인 생활의 종교적 차원이, 그리고 그것들이 구성하는 한국사회의 종교적 세계가 불교, 기독교, 민족 종교 등에 대한 일반적 지식으로 모두 설명되지는 않으며, 이들 각 종교를 한 묶음으로 포장해서 여러 종교를 나열하거나 쌓아놓은 것이 한국인 혹은 한국 사회의 종교 세계의 총체는 아니다.

17 여기서 사회화란 상호작용(interaction)과 참여(participation)의 과정을 말한다.

18 피터 버거(Peter Berger)의 표현을 빌려 부연하면, 인간이 만드는 세계의 핵심은 사회적으로 구축된 의미이다. 필연적으로 인간은 자신에게 의미가 되는 것을 가지고 세상을 물들게 한다. 개개인의 모든 행동에는 그들의 주관적 의미들이 담겨져 있다. 이런 뜻에서 한 사람의 행동은 '의도적'이다. 이러한 의미들은 사회의 다른 요소들과 어울려서 문화를 구축하는 과정 속에서 이념, 신념 체계, 도덕률, 사회제도 등으로 객관화된다. 그리고 거꾸로, 이들 외화되었던 의미들은, 개인 혹은 집단 행동에 관한 도덕률로서, 사회적 담론의 규칙으로서, 그리고 일상의 일반적 생활방식으로서, 개인에 의해 재흡수된다. 따라서 기본적으로 문화란 주관적으로 그리고 상호 주관적으로 경험된 의미들이 사회를 통해 구축한 포괄적인 세계이다. 만일 어떤 의도가 담긴 그리고 주관적인 의미가 실린 개인의 행위가 없다면, 문화라는 것은 없었을 것이다. 문화는 인간으로부터 만들어지는 것이고, 그것은 주관적인 의미들이라는 원료로부터 나오는 것이다. Wuthnow et al.(1984), p.25.

19 Woodside(2006) 참조.

20 그런데 아시아 내에서 연구의 경향을 비교해볼 때 약간의 차이가 난다. 인도에서는 종교라는 서구 개념이 도입되기 전부터 다양한 종교가 공존했고, 오늘날에도 여전히 그렇기에 다원성에 대한 관심이 있어 왔고 학술적 탐구도 찾아볼 수 있다. 예를 들어, Malik and Refeild(2005). 반면, 동아시아에서는 이러한 주제에 대한 논의를 찾아보기 힘들다. 언급되고 인식되고는 있지만 분석과 설명은 찾아보기 힘들다. 이에 연구의 필요성이 있는 것이다.

21 정진홍(1998), 79쪽.

22 '문화'라는 용어는 여러 영역에서 여러 가지 뜻으로 사용된다. Kluchhohn(1966), p.25-57; Cuche(2001) 참조. 가장 광범위하게 개념 정의를 한다면, '자연'의 상대 개념으로서, 즉 인간이 후천적으로 획득하게 되는 모든 것을 '문화'라고 일컬을 수 있을 것이다. 자연은 종종 문화적 요소들과 대칭되어 일컬어진다. '자연과 예술'(nature and art), '자연과 정신'(nature and spirit), '자연과 역사'(nature and history)라는 식으로 문화와 대칭적으로 말하는 용법이 많다. 자연이라는 말에는 여러 가지 용법이 있지만, 이러한 여러 용법을 종합해서 정리해 보면 '자연이란 모든 있는 것의 있는 그대로의 모습, 되어가고 있는 것의 되어가는 그대로의 모습'이라고 할 수 있다. 예술, 정신, 역사, 기술 같은 것, 이러한 모든 것들은 모두 있는 그대로의 자연을 변질시킨 것들이다. 이렇게 변질된 것들을 우리는 문화라고 한다. 그렇기 때문에 문화를 자연의 가치화라고 정의하기도 한다. 일반적으로는 '반성적 사고가 선행된, 인간의 고유한 활동의 일체'를 가리킨다. 부연하자면, '인간이 자연 및 자기 자신과 반성적이고 자유로운 관계를 창출할 수단을 마련하기 위해서 행하는 활동의 일체'를 이른다. 행동 양식, 신앙, 집단적 의례, 지식, 요령, 세계관, 느끼는 방식, 좋아

하는 방식, 고통을 겪는 방식, 시간과 공간을 지각하는 방식 등등이 그것이다. 그리고 좁은 의미로 사용될 때도 있다. '한 사회의 지적 생산물의 일체', 즉 예술, 과학, 사상, 문학 등등을 일컬을 때가 그것이다. 특히, 문학 예술과 그 활동들을 배포하는 매개 시스템(책, 영화, 텔레비전, 박물관 등)을 일컫는 경우는 더 좁은 의미로 사용하는 경우이다.

23　Gauchet(1985), p.9.

24　정진홍(1989), 142쪽.

25　정진홍(1994), 54쪽.

26　정진홍(1998), 86쪽. 종교가 어떻게 문화 안에 자리하고 있는지에 대해서는 다음과 같은 설명이 바로 그것일 것이다 : "그러나, 그러한 발언의 원천은 자기가 놓여 있는 삶의 세계 안에서 벌어지는 사건과의 조우이다. 그런데 그 사건은 서로 다른 행위주체들이 제각기 다른 목표와 수단과 상호 관계와 환경들과 기대하지 않았던 결과들에 의하여 빚는 사실이다. 그러므로 그러한 사건은 근원적으로 단회적이지 않다. 그것은 끊임없이 점철되고 확장되어 나아가는 일련의 과정이다. 그렇다면 그러한 사건과 조우한다고 하는 것을 하나의 삽화로 여길 수는 없다. 그것은 적어도 그것을 진술하는 발언 속에서는 총체적인 삶에 대한 이야기가 된다. 따라서 에피소드일 수 있는 사건을 총체적으로 이어 삶 자체를 조망하는 '줄거리 짜기'가 이루어진다. 그러한 작업은 불가피한 존재론적 필연이다. 이같은 사실을 우리는 이야기를 통하여 삶을 형상화하는 것이라고 말할 수 있다." 정진홍(1994), 52쪽. 여기서 형상화의 구체적인 도구들이 바로 문화의 구성요소들인 것이다.

27　문제는 이 담론 자체의 타당성 여부뿐만이 아니다. 그러한 담론과 그렇지 않은 실제 사이의 괴리에도 불구하고, 그러한 담론이 실질적 힘을 발휘하는 경우가 문제이다. 서구적 종교 개념의 영향을 받지 않은 전통 사회에서는 그러한 담론이 없으므로 갈등이 없다. 그러나 현대 한국의 도시 사회에서와 같은 곳에서는 그 담론이 힘을 발휘하며 이러한 갈등을 낳는다. 또한 그러한 개념을 인식의 도구로 하여 전통 사회의 종교를 관찰하는 연구자의 사고 속에도 이 담론은 갈등을 불러 일으킨다.

28　예를 들어, 종교는 무엇을 가리키는가, 신? 교리? 계시?

29　하나의 신을 여러 명칭으로 가리킬 수 있고 같은 계시를 다르게 해석할 수 있다.

30　Gauchet(1984), pp.26-46.

31　Smith(1998).

32　Oberoi(1994).

33　Beckford(2003), pp.11-29.

34　'종교문화'라는 용어가, 특히 한국 사회에서, 어떤 의미로 사용되었는가에 대한 연구는 강돈구(2010)를 참조할 수 있다. 여기서는 이러한 용어를 하나의 개념으로 제시하고자 한다. 이에 앞서 최근의 논문 Kim Daeyeol(2012)에서 개념 정의를 짧게나마

시도해 본 바 있다.

35 정진홍(1998), 81쪽.

36 정진홍(1994), 51쪽.

37 정진홍(1998), 79쪽.

38 이 점도 정진홍은 누누히 지적해 왔다.

39 이 부분은 결론에서 다시 거론하겠다.

40 정진홍(1994), 47-48쪽.

41 정진홍(1994), 48쪽.

42 주석 22 참조.

43 정진홍(1994), 49쪽.

44 정진홍(1994), 52쪽.

45 정진홍도 이러한 부분이 필요함을 암시한 바 있다.

46 일반적인 경제적 상황이 종교 집단의 발전이나 퇴보에 미치는 영향이라든가, 한 개인의 경제 상황이 그의 종교적 성향이나 활동에 미치는 영향 등이 있을 수 있다.

47 한 사회 내에서 종교의 사회적 구성, 즉 종교들이 지배하는 인력 구성 혹은 사회계층 분포 등이 그 사회의 경제적 성격과 어떤 일관된 관련성을 보이는지, 혹은 개개인의 종교가 그의 경제적 선택이나 상황과 갖는 관련 등이 있을 수 있다.

48 이와 관련해서는 Iannaccone(1998)을 보라.

49 Goossaert(2010), p.628.

50 Chau(2011).

51 Goossaert(2010), p.628는, 곁들여, 종교문화를 강조함으로써 엘리트 계층들이 모르는 것에 대해서, 사회와 관련하여 그들이 지닌 이해의 한계에 대해서, 그래서 '민중' 문화와 '공식' 문화가 현대 사회에서 분리되는 데에 대해서 문제 제기하는 것을 가능하게 한다고 지적한다.

52 현대 사회에서는 종교 집단 자체가 '비봉헌 혜택 수여자'들을 늘리려고 환경에 적응하고 스스로의 옷을 갈아입는 노력을 하고 있다.

53 졸고의 이후 부분은 여러 학자들과의 공동 연구의 부산물이기도 하다. 필자는 '동아시아에서의 종교적 문화적 다원성'(Pluralité religieuse et culturelle en Asie de l'Est)을 주제로 공동 연구 프로젝트를 주도하고 있다. 여기에는 프랑스와 유럽에서 활동하는 한중일 관련 학자들이 참여하고 있지만 주로 한국관련 연구자들이다. 우리는 2012년과 2013년에 걸쳐 파리에서 세미나를 여러 차례 가졌다. 이제까지 발표되고 논의된 주제들은 다음과 같다: Bruno(2012), Cherel-Riquet(2012), Durant-Dasté(2012), Galmiche(2012), Goossaert(2013), Guggenmos(2012), Ji Zhe(2011), Kim Daeyeol(2012), Kim Hui-Yeon(2012), Riboud(2012), Walraven(2012), Young(2013). 미발표 연구 성과 인용을 허락해준 동료 학자들에게 이 자리를 빌려

감사드린다.

54 Berger & Luckmann(1966), p.30.

55 그래서 이사를 가거나 이민을 가면 새로운 사회에 적응하기 위해서 종교를 바꾸는 경우도 있다. 그러나 종교가 민족이라는 개념과 연결되어 있는 경우에는 그렇지 않다.

56 성직과 세속의 교환 경제적 관계는 Turner (1983), p.87-108을 보라.

57 개신교의 수많은 분파, 가톨릭 선교사들의 현지 적응, 불교의 현대적 변모 등과 같은 현상에서 확인할 수 있다.

58 김성은(2012), 38-65쪽.

59 Galmiche(2012).

60 Ji Zhe(2011).

61 Kim Hui-yeon(2012) 참고. 이러한 사실은 Kim Hui-yeon이 그의 사회학 박사논문 작성을 위한 현지 조사 결과 드러난 사실이며 그의 박사 논문에서 보다 자세히 논의되고 있다.

62 필자는 이러한 사실을 일반화하여 볼 의도는 없다. 다만, 종교적 정체성이 상대화되는 경향이 현대사회에서 자주 관찰됨에 주목할 따름이다.

63 정진홍(1994), 60쪽.

64 정진홍 (1994), 62쪽.

65 위의 분석의 구조는 부분적으로 귀납적이고 부분적으로 연역적인 추론의 결과물이다. 앞서 언급한 여러 학자들과의 공동 연구로부터 표출된 사항들이 필자의 문제의식 위에 의미있는 분석 요소로 떠오른 것을 형태에 따라 분류하고 개념화해 본 것이다. 이러한 분석의 틀은 아직 충분히 미세하지 않으며 보다 진전된 연구에 앞서 시도로서 제시해본다.

66 Young(2013).

67 Guggenmos(2012).

68 Galmiche(2012).

69 Ji Zhe(2012).

70 Cherel-Riquiet(2012).

71 Kim Daeyeol(2012).

72 Cherel-Riquiet(2012).

73 Riboud(2012).

74 Goossaert(2013).

75 Bruno(2012).

76 Guggenmos(2012).

77 Walraven(2012).

78 Kim Daeyeol(2012).

79 Bruno(2012).

80 정진홍(1998), 89-90쪽.

정진홍의 인문주의 : 반독단과 반환원의 논리를 넘어서

1 이 글을 읽는 독자들 각자에게 떠오르는 생각 역시 필자의 생각과는 꽤 다른 것
이 될 수 있음 또한 충분히 예상할 수 있다. 표상들의 소통은 언제나 변이(variant)
를 생산하면서 이루어진다. Dan Sperber, *Explaining Culture: A Naturalistic Approach*,
Massachusetts: Blackwell, 1996 참고.

2 『종교문화의 논리』, 37쪽.

3 막스 뮐러, 김구산 역, 『종교학입문』, 동문선, 1995, 34-35쪽.

4 현재의 종교학에서 이러한 서술이 얼마나 현실적인지는 상세히 검토될 필요가 있
다. 개별 종교를 역사적으로 연구하는 학자들은 이러한 문제에 무관심할 수도 있
다. 또, 로버트 시걸(Robert A. Segal)처럼 환원주의적 종교 연구를 옹호하는 입장도
있다. 그러한 입장은 환원주의에 관한 매우 진지하고 심각한 논쟁을 낳기도 했다.
Thomas A. Idinopulos & Edward A. Yonan, eds., *Religion and Reductionism*, Leiden: E.J.
Brill, 1994 참고.

5 정진홍에게 독단론이나 환원론이 문제가 되는 것은 그로 인해 인식과 상상력이 제
한되는 경우다. 그런 점에서 정진홍에게 독단론과 환원론은 실은 다른 것이 아니
다. 여럿이 있는데 하나만 있다고 말하는 것이야말로 사태를 축소하고 환원하는 것
이며, 특정한 관점에서의 서술을 대상과 동일시하는 것이야말로 독선이자 독단적인
판단이기 때문이다. 다시 말해, 독단론이란 '크레도(credo)'가 환원적이게 되는 경우
를 의미하고 환원론이란 '코기토(cogito)'가 독단적이게 되는 경우를 가리킨다. 독단
론이든 환원론이든 그것이 야기하는 결과는 동일하다. 즉, 존재론적 범주의 인식을
삶의 현실과 동일시하는 독단론이든 서술적 범주의 인식을 삶의 현실과 동일시하는
환원론이든 간에 그것들은 인식과 상상력이 펼쳐지는 삶의 현실을 축소하고 사유를
제한한다는 점에서 마찬가지인 것이다.

6 『종교문화의 이해』, 31쪽.

7 『정직한 인식과 열린 상상력』, 538쪽.

8 위의 책, 553쪽.

9 『종교문화의 이해』, 32쪽 참조. 정진홍은 여기서 '공간의 비유'에 의하면 이러한 자
리는 불가능하다고 말하고 있다.

10 윈스턴 L. 킹(Winston L. King)의 'detached-within'과 같은 개념이 그렇다. Winston
L. King, *Introduction to Religion: A Phenomenological Approach*, New York: Harper and

Row, 1968. 정진홍 역시 크레도, 코기토, 레고의 자리를 구별하면서 레고의 자리가 바로 이와 같은 자리라고 말한다. 그러나 이는 그가 '삶의 자리'를 인식의 장으로 확보한 후에 이러한 비유를 다시 말하고 있다는 점을 유념한다면 그의 이러한 서술은 종교를 공간을 점유하는 하나의 사물로 보는 시각과는 다른 삶의 자리의 시각에서 이루어진 비유적 표현이라고 보아야 할 것이다. 그럼에도 불구하고 필자는 정진홍이 레고의 자리에 다시 공간의 비유를 재도입하는 이유를 충분히 이해할 수 없다. 새로운 인식을 위해 효과적인 비유가 아니라고 생각되기 때문이다. 『정직한 인식과 열린 상상력』, 612-613쪽 참조.

11 『종교문화의 논리』, 40쪽.

12 『종교문화의 인식과 해석』, 197쪽.

13 이 문단의 내용은 정진홍의 『종교문화의 인식과 해석』의 IV장 「성현(聖顯)의 변증법과 창조석 해석학」을 참고하여 서술한 것이다.

14 『정직한 인식과 열린 상상력』, 556-557쪽 참조.

15 위의 책, 546-557쪽.

16 『종교문화의 논리』, 21쪽.

17 정진홍은 종교에 대한 물음이 "종교란 무엇인가?"라는 물음으로 완결되지 않고 "왜 그것이 종교인가?" 그리고 "누가 그러한 물음을 물을 수밖에 없는 경험을 하고 있는가?" 하는 물음으로 이어질 수밖에 없다고 주장한다. 이어지는 내용은 그의 이러한 인식을 바탕으로 하고 있다. 『종교문화의 인식과 해석』, 4-5쪽 참조.

18 정진홍이 말하는 '모름을 다듬는 일'은 이러한 과정의 연쇄를 가정하고 있다고 말할 수 있다. 그는 특히 이어지는 범주에 관한 논의를 '무엇을 왜 묻는가'하는 물음의 속성과 관련시킨다. 『종교문화의 논리』 25쪽 참조.

19 『종교문화의 논리』, 21-46쪽 참고.

20 위의 책, 39쪽.

21 위의 책, 29쪽.

22 위의 책, 25쪽. "종교가 무엇인가 하는 '정의'의 문제는 범주의 차이에 따라 달라질 수밖에 없는 것입니다. 따라서 '종교는 궁극적 실재'라고 한다든지, '종교는 이른바 궁극적 실재를 경험하는 삶의 양태'라고 한다든지, '종교는 궁극성을 통한 의미의 창출'이라고 한다든지 하는 '종교에 대한 앎'의 서술들이 서로 다른 것은 종교에 대하여 왜 어떻게 묻는가 하는 그 물음을 비롯하게 하는 범주의 차이에서 말미암는 것입니다. 물음 주체가 모름을 물으면서 지니는 상상력 안에 담겨 비로소 종교는 자신을 특정한 모습으로 드러내는 것이라고 말할 수 있는 것입니다."

23 정진홍이 묘사하고 있는 이 세 가지 '물음의 위상'은 안, 밖, 안밖의 자리 등 공간의 은유로 말해진다. 앞에서 이미 말했듯이 필자에게는 이러한 은유가 못내 불안하게 느껴진다. 물론 정진홍은 자신이 차용하고 있는 윈스턴 킹의 분류가 지닌 소박함도

지적하고 있다. 그럼에도 불구하고 정진홍은 이 '자리'의 은유가 인식을 위한 매개변수가 될 수 있다고 말한다. 이와 관련하여 정진홍은 가빈 플러드(Gavin Flood)의 논의에도 주목한다. 플러드는 기존의 독단론과 환원론을 비환원론(non-reductionism)과 환원론(reductionism)이라는 개념쌍으로 대치하는데, 이는 종교학이 전개하는 '세계종교', '지혜의 전승', '세계의 신앙' 등의 비환원론적 개념들도 개개 종교 내부의 독단론의 주장과 함께 묶어 넣어 다루는 것이 옳다는 러셀 맥커천(Russell McCutcheon)의 주장과도 부합된다고 정진홍은 주장한다. 『정직한 인식과 열린 상상력』, 613쪽, 각주 2번 참조.

24 『종교문화의 인식과 해석』, v 참조.

25 위의 책, 12-14쪽 참조.

26 『종교문화의 논리』, 9쪽.

27 『종교학 서설』(1980)에서는 "인류가 지니고 있는 문화-역사적인 자료 중에서 무엇을, 또는 어떤 것을 종교라고 할 것인가"를 문제로 설정한다. 『종교학 서설』, 13-15쪽 참조.

28 『종교문화의 이해』(1992, 1995)에서는 "우리의 물음은 '종교란 무엇인가' 하는 물음의 형식이 아니라 '우리는 과연 무엇을 일컬어 종교라 하는가?' 하는 물음으로 그 형식이 수정되어야 비로소 그 물음과 우리의 논의가 적합성을 가질 수 있게 된다."고 주장한다. 『종교문화의 이해』, 53쪽 참조.

29 이 질문의 표현은 정진홍이 직접 언급한 것이 아니라 필자가 그의 논의들을 바탕으로 재구성해본 것이다. 필자는 정진홍이 이제 종교 정의나 서술 범주를 염두에 둔 질문 이상의 것을 묻고 있다고 판단한다. 거기에는 의미에 대한 질문이 포함되어야 하며, 이때의 '의미'는 현상학적 만남을 해석학과 통합된 것이어야 한다고 필자는 생각한다. 따라서 질문에 상호주관적 주체로서의 '나'를 포함시켜 보았다. 『정직한 인식과 열린 상상력』(2010)에서 정진홍은 '사람들이 무엇을 종교라고 일컫는가?'라는 물음 형식을 통해 본질을 추적하는 일이 심각한 딜레마를 종교학에 야기한다는 점을 지적한다. 그는 그 딜레마의 전형적인 사례로 '성(the sacred)'이라는 개념의 사례를 들고 있다. 이 개념은 처음에는 서술 범주로 전제되었다가, 본질로 상정되고, 이해의 준거가 되고, 설명이 함축해야 하는 의미가 되면서, 마침내 경험적 실재로 여겨지게 되었다는 것이다(587쪽 참조). 그는 종교학이 '종교 읽기'와 '종교 짓기'를 진자운동하면서 이루는 현상을 가리켜 미로와 혼효라고 부르면서, 거기서 벗어나는 일보다 더 중요한 것은 '미로와 혼효의 의미론'을 이야기하는 일이라고 주장하고 있다.

30 『정직한 인식과 열린 상상력』, 356쪽.

31 위의 책, 358쪽.

32 위의 책, 367쪽.

33 위의 책, 368쪽.

34 『종교문화의 인식과 해석』, iv.

35 『하늘과 순수와 상상』, 6쪽.

36 『종교문화의 인식과 해석』, 202쪽 참조. 여기서 정진홍은 이러한 견해가 엘리아데
    의 주장이라고 말하고 있다.

37 『정직한 인식과 열린 상상력』, 603-604쪽.

38 위의 책, 515쪽.

39 인지과학의 종교담론에 관한 정진홍의 논의는 『정직한 인식과 열린 상상력』, 637-
    664쪽 참조.

40 위의 책, 658쪽.

41 정진홍, "신의 고향은 어디인가 - 인지과학의 종교담론에 관하여," 이화여자대학교
    이화학술원 2008학년도 제7회 교수 포럼 강연 동영상.

42 『정직한 인식과 열린 상상력』, 663쪽, 각주 22번 참조. 정진홍은 이러한 논의를 이
    창익의 논문 「인지과학과 숨은그림찾기」를 인용하면서 전개하고 있다. 이창익, 「인
    지과학과 숨은그림찾기」, 『종교문화비평』 14, 2008 참조.

43 『정직한 인식과 열린 상상력』, 168쪽.

44 위의 책, 660쪽.

45 위의 책, 660-661쪽.

46 위의 책, 661-663쪽.

47 위의 책, 637-638쪽, 각주 참조.

48 위의 책, 645-646, 각주 9번, 마지막 문장.

49 『열림과 닫힘』, 407쪽.

50 위의 책, 15쪽.

51 위의 책, 15-16쪽.

52 『정직한 인식과 열린 상상력』, 605쪽.

53 『열림과 닫힘』, 379-407쪽 참조.

54 사실 '인문주의'라는 말이 환기시키는 의미는 너무도 광범위하다. 그 용어는 15세기
    ~16세기 유럽 문예부흥운동의 반신학적 인본주의, 17세기의 과학적 합리주의, 18세
    기의 계몽적 진보주의나 독일의 문예적 낭만주의 등을 떠올리게 한다. 또, 인문주의
    라는 말은 20세기 초 이래의 신인문주의(New Humanism)를 환기시키기도 한다. 모
    어(Paul Elmer More)와 배빗(Irving Babbitt)은 '문예비평'을 통해, 조지 사튼(George
    Sarton)은 '과학사'를 통해, 엘리아데는 '종교사'를 통해 보다 완전한 인간상을 새롭
    게 꿈꾸었다. 그들은 각각 당대 문화의 인간상에 독특성·도덕성·자율성을, 과학
    적 사유와 양심을, 고대적 존재론의 실존적 총체성을 환기시키고 고양시킴으로써
    새로운 시대의 인간다움을 완성하고자 했다. 정진홍의 사유가 학문적 정직성과 개

방성을 엄격하게 추구하고 있다는 점에서 엘리트 지향의 신인문주의를 떠올리게 하고, 종교적 인간을 총체적 인간으로 간주하고 있다는 점에서 엘리아데의 신인문주의를 환기시키는 것은 사실이다. 그러나 필자가 여기서 정진홍의 논의를 그런 것들과 직접 연관 지으려는 것은 아니다.

개념과 실재 : 민간신앙 인식에의 물음

1   정진홍, 「민속종교의 이해」, 『종교학서설』, 전망사, 1980.
2   정진홍, 「한국의 종교문화와 민간신앙」, 『경험과 기억: 종교문화의 틈읽기』, 당대, 2003.
3   소전 종교학에서 민간신앙 인식에 대한 논의는 '개념적 실재'와 '경험적 실재'의 대비를 통해 드러나는 개념과 실재의 문제를 중심으로 이뤄진다. 이런 판단에서 글의 제목을 '개념과 실재: 민간신앙 인식에의 물음'으로 정하였다.
4   정진홍, 앞의 글(1980), 251쪽.
5   위의 글, 251-252쪽.
6   위의 글, 252-253쪽.
7   위의 글, 253-254쪽.
8   위의 글, 255-259쪽.
9   위의 글, 258쪽.
10 정진홍, 「종교와 자연」, 『종교학서설』, 전망사, 1980, 205-206쪽.
11 전자의 좋은 예로 유동식, 『한국무교의 역사와 구조』, 연세대출판부, 1978, 15-16쪽 참조. 후자의 한 예로 최준식, 『무교: 권력에 밀린 한국인의 근본신앙』, 모시는 사람들, 2009, 23-26쪽 참조.
12 기존 개념을 뛰어넘어 종교현상에 대한 새로운 인식, 새로운 언어 창출의 의도를 명확하게 보여주는 것이 『종교학 서설』에 맺음말로 자리한 '종교학을 위한 서시'이다. '낱말을 바꾸어야' 하고 '낱말을 낳는 어머니여야 한다'는 구절은 그러한 의도를 분명하게 보여주며, 그것이 소전 종교학의 일관된 문제의식임을 확인해 준다.
13 정진홍, 「무속 신앙의 현대적 조명」, 『한국종교문화의 전개』, 집문당, 1986, 183쪽.
14 위의 글, 171-173쪽.
15 위의 글, 173쪽.
16 위의 글, 174쪽.
17 위의 글, 177쪽.
18 「무속 신앙의 현대적 조명」에서 '경험적 실재'와 '개념적 실재'라는 개념이 직접적으로 명시되지는 않는다. 그러나 논의 내용에는 이미 양자의 구분이 전제되어 있다. 양자의 구분에 대해서는 다음을 참조. 정진홍, 『종교문화의 이해』, 서당, 1992, 198-

199쪽.; 정진홍, 『종교문화의 논리』, 서울대출판부, 2000, 12-19쪽.; 정진홍, 「종교인과 종교적 인간」, 『열림과 닫힘: 인문학적 상상을 통한 종교문화 읽기』, 산처럼, 2002.

19 Johannes Fabian, *Time and the Other: How Anthropology Makes its Object*, Columbia Univ. Press, 1983, p. xi.

20 앞의 글(1986), 183쪽.

21 위의 글, 173쪽.

22 위의 글, 179-180쪽.

23 위의 글, 176-177쪽.

24 소전 종교학의 종교문화 개념 전반에 대해서는 장석만, 「종교문화 개념의 등장과 그 배경: 소전 정진홍의 종교문화 개념의 의미」, 『종교적 인간, 그 하나의 얼굴: 소전 정진홍 교수의 학문적 세계』, 2013년 한국종교문화연구소 상반기 심포지엄, 한국종교문화연구소, 2013 참조.

25 정진홍, 「종교문화의 소묘」, 『종교문화의 논리』, 서울대출판부, 2000, 247-249쪽.

26 정진홍, 「한국의 종교문화와 민간신앙」, 『경험과 기억: 종교문화의 틈 읽기』, 당대, 2003, 165-168쪽.

27 정진홍, 앞의 글(2002), 386쪽.

28 정진홍, 앞의 글(2003), 169-170쪽.

29 위의 글, 177-181쪽.

30 정진홍, 앞의 글(2000), 247-249쪽

31 정진홍, 앞의 글(2003), 171-172쪽.

32 정진홍, 「한국의 종교와 한국인」, 앞의 책(2003), 113-115쪽.

33 정진홍, 「한국종교문화의 전개」, 앞의 책(1986), 24-25쪽.

34 위의 글, 25쪽.

35 정진홍, 「무속은 어떠한 종교인가」, 앞의 책(1986), 84쪽.

36 위의 글, 88쪽.

37 정진홍, 「한국종교문화의 전개」, 앞의 책(1986), 25쪽.

38 위의 글, 26쪽.

39 정진홍, 「무속은 어떠한 종교인가」, 앞의 책(1986), 90쪽.

40 정진홍, 「한국의 종교와 한국인」, 앞의 책(2003), 119-120쪽.

41 무속 이해에서 무당 중심적인 시각에서 벗어나 무당 외에 단골과 같은 다른 참여자의 중요성이 고려되어야 한다는 것은 이미 지적되었다. 정진홍, 「한국의 종교문화와 민간신앙」, 앞의 책(2003), 177-181쪽 참조.

42 정진홍, 『하늘과 순수와 상상: 정진홍 교수의 종교문화 읽기』, 강, 1977, 6쪽.

한국 기독교에 대한 소전 종교학의 문화비평

1   정진홍, 「다원사회 속에서의 그리스도교: 종교의 생존원리와 관련하여」, 『정직한 인식과 열린 상상력: 종교 담론의 지성적 공간을 위하여』, 청년사, 2010, 44-45쪽.

2   정진홍, 「도전과 경악: 환상 속에서의 안주」, 『잃어버린 언어들: 정진홍 산문집』, 당대, 2004, 192쪽.

3   종교학(자)의 문화비평 기능을 강조한 대표적 글로는 다음과 같은 것이 있다. Russell T. McCutcheon, "A Default of Critical Intelligence? The Scholar of Religion as Public Intellectual," *Critics Not Caretakers: Redescribing the Public Study of Religion*, State University of New York, 2001, pp.125-144.; 장석만, 「문화비평으로서의 종교학」, 『한국종교연구회회보』, 2호, 1990, 4-7쪽.

4   한국 기독교에 대한 비평의 예로는 이찬수, 『한국 그리스도교 비평: 그리스도교, 한국적이기 위하여』, 이화여자대학교출판부, 2009 참조.

5   정진홍, 「나의 인생과 기독교」, 『기독교사상』, 2008년 10월호, 185쪽; 이 글은 2008년 6월 16일 청파감리교회에서 열린 한국기독교연구소의 예수포럼(2008년 6월 16일)에서 강연한 내용을 게재한 것이다.

6   해방 이후 한국 종교학의 흐름에 대해서는 강돈구, 「한국 종교학의 회고와 전망」, 『종교이론과 한국종교』, 박문사, 2011, 40-73쪽 참조.

7   정진홍, 「나의 인생과 기독교」, 187쪽

8   위의 글, 187-189쪽.

9   정진홍, 「연보: 왜 종교학인가」, 『경험과 기억』, 당대, 2003, 457쪽.

10 이 책은 『Traité d'Histoire des Religions』(1949)라는 제목의 불어로 처음 출판되었고 9년 뒤 『Patterns in Comparative Religion』(1958)라는 제목으로 영역되었다. 국내에서는 이은봉이 영어판을 토대로 『종교형태론』(형설출판사, 1981)이라는 제목으로 번역하였고, 이재실이 불어판을 토대로 『종교사 개론』(까치, 1993)이라는 제목으로 번역하였다.

11 소전은 엘리아데를 통해 많은 것을 배웠지만 그의 틀에 갇혀 있지는 않았음을 밝히고 있다. "엘리아데는 제가 숨막혀할 때 그렇게 제게 있었습니다. 그렇다고 해서 제가 그에게 '속해 있다'고 한다면 그것은 견디기 힘든 일입니다. 그가 저를 대신하여 호흡해 준 것은 아닙니다. 저는 내 호흡을 통하여 그와 만났기 때문입니다." 정진홍, 「멀치아 엘리아데: 기호인가 상징인가」, 『정직한 인식과 열린 상상력: 종교 담론의 지성적 공간을 위하여』, 556-557쪽.

12 정진홍, 「연보: 왜 종교학인가」, 458쪽.

13 정진홍, 「나의 인생과 기독교」, 191쪽.

14 정진홍, 『종교학서설』, 전망사, 1980.

15 정진홍, 『기독교와 타종교와의 대화』, 전망사, 1980.

16 정진홍, 『基督敎와 他宗敎와의 對話』, 전망사, 1980, 10-13쪽.; 그 이전에 나온 『종교현상과 기독교』(연세대학교교재편찬위원회 편, 연세대학교출판부, 1975)도 공저이지만 이와 비슷한 맥락을 지니고 있는 것으로 보인다.

17 Paul Tillich, *Christianity and the Encounter of World Religions*, New York: Columbia University Press, 1963; 정진홍 옮김, 『기독교와 세계 종교』, 대한기독교서회(현대신서 16), 1969.

18 Jung Young Lee, *The Theology of change: A Christian Concept of God in an Eastern Perspective*, New York: Orbis Books Press, 1979; 정진홍 옮김, 『易과 基督敎思想』, 한국신학연구소, 1980.

19 H. Richard Niebuhr, *The Responsible Self: An Essay in Christian Moral Philosophy*, San Francisco: Harper & Row Publishers, 1963; 정진홍 옮김, 『책임적 자아』, 이화여대출판부, 1983.

20 Frederick J. Streng, *Understanding Religious Man*, California: Dickenson Pub. Co., Inc., 1969; 정진홍 옮김, 『종교학 입문』, 대한기독교서회(현대신서 43), 1973.

21 Mircea Eliade, *The Myth of the Eternal Return: Or, Cosmos and History*, New York: Pantheon Books, 1954, Princeton: Princeton University Press, reprint edition, 1971; 정진홍 옮김, 『우주와 역사』, 현대사상사, 1976.

22 이 무렵 소전은 아프리카의 종교와 철학에 관한 책도 번역하였는데 이 역시 기독교계통 출판사에서 나왔다. John S. Mbiti, *African Religions and Philosophy*, New York: Praeger, 1969; 정진홍 옮김, 『아프리카의 종교와 철학』, 현대사상사, 1979.

23 일본의 경우도 종교학 담론의 확산에 개신교 자유주의가 매개 역할을 했다고 볼 수 있는데 특히 유니테리언니즘(unitarianism)이 중요한 역할을 하였다. 磯前順一, 『近代日本の宗敎言說とその系譜』, 岩波書店, 2003, 29-183쪽.; 星野靖二, 『近代日本 宗敎槪念: 宗敎者の言葉と近代』, 有志舍, 2012, 169-173쪽.

24 「기독교사상」(월간, 1957년 창간)의 경우 소전의 글은 1970년대까지 총 15편을 포함하여, 현재까지 총 40여 편에 이르고 있다.

25 대표적인 것으로는 한국기독교연구소 예수포럼(주제: 나의 인생과 기독교, 2008.6.16), 한국기독교지도자협의회 주최 열린대화마당(주제: 다원사회에서의 기독교와 기독교인의 자세, 2008.10.16.), 한국기독교역사학회 제309회 학술발표회(기독교학계 원로와의 대화)(주제: 나의 삶, 나의 학문, 2012.12.8.), 양화진문화원 목요강좌(주제: 종교, 믿는 것만으로 모자란다, 2013.3.7.) 등이 있다.

26 소전은 이러한 언어의 연대기적 단층들이 중첩과 복합의 양상을 지녔다고 덧붙이고 있다. "'종교'와 직면하면서 충동한 물음은 '종교들'이었고 '종교적인 것'이었다. '종교들'의 현실 속에서는 다시 '종교'와 '종교적인 것'을 물을 수밖에 없었고, 이제 '종교적

인 것'을 물으면서 그 물음은 다시 '종교'와 '종교들'을 안고 있다." 정진홍, 「연보: 왜 종교학인가」, 461-462쪽.

27 종교학자 조너선 스미스도 이와 유사한 제목의 글을 쓴 적이 있는데 소전은 그 글에서 이러한 표현을 배우거나 빌린 것은 아니라고 한다. 정진홍, 「연보: 왜 종교학인가」, 461쪽.; Jonathan Z. Smith, "Religion, Religions, Religious," in Mark C. Tylor, ed., *Critical Terms for Religious Studies*, Chicago & London: The University of Chicago Press, 1998, pp.269-284.

28 Eric Sharpe, *Comparative Religion*, London: Duckworth, 1983; 『종교학: 그 연구의 역사』, 윤이흠 · 윤원철 옮김, 한울, 1986.

29 정진홍, 「종교학과 신학: 종교학의 자리에서」, 『기독교사상』, 1986년 10월호, 162-179. 이 글은 「종교의 발언과 종교에 대한 발언: 종교학과 신학」이라는 제목으로 『하늘과 순수와 상상: 정진홍 교수의 종교문화 읽기』, 강, 1997에 재수록 되었다.

30 정진홍, 「신학을 향한 종교학의 발언: 미래의 신학을 위하여」, 『경험과 기억』, 당대, 2003.

31 정진홍, 「종교학과 신학: 종교학의 자리에서」, 174-175쪽.

32 정진홍, 「신학을 향한 종교학의 발언: 미래의 신학을 위하여」, 265-266쪽.

33 정진홍, 「종교학과 신학: 종교학의 자리에서」, 176쪽.

34 위의 글, 176쪽.

35 위의 글, 176-178쪽.

36 정진홍, 「신학을 향한 종교학의 발언: 미래의 신학을 위하여」, 272-273쪽.

37 정진홍, 위의 글, 279쪽; 종교사회학자 토마스 오데아는 종교의 제도화 과정이 지닌 딜레마를 다루면서 이와 유사한 논리를 전개하였다. Thomas O'dea, *The Sociology of Religion*, New Jersey: Prentice-Hall, 1966; 이원기 옮김, 『종교사회학』, 이화여대 출판부, 1989, 84-95쪽.

38 정진홍, 「신학을 향한 종교학의 발언: 미래의 신학을 위하여」, 286쪽.

39 정진홍, 위의 글, 289쪽.

40 Sallie McFague, *Metaphorical theology: models of god in religious language*, Philadelphia: Fortress Press, 1982; 『은유신학』, 정애성 옮김, 다산글방, 2001.

41 김경재, 『폴 틸리히 신학 연구』, 대한기독교출판사, 1987, 147쪽.

42 최근 한국 기독교계에서 '신학적 상상력'이라는 용어가 점차 확산되고 있는데 이는 일차적으로 '영성(spirituality)'을 강조하는 뉴에이지의 도전에 대한 기독교계의 대응으로 볼 수 있지만, 소전의 기독교 비평에 반향하는 현상으로도 볼 수 있을 것이다. 특히, 앞서 언급한 바 있듯이, 최근 한국 기독교의 개혁을 모색하는 진영이 소전을 자주 초청하는 현상도 이와 관련하여 생각해 볼 수 있을 것이다. 문화선교연구원, 『기독교문화와 상상력』, 예영, 2006 참조.

43 정진홍,「다름과의 만남: 한국 종교문화와 그리스도교 문화」,『하늘과 순수와 상상』, 1997, 91쪽.; 이 글은 원래「종교문화의 만남: 한국의 종교문화와 그리스도교 문화와의 만남을 서술하기 위한 시론」이라는 제목으로『신학사상』(1986년 봄호, 5-24쪽)에 실렸던 글이다.

44 정진홍,「다름과의 만남: 한국 종교문화와 그리스도교 문화」, 92-93쪽.

45 신현, 성현, 역현은 원래 엘리아데가 사용한 용어이지만 소전은 이를 종교문화를 서술하기 위한 유형론적(양태론적) 개념으로 재구성하여 사용하고 있다. 각 유형의 성격과 특성에 대해서는 정진홍,「종교의 양태론적 이해」,『종교문화의 이해』, 청년사, 1995, 155-194쪽 참조.

46 학계의 통설에 따르면 한국의 전통신앙은 무속이며 하느님 신앙도 무속 신앙에 포함된다. 그러나 소전은 한국의 전통신앙을 '무속 신앙'과 '하늘-신앙'의 두 축으로 설정하고 있는데 이는 매우 독창적인 관점이다. 황필호,「서평: 정진홍,『한국종교문화의 전개』」,『종교 연구』, 제2호, 1986년, 152-153쪽.

47 자세한 것은 엘리아데,『종교형태론』, 94-187쪽 참조

48 정진홍,『한국종교문화의 전개』, 1986, 13-53쪽; 이 대목에서 기독교가 한국사회에 수용될 무렵 등장한 동학의 신 개념과 기독교의 신 개념을 비교해 보는 것도 의미 있을 것이다. 최종성은 최제우에 의해 새롭게 형성된 동학의 신을 '데우스 인두스트리우스(deus industrius)'로 명명하고 있는데 이는 '숨은 신(deus absconditus)'이 아니라 '현현의 신(deus revelatus)'에 가까우면서도 적극적인 활동과 능동적인 참여의 지를 지니고 있는, 활력 넘치는, 일하는 신이다. 최종성,『동학의 테오프락시』, 민속원, 2009, 69쪽.

49 정진홍,「다름과의 만남: 한국 종교문화와 그리스도교 문화」, 100쪽.

50 정진홍,「한국의 종교와 종교인」, 129쪽.; 이와 유사한 입장에서 개신교의 수용을 서술하고 있으나 전통적인 하느님 신앙을 샤머니즘의 범주에 포함시키고 있는 논의로는. Andrew Kim, "Korean Religious Culture and Its Affinity to Christianity: The Rise of Protestant Christianity in South Korea", *Sociology of Religion*, Vol. 61, No.2(Summer, 2000), pp.117-133 참조.

51 "감히 하느님을 죽이려 하는 계략"(敢生射天之計)(兩司合啓: 戊辰, 高宗 5년 4월 27일 乙巳條); "전주학자는… 저 스스로 하느님을 업신여기고 하느님을 수모하는 것이 된다"(斥邪綸音: 헌종 5년 11월 庚辰); 정진홍,『한국종교문화의 전개』, 48쪽;「다름과의 만남: 한국 종교문화와 그리스도교 문화」, 101쪽.

52 정진홍,「다름과의 만남: 한국 종교문화와 그리스도교 문화」, 103쪽.

53 그리고 이렇게 덧붙이고 있다. "결국 그리스도교 문화는 자신의 현존이 지니는 역사적 당위에 대한 고백적 진실에도 불구하고 역사를 넘어선 삶의 총체를 위한 범례일 수 있는 가능성에서 자기를 단절시켜 버리고(paradigmatic association 〈syntagmatic

chain)있는 것이다". 정진홍, 「다름과의 만남: 한국 종교문화와 그리스도교 문화」,
104-105쪽.

54 에드먼드 리치에 의하면 다음과 같은 네 쌍의 개념 사이에는 등식이 성립한
다. symbol/sign = metaphor/metonymy = harmony/melody = paradigmatic
association/syntagmatic chain. Edmund Leach, *Culture & Communication: The logic
by which symbols are connected*, London: Cambridge University Press, 1976, p.15.

55 정진홍,「다름과의 만남: 한국 종교문화와 그리스도교 문화」, 108쪽.

56 정진홍,「한국종교의 현실: 한국인의 신앙 또는 한국인과 신앙」,『경험과 기억』,
2003, 153-154쪽.

57 정진홍,「급성장 대형교회의 현상과 구조: 순복음 중앙교회의 이해를 위한 종교학
적 시론」.『한국교회 성령운동의 현상과 구조: 순복음교회를 중심으로』, 1982, 대화
출판사.

58 정진홍,「종교제의의 상징기능: 종교학적 관점에서」,『신학사상』 1975년 가을호.;
이 글은『종교학 서설』에「종교제의의 상징기능: 통일교의 제의를 중심으로」라는
제목으로 다시 실렸다.

59 상징과 기호의 관계에 대해서는 기호학을 비롯한 다양한 학문 분야에서 많은 논의
가 전개되어 왔지만, 소전은 다음과 같이 양자의 차이를 규정한다. 기호는 '하나의
의미와 지시기능'을 가지는 반면 상징은 '다의성(多義性)과 다가성(多價性)'을 지닌
다. 정진홍,「정직한 인식과 열린 상상력」,『정직한 인식과 열린 상상력: 종교 담론
의 지성적 공간을 위하여』, 366쪽.

60 정진홍,「현대의 종교적 상황: 선교에 대한 종교사적 이해를 중심으로」,『종교학 서
설』, 1980, 347-350쪽.

61 정진홍,『기독교와 타종교의 대화』, 전망사, 1980, 184-185쪽.

62 위의 책, 184쪽.

63 정진홍,「현대의 종교적 상황: 선교에 대한 종교사적 이해를 중심으로」, 347-350쪽.

64 정진홍,『기독교와 타종교의 대화』, 180-181쪽.

65 이 무렵 종교학계에서 나온 대표적인 것으로는 나학진교수정년퇴임기념논문집간
행위원회, 서울대학교 종교문제연구소 [공]편,『종교다원주의와 종교윤리』, 집문당,
1994.

66 정진홍,「다원사회 속에서의 그리스도교: 종교의 생존원리와 관련하여」, 30쪽.

67 페이든도 바이블 전통의 경쟁적 성격을 '제2의 본성'(second nature)이라고 표현했
다. William E, Paden, *Religious Worlds: The Comparative Religion*, Boston: Beacon
Press, 1994; 이진구 옮김,『비교의 시선으로 바라본 종교의 세계』, 청년사, 2004, 35
쪽.

68 정진홍,「다원사회 속에서의 그리스도교: 종교의 생존원리와 관련하여」, 30-31쪽.

69 한국 개신교의 순교담론이 지니는 특징과 기능에 대해서는 강인철, 「"순교의 피 흘려 뿌려진 교회": 순교담론과 순교신심운동」, 『한국의 개신교와 반공주의』, 중심, 2007, 141-184쪽.

70 정진홍, 「다원사회 속에서의 그리스도교: 종교의 생존원리와 관련하여」, 32쪽.

71 위의 글, 37-38쪽.

72 위의 글, 44쪽.

73 정진홍, 「다원사회 속에서의 그리스도교: 종교의 생존원리와 관련하여」, 44쪽.

74 위의 글, 45쪽.

75 정진홍, 「도전과 경악: 환상 속에서의 안주」, 『잃어버린 언어들: 정진홍 산문집』, 당대, 2004, 191쪽.

76 위의 글, 192쪽.

77 정진홍, 「형이상학적 반란, 그 뒤」, 『한국 종교문화의 전개』, 1986, 436쪽.

78 위의 글, 437쪽.

79 엘리아데의 학문에 대한 대표적인 비판가로 분류되는 최근의 학자들로는 Robert Segal, Steven Wasserstorm, Daniel Dubuisson, Russell McCutcheon, Timothy Fitzgerald 등이 있다. Yoo, Yo-han, "The Hidden Intentions of Eliade?: Re-reading Critiques of Eliade from the Perspective of Eliade`s Expectation of the History of Religions," 『종교와 문화』, 11권, 2005, 223-244쪽. 여기에 캐나다 터론토 대학의 Donald Wiebe와 시카고 대학의 Bruce Lincoln과 같은 학자들을 덧붙일 수 있을 것이다.

80 Russell T. McCutcheon, *Critics Not Caretakers: Redescribing the Public Study* of Religion, State University of New York, 2001, p.141.

81 *Ibid.*, p.142.

82 정진홍, 「다원사회 속에서의 그리스도교: 종교의 생존원리와 관련하여」, 23-24쪽.

83 위의 글, 45쪽.

84 위의 글, 24쪽.

85 이진구, 「종교적 지혜인가 과학적 지식인가: 종교 연구의 두 흐름」, 『신학전망』 157호, 2007년 6월호, 47-52쪽.

86 *Ibid.*, pp.54-55.

87 Donald Wiebe, "Religious Studies," *The Routledge Companion to the Study of Religion*, ed. John R. Hinnells, London and New York: Routledge, 2005, pp.119-121.

88 Bruce Lincoln, "Theses on Method," Russell T. McCutcheon (ed), *The Insider/ Outsider Problem in the Study of Religion: A Reader,* Cassell: London and New York, 1999, pp.395-398. 전문(全文)이 "종교 연구에 관한 13가지 테제"라는 제목으로 장석만에 의해 번역되어 『한국종교연구회회보』 제8호, 한국종교연구회, 1999, 9-13쪽에

실려 있다.

89 이진구, 「종교적 지혜인가 과학적 지식인가: 종교 연구의 두 흐름」, 57쪽.

90 거시적으로 보면 해석학은 '이해의 해석학'(믿음의 해석학/긍정적 해석학)과 '설명의 해석학'(의심의 해석학/부정적 해석학)으로 대별된다. 전자는 인간의 정신을 이해하고 재건하는 것을 목표로 하는 반면 후자는 텍스트에 대한 비평적 또는 과학적 분석을 목표로 한다. 이 논문에서 서술한 해석학적 문화비평은 '이해의 해석학'을 의미하는 반면, 사회과학적 문화비평은 '설명의 해석학'과 친화성을 지니고 있다. 지식과 권력의 관계를 중시하는 미셸 푸코나 그람시 등의 문화비평은 '설명의 해석학'과 상통한다. 이경재, 『현대문예비평과 신학』, 다산글방, 2001, 29쪽 참조.

91 가톨릭교회가 종합병원을 운영하는 과정에서 보여준 이익집단적 성격을 가리킨다. 정진홍, 「한국 가톨릭에 드리고 싶은 말씀」, 『잃어버린 언어들: 정진홍 산문집』, 당대, 2004, 260쪽.

92 가톨릭의 시성식이 성인을 양산(量産)할 위험성을 지적한 것이다. 정진홍, 「기억과 화해」, 『잃어버린 언어들: 정진홍 산문집』, 당대, 177쪽.

93 정진홍, 「현대인의 죽음 이해」, 『정직한 인식과 열린 상상력: 종교 담론의 지성적 공간을 위하여』, 청년사, 2010, 321쪽.

소전 정진홍의 몸짓 현상학에 나타난 의례 연구 방법론 고찰

1 정진홍, 「제의와 몸짓: 제의 서술을 위한 하나의 작업가설」, 『종교학연구』18집, 서울대학교 종교학연구회, 1999.

2 『종교문화의 논리』(서울대학교출판부, 2000)의 4장 「몸짓 소통 공동체」, 그리고 『정직한 인식과 열린 상상력: 종교 담론의 지성적 공간을 위하여』(2010, 청년사)에 수록된 「제의와 몸짓: 몸짓 현상학 시론」을 보라. 특히 이 글은 「제의와 몸짓: 제의 서술을 위한 하나의 작업가설」을 보완한 것인데, 논문 부제의 변화에서 '몸짓 현상학'에 관한 저자의 관심 정도를 짐작할 수 있다.

3 한 예로 『종교와 몸 Religion and Body』(Sara Coakley, ed., Cambridge: Cambridge University Press, 1997)의 편집자인 사라 커크리는 1980년대에 일었던 서구 종교학계의 몸에 관한 열띤 관심을 전해준다. 그는 그 주제의 책을 출판하려고 마음먹은 것은 자신이 조직한 1987년에 "몸: 영성의 비교를 위한 콜로키움"에 참석한 학자들의 열띤 관심을 확인했기 때문이라고 언급하면서, 그 학술대회 이후로 유사한 주제를 다룬 중요한 저서 세 권이 뉴욕주립대학교출판부(State University of New York Press)에서 출판되었음을 전한다. Sara Coakley, ed., Religion and Body, Cambridge: Cambridge University Press, 1997, p.xv. 또한 윌리엄 라플레(William R. LaFleur)는 『종교학의 핵심 개념 Critical Terms for Religious Studies』(Mark C Taylor, ed.,

Chicago: The University of Chicago Press, 1998)에서 「몸 Body」의 항목을 서술하면서, 이삼십 년 전에는 종교 연구에서 신비주의가 핵심 개념이었고 몸은 부차적인 주제였지만, 최근에는 몸이 중요한 주제로 부상했음을 지적한다. William R. LaFleur, "Body", Mark C Taylor, ed., *Critical Terms for Religious Studies*, Chicago: The University of Chicago Press, 1998, p.36.

4 정진홍, 「개신교의 관혼상제에 관한 소고」, 『한국종교문화의 전개』, 집문당, 1988(1986), 209쪽.

5 이 글에서 '종교문화론'이라는 용어는 소전 정진홍의 글에서 발견되는 '종교문화'의 용어에는 학문적인, 곧 의도적인 개념적 규정이 담겨 있고, 학문적 개념으로서의 '종교문화'가 한국 종교학계에서 독특한 지형을 형성하고 있음을 서술하기 위해 고안한 것이다.

6 정진홍, 「종교에 대한 문화적 담론의 모색」, 『종교문화의 논리』, 서울대학교출판부, 2000, 7-8쪽. 또한 정진홍은 '종교'라는 용어 사용에 대한 불편함을 다음과 같이 표현한다. "'종교'라는 영어는 내게 끝내 부담스럽고, 때로는 이른바 '종교학'이 스스로 폐기해야 할 첫 번째이자 마지막 용어라고 믿기조차 한다. 그 용어는 지금 여기에서 상당한 불편을 야기하기에 충분할 만큼 낡았고, 국지적(局地的)이고, 규범적이고, 심지어 권위주의적이기도 하다. 때로는 그 용어가 인식 자체를 차단하거나 거부하기도 한다. 만약 내가 더 용기가 있다면 그 말 대신에 '비일상성을 경험하는 일상의 구조와 역사'라는 장황한 용어를 썼을 듯하다." 정진홍, 『종교문화의 인식과 해석: 종교현상학의 전개』, 서울대학교출판부, 1996, p. v.

7 강돈구, 「'종교문화'의 의미」, 『종교 연구』 제61집, 한국종교학회, 2010, 42-49쪽. 이 논문에서는 서구와 동아시아의 학계에서 사용되는 종교문화의 다양한 용례가 상세히 분석되고 있다.

8 정진홍, 「종교에 대한 문화적 담론의 모색」, 앞의 책(2000), 12쪽.

9 정진홍, 「가교(架橋)와 희망」, 『정직한 인식과 열린 상상력: 종교 담론의 지성적 공간을 위하여』, 청년사, 2010, 61-67쪽.

10 정진홍, 「제의와 몸짓: 몸짓 현상학 시론」, 앞의 책(2010), 375-376쪽.

11 위의 글, 376쪽.

12 정진홍, 「종교제의의 상징기능: 통일교의 제의를 중심으로」, 『종교학 서설』, 전망사, 1984(1980), 161-162쪽.

13 정진홍, 「급성장 대형교회의 현상과 구조: 순복음중앙교회의 이해를 위한 종교학적 시론」, 앞의 책(1988), 216-217쪽.

14 위의 글, 215쪽.

15 정진홍, 「가교(架橋)와 희망」, 앞의 책(2010), 67쪽.

16 이러한 점은 인지과학의 종교 담론에 대한 정진홍의 발언에서도 엿볼 수 있다. 그

는 다음과 같이 말한다. "인지과학의 종교 담론은 종교 연구에 새로운 가능성을 열어 줍니다. 예를 들어 종교 연구의 족쇄가 되고 있는 가장 전형적인 것은 '종교는 특별하다.'는 전제입니다. 그래서 종교 연구는 여타 현상에 대한 연구와 '달라야' 한다고 하는 자의식에 빠져 있습니다. 믿음은 의식 현상의 범주에 들지 않아야 하고, 믿음의 대상은 반드시 '저기 또는 하늘'에 있어야 합니다. 종교학에서조차 종교를 문화 현상으로 읽겠다는 접근은 마치 '인식 객체의 소멸을 선언하면서 그 인식 객체를 진술하고 있는 것'과 다르지 않다고 질책합니다. 그러나 이미 앞에서 지적한 바와 같이 인지과학은 그러한 주장 자체가 인간의 일상적인 인지 과정에서 드러나는 현상이라는 것을 시사하고 있습니다. 종교는 예외적인 현상이 아닙니다. 다만 인지 과정에서 다른 모습을 드러낼 뿐입니다. 그러므로 인지과학의 종교 담론은 이러한 맥락에서 역설적이지만, 종교 연구를 '편하게' 해 준다고 말할 수 있습니다. '거룩한 족쇄'를 풀 수 있다고 판단되기 때문입니다." 정진홍, 「신의 고향은 어디인가?: 인지과학의 종교 담론에 관하여」, 앞의 책(2010), 660-661쪽.

17 정진홍, 「제의와 몸짓: 몸짓 현상학 시론」, 앞의 책(2010), 375쪽.

18 Catherine Bell, *Ritual Theory, Ritual Practice*, Oxford: Oxford University Press, 1992, pp.13-17.

19 이 점을 좀 더 분명히 이해하기 위해서 뒤르켐의 말을 직접 살펴보는 것이 좋다. 그는 다음과 같이 말한다. "종교현상들은 자연스럽게 기본적인 두 범주, 즉 신앙과 의식으로 구분된다. 신앙의 생각의 상태이며 여러 표상들로 이루어져 있다. 의식이란 결정된 행동양식이다. 이러한 두 부류의 사실들 사이에는 생각과 행동을 구분해주는 분명한 차이점이 있다. … 의식(儀式)들은 단지 그들의 대상의 특수한 본질에 의해서만 정의될 수 있으며 인간의 다른 의례들 즉 윤리적인 의례들과 구별될 수 있다. … 따라서 의식 그 자체의 특성을 알기 위해서는 의식의 대상의 특질을 파악해야만 한다. 그런데 이러한 대상의 특수한 본질이 표현되는 것이 바로 신앙체계이다. 그러므로 신앙을 정의한 후에 비로소 의식이 무엇인지 정의할 수 있다." Emile Durkheim, *Lés formes élémentaires de la vie religieuse: le système totémique en Australie*, Paris: Les Presses universitaires de France, 1912(1968); 『종교 생활의 원초적 형태』, 노치준 민혜숙 옮김, 민영사, 1992, 67쪽.

20 Catherine Bell, *op. cit.*, pp.19-28.

21 직접 기어츠의 말을 살피면 다음과 같다. "여기에서 우리는 겨우 의례로 인도된다. 그것은 종교적 개념이 진실이며, 종교적 지시가 옳은 것이라는 확신이 어떤 식으로든 발생하는 것은 의례, 즉 신성화된 행위-에서이기 때문이다. 신성한 상징이 인간에게 일으키는 분위기와 동기, 그것들이 인간을 위해서 형성하는 존재의 질서에 대한 일반 개념이 서로 만나 강화하는 것은 어떤 종류의 의식(儀式)의 형식 비록 그것이 신화의 낭송, 신탁(神託)에 묻는 것, 또는 무덤의 장식에 지나지 않는다고 하더라

도-에서이다. 의례 안에서는 사는 세계와 상상된 세계가 일련의 상징 형식을 매개로 융합되어 동일한 세계가 되며, 결과적으로 인간의 실재감에, … 특유의 변형을 일으킨다. … 인간의 차원에 종교적 확신이 나타나는 것은 일차적으로는 종교적 관행의 구체적 행위의 맥락으로부터이다." Clifford Geertz, *The Interpretation of Cultures*, New York: Basic Books, 1973; 『문화의 해석』, 문옥표 옮김, 까치글방, 1998, 141쪽.

22 이와 관련해서는 정진홍의 다음의 발언을 눈여겨 볼 필요가 있다. "위에서 우리는 종교문화를 현존케 하는 실제적인 경험인 신앙을 맥락으로 하여 인간의 삶의 총체인 문화를 서술하는 두 가지 다른 범주들을 살펴보았다. 언어와 행위, 일상과 비일상이 그것이다. 전자는 표상의 서술범주로, 후자는 그 표상의 구조에 대한 서술범주로 선택한 것이었고, 전자를 신화와 제의, 후자를 다름으로 구체화한 바 있다. 그렇다면 그러한 현상과 구조의 묘사를 통하여 획득되는 해석학적 소산은 어떤 것일까? 그러한 사실을 통하여 우리가 읽을 수 있는 내용이란 과연 어떤 것일까? 이 물음에 대한 답변을 위하여 우리는 또 하나의 서술범주를 설정할 수 있다. 그것을 우리는 의미의 범주와 사실의 범주로 대칭시켜 볼 수 있다." 정진홍, 「의미를 사는 삶」, 『종교문화의 이해』, 청년사, 2004(1995), 92쪽.

23 정진홍, 「개신교의 관혼상제에 관한 소고」, 앞의 책(1988), 209쪽.; 정진홍, 「종교문화와 성」, 앞의 책(1988), 347쪽.

24 정진홍, 「몸」, 『열림과 닫힘: 인문학적 상상을 통한 종교문화 읽기』, 산처럼, 2006, 217쪽.

25 정진홍, 「제의와 몸짓: 몸짓 현상학 시론」, 앞의 책(2010), 376쪽 각주 5번.

26 정화열, 이동수 외 옮김, 『몸의 정치와 예술, 그리고 생태학 *Body Politics, Art and Ecology*』, 아카넷, 2005, 91쪽.

27 Maurice Merleu-Ponty, *Phénoménologie de la Perception*, Paris: Editions Gallimard, 1945; 류의근 옮김, 『지각의 현상학』, 문학과지성사, 2002, 600쪽.

28 위의 책, 602-608쪽.

29 그러한 현상으로 정진홍은 정신이나 영이나 무한한 공간이나 시간의 현존에 대한 승인과 그에 상응하는 '몸 아닌 존재로의 전화(轉化) 가능성'에 대한 믿음, 곧 영생에 관한 신앙, 그것을 문화-역사적 맥락에서 드러내는 다양한 변주로서의 재생이나 전쟁이나 부활 등의 개념들, 지상(地上)이 아닌 '천상(天上)'이라고 묘사되는 '다른 곳'에서의 삶의 온전함에 대한 기대, 몸의 현실에 대한 보상과 징벌의 시나리오 등을 제시한다. 정진홍, 「몸」, 앞의 책(2006), 산처럼, 216쪽.

30 정진홍, 「제의와 몸짓: 몸짓 현상학 시론」, 앞의 책(2010), 청년사, 376쪽 각주 6번.

31 위의 글, 379쪽.

32 위의 글, 386-389쪽.

33 위의 글, 390-391쪽.

34 이사라, 「손」, 『훗날 훗사람』, 문학동네, 2013, 92쪽.
35 이러한 '기도'의 개념적 정의에 가까운 우리문화의 종교적 행위로 '비손'을 들 수 있다. 인터넷판 『한국민속대백과사전』에는 다음과 같이 서술되고 있다. 정의: 병을 낫게 하거나 소원을 이루게 할 목적으로 두 손을 비비면서 신에게 비는 일. 간단한 제물을 차려 놓고 그 앞에서 양손으로 비비는 행위를 통해 신을 섬기는 의례의 일종. 내용: '비손'의 '비-'는 '빌다'에서 파생된 말로 '비(-는) 손' 혹은 '비(-ㄹ)손'이란 의미에서 왔을 것으로 보인다. 제주도 방언으로는 비념이라고 하며, '손으로 빌다'라는 뜻에서 손빔이라 하는 곳도 있다. 자연 앞에서 무력한 인간이 신성한 무엇엔가 의존하여 인간의 약함을 하소연함으로써 목적한 바를 이루려 한 데서 비손이 시작된 것으로 추측된다. 이러한 과정에서 장구, 북, 징, 피리 등의 악기와 노래 춤 공수 등의 복잡한 형식이 뒤따르는 의례로 발전한 것이 굿이고, 복잡한 절차 없이 손을 비비는 간단한 정성만 올리는 것으로 발전한 것이 비손이다. 류종목, 「비손」, 『한국민속대백과사전』인터넷판, http://folkency.nfm.go.kr/minsok/dic_index.jsp?P_MENU=04&DIC_ID=6193&ref=T2&S_idx=108&P_INDEX=5&cur_page=1
36 Kocku von Stuckrad, ed., *The Brill Dictionary of Religion*, Volume III, Leiden: Brill, 2006, p.1486.
37 Frank A. Salamone, ed., *The Encyclopedia of Religious Rites, Rituals, and Festivals*, London: Routledge, 2004, p.336.
38 Linda Jones, ed., *Encyclopedia of Religion*, Volume 11, MI: Thomas Gale, 2005, p.7367.
39 Linda Jones, ed., *op. cit.*, p.7368.
40 Pierre Daniel Chantepie de la Saussaye, *Manual of the Science of Religion*, Beatrice S. Colyer-Fergusson, tran., London: Longmans, Green, And Co., 1891, pp.142-153.
41 G. Van der Leeuw, *Religion in Essence and Manifestation*, Volume 2, J. E. Turner, tran., New York: Harper & Row, Publishers, 1963, pp.423-429.
42 Friedrich Heiler, *Prayer; A Study in the History and Psychology of Religion*, Samuel Mc Comb, tran., London: Oxford University Press, 1932. 이 책은 *Das Gebet. Eine religionsgeschichtliche und religionspsychologische Untersuchung*(1921) 5판의 영역본이다. 영미권 독자의 수준과 출판 비용 등의 이유로 원본의 일부 내용을 생략할 수밖에 없었다는 역자의 말을 미루어 원본에서는 기도에 관한 더 많은 자료가 검토되고 논의되었음을 짐작할 수 있다.
43 *Ibid.*, pp.15-16, 178-179, 239-240.
44 W. Brede Kristensen, "Prayer", *Experience of the Sacred: Readings in the Phenomenology of Religion*, Sumner B. Twiss and Walter H. Conser, Jr., eds., New England: Brown University Press, 1992, pp.168-176.

45 정진홍, 앞의 책(2006), 151-158쪽, 226-226쪽.

46 정진홍, 「제의와 몸짓: 몸짓 현상학 시론」, 앞의 책(2010), 378-385쪽.

47 정진홍, 「몸짓 소통 공동체」, 앞의 책(2000), 87쪽.

48 Richard Schechner, *The Future of Ritual: Writings on Culture and Performance*, London: Routledge, 1993, p. 239-255.

소전 정진홍의 반 델 레에우 이해의 특징과 한계 : 종교현상학적 해석

1 정진홍, 『종교학서설』, 전망사, 1980, 69쪽.

2 안신, 「반 델 레에우의 종교현상학에 대한 재평가」, 『종교와 문화』제13호, 서울대학교종교문제연구소, 2007, 145-172쪽. 필자는 반 델 레에우에 대한 다양한 해석들을 종교학자들이 창조한 다양한 반 델 레에우의 이미지들(images)로 파악하였다. ① 종교현상학을 통한 윤리신학하기: 와덴버그, ② 이데올로기적 대응: 호프스테와 위베, ③ 고백적 신학으로의 회귀: 플라트보에트와 피트제랄드, ④ 종교현상학의 전형적 모델: 제임스, ⑤ 조나단 스미스의 비판 등을 언급하였다. 이러한 이미지들과는 달리 소전은 문화비평가로서 반 델 레에우에 집중하였고 문화비평의 차원을 종교학의 중요과제로 인식하였다.

3 M. Eliade, *Cosmos and History: The Myth of Eternal Return*, Princeton: Princeton University Press, 1954; 『우주와 역사: 영원회귀의 신화』, 정진홍 옮김, 현대사상사, 1976, 351쪽.

4 최근 종교학계에서는 종교학 자체에 대한 이데올로기적 비판이 가해지고 있다. 종교학자들이 일종의 종교 지도자로 여겨지고 그 제자들이 신도들로 여겨지고 있는 것이다.

5 정진홍, 앞의 책, 271-335쪽. 소전은 엘리아데의 생애, 성의 구조와 기능, "하늘"님고, 엘리아데의 회상으로 멀치아 엘리아데론을 소개하였다. 이탈리아에서 신부가 되려 했던 엘리아데의 삶은 한때 목사가 되려 했던 소전의 삶과 유사하다. 또 다른 한편으로 반 델 레에우도 개혁교회 목사였지만 보수신학과 거리를 두면서 자유주의적 윤리신학으로 진화했다는 점에서 소전의 삶과 비슷하다.

6 John Calvin, *Institutes of the Christian Religion*, vol. 1. tr. by John Allen, Grand Rapids, MI: W. B. Eerdmans Publishing Company, 1949, pp. 54-63. 본 논문에서 인용할 때에는 John Calvin, *Institutes of the Christian Religion*; 원광연 옮김, 『기독교강요』(상), 크리스챤다이제스트, 2003를 참조하였고 각주에 영문번역을 밝혔다.

7 We lay it down as a position not to be controverted, that the human mind, even by natural instinct, possesses some sense of Deity.... Even those who in other respects appear to differ but little from brutes, always retain some sense of religion (Ch. 3:

I).

8   It will always be evident to persons of correct judgment, that the idea of a Deity impressed on the mind of man is indelible.... I only maintain, that while the stupid insensibility which the wicked wish to acquire, to promote their contempt of God, preys upon their minds, yet the sense of a Deity, which they ardently desire to extinguish is still strong, and frequently discovers itself (ch. 3: III).

9   While experience testifies that the seeds of religion are sown by God in every heart, we scarcely find one man in a hundred who cherishes what he has received, and not one in whom they grow to maturity, much less bear fruit in due season (ch. 4: I)

10 That seed, which it is impossible to eradiate, a sense of the existence of a Deity, yet remains; but so corrupted as to produce only the worst of fruits (ch. 4: IV).

11 As the perfection of a happy life consists in the knowledge of God, that no man might be precluded from attaining felicity, God hath not only sown in the minds of men the seed of religion…(ch. 5: I).

12 2008년 6월 16일 한국기독교연구소 주최로 청파감리교회에서 열린 예수포럼에서 소전은 "나의 인생과 기독교"라는 주제로 강연을 했는데, 자신의 유년시절 기독교의 영향을 언급하고 인식의 언어와 고백의 언어를 구별할 것을 당부했다.

13 신사훈 교수(Shin Samuel Sha-Hoon)는 고창고보를 졸업한 후 일본 청산학원에서 수학하였다. 1940년에 드루신학교에서 신학사(B.D.)를 마치고 1945년에 「사도 바울과 구속론」으로 철학박사학위를 받았다. 1946년에 귀국하여 감신대 학장을 거쳐 이듬해부터 1976년까지 30년 동안 서울대 종교학과 교수로 봉직하였다. 히브리어, 희랍어, 라틴어 등 고전어에 능통하였으며 종교학자로서는 이례적으로 통일교 비판에 앞장섰다.

14 정진홍, 「파에아도시스 연구: 초대교회를 중심으로」, 서울대학교석사논문, 1965. '큐리오스'(주님)를 구체적인 사례로 들어서 교회의 전승에 대한 분석을 시도함으로써 가톨릭교회의 약점과 개신교의 강점을 밝히고 있다. 이 석사논문에서 우리는 사도바울 전문가였던 신사훈 교수의 신학적 영향을 발견할 수 있으며 논문도 종교학 논문이라기보다는 신학 논문에 가깝다.

15 Jacques Waardenburg, "Gerardus van der Leeuw as a Theologian and a Phenomenologist," *Reflections on the Study of Religion*, The Hague: Mouton, 1978, pp. 187-192.

16 정진홍, 『종교문화의 인식과 해석: 종교현상학의 전개』, 서울대학교출판부, 1996, 102-182쪽. 소전은 이미 4년 전에 정진홍, 「G. van der Leeuw 연구」, 『종교학연구』 11권, 한국종교학연구회, 1992, 1-77쪽을 발표하였다.

17 소전의 논문보다 앞서 1990년 6월에 반 델 레에우에 생애와 종교사상에 대한 심층
    적인 분석을 전개한 박사논문이 캐나다 맥마스터대학교에서 발표되었지만 소전은
    어떤 이유에서인지 입수하지 못한 것으로 보인다. Richard John Plantinga, "Seeking
    the Boundaries: Gerardus van der Leeuw on the Study of Religion and the Nature
    of Theology," PhD. Thesis, McMaster University, 1990.

18 M. Eliade, "Preface" in G. van der Leeuw, *Sacred and Profane Beauty: The Holy in Art*,
    tr. by David E. Green, New York: Holt, Rinehart and Winston, 1963와 F. Sierksma,
    Dienaar van God en hoogleraar te Groningen, Amsterdam: Het Wereldvenster, 1951을
    참고하라.

19 *Plantinga,"Seeking the Boundaries"*, p.9.

20 정진홍, 앞의 책(1996), 157쪽. 소전은 반 델 레에우가 현대문화의 파편적인 실존과
    총체적이며 단일성에 기초한 원시문화에 일종에 향수를 느꼈다고 본다. 이러한 점
    에서 낭만주의의 전통에서 완전히 이탈해 있지는 않다는 소극적인 해석을 내린다.

21 드 라 소쎄이는 유틀레히트대학교에서 신학을 공부한 후에 1972년부터 1878년까지
    목회를 하였다. 이후 암스테르담대학교에서 종교학 교수로 1878년부터 1899년까지
    활동했고 라이덴대학교에서 1899년에서 1916년까지 윤리와 신학 교수로 재임하였
    다.

22 H. Uytenbogaardt & C Winter, *Developments in Liturgy, Church Building, and Church
    Music in Dutch Protestantism of the 20th Century*, ECPCM Lecture, Utrecht, September
    2004, pp.2-3.

23 P. D. Chantepie de la Saussaye, *Manuel for the Science of Religion*, tr. by B. S.
    Colyer-Fergussson, London: Longmans, 1891, p.67.

24 정진홍, 앞의 책(1996), 156-157쪽.

25 Plantinga, *op. cit.*, p.96. 반 델 레에우는 신이라는 개념 대신에 힘으로 종교의 개념
    을 규정하였다. 비인격적인 존재는 힘으로 규정하고 점차 인격적인 대상으로 인식
    되면서 의지와 형태가 첨가되는 것으로 설명하였다. 반 델 레에우에게 종교적 인간
    (homo religiosus)의 반대는 무관심의 인간(homo reglegens)이었다.

26 *Ibid.*, p.117. 반 델 레에우는 종교들에 대한 연구는 불가능하지만 종교에 대한 연구
    는 가능하다고 보았던 것이다. 그는 모든 종교들이 공유하는 공통점을 역사적 일치
    가 아닌 심리적 일치에서 찾았다. 여기서 심리적 일치는 역사적 종교들의 동일성을
    의미하는 것이 아니라 형태적 통일성 혹은 정신적 통일성을 뜻한다.

27 Plantinga, "Seeking the Boundaries", pp.36-38, 42-43.

28 *Ibid.*, pp.39-41.

29 정진홍, 『종교문화의 이해』, 서당, 1992, 119-121쪽. 소전은 반 델 레에우의 종교현
    상학에 의존하여 만남, 경험, 종교문화를 서술하고 있다.

30 정진홍, 앞의 책(1996), 168-170쪽. 소전은 그밖에도 반 델 레에우와 관련하여 해석학적 상상력에 대한 담론을 신중하게 진전시킬 것과 문화비평적 종교학의 기능에 대하여 논의할 것을 당부한다.

31 James L. Cox, *A Guide to the Phenomenology of Religion*, London: T&T Clark, 2006, pp.108-115. 크리스텐센은 선험적 기준과 척도를 정해두고 종교 행위와 신념을 평가하는 가치판단을 위한 비교연구를 비판했다. 진화론적인 평가가 그 대표적인 사례로서 종교현상학이 아니라 철학이나 교리신학에 포함된다고 평가했다. 심리학과 철학에 의존하던 반 델 레에우의 태도를 비판한 이유도 같은 이유 때문이었다.

32 Eric J. Sharpe, *Comparative Religion: A History*, London: Duckworth, 1975; 윤이흠 · 윤원철 옮김, 『종교학: 그 연구의 역사』, 한울, 1986, 282-283쪽.

33 정진홍, 앞의 책(1996), 121-135쪽. 소전은 반 델 레에우의 방법론을 심도 있게 분석하였다. 객체의 차원을 은폐-점진적 드러남-투명성의 흐름으로, 주체의 차원을 경험-이해-증언의 흐름으로 설명하였다. 반 델 레에우가 제시한 현상학적 탐구의 작업은 동시적 사건이지만 묘사를 위해 과정으로 소개되었다.

34 G. van der Leeuw, *Inleiding tot de Phaenomenologie von den Godsdienst*, Haarlem: De Erven F. Bohn N.V., 1948; 『종교현상학 입문』, 손봉호, 길희성 옮김, 분도출판사, 1995, 34쪽.

35 *Ibid.*, p.50.

36 Cox, *op. cit.*, pp.115-116.

37 정진홍, 앞의 책(1996), 105-110쪽.

38 위의 책, 108쪽. 소전은 인카네이션 신학을 '신학으로부터의 이탈'이라기보다는 '신학개념의 재정의'라고 주장한다. 반 델 레에우는 정통신학에서 뚜렷이 벗어나 있었고 주변의 동료들에게 그렇게 평가되고 있었다.

39 Plantinga, *op. cit.*, pp.146-149. 윤리신학의 1세대였던 소쎄이와 구닝은 기독론에 기초하여 정통주의와 근대주의의 갈등을 해결하려고 하였다.

40 정진홍, 앞의 책(1996), 134-135쪽. 소전은 반 델 레에우의 신학적 관심이 종교학화는 1918년에 이미 어느 정도 완성되어 있었다고 주장한다.

41 G. van der Leeuw, "Confession Scientifique", *Numen*, vol.1, issue 1, 1950, p.13. Plantinga, "Seeking the Boundaries", p.155에서 재인용.

42 Plantinga, *op. cit.*, p.157. 반 델 레에우는 신학과 종교사 사이에 종교현상학의 층위를 창조하였다.

43 *Ibid.*, p.155. 반 델 레에우는 신학을 종교학으로 전환하기보다는 신학을 종교현상학의 토대 위에 세우려고 하였다. 양자의 차이를 인정했지만 그는 종교현상학을 신학의 범주 안에 위치시켰다.

44 정진홍, 앞의 책(1996), 150쪽.

45 *Ibid.*, pp.165-166.

46 Plantinga, *op. cit.*, pp.98-99.

47 G. van der Leeuw, *op. cit.*, pp.31-32; G. van der Leeuw, *Religion in Essence and Manifestation*, tr. by J. E. Turner, New York:Harper & Row, 1963, p.700.

48 안신, 「게라르두스 반 델 레에우와 미르체아 엘리아데의 종교현상학에 대한 비교 연구: 유형론과 비교론을 중심으로」, 『종교문화비평』17호, 한국종교문화연구소, 2010, 225-226쪽.

49 안신, 「반 델 레에우의 종교현상학에 대한 재평가」, 157쪽.

'틈새'의 종교학과 상상의 시학 : 소전학에 있어 종교 · 문학 · 예술

1 사실에 대한 기술은 사실과의 만남을 전제로 한다. 이때 사실과의 만남은 어떤 '실재와의 조우'를 뜻한다. 만남에서 비롯되는 것이 곧 경험인데, 그 경험이란 실재와의 만남을 '없던 것을 있음으로 만나는 것'으로 만든다. 따라서 '경험'이란 '만남'의 다른 개념이다. 그것은 자의식을 가진 주체가 실재와 만나 그 사실을 추상화한 것, 그리고 그 추상을 통해 실재인 객체를 자신 안에 내재화한 것을 가리킨다. 사실의 기술은 이런 '경험'에 기반을 둘 때 비로소 가능하다. 그러니까 어떤 사물을 기술한다는 것은 근원적으로 '있음'을 묘사하는 것이 아니라 '있음과의 조우에 의하여 그 만남 주체에게 수용된 있음'을 묘사하는 것이다. 그렇다면 기술된 실재는 실재 자체가 아니다. 그것은 경험된 실재일 뿐이다. 때문에 기술된 것은 실재와 일치하지 않는다.(정진홍, 2003:321-325. 이하 정진홍의 인용은 연도와 쪽수만 표시)

2 학문에 있어 인식을 위해 경험을 추상화한 개념이 하나의 언어로 정착하면서 그 개념 자체가 실재가 되어 스스로 자기의 범주와 논리를 가지고 자기를 낳은 경험을 오히려 재단하고 있다는 것, 그런데 인식 주체는 그것을 간과하고 있다는 것, 다시 말하면 개념적 사실이 경험적 사실이라고 착각하는 어떤 지적 과오가 간과된 채 사물 인식이 혼란의 소용돌이에 빠져 있는데도 사람들은 그것을 당연한 것으로 여겨 여전히 그 논리를 좇아 삶을 묘사하고 설명하고 해석하고 있다는 것, 그래서 사실은 현실 적합성을 상실한 언어에 맞게 현실을 억지로 뜯어 맞추며 그것이 바로 우리가 겪는 현실의 실체라고 주장한다는 것이다.(2010:398)

3 질 들뢰즈 · 펠릭스 가타리, 김재인 옮김, 『천개의 고원』, 새물결, 2001, 48쪽.

4 한국연구재단 주최 「석학과 함께 하는 인문강좌」 "지성적 공간에서의 종교: 종교문화에 대한 비판적 인식을 위하여"(2011.10.8~11.5)의 제1강(10.8) "물음과 해답: 종교를 정의하는 일" 중에서 인용.

5 여기서 해답이란 일차적으로 사랑, 자비, 어짊, 순종 등의 실천적 덕목들 및 그것을 절대적 규범으로 정착시키는 비일상적 범주들 가령 초월, 신비, 신성 등을 가리킨

다.(2010:47)

6   "종교란 인류의 삶 속에서 불가피하게 요청될 수밖에 없는 절실한 문화라는 사실
을 승인하지 않을 수 없습니다. 이보다 더 심오하게 인간을 성숙하게 하고 삶의 복
지를 온전하게 할 수 있는 다른 문화는 없다고 말해도 그것은 과장일 수 없습니다."
(2010:48)

7   "종교는 스스로를 의미를 빚는 열린 문화라고 말하지만, 오히려 종교는 철저하게 닫
힌 문화입니다. 그래서 폭력의 원천이라고 해도 좋을지 모르겠습니다."(2010:192-
93/546) "모든 종교는 그것이 지닌 선만큼 악이기도 합니다."(2010:250)

8   "우리가 종교라고 이름 지은 문화는 이렇게 삶을 문제로 인식하고, 그 문제를 절대
적 차원에서 해답에 이르게 한 경험들이 표상화된 것입니다. 그리고 이러한 해답도
문제와 마찬가지로 당해 주체들이 겪는 문화 · 역사적 제약 속에서 이루어졌으리라
는 것을 쉽게 이해할 수 있습니다."(2010:47)

9   소전은 인식과 고백의 차이에 대해 다음과 같이 서술하면서 고백의 한계를 지적하
고 있다. "고백은 어떤 사물에 대한 인식이 아니라 그 사물에 대한 자신의 태도입니
다. 그러므로 고백은 설명되지 않습니다. 고백을 개념화하거나 논리화할 수는 없습
니다. … 그러나 인식은 다릅니다. 그것은 이른바 주관적 판단을 벗어날수록 바른
자리에 들어섭니다. 누구나 승인하고 수용할 수 있는 앎을 구축하지 않으면 안 됩니
다. 따라서 만난 사물에 대한 긴 설명이 필수적입니다. 그것은 개념의 명료성과 논
리의 일관성을 유지해야 합니다. 끊임없는 실증과 비판적 평가가 필수적입니다. 그
래도 그렇게 이르게 된 인식이란 내용이 절대성을 지닌 것이라고 주장하지는 못합
니다. 이렇듯 인식이란 늘 제한적이지만, 그래도 그것이 제한적으로나마 승인될 수
있는 것은 그 차원에서 확보하는 보편타당성 때문입니다. 이것이 인식입니다…그러
므로 고백은 결코 인식의 내용일 수 없습니다. … 그런데 만약 고백이 스스로 자신
의 진술이 곧 인식의 내용이어야 한다고 주장한다면 결과는 참혹해집니다. … 당연
히 고백은 인식을 직접적으로 의도할 수 없습니다. 그러나 고백이 인식을 충동할 수
는 있습니다. 고백이 인식을 명확하게 수용하게 하기도 합니다. 이른바 '고백적 인
식'이란 불가능하지 않습니다. … 그러나 때로 고백의 주체들은 자신들의 고백에 대
한 '인식의 발언'을 견디지 못합니다. … 고백의 한계는 이렇게 나타납니다. 그 한계
는 가깝게는 반지성적인 태도로 드러나고, 더 심화되면 맹목성으로 드러납니다. 그
래서 그는 자기만의 세계에서 자기만의 나르시시즘에 빠집니다. 그런데 그것은 실
은 자기상실과 다르지 않습니다.(2010:204-7)

10 한국연구재단 주최「석학과 함께 하는 인문강좌」"지성적 공간에서의 종교: 종교문
화에 대한 비판적 인식을 위하여"(2011.10.8~11.5)의 제1강(10.8) "물음과 해답: 종
교를 정의하는 일" 중에서 인용.

11 "인간의 여타의 삶의 현실이 그렇듯이, 종교문화도 인간의 삶의 모습이기 때문에 그

것 자체로 힘의 현실입니다."(2010:191)

12 다음 발언은 이런 인간학적 관심의 지향성을 명료하게 보여준다. "종교학은 종교를 알기 위한 것이 아닙니다. 종교학은 종교라고 일컬어진, 적어도 그렇게 개념화된 어떤 현상을 통해서 인간의 삶 자체를 읽어보려는 겁니다. … 적어도 우리가 종교에 대한 관심을 통해서 도달해야 되는 것은 삶을 이루는 온갖 현상이 어떻게 해서 왜 의미 있는 거냐, 왜 의미 없는 거냐, 왜 불안하냐 하는 것을 구체적으로 발언할 수 있어야 된다고 생각합니다." 서울대 교수정년 고별강연(2002.12.10)에서 인용.

13 서울대 교수정년 고별강연(2002.12.10) 중에서 인용.

14 '종교를 위한' 물음은 있어도 '종교에 대한' 물음은 있을 수 없다. 따라서 종교학은 다만 도로(徒勞)일 뿐이다. 종교들은 그렇게 자신 있게 말한다. 한편 타학문들은 종교학의 대상이 불분명하다고 비판한다. 있는 것은 종교라고 일컬어지는 사회현상이고 문화적 현상이고 심리적 현상 등이지 종교는 없으며, 따라서 종교학이 스스로 학문의 이름으로 종교에 대하여 묻는다는 것은 있을 수 없는 일이라는 것이다. 종교학을 그래도 학문이라고 한다면 그것은 '학문일 수 없는 학문'일 뿐이며 학문도 아니면서 학문인 척할 뿐이다. 요컨대 종교학은 종교의 자리에서도 학문의 자리에서도 승인받지 못하고 있다.(2003:440-43)

15 「정진홍의 종교학 낙수」 연속강연(2004.2.9~2.13)의 서문 "종교학 낙수 강의에 관한 몇 가지 말씀" 중에서 인용.

16 「정진홍의 종교학 낙수」 연속강연(2004.2.9~2.13)의 제1강(2.9) "'틈-學'의 출현과 전개: 왜 종교학인가?" 중에서 인용.

17 "시를 읽고 시에서 얻는 감동은 내게 언제나 가장 귀한 것으로 지녀진다. …그러나 시뿐이랴. 그 감동의 색깔에 차이가 있는 것은 분명하지만 잘 다듬어진 한편의 산문을 읽을 때의 느낌도 또한 각별한 것이다…시와 산문은 언어를 지닌 내게 그 언어를 사는 제각기 다른 두 개의 감동으로 여울지면서 내 삶의 흐름을 이루기 때문이다… 시가 산문의 마음을 지니지 못할 때, 그리고 산문이 시의 마음을 지니지 못할 때 각기 시와 산문은 자기 몫을 감당하지 못하게 되는 것이라고 주장하고 싶다."(1988:42-43)

18 "시적 상상력 속에서 발언되어야만 비로소 역사의식이란 역사의식다운 것이 됩니다. 그러나 '역사의식'은 그것이 처음부터 시로 태어나지 않았습니다. 그것은 철저하게 '도식적인 산문'에서 태어났습니다…그런데 그것은 시를 지향하면서도 실은 산문을 수식하는 '수사적인 것'인 채 시적이기를 스스로 주장합니다. 따라서 '역사의식'은 독특한 정체성을 가집니다. 시와 산문의 틈새에서 그 양자를 동시에 함축하는 독특한 기능을 가집니다."(2012:83-84)

19 "분명한 종교들이 소멸한 까닭은 '시를 부정한 산문의 횡포' 때문이고, 모호한 종교들이 지속하는 까닭은 '산문의 논리에 함몰되지 않는 시의 자존' 때문이라고 해도 좋

을 듯합니다. 오늘 우리 시대의 '산문'이 시를 경청하기를, 아니, 오늘 우리 시대의 '시'가 제발 자존하기를, 새해를 맞아 기원합니다."(2004:80)

20 소전에 의하면 지성적인 논리가 예술적 상상력을 수용하려는 자기개방을 시도하지 않는 한, 이른바 학문의 미래는 스스로 자기를 폐쇄하는 운명에 처할 수밖에 없다.(2003:342) 신앙 또한 상상력과 더불어 있는, 또는 그것과 겹치는 마음의 결이지 그 결들 밖에 있는 동떨어진 것이 아니다. 신앙이라 지칭되는 경험의 다양하고 현란한 문화적 표상은 결코 신앙이 상상의 맥락에서 자유로울 수 없음을 보여준다.(2003:370)

21 질베르 뒤랑, 진형준 옮김, 『상징적 상상력』, 문학과지성사, 1983, 127쪽.

22 소전은 '개념의 명료성과 논리의 일관성'이라는 척도에 대한 근원적인 재성찰과 이를 통한 학문언어의 재구성이 필요함을 역설하고 있다. 이는 학문언어를 지탱해 온 합리성과 그것을 지지하는 이성에 대한 되물음, 인식이라는 것을 지적 차원에 한정하려는 학문의 본연적인 태도에 대한 되물음 등을 포함한다. 학문의 영역에서 예술적 상상에 대한 간절한 관심이 새삼 경주되는 것은 바로 이러한 계기에서라는 것이다.(2003:332)

23 소전에게 진정한 자유는 "나를 자유롭게 한다고 내가 인식한 그러한 자유로부터 자유로울 수 있어야 하는 자유"(2010:503)까지도 포함한다.

24 "해답은 '설명'이 아니라 '해석'입니다. 그리고 해석은 언제나 '거리 짓기'의 산물도 아니고 '거리 지우기'의 산물도 아닙니다. 그것은 그 둘을 안고 넘어서는 또 다른 마음결의 산물입니다. 우리는 이를 '상상'이라고 할 수 있습니다."(2010:365/401)

25 "우리는 삶을 총체적으로 관조할 필요가 있습니다. 그러한 관조가 상상을 구원해 주리라고 기대해서가 아닙니다. 그러한 총체적 관조가 만드는 어떤 여백에, 즉 이성이나 감성의 그릇 너머로 흐르는 그러한 잉여에 주목하고 싶은 것입니다."(2010:365-366)

26 "불행하게도 문학은 스스로 '종교적임'을 알지 못한 채 '종교'가 되고 있습니다. 문학가는 신처럼, 비평가는 사제처럼 그리고 독자는 신도처럼 문학계라는 사원에 모여 주어진 규범들을 살고 있습니다. 이미 형해화된 종교의 구조가 문학의 구조로 자리 잡아 가고 있습니다. 상상력의 고갈은 이제는 '종교현상'이기 전에 '문학현상'입니다. 문학은 교리를 양산하고 물음을 가르치면서, 그 물음에 상응하는 준비된 해답만을 판매하고 있습니다. 문학은 '신앙현상'으로 자신을 다듬어야 비로소 문학다움일 수 있다는 '신념'을 살아가고 있습니다. 그리고 어쩌면 '종교문학'이라는 장르가 있다면 그것은 이러한 문학의 맨처음 자리에서 가장 큰 발언을 하고 있는지도 모릅니다. 하지만 그것은 다시 짐작컨대 어쩌면 우선 문학에의 배신이고 나아가 종교에의 배신일 것임에 틀림없습니다."(2003:371-372)

27 "문학은 상상력을 지닌 모든 인간의 인간다움의 표현이고 인간답기 위한 구제에의

가능성입니다. …한편의 시나 한 권의 소설을 읽을 때 나는 그만큼 나를 구제하고 있는 것입니다."(2003:371)

28 소전이 문화담론편제의 재편을 언급하는 계기는 '은유의 상실'로 대변되는 현대문화의 위기에 대한 진단과 밀접한 관계가 있다. 그가 보기에 현대문화에서는 종교경험을 진술하는 은유가 자리할 수 있는 '잉여'가 효과적으로 차단되고 그에 비례하여 '돈독한 신앙'의 찬양이 지배적이다. 이는 종교경험이 담고 있는 우주적, 몽상적, 시적 언어의 박탈을 의미한다. 그 결과 우리는 반종교적 진술 속에서 종교적 경험을 강요당하기 십상이다. 이와 같은 은유의 상실은 기존 은유의 부적합성을 노출하는 새로운 은유를 모색하지 않을 수 없다는 의미에서의 위기를 뜻한다. 그렇다면 새로운 은유란 어떤 것인가? 그것은 종교라는 용어의 개념적 해체를 담고 있으며, 그런 종교 개념의 해체는 문화담론편제 자체의 재구성을 요청한다.(1997:331-32)

29 일반적으로 문화비평이란 우리가 살고 있는 시대의 정신을 종합하여 그것을 초극하게 함으로써 좀 더 넓은 시각 속에서 미래를 창출하려는 지성적 작업 혹은 전통성에 대한 재평가를 통한 당대문화의 의미론적 이해를 초점으로 하는 지성적 훈련과 관련된 비평 영역이라고 할 수 있다. 여기서 조금 더 나아가 이 양자의 종합이야말로 진정한 의미의 문화비평이라고 주장할 수도 있겠다. 그러나 더욱 중요한 것은 문화비평 자체가 하나의 문화담론 양태임을 주장하는 또 다른 입장이다. 소전이 말하는 문화비평은 이런 입장에 가까운 것이다. 소전에 의하면, 이는 인식의 정당성 여부를 판단하기 위한 것도 아니고 가치의 창출이나 지속을 규범적으로 추구하기 위한 것도 아니다. 진정한 문화담론이란 현재의 인식을 가능케 했던 물음 자체에 대한 되물음에 있다. 그것은 진리성에 대한 관심이라기보다 적합성에 관한 논의이며, 도덕적 성찰을 위한 상황에의 관심이 아니라 '형이상학적 자기기만'의 연쇄를 단절할 때 펼쳐질 가능성에 대한 관심이다. 이처럼 '물음 자체에 대한 되물음'과 '새로운 가능성에 대한 관심'에 입각한 문화비평은 사유의 장르와 심성의 분광을 '흩뜨려' 틈새를 드러내는 작업에서 비롯되며, 거기에서 솟아나오는 미지의 지평에 대한 자기 투척이라는 것이다.(1997:333)

30 소전은 '종교와 과학'이라는 주제에 대해서도 실재의 새로운 범주로서 접근하고 있다. 이때 '종교'는 '왜'의 의미론으로 그리고 '과학'은 '어떻게'의 인식론으로 자리바꿈함으로써 문화담론편제의 재편을 의도하고 있다. 그런 재편이 이루어지는 자리가 물음과 해답의 '사이'(틈새)임은 말할 나위 없다. (2000:184, 2000a:68-96)

31 『열림과 닫힘』(2006)의 마지막 구절은 다음과 같이 '종교인'에서 닫히고 '종교적 인간'에서 다시 열린다. "개개 종교를 기반으로 한 어떤 종교 논의도 이제는 그 한계가 분명합니다. 종교도 역사가 기술되는 문화 현상입니다. 21세기를 살아가는 우리가 종교와 관련하여 인간을 되생각하는 계기에서 우리가 해야 할 일은 '물음과 해답의 구조'를 지금 여기에서 어떻게 살아야 하나 하는 새로운 인간상의 탐색이지 기존의

종교들이 제시하는 인간상을 적합성을 찾아 되 다듬거나 되 꾸미는 일은 아닐지 모릅니다. 그러므로 이 논의가 할 수 있는 마지막 말은 '우리가 종교인이기를 그만두면 비로소 우리는 인간일 수 있는데 이를 굳이 언표 한다면 우리는 그때 비로소 종교적인 인간이 된다.'고 하는 진술입니다."(2006:407) 한국연구재단 주최 「석학과 함께 하는 인문강좌」 "지성적 공간에서의 종교: 종교문화에 대한 비판적 인식을 위하여"(2011.10.8.~11.5) 또한 "결국 종교를 이야기하자는 것은 삶을 논의하자는 것이고, 그것은 사람에 대한 관심에 진지해 보자는 희구와 다르지 않다"면서 동일한 구절로 끝을 맺고 있다.

32 「정진홍의 종교학 낙수」 연속강연(2004. 2.9~2.13)의 제1강(2.9) "'틈-學'의 출현과 전개: 왜 종교학인가?' 중에서 인용.

33 "고백은 무한한 동어반복의 논리와 자신에의 정직이라는 윤리로 이루어집니다. 저는 당신(니체_필자)이 그러한 '고백의 언어를 발언하고 있다'고 말합니다." (2003a:355)

34 소전에게 부정직성은 통상 게으름, 자기기만, 어리석음, 광기, 환상에의 몰입, 틈새의 간과 등과 관련되어 말해진다. "이 모든 사태(학문의 한계_필자)는 게으름에서 비롯하는 것인데, 그 게으름이란 다른 것이 아니라 자신을 속이는 부정직이다." (2010:398) "인식의 내용을 수용하지 못하는 고백은 이미 자신에 대한 정직성을 지니지 못한 것과 다르지 않습니다. 그것은 실은 고백일 수 없습니다. 그것은 의도적인 자기기만이거나 어리석음이거나 광기와 다르지 않습니다. 인식의 차원에서 말한다면 그것은 환상에의 몰입과 다르지 않습니다."(2010:212) "틈의 리얼리티를 간과한 채 인식을 말하는 것은 상당히 부정직한 것입니다." 「정진홍의 종교학 낙수」 연속강연(2004. 2.9~2.13)의 제1강(2.9) "'틈-學'의 출현과 전개: 왜 종교학인가?' 중에서 인용.

35 "학문의 정직성이란 실은 학문이라는 문화가 지은 그 나름의 '관성'입니다. 이를 넘어서기 위해서는 산문적 정직성과 시적 비정직성을 아우르는 새로운 언어가 필요합니다."(2010:553)

36 "어떤 사물에 대한 선택과 결단이 없으면 그 사물을 나의 것이게 할 수 없는데, 그래서 선택하고 결단하여 어떤 사물을 나 자신이 소유하게 되면 그것은 곧 그 사물에 대한 부정직을 필연적으로 초래케 되는 것이다. 우리의 삶은 바로 이러한 역설적인 현실 속에 있다…정직한 인식은 행동을 불가능하게 하고 행동은 정직한 인식을 허위적인 필연에 이르게 한다. 지적인 정직성과 행동을 위한 결단의 부정직을 살면서 행동 이후에 필연적으로 따라야 하는 참회의 윤리를 지녀야 한다.(1988:147-148)

37 '어쩔 수 없음'의 현실 추수 혹은 체념은 인간이 발언할 수 있는 마지막 정직이다. 욕망은 그 정직함 속에서 배태되고 또 소멸한다. "모든 도덕은 그 '어쩔 수 없음'의 정직을 억제하려는 것인지도 모른다."(2003a:244-245)

38 한국연구재단 주최「석학과 함께 하는 인문강좌」"지성적 공간에서의 종교: 종교문화에 대한 비판적 인식을 위하여"(2011.10.8~11.5)의 제4강(10.29) "다원성과 다양성, 그리고 중층성과 복합성: 종교와 문화" 중에서 인용.

39 소전에 의하면 물음은 삶의 주체가 만들어 내는 '해답을 향한 무한하게 열려진 몸짓'이다. 무한하게 열려진 것이 물음이라는 말이다. 그렇다면 열림도 무한한 것일까? 소전은 그럴 수 있으리라는 기대를 포기하지 않는다. 물음은 해답에 이르면서 스스로 자신을 닫는다. 물음이 닫히고 해답이 열리는 것이다. 이처럼 앎도 닫힐 수 있는데, 그러한 닫힘이 곧 모름이다. 그러나 그 모름과 직면하여 물음이 물어지면서 닫힌 해답이 다시 물음으로 열려질 수 있다. 이는 '물음과 해답의 존재론'에 대한 우리의 사고를 다시 자극한다. 모든 물음이 해답에 이를 수 있으면서, 동시에 그 해답이 또한 모두 물음에 이를 수 있다는 사실에 주목하게 되는 것이다. 이렇게 모든 해답이 다시 열려진 물음이 될 수 있다는 사실을 현실의 '힘'이 승인하지 않을 때 비극적인 상황이 발생하는 것이다. 요컨대 새로운 물음을 향해 닫힌 해답이야말로 모든 비극의 원천이라는 말이다.(2010:362-363)

40 시간에 대한 소전의 사색은 깊고 넓다. 시간의 무화와 시간의 완성이 공존(2000:196-98)하는 그의 시간 안에서 종교와 문학과 예술은 '시간의 공포'로부터 벗어나려는 몸부림으로 기억되고 있다(1980:224). 과거도 아니고 현재도 아닌 시간, 처음 일어난 일이 일어나는 시간, 신들이 여행길에 돌아다닌 흔적을 남겨 놓는 '꿈의 시간' 즉 '알체링가'에 대한 그의 각별한 관심(2000:198이하)도 마찬가지 기억과 결부되어 있다.

41 "마음이 꿈이 세월이. … 하늘로 하늘로 날아. … 숨은 고마운 꿈"(시 "하늘로 하늘로" 중에서. 1997a:16)

42 소전은 제일영광교회의 건축미학에 대해 '감추려는 사랑'을 형상화한 것이라고 묘사한다. 그것은 '애써 추상의 몸짓을 거절하는 추상의 몸짓', '애써 현실의 몸짓을 거절하는 현실의 몸짓', '애써 신성을 거절하는 신성의 몸짓', '애써 세속을 거절하는 세속의 몸짓'이라는 역설을 수용하고 있기 때문이라는 것이다.(2003:428/438)

43 소전에 의하면 사랑은 '관계'이다. 나와 너, 나와 그것, 나와 사물들의 관계뿐만 아니라 나와 나의 관계 또한 사랑으로 완성되어야 한다. 내 과거와 미래와의 관계도 마찬가지다. 사랑은 존재하는 모든 것에서 그 관계를 완성시키는 것 바로 그것이다. 그리고 마침내 삶과 죽음도 그렇게 사랑으로 이어져야 한다. 삶을 사랑하듯이 죽음도 사랑하는 것이다.(2005:32)

44 소전에게 '회상'은 '구원론'과 겹쳐지는 특별한 의미를 가진다. 회상을 가능케 하는 것은 오직 처음 자리로 돌아가는 것뿐인데, 우리는 그 처음 자리를 '망각'해 버렸다. 여기서 망각은 '처음'에 대한 기억, 즉 '원초적 기억'이라고 할 만한 그러한 기억의 상실을 뜻한다. 그러므로 이런 기억을 더듬는 "회상은 '진정한 나 되기' 또는 '현존하

는, 또는 되어가는 나를 나답게 유지하기'와 다르지 않다. … 그렇다면 회상의 존재론은 엄밀한 의미에서 '구원론'의 터득과 다르지 않다. 문제에 직면하여 해답을 추구해 온 존재의 근원적 현존의 모습과 다르지 않은 것이다."(2000a:89-93)

45 소전은 2004년 「정진홍의 종교학 낙수」 연속강연(2.9~2.13)의 첫째 날 "'틈-學'의 출현과 전개: 왜 종교학인가?"를 형이상학적 반란에 대한 언급으로 끝맺음하고 있다. 소전에 의하면 종교학의 현존 자체가 하나의 형이상학적 반란이다. 예컨대 기독교, 불교, 유교를 이야기하지 않고도 종교를 이야기할 수 있다는 것은 형이상학적 반란이다. 그것이 새로운 인식론을 가져올 것이므로 설령 넋두리가 된다 한들 무당이 되자는 것이다. 그런 형이상학적 반란에의 사랑에 사로잡혀 보자는 것이다. "어차피 삶은 무엇엔가 사로잡히는 빙의의 자리에서 비로소 순수해지고 착해지고 아름다워지는 것"(2003a:13)이기 때문일까?

신화와 역사 : 의미 형성의 두 지층

1 정진홍, 「신화의 구조적 분석: 단군신화의 종교적 함의를 해독하기 위한 시론」, 『종교학연구』 1, 1978, 39-60쪽; 정진홍, 「揆園史話의 神話」, 『종교학서설』, 전망사, 1980, 136-160쪽; 정진홍, 「韓國神話의 女性象徵 硏究」, 『아시아여성연구』 23, 1984, 333-354쪽.

2 위의 글, 333쪽

3 위의 글, 334쪽.

4 다음은 앞의 인용문에 기술된 신화의 정의가 후속 저술 안에서 어떻게 변주되고 있는지를 잘 보여주는 사례들이다. "일반적으로 지적되고 있듯이 신화는 '거룩한 이야기'이다. 거기에서 서술되는 사건은 초월적인 존재가 늘 주역이 된다. 그 사건의 전개는 아득한 '그때', 곧 시간의 비롯함의 때와 연결되고, 그 자리는 천상적 원형이랄 수 있을 초월적인 공간으로 지칭된다. 그러므로 그 이야기는 비롯함의 이야기이고, 그렇다고 하는 까닭 때문에 현존하는 온갖 있음의 존재 근거를 명시한다고 이해된다." 정진홍, 「종교와 문학: '이야기'로서의 접근을 위한 하나의 시론」, 『종교 연구』 7, 1991, 40쪽; "신화적 사건이라고 이를 수 있는 태초의 사건이 지금 여기에 있는 인간의 삶의 전형이며, 따라서 삶이란 그 전형의 재현을 이룰 때 비로소 그 근원적인 정당성을 지니는 것이라는 규범성을 함축하고 있다. 삶은 마구 틀 지워져도 좋은 것이 아니라 그 원형이랄 수 있을 태초의 틀 안에서 빚어져야만 하는 것이다." 정진홍, 「신화를 사는 삶」, 『종교문화의 이해』, 청년사, 1992, 63쪽; "인류의 문화는 온갖 처음에 대한 진술, 비롯함에 관한 이야기들로 가득합니다. 세계와 우주와 삼라만상과 인간과 선과 악과 생명과 죽음과 사람과 미움들이 어떻게 처음 비롯하여 지금 여기에서 우리가 겪는 그러한 실재로 현존하고 있는가 하는 데 대한 이야기가 지천을

이루고 있는 것입니다." 정진홍, 「신화 · 역사 · 종교」, 『기독교사상』 43(10), 1999, 137쪽; "'처음'에 관한 이야기, '태고(太古)'의 이야기, 그래서 '옛날' 이야기는 시간을 벗어날 수 없는 우리를 '이상스럽게 주눅 들게' 합니다. 시간의 흐름을 거슬러 올라 간다면 그 이야기는 내가 비롯한 처음인 '존재의 뿌리'를 이루고 있을 것임에 틀림없 기 때문입니다. 그렇다면 그 이야기는 우리 존재의 주형(鑄型)이라고 해도 좋습니 다. 그러므로 처음 이야기의 음조(音調)는 사람들의 의식의 심층에서 늘 물결치는 파동(波動)으로 있는 것이라고 일컬어져 왔습니다. 그 이야기가 언제나 어디에서나 '살아 있다'는 말이기도 합니다." 정진홍, 「Ⅲ. 언어 · 이야기 · 문자」, 『종교문화의 논리』, 서울대학교 출판부, 2000, 56쪽.

5 정진홍, 「종교 정의의 시도」, 앞의 책(1992), 42-54쪽.

6 정진홍, 앞의 책(2000), 56쪽.

7 정진홍은 신화가 지닌 특성으로 시간적 원초성, 신화에 등장하는 주역들의 초월성, 신화적 사건이 지닌 원형성을 들고 있다. 정진홍, 앞의 책(1992), 64쪽. 엘리아데의 신화 정의에 관해서는 Mircea Eliade, *Myth and Reality,* New York: Harper & Row, 1963, pp.1-20.

8 정진홍, 앞의 글(1984), 333쪽.

9 정진홍, 앞의 책(1992), 61쪽.

10 정진홍, 앞의 책(2000), 55쪽.

11 정진홍, 앞의 글(1999), 137쪽.

12 정진홍이 리쾨르에게서 빌린 또 하나의 용어를 들자면 고백의 현상학 (phenomenology of confession)이 있다. 그에게 고백의 현상학은 종교학의 다른 이 름이기도 하다. 왜냐하면 종교란 존재론적 물음과 해답을 경험한 주체의 고백이 낳 은 현실이기 때문이다. 정진홍, 앞의 책(1992), 56-58쪽. 고백의 언어와 고백의 현 상학에 관해서는 Paul Ricoeur, *The Symbolism of Evil*, Boston: Beacon Press, 1969, pp.3-10.

13 정진홍, 앞의 책(2000), 53쪽.

14 정진홍은 인식의 언어를 '합리적 지성의 추론을 문법으로 하는 언어', 고백의 언어를 '내 물음이 발언되고 그 물음에 메아리가 되어 다시 내게 전해지는 어떤 이야기를 해 답으로 수용하는 설명할 수 없는 고백에 의해 이루어지는 언어'라고 한다. 정진홍, 앞의 글(1999), 138쪽.

15 정진홍, 앞의 글(1991), 43-44쪽. 고백의 언어가 지닌 상징성에 대하여 다음의 인용 문을 참고. "하나의 사실, 또는 사물을 상징으로 이해한다고 하는 것은 우리로 하여 금 사물에 대한 우리의 이야기가 그 사실에 대한 의미의 획득, 곧 해석의 담론임을 밝혀 준다. 고백은 사실을 의미의 실재로 확인하는 데서 비롯하는 잉여이고, 그렇기 때문에 그때 진술되는 사실은 의미의 잉여 속에서 다의적인 현존이 된다. 그렇다면

고백은 상징에 대한 발언이다. 그리고 그 언어는 상징적 언어인 것이다." 위의 글, 44쪽.

16 정진홍은 자신의 학문적 동기와 갈망이 이러한 고백의 언어를 탐구하는 데 있음을 비학문적으로 고백한 바 있다. 그에게 종교학은 낙수를 줍는 일에 비견된다. 실증과학의 위상에 짓눌려 파편으로밖에는 남아 있지 않은 고백의 언어들, 이를테면 상상력, 이야기, 시 등과 같은 의미의 실재들을 건져 올리고자 한다. 정진홍, 「고백의 언어와 상상의 언어」, 『철학과 현실』 22, 1994, 307쪽. 이 글은 정진홍, 『종교문화의 인식과 해석: 종교현상학의 전개』, 서울대학교 출판부, 1996, 333-349쪽 맺음말 부분에 '비학문적 후기'란 부제와 함께 재수록되었다.

17 정진홍, 앞의 글(1991), 41쪽.

18 정진홍, 앞의 책(2000), 51-52쪽.

19 정진홍, 앞의 글(1999), 138쪽.

20 鄭鎭弘, 「멀치아 엘리아데」, 『현상과 인식』 1, 1977a, 179쪽. 정진홍은 위의 인용문에서 언급된 『우주와 역사』의 한국어 번역자이기도 하다. M. 엘리아데, 『宇宙와 歷史: 永遠回歸의 神話』, 鄭鎭弘 譯, 현대사상사, 1976.

21 鄭鎭弘, 「古代存在論과 歷史: 엘리아데의 史觀」, 『司牧』 第49號 , 1977b, 76-83쪽.

22 위의 글, 82쪽.

23 정진홍, 「時間의 可逆性」, 앞의 책(1980), 99-100쪽.

24 이 논문에서 정진홍이 분석의 대상으로 선택한 텍스트는 노명식의 『전환의 역사』, 안병무의 『성서적 실존』과 『시대의 증언』, 한완상의 『지성인의 허위의식』이다. 정진홍, 「종교적 지성의 역사의식」, 위의 책, 386-405쪽.

25 정진홍, 앞의 글(1977b), 81쪽.

26 M. 엘리아데, 「神顯으로 간주된 歷史」, 앞의 책(1976), 145-158쪽.

27 정진홍, 앞의 책(1980), 402쪽.

28 위의 책, 403-404쪽.

29 정진홍은 이야기가 지닌 의미 생산 능력을 '의미론적 갱신'으로 표현한다. 정진홍, 앞의 글(1991), 50쪽. '의미론적 갱신(innovation sémantique)'이란 용어는 폴 리쾨르에게서 빌려온 것으로 판단된다. 폴 리쾨르, 김한식·이경래 옮김, 『시간과 이야기 1: 줄거리와 역사 이야기』, 문학과지성사, 1999, 7쪽. 정진홍은 다른 지면에서 고백의 언어가 형성되는 과정을 리쾨르가 이야기의 미메시스 작용이라 부른 것을 원용하여 설명한다. 그에 따르면 고백의 언어는 이중의 과정을 거친다. 먼저 이야기는 줄거리 짜기(plot)를 통하여 삶을 형상화(configuration)한다. 이렇게 이야기를 통하여 형상화된 삶은 그것을 자신의 것으로 고백하는 주체에 의해 재형상화(reconfiguration)된다. 정진홍, 「종교문화를 읽기 위한 문법의 모색」, 앞의 책(1996), 14-18쪽. 리쾨르는 미메시스의 과정이 세 겹의 운동으로 이루어진다고 보았

다. 형상화와 재형상화 단계 이전에 전형상화(prefiguration)를 배치한다. 폴 리쾨르, 앞의 책, 125-188쪽.

30 정진홍,「문학과 종교」,『문학과 종교』 제6권 2호, 2001, 112-113쪽.

31 "결국 문학이 지닌 이야기, 문학이라는 이야기는 가능성을 창조하는 창조성에의 자기 봉헌이다. 그렇다면 그것을 구원의 이야기라고 불러 크게 잘못될 수 있을 것인가? 구원이 종교라고 일컬어지는 담론 안에서만 정당성을 지니는 이른바 종교의 전유물이 아니라 인간의 삶의 현실에 대한 담론의 하나라면 그 용어의 용례를 다른 맥락에서 발언하는 것은 전혀 시민적 자유에 속한 일일 수밖에 없는 것이다." 정진홍, 앞의 글(1991), 55쪽. 여기서 더 나아가 정진홍은 노트롭 프라이가 문학을 일컬어 '세속적인 경전(The Secular Scripture)'이라고 언명한 데 힘입어 아예 '문학은 종교'라고 말한다. 정진홍, 앞의 글(2001), 123-124쪽.

32 정진홍, 앞의 글(2001), 115쪽.

33 위의 글, 124쪽.

34 정진홍은 신화 개념이 지닌 이러한 속성을 다음과 표현한다. "신화는 이야기인데, 이야기 속에서 신화라는 이야기를 솎아 낸다는 것은 불가능하다. 다만 솎음작업을 하는 사람이 신화라고 범주화한 이야기만을 솎아낼 수는 있다. 그때 솎아 뽑은 이야기가 다름 아닌 신화다. 신화라는 이야기가 있는 것이 아니라 신화라는 이야기가 생산되는 것이다." 그는 이와 같은 발언에 뒤이어 조나단 스미스를 거론하면서 자신의 주장을 정당화하고 있다. "그리고 보면 J. Smith의 발언에 그리 놀랄 것도 없을 듯합니다. 직접적으로 신화를 일컫는 것은 아닙니다만 그는 이렇게 말합니다. '본래부터 신성하고 속된 것은 아무 것도 없다. 성속이란 본질적인 범주가 아니라 상황적이고 관계적인 범주, 곧 채택된 지도(地圖)에 의하여 변하는 움직이는 경계(境界)다.' … 그리고 나아가 종교학과 관련해서는 이렇게 단언합니다. '종교에 상응하는 자료는 없다. 종교는 다만 학자의 연구가 빚어낸 것이다. 그것은 학자들의 분석적 목적을 충족시켜주기 위해 만들어낸 것인데, 그들은 그 일을 비교하고 일반화하는 상상적 행위를 통해 수행한다.' 이를 신화에 적용해도 다를 수 없을 듯합니다." 정진홍,「신화적 상상력과 종교」,『종교 연구』 29, 2002, 4-5쪽.

35 위의 글, 2쪽.

36 정진홍, 앞의 글(1999), 139쪽; 정진홍, 앞의 책(2000), 61쪽; 정진홍, 앞의 글(2002), 16쪽.

37 정진홍, 앞의 책(2000), 58-59쪽.

38 정진홍, 앞의 글(2002), 6쪽.

39 정진홍, 앞의 글(1999), 140쪽.

40 위의 글, 140쪽.

41 정진홍,「'신화담론'이라는 신화」,『종교문화비평』 20, 2011, 18-19쪽.

42 위의 글, 19쪽.

43 정진홍, 앞의 글(2000), 60-61쪽.

44 정진홍, 앞의 글(1999), 141쪽; 정진홍, 앞의 책(2000), 60쪽; 정진홍, 앞의 글(2002), 18쪽. 참고로 엘리아데의 직접적인 발언을 확인하려면 M. 엘리아데, 앞의 책, 70-71 쪽.

45 각주 28) 참조.

46 정진홍, 앞의 글(1999), 142쪽.

47 정진홍, 앞의 글(2002), 19쪽.

48 정진홍, 「역사」, 『열림과 닫힘: 인문학적 상상을 통한 종교문화 읽기』, 산처럼, 2006, 138쪽.

죽음에 관한 일곱 가지 이야기 : 정진홍의 죽음론

1 Giorgio Agamben, "Judgment Day," *Profanations*, trans. Jeff Fort, New York: Zone Books, 2007, pp.24-25

2 Walter Benjamin, "Julien Green," *Walter Benjamin: Selected Writings, Volume 2, 1927-1934*, trans. Rodney Livingstone et al., Cambridge: The Belknap Press of Harvard University Press, 1999, p.333.

3 정진홍, 『마당에는 때로 은빛 꽃이 핀다』, 강, 1997.

4 정진홍, 『만남, 죽음과의 만남』, 궁리, 2003, 159-167쪽.

5 위의 책, 57쪽.

6 위의 책, 133쪽.

7 위의 책, 167쪽.

8 위의 책, 164쪽.

9 위의 책, 126, 130쪽.

10 위의 책, 128쪽.

11 호르헤 루이스 보르헤스, 「죽지 않는 사람들」, 『알렙』, 황병하 옮김, 민음사, 1996, 36쪽. 보르헤스는 이 단편소설에서 이렇게 말한다. "죽음(또는 그것에 대한 유혹)은 인간을 소중하고 애상적인 존재로 만들어준다. 인간들은 그러한 자신들의 환영적인 존재 조건 때문에 가슴 뭉클해진다. 인간이 행하는 각 행동은 그들의 마지막 행동이 될 수도 있다. 마치 꿈에서의 어떤 얼굴처럼 흩어져 버리는 운명을 가지지 않은 얼굴은 결코 없다. 죽음의 운명을 가진 모든 존재들은 복원이 불가능하며 위험스럽기 그지없는 가치를 소지하고 있다."(위의 책, 30쪽)

12 정진홍, 『만남, 죽음과의 만남』, 54쪽.

13 위의 책, 52쪽.

14 위의 책, 45-46, 49쪽.

15 Arthur Schopenhauer, "The Ages of Life," *The Essays of Arthur Schopenhauer, Vol. One: Counsels and Maxims*, trans. T. Bailey Saunders, Penn State Electronic Classics Series Publication, 2004, p .117

16 정진홍, 「종교와 노인」, 『경험과 기억: 종교문화의 틈 읽기』, 당대, 2003, 212쪽.

17 정진홍, 「생명 사랑과 인간의 존엄성」, 『노인 자살률 1위, 그 이유와 예방책을 묻는다』, 삶과죽음을생각하는회 창립 22주년 특별세미나 자료집, 2013년 4월 6일, 34-35쪽.

18 위의 글, 36-38쪽.

19 James D. Torr, *Euthanasia*, San Diego: Greenhaven Press, 1999, pp.90-91.

20 다테이와 신야(立岩眞也), 배관문 번역, 「죽음 대신에 잃는 것: 일본의 동향을 소개하며」, 『죽음 정의, 어떻게 할 것인가?』, 한림대학교 생사학연구단 제1회 국제학술대회 자료집, 107쪽.

21 Marcel Mauss, "The Physical Effect on the Individual of the Idea of Death Suggested by the Collectivity (Australia, New Zealand)", *Sociology and Psychology: Essays*, trans. Ben Brewster, London: Routledge, 1979, pp.36-56.

22 Robert Hertz, *Robert Hertz: Sin and Expiation in Primitive Societies*, trans. Robert Parkin, Oxford: British Centre for Durkheim Studies, 1994, p.112.

23 Robert Hertz, "A Contribution to the Study of the Collective Representation of Death", *Death and the Right Hand*, London: Routledge, 2004, pp.27-86. 로베르 에르츠의 '이중 장례식' 개념에 대해서는 다음 글을 참고하라. 이창익, 「죽음의 연습으로서의 의례: 이중 장례식의 구조와 의미」, 『역사와 문화』 제19호, 문화사학회, 2010, 7-53쪽.

24 Émile Durkheim, *Suicide: A Study in Sociology*, trans. John A. Spaulding & George Simpson, London: Routledge, 2005, pp.261-270.

25 Geoffrey Gorer, "The Pornography of Death," *Encounter*, October 1955, p.52.

26 Giorgio Agamben, *Homo Sacer: Sovereign Power and Bare Life*, trans. Daniel Heller-Roazen, Stanford: Stanford University Press, 1998, pp.92-93.

27 *Ibid.*, p.93.

28 Margaret Lock, "Displacing Suffering: The Reconstruction of Death in North America and Japan," in Antonius C. G. M. Robben, ed., *Death, Mourning, and Burial: A Cross-Cultural Reader*, Malden: Blackwell Publishing, 2004, pp.95-96.

29 정진홍, 「죽음 문화의 그늘: 편의주의 」, 『우리 사회의 죽음 문화: 그 현주소를 묻는다』, 한림대학교 생사학연구단 제1회 국내학술대회 자료집, 2013년 3월 29일, 7쪽.

30 위의 글, 8쪽.

31　위의 글, 12-14쪽.

32　Zygmunt Bauman, *Mortality, Immortality, and Other Life Strategies*, Stanford: Stanford University Press, 1992, p.10.

33　*Ibid.*, p.77.

34　정진홍, 『만남, 죽음과의 만남』, 39-40쪽.

35　Charles W. Wahl, "The Fear of Death," in Robert Fulton, ed., *Death and Identity*, New York: John Wiley & Sons, Inc, 1965, p.59.

36　Zygmunt Bauman, *op. cit.*, pp.12-13.

37　알베르 카뮈, 김화영 옮김, 「행복한 죽음」, 『알베르 카뮈 전집 1931-1939』, 책세상, 2010, 338-342쪽.

38　Ernest Becker, *The Denial of Death*, New York: Free Press, 1973, p.7.

39　지그문트 프로이트, 「전쟁과 죽음에 대한 고찰」, 『문명속의 불만』, 열린책들, 1997, 57쪽.

40　Carol Zaleski, "Death and Near-Death Today," in John J. Collins & Michael Fishbane, eds., *Death, Ecstasy, and Other Worldly Journeys*, Albany: State University of New York Press, 1995, pp.396-397.

41　Charles W. Wahl, "Suicide as a Magical Act," *Bulletin of the Menninger Clinic*, 1957.05.01, p.96.

42　*Ibid.*, pp.93-97.

43　*Ibid.*, p.98.

44　Edwin S. Shneidman & Norman L. Farberow, "Suicide and Death" in Herman Feifel, ed., *The Meaning of Death*, New York: McGraw-Hill Book Company, 1959, p.299.

45　Marcel Mauss & Henri Beuchat, *Seasonal Variations of the Eskimo*, trans. James Fox, London: Routledge, 1979, pp.57, 64.

46　Pascal Boyer, *Religion Explained: The Evolutionary Origins of Religious Thought*, New York: Basic Books, 2001, p.224.

47　정진홍, 『만남, 죽음과의 만남』, 196-198쪽.

48　정진홍, 「장례문화의 의미론: 기독교와 화장의 문제에 관한 소견」, 『경험과 기억: 종교문화의 틈 읽기』, 당대, 2003, 217-218쪽.

49　Michael C. Kearl, *Endings: A Sociology of Death and Dying*, Oxford: Oxford University Press, 1989, p.124.

50　정진홍, 「종교와 노인」, 『경험과 기억: 종교문화의 틈 읽기』, 당대, 2003, 200쪽.

51　위의 글, 205, 210쪽

52　Michael C. Kearl, *op. cit.*, p.121.

53 정진홍, 「죽음, 종교, 문화」, 『한국종교문화의 전개』, 집문당, 1986, 372-374쪽.

54 위의 글, 376쪽.

55 정진홍, 「죽음에 관한 학문적 접근, 왜? 어떻게?: 죽음학 서설」, 『정직한 인식과 열린 상상력: 종교 담론의 지성적 공간을 위하여』, 청년사, 2010, 301쪽.

56 정진홍, 「죽음, 종교, 문화」, 382쪽.

57 정진홍, 「이승과 저승: 한국인의 종교적 공간관의 모색」, 『한국종교문화의 전개』, 집문당, 1986, 108쪽.

58 위의 글, 102-103쪽.

59 위의 글, 105-110쪽.

60 위의 글, 103, 110쪽.

61 정진홍, 『괜찮으면 웃어 주세요』, 당대, 2013, 183-188쪽.

62 Zygmunt Bauman, *op. cit.*, p.65.

63 정진홍, 『만남, 죽음과의 만남』, 148-149쪽.

64 Zygmunt Bauman, *op. cit.*, p.71.

참고문헌

종교문화 개념의 등장과 그 배경 : 소전 정진홍의 종교문화 개념의 의미

강돈구, 「'종교문화'의 의미」, 『종교이론과 한국종교』, 박문사, 2011.
_____, 「'종교문화'의 영어표기?」, 《한국종교문화연구소 뉴스레터》 제93호, 한국종교문화
          연구소, 2010.
정진홍, 『종교학 서설』, 전망사, 1980.
_____, 『한국종교문화의 전개』, 집문당, 1986.
_____, 『종교문화의 이해』, 서당, 1992.(1995, 청년사)
_____, 『종교문화의 인식과 해석: 종교현상학의 전개』, 서울대학교 출판부, 1996.
_____, 『하늘과 순수와 상상: 종교문화의 현상과 구조』, 도서출판 강, 1997.
_____, 『종교문화의 논리』, 서울대학교 출판부, 2000.
_____, 『경험과 기억: 종교문화의 틈 읽기』, 당대, 2003.
_____, 『잃어버린 언어들: 정진홍 산문집』, 도서출판 당대, 2004.
_____, 『열림과 닫힘: 인문학적 상상을 통한 종교문화 읽기』, 산처럼, 2006.
한국종교문화연구소 사이트, http://www.kirc.or.kr/about/about_01.php
한국종교문화학회 사이트, http://www.rdialog.com/main01_2.php
한국학중앙연구원 문화와 종교 연구소 사이트, http://cr.aks.ac.kr/01_about/about_0102.asp
한신대 종교문화학과 사이트, http://www.religion.ac.kr/intro1
Hobart, Mark, *After Culture: Anthropology as Radical Metaphysical Critique*, Yogyakarta: Duta
          Wacana University Press, 2000.
McCutcheon, Russell T., *Critics, Not Caretakers: Redescribing the Public Study of Religion*, Albany:
          State University of New York Press, 2001.
Sewell, William H. Jr., The Concept(s) of Culture," *Logics of History: Social Theory and Social
          Transformation,* "Chicago and London: University of Chicago Press, 2005.
Smith, Jonathan Z., *Imagining Religion: From Babylon to Jonestown*, University of Chicago Press,
          1982.

종교문화와 그 다원성 : 또 하나의 시각

강돈구, 「종교문화의 의미」, 『종교 연구』 61, 2010.
김성은, 「조선후기 선불교(禪佛敎) 정체성의 형성에 대한 연구」, 서울대학교 대학원 종교학
          과 박사학위논문, 2012.

정진홍, 「종교문화에 대한 이해를 위하여」, 『한국논단』 10월호, 1989.

____, 「'종교문화 읽기'를 위한 문법의 모색」, 『계간 사상』 (여름호), 1994.

____, 『종교문화의 이해』, 청년사, 1995.

____, 「한국 사회와 종교-한국종교문화의 서술을 위한 제언」, 『西江人文論叢』 9, 1998.

____, 『종교문화의 논리』, 서울대학교 출판부, 2000.

____, 『경험과 기억 - 종교문화의 틈 읽기』, 당대, 2003.

____, 『열림과 닫힘 - 인문학적 상상을 통한 종교문화 읽기』, 산처럼, 2006.

Augé, Marc, Non-lieux. *Introduction àune anthropologie de la surmodernité*, Paris: Editions du Seuil, 1992.

Beckford, James A., *Social Theory & Religion*, Cambridge: Cambridge University Press, 2003.

Berger, Peter & Luckmann, Thomas, *The Social Construction of Reality*, NY: Anchor Books, 1966.

Bruno, Antonetta, "An ambiguous religious figure in between Shamanism and Buddhism", presentation in Syposium on Religious and Cultural Plurality in East Asia, Paris, Institut National des Langues et Civilisations Orientales (INaLCO), 25 May 2012.

Burke, Peter, *Cultural Hybridity*, Cambridge: Polity Press, 2009.

Certeau, Michel de, *L'invention du quotidien. I Arts de faire*, Paris: Gallimard, 1990.

Chau, Adam Yuet, "Modalities of Religious Practices", *in Chinese religious life*, ed. by P. David, G. Shive & P. Wickeri, Oxford: Oxford University Press, 2011.

Cherel-Riquet, Evelyne, "Pluralitéautour de l'église catholique en Corée. Eglise catholique coréenne et pluralitéreligieuse", presentation in Syposium on Religious and Cultural Plurality in East Asia, Paris, Institut National des Langues et Civilisations Orientales (INaLCO), 6 April 2012.

Cuche, Denys, *La notion de culture dans les sciences sociales*, Paris: La Découverte, 2001.

Cuchet, Guillaume, *Faire de l'histoire religieuse dans une sociétésortie de la religion*, Paris: Publications de la Sorbonne, 2013.

Durand-Dasté, Vincent, "Mise en scène et représentation conjointes des Trois enseignements àla fin de l'ère impériale chinoise- l'exemple de la littérature", presentation in Syposium on Religious and Cultural Plurality in East Asia, Paris, Institut National des Langues et Civilisations Orientales (INaLCO), 25 May 2012.

Galmiche, Florence, "Religious efficacy and the quest for orthodoxy in Korean Buddhism today", presentation in Syposium on Religious and Cultural Plurality in East Asia, Paris, Institut National des Langues et Civilisations Orientales (INaLCO), 30 March 2012.

Gauchet, Marcel, *Désenchantement du monde, Une histoire politique de la religion*, Paris: Gallimard, 1985.

Goossaert, Vincent, "Yu Yue (1821-1906) explore l'au-delà, la culture religieuse des élites chinoises àla veille des revolutions", *in Miscellanea Asiatica : mélanges en l'honneur de Françoise Aubin*, ed. by Roberte Hamayon, Denise Aigle, Isabelle Charleux & Vincent Goossaert, Sankt Augustin : Monumenta Serica, 2010.

Goossaert, Vincent & Palmer, David A., *The Religious Question in Modern China*, University of Chicago Press, 2011.

Goossaert, Vincent, "La gestion du pluralisme des spécialistes religieux au Jiangnan, 19e-20e siècle", presentation in Syposium on Religious and Cultural Plurality in East Asia, Paris, Institut National des Langues et Civilisations Orientales (INaLCO), 13 June 2013.

Griffiths, Paul J., Problems of Religious Diversity, MA: Blackwell Publishers Inc, 2001.

Guggenmos, Esther-Maria, "Buddhist Negotiating Prognostic Techniques in the 5th and 6th Centuries – The Integration of Cultural Diversity as a Recipe of Buddhists' Flourishing", presentation in Syposium on Religious and Cultural Plurality in East Asia, Paris, Institut National des Langues et Civilisations Orientales (INaLCO), 30 March 2012.

Iannaccone, L., "Introduction to the Economics of Religion," *Journal of Economic Literature 36*: 1465-1496, 1998.

Ji Zhe, "Religion jeunesse et modernité: Le camp d'été, nouvelle pratique rituelle du bouddhisme chinois", *Social Compass*, 58(4): 525-539, 2011.

Kim Daeyeol, "The Social and Cultural Presence of Buddhism in the Lives of Confucian Literati in Late Chosŏn: The case of Tasan", Seoul Journal of Korean Studies 25, no.2 (December 2012): 213-241, 2012.

Kim Hui-yeon, "Entre l'ethnicisation et la transnationalisation : une Eglise pentecôtiste coréenne dans le monde", presentation in Syposium on Religious and Cultural Plurality in East Asia, Paris, Institut National des Langues et Civilisations Orientales (INaLCO), 1 June 2012.

Kluckhohn, Clyde, *Initiation à l'anthropologie*, Bruxelles: Charles Dessart, 1966.

Lamine, Anne-Sophie, *La Cohabitation des dieux: Pluralité religieuse et laïcité*, Paris: Presses Universitaires de France, 2004.

Lamine, Lautman & Mathieu (dir.), *La religion de l'autre, La pluralité religieuse entre concurrence et reconnaissance*, Paris: L'Harmattan, 2008.

Lemieux, R., "Les croyances: nébuleuse ou univers organise," in R. Lemieux & M. Milot (ed.), *Les Croyances des Québécois. Esquisses pour une approche empirique*, Québec, Université Laval, 1992.

Mensching, Gustav, *Tolerance and Truth in Religion*, tr. by H.-J. Klimkeit, Alabama: The Univ. of Alabama Press (1955 by Wuelle & Meyer, Heidelberg), 1971.

Oberoi, Harjot, *The Construction of Religious Boundaries. Culture, Identity and Diversity in the Sikh Tradition*, Delhi: Oxford University Press, 1994.

Pratt, Mary Louise, *Imperial Eyes, Travel Writing and Transculturation*, NY: Routelege, 1992.

Raj, Kapil, *Relocation Modern Science, Circulation and the Construction of Knowledge in South Asia and Europe*, NY: Palgrave Macmillan, 1650-1900, 2007.

Riboud, Pénélope, "Dynamiques d'interaction entre les religions de l'Asie Centrale et de la Chine", presentation in Syposium on Religious and Cultural Plurality in East Asia, Paris, Institut National des Langues et Civilisations Orientales (INaLCO), 1 June 2012.

Simmel, Georg, *La Tragédie de la culture et autres essais*, traduit de l'allemand par Sabine Cornille et Philippe Ivernel, Paris: Editions Rivages, 1988.

Smith, Jonathan Z., "Religion, Religions, Religious," in *Critical Terms for Religious Studies*, ed. by Mark C. Taylor, Chicago: The University of Chicago Press, 1998.

Turner, Brian S., *Religion and Social Theory, A Materialist Perspective*, New Jersey: Humanities Press, 1983.

Walraven, Boudewijn, "Religious Pluralism and Religious Hegemony in Choson Korea", presentation in Syposium on Religious and Cultural Plurality in East Asia, Paris, Institut National des Langues et Civilisations Orientales (INaLCO), 4 May 2012.

Willaime, J.-P., *Sociologie des Religions*, Paris: PUF, 1995.

Woodside, Alexander, *Lost Modernities: China, Vietnam, Koream and the Hazards of World History*, Cambridge (MA), Havard University Press, 2006.

Wuthnow, Robert et al, *Cultural Analysis, The Work of Peter L. Berger, Mary Douglas, Michel Foucault and Jürgen Habermas*, London: Routeledge & Kegan Paul, 1984.

Young, Carl, "Enjeux d'identitéreligieuse dans les premières années de la religion Ch'ondogyo en Corée, 1905-1910", presentation in Syposium on Religious and Cultural Plurality in East Asia, Paris, Institut National des Langues et Civilisations Orientales (INaLCO), 13 June 2013.

정진홍의 인문주의 : 반독단과 반환원의 논리를 넘어서

정진홍, 『정직한 인식과 열린 상상력: 종교담론의 지성적 공간을 위하여』, 청년사, 2010.

_____, 『열림과 닫힘: 인문학적 상상을 통한 종교문화 읽기』, 산처럼, 2006.

_____, 『경험과 기억: 종교문화의 틈 읽기』, 당대, 2003.

_____, 『종교문화의 논리』, 서울대학교출판부, 2000.

_____, 『하늘과 순수와 상상』, 강, 1997.

_____, 『종교문화의 인식과 해석』, 서울대학교출판부, 1996.

_____, 『종교학서설』, 전망사, 1980.

_____, 「신의 고향은 어디인가 - 인지과학의 종교담론에 관하여」, 이화여자대학교 이화학술원 2008학년도 제7회 교수포럼 강연 동영상.

막스 뮐러, 『종교학입문』, 김구산 역, 동문선, 1995.

이창익, 「인지종교학과 숨은그림찾기」, 『종교문화비평』 통권 14호, 2008.

Eliade, Mircea, The Quest: *History and Meaning in Religion*, Chicago: The University of Chicago Press, 1969.

Idinopulos, Thomas A. & Edward A. Yonan, eds., *Religion and Reductionism*, Leiden: E.J. Brill, 1994.

King, Winston L., *Introduction to Religion: A Phenomenological Approach*, New York: Harper and Row, 1968.

Sarton, George, *The History of Science and The New Humanism*, New York: Braziller, 1956(New York: H. Holt and Company, 1931).

Sperber, Dan, *Explaining Culture: A Naturalistic Approach*, Massachusetts: Blackwell, 1996.

개념과 실재 : 민간신앙 인식에의 물음

유동식, 『한국무교의 역사와 구조』, 연세대출판부, 1978.

장석만, 「종교문화 개념의 등장과 그 배경: 소전 정진홍의 종교문화 개념의 의미」, 『종교적 인간, 그 하나의 얼굴: 소전 정진홍 교수의 학문적 세계』, 2013년 한국종교문화연구소 상반기 심포지엄, 한국종교문화연구소, 2013.

정진홍, 「민속종교의 이해」, 『종교학서설』, 전망사, 1980.

_____, 「종교와 자연」, 『종교학서설』, 전망사, 1980.

_____, 「무속 신앙의 현대적 조명」, 『한국종교문화의 전개』, 집문당, 1986.

_____, 「무속은 어떠한 종교인가」, 『한국종교문화의 전개』, 집문당, 1986.

_____, 「한국종교문화의 전개」, 『한국종교문화의 전개』, 집문당, 1986.

_____, 『종교문화의 이해』, 서당, 1992.

_____, 『하늘과 순수와 상상: 정진홍 교수의 종교문화 읽기』, 강, 1997.

_____, 「종교문화의 소묘」, 『종교문화의 논리』, 서울대출판부, 2000.

_____, 「종교인과 종교적 인간」, 『열림과 닫힘: 인문학적 상상을 통한 종교문화 읽기』, 산처럼, 2006.

_____, 「한국의 종교와 한국인」, 『경험과 기억: 종교문화의 틈 읽기』, 당대, 2003.

_____, 「한국의 종교문화와 민간신앙」, 『경험과 기억: 종교문화의 틈읽기』, 당대, 2003.

최준식, 『무교: 권력에 밀린 한국인의 근본신앙』, 모시는 사람들, 2009.

Fabian, Johannes, *Time and the Other: How Anthropology Makes its Object*,, Columbia Univ. Press 1983.

강돈구, 『종교이론과 한국종교』, 박문사, 2011.

강인철, 『한국의 개신교와 반공주의』, 중심, 2007.

김경재, 『폴 틸리히 신학 연구』, 대한기독교출판사, 1987.

나학진교수정년퇴임기념논문집간행위원회 · 서울대학교 종교문제연구소 [공]편, 『종교다
　　　　원주의와 종교윤리』, 집문당, 1994,.

문화선교연구원, 『기독교문화와 상상력』, 예영, 2006.

이진구, 「종교적 지혜인가 과학적 지식인가: 종교 연구의 두 흐름」, 『신학전망』 157호 6월
　　　　호, 2007.

이찬수, 『한국 그리스도교 비평: 그리스도교, 한국적이기 위하여』, 이화여자대학교출판부,
　　　　2009.

장석만, 「문화비평으로서의 종교학」, 『한국종교연구회회보』 2호, 1990.

정진홍, 『정직한 인식과 열린 상상력: 종교 담론의 지성적 공간을 위하여』, 청년사, 2010.

＿＿＿, 「나의 인생과 기독교」, 『기독교사상』, 10월호, 2006.

＿＿＿, 『잃어버린 언어들: 정진홍 산문집』, 당대, 2004.

＿＿＿, 『경험과 기억』, 당대, 2003.

＿＿＿, 『하늘과 순수와 상상: 정진홍 교수의 종교문화 읽기』, 강, 1997.

＿＿＿, 『종교문화의 이해』, 청년사, 1995.

＿＿＿, 『한국 종교문화의 전개』, 집문당, 1986.

＿＿＿, 『종교학서설』, 전망사, 1980.

＿＿＿, 『기독교와 타종교와의 대화』, 전망사, 1980.

최종성, 『동학의 테오프락시』, 민속원, 2009.

磯前順一, 『近代日本の宗教言説とその系譜』, 岩波書店, 2003.

星野靖二, 『近代日本 宗教概念: 宗教者の言葉と近代』, 有志舍, 2012.

Kim, Andrew, "Korean Religious Culture and Its Affinity to Christianity: The Rise of Protestant
　　　　Christianity in South Korea", *Sociology of Religion*, Vol. 61, No.2(Summer), 2000.

Eliade, Mircea, *Patterns in Comparative Religion*, London: Sheed and Ward; 멀치아 엘리아데,
　　　　1958, 이은봉 옮김, 『종교형태론』, 형설출판사, 1981.

Leach, Edmund, *Culture & Communication: The logic by which symbols are connected*, London:
　　　　Cambridge University Press, 1976.

Lincoln, Bruce, "Theses on Method", Russell T. McCutcheon (ed), *The Insider/Outsider Problem in
　　　　the Study of Religion: A Reader*, Cassell: London and New York, 1999.

McCutcheon, Russell T., *Critics Not Caretakers: Redescribing the Public Study of Religion*, State
　　　　University of New York, 2001.

McFague, Sallie, *Metaphorical theology: models of god in religious language*, Philadelphia: Fortress Press, 1982. ; 샐리 맥페이그, 정애성 옮김,『은유신학』, 다산글방, 2001.

O'dea, Thomas, *The Sociology of Religion*, New Jersey: Prentice-Hall, 1966. ; 토마스 오데아,『종교사회학』, 이원기 옮김, 이화여대출판부, 1989.

Paden, William E., *Religious Worlds: The Comparative Study of Religion*, Boston: Beacon Press, 1994. ; 윌리엄 페이든, 이진구 옮김,『비교의 시선으로 바라본 종교의 세계』, 청년사, 2004.

Sharpe, Eric, *Comparative Religion*, London: Duckworth, 1983. ; 에릭 샤프, 윤이흠 · 윤원철 옮김,『종교학: 그 연구의 역사』, 한울, 1986.

Smith, Jonathan Z., "Religion, Religions, Religious", in Mark C. Tylor, ed., *Critical Terms for Religious Studies*, Chicago & London: The University of Chicago Press, 1998.

Wiebe, Donald, "Religious Studies", *The Routledge Companion to the Study of Religion*, ed. John R. Hinnells, London and New York: Routledge, 2005.

Yoo, Yo-han, "The Hidden Intentions of Eliade?: Re-reading Critiques of Eliade from the Perspective of Eliade`s Expectation of the History of Religions,"『종교와 문화』, 11권, 2005.

소전 정진홍의 몸짓 현상학에 나타난 의례 연구 방법론 고찰

강돈구,「'종교문화'의 의미」,『종교 연구』제61집, 한국종교학회, 2010.

류종목,「비손」,『한국민속대백과사전』인터넷판, http://folkency.nfm.go.kr/minsok/dic_index.jsp?P_MENU=04&DIC_ID=6193&ref=T2&S_idx=108&P_INDEX=5&cur_page=1

이사라,「손」,『훗날 훗사람』, 문학동네, 2013.

정진홍,「제의와 몸짓: 제의 서술을 위한 하나의 작업가설」,『종교학연구』, 18집, 서울대학교 종교학연구회, 1999.

＿＿＿,『종교학 서설』, 전망사, 1984(1980).

＿＿＿,『종교문화의 인식과 해석: 종교현상학의 전개』, 서울대학교출판부, 1996.

＿＿＿,『한국종교문화의 전개』, 집문당, 1988(1986).

＿＿＿,『종교문화의 논리』, 서울대학교출판부, 2000.

＿＿＿,『종교문화의 이해』, 청년사, 2004(1995).

＿＿＿,『열림과 닫힘: 인문학적 상상을 통한 종교문화 읽기』, 산처럼, 2006.

＿＿＿,『정직한 인식과 열린 상상력: 종교 담론의 지성적 공간을 위하여』, 청년사, 2010.

정화열, Body Politics, Art and Ecology,『몸의 정치와 예술, 그리고 생태학』, 이동수 외 옮김, 아카넷, 2005.

Bell, Catherine, *Ritual Theory, Ritual Practice*, Oxford: Oxford University Press, 1992.

Coakley, Sara, ed., *Religion and Body*, Cambridge: Cambridge University Press, 1997.

Durkheim, Emile, *Lés formes élémentaires de la vie religieuse: le système toté mique en Australie*, Paris: Les Presses universitaires de France(1968), 1912. ; 에밀 뒤르켐, 『종교 생활의 원초적 형태』, 노치준 민혜숙 옮김, 민영사, 1992.

Geertz, Clifford, *The Interpretation of Cultures*, New York: Basic Books, 1973. ; 클리퍼드 기어츠, 『문화의 해석』, 문옥표 옮김, 까치글방, 1998.

Heiler, Friedrich, *Prayer; A Study in the History and Psychology of Religion*, Samuel Mc Comb, tran., London: Oxford University Press, 1932.

Jones, Linda, ed., *Encyclopedia of Religion*, Volume 11, MI: Thomas Gale, 2005.

Kristensen, W. Brede, "Prayer", Sumner B. Twiss and Walter H. Conser, Jr., eds., *Experience of the Sacred: Readings in the Phenomenology of Religion*, New England: Brown University Press, 1992.

LaFleur, William R., "Body", Mark C Taylor, ed., *Critical Terms for Religious Studies*, Chicago: The University of Chicago Press, 1998.

Merleu-Ponty, Maurice, *Phénoménologie de la Perception*, Paris: Editions Gallimard, 1945. ; 메를로 퐁티, 『지각의 현상학』, 류의근 옮김, 문학과지성사, 2002.

Salamone, Frank A., ed., *The Encyclopedia of Religious Rites, Rituals, and Festivals*, London: Routledge, 2004.

Saussaye, Pierre Daniel Chantepie de la, *Manual of the Science of Religion*, Beatrice S. Colyer-Fergusson, tran., London: Longmans, Green, And Co, 1891.

Stuckrad, Kocku von, ed., *The Brill Dictionary of Religion*, Volume III, Leiden: Brill, 2006.

Schechner, Richard, *The Future of Ritual: Writings on Culture and Performance*, London: Routledge, 1993.

Van der Leeuw, G., *Religion in Essence and Manifestation*, Volume 2, J. E. Turner, tran., New York: Harper & Row, Publishers, 1963.

소전 정진홍의 반 델 레에우 이해의 특징과 한계 : 종교현상학적 해석

안신, 「반 델 레에우의 종교현상학에 대한 재평가」, 『종교와 문화』 제13호, 서울대학교종교문제연구소, 2007.

____, 「게라르두스 반 델 레에우와 미르체아 엘리아데의 종교현상학에 대한 비교연구: 유형론과 비교론을 중심으로」, 『종교문화비평』 17호, 한국종교문화연구소, 2010.

정진홍, 「파에아도시스 연구: 초대교회를 중심으로」, 서울대학교석사논문, 1965.

____, 『종교학서설』, 전망사, 1980.

____, 『종교문화의 이해』, 서당, 1992.

정진홍, 「G. van der Leeuw 연구」, 『종교학연구』 11권, 한국종교학연구회, 1992.

_____, 『종교문화의 인식과 해석: 종교현상학의 전개』, 서울대학교출판부, 1996.

Calvin, John, *Institutes of the Christian Religion*, vol. 1. tr. by John Allen, Grand Rapids, MI: W. B. Eerdmans Publishing Company, 1949. ; 존 칼빈, 원광연 옮김, 『기독교강요』(상), 크리스챤다이제스트, 2003.

Cox, James L., *A Guide to the Phenomenology of Religion*, London: T&T Clark, 2006.

de la Saussaye, P. D. Chantepie, *Manuel for the Science of Religion*, tr. by B. S. Colyer-Fergussson, London: Longmans, 1891.

Eliade, M., "Preface" in G. van der Leeuw, *Sacred and Profane Beauty: The Holy in Art*, tr. by David E. Green, New York: Holt, Rinehart and Winston, 1963.

_____, Cosmos and History, Princeton: Princeton University Press, 1954. ; 미르체아 엘리아데, 정진홍 옮김, 『우주와 역사: 영원회귀의 신화』, 현대사상사, 1976.

Plantinga, Richard John, "Seeking the Boundaries: Gerardus van der Leeuw on the Study of Religion and the Nature of Theology," PhD. Thesis, McMaster University, 1990.

Sharpe, Eric J., *Comparative Religion: A History*, London: Duckworth, 1975. ; 에릭 샤프, 윤이흠, 윤원철 옮김, 『종교학: 그 연구의 역사』, 한울, 1986.

Sierksma, F., *Dienaar van God en hoogleraar te Groningen*, Amsterdam: Het Wereldvenster, 1951.

Uytenbogaardt, H. & Winter, C., *Developments in Liturgy, Church Building, and Church Music in Dutch Protestantism of the 20th Century*, ECPCM Lecture, Utrecht, 2004.

van der Leeuw, G., "Confession Scientifique", *Numen*, vol.1, issue 1, 1950.

_____, *Religion in Essence and Manifestation*, tr. by J. E. Turner, New York: Harper & Row, 1963.

_____, Inleiding tot de Phaenomenologie von den Godsdienst, 1948, Haarlem: De Erven F. Bohn N.V. ; 반 델 레에우, 손봉호, 길희성 옮김, 『종교현상학 입문』, 분도출판사, 1995.

Waardenburg, Jacques, "Gerardus van der Leeuw as a Theologian and a Phenomenologist", *Reflections n the Study of Religion*, The Hague: Mouton, 1978.

'틈새'의 종교학과 상상의 시학 : 소전학에 있어 종교 · 문학 · 예술

정진홍, 「시간 이야기」, 『본질과 현상』 30, 본질과현상사, 2012.

_____, 『정직한 인식과 열린 상상력: 종교 담론의 지성적 공간을 위하여』, 청년사, 2010.

_____, 『열림과 단힘: 인문학적 상상을 통한 종교문화 읽기』, 산처럼, 2006.

_____, 「성숙한 죽음 문화가 자살을 예방한다」, 『본질과 현상』 2, 본질과현상사, 2005.

_____, 『잃어버린 언어들』, 당대, 2004.

정진홍, 『경험과 기억: 종교문화의 틈 읽기』, 당대, 2003.

_____, 『고전, 끝나지 않는 울림』, 강, 2003a.

_____, 『종교문화의 논리』, 서울대학교출판부, 2000.

_____, 「물음과 해답: 〈왜〉와 〈어떻게〉의 존재론」, 정진홍 외, 『종교와 과학』, 아카넷, 2000a.

_____, 『하늘과 순수와 상상』, 강, 1997.

_____, 『마당에는 때로 은빛 꽃이 핀다』, 강, 1997a.

_____, 『종교문화의 인식과 해석』, 서울대학교출판부, 1996.

_____, 『신을 찾아 인간을 찾아』, 집문당, 1994.

_____, 『정진홍 종교칼럼 대통령과 메시아』, 조선일보사, 1989.

_____, 『거문고 소리를 기억하십니까』, 가나, 1988.

_____, 『종교학서설』, 전망사, 1980.

신화와 역사 : 의미 형성의 두 지층

정진홍, 「멀치아 엘리아데」, 『현상과 인식』 1, 1977a.

_____, 「古代存在論과 歷史: 엘리아데의 史觀」, 『司牧』 第49號, 1977b.

_____, 「신화의 구조적 분석: 단군신화의 종교적 함의를 해독하기 위한 시론」, 『종교학연구』 1, 1978.

_____, 「揆園史話의 神話」, 『종교학서설』, 전망사, 1980.

_____, 「時間의 可逆性」, 『종교학서설』, 전망사, 1980.

_____, 「종교와 문학」, 『종교학서설』, 전망사, 1980.

_____, 「종교적 지성의 역사의식」, 『종교학서설』, 전망사, 1980.

_____, 「韓國神話의 女性象徵 硏究」, 『아시아여성연구』 23, 1984.

_____, 「종교와 문학: '이야기'로서의 접근을 위한 하나의 시론」, 『종교 연구』 7, 1991.

_____, 「신화를 사는 삶」, 『종교문화의 이해』, 청년사, 1992.

_____, 「종교 정의의 시도」, 『종교문화의 이해』, 청년사, 1992.

_____, 「고백의 언어와 상상의 언어」, 『철학과 현실』 22, 1994.

_____, 「종교문화를 읽기 위한 문법의 모색」, 『종교문화의 인식과 해석: 종교현상학의 전개』, 서울대학교 출판부, 1996.

_____, 「맺음말: 비학문적인 후기(後記)」, 『종교문화의 인식과 해석: 종교현상학의 전개』, 서울대학교 출판부, 1996.

_____, 「신화・역사・종교」, 『기독교사상』 43(10), 1999.

_____, 「III. 언어・이야기・문자」, 『종교문화의 논리』, 서울대학교 출판부, 2000.

_____, 「문학과 종교」, 『문학과 종교』 제6권 2호, 2001.

_____, 「신화적 상상력과 종교」, 『종교 연구』 29, 2002.

鄭鎭弘, 「역사」, 『열림과 닫힘: 인문학적 상상을 통한 종교문화 읽기』, 산처럼, 2006.

_____, 「'신화담론'이라는 신화」, 『종교문화비평』 20, 2011.

엘리아데, M., 『宇宙와 歷史: 永遠回歸의 神話』, 鄭鎭弘 譯, 현대사상사, 1976.

폴 리쾨르, 김한식 · 이경래 옮김, 『시간과 이야기 1: 줄거리와 역사 이야기』, 문학과 지성사, 1999.

Eliade, Mircea, *Myth and Reality*, New York: Harper & Row, 1963.

Ricoeur, Paul, *The Symbolism of Evil*, Boston: Beacon Press, 1969.

죽음에 관한 일곱 가지 이야기 : 정진홍의 죽음론

다테이와 신야(立岩眞也), 배관문 번역, 「죽음 대신에 잃는 것: 일본의 동향을 소개하며」, 『죽음 정의, 어떻게 할 것인가?』, 한림대학교 생사학연구단 제1회 국제학술대회 자료집, 2013.06.05.

보르헤스, 호르헤 루이스, 황병하 옮김, 「죽지 않는 사람들」, 『알렙』, 민음사, 1996.

이창익, 「죽음의 연습으로서의 의례: 이중 장례식의 구조와 의미」, 『역사와 문화』 제19호, 문화사학회, 2010.

정진홍, 「죽음, 종교, 문화」, 『한국종교문화의 전개』, 집문당, 1986.

_____, 「이승과 저승: 한국인의 종교적 공간관의 모색」, 『한국종교문화의 전개』, 집문당, 1986.

_____, 『마당에는 때로 은빛 꽃이 핀다』, 강, 1997.

_____, 『만남, 죽음과의 만남』, 궁리, 2003.

_____, 「종교와 노인」, 『경험과 기억: 종교문화의 틈 읽기』, 당대, 2003.

_____, 「장례문화의 의미론: 기독교와 화장의 문제에 관한 소견」, 『경험과 기억: 종교문화의 틈 읽기』, 당대, 2003.

_____, 「죽음에 관한 학문적 접근, 왜? 어떻게?: 죽음학 서설」, 『정직한 인식과 열린 상상력: 종교 담론의 지성적 공간을 위하여』, 청년사, 2010.

_____, 「죽음 문화의 그늘: 편의주의」, 『우리 사회의 죽음 문화: 그 현주소를 묻는다』, 한림대학교 생사학연구단 제1회 국내학술대회 자료집, 2013.03.29.

_____, 「생명 사랑과 인간의 존엄성」, 『노인 자살률 1위, 그 이유와 예방책을 묻는다』, 삶과죽음을생각하는회 창립 22주년 특별세미나 자료집, 2013.04.06.

_____, 『괜찮으면 웃어 주세요』, 당대, 2013.

카뮈, 알베르, 『행복한 죽음』, 『알베르 카뮈 전집 1931-1939』, 김화영 옮김, 책세상, 2010.

프로이트, 지그문트, 「전쟁과 죽음에 대한 고찰」, 『문명속의 불만』, 열린책들, 1997.

Agamben, Giorgio, *Homo Sacer: Sovereign Power and Bare Life*, trans. Daniel Heller-1998, Roazen, Stanford: Stanford University Press.

_____, "Judgment Day," *Profanations*, trans. Jeff Fort, New York: Zone Books, 2007.

Bauman, Zygmunt, *Mortality, Immortality, and Other Life Strategies*, Stanford: Stanford University Press, 1992.

Becker, Ernest, *The Denial of Death*, New York: Free Press, 1973.

Benjamin, Walter, "Julien Green," *Walter Benjamin: Selected Writings, Volume 2, 1927-1934*, trans. Rodney Livingstone et al., Cambridge: The Belknap Press of Harvard University Press, 1999.

Boyer, Pascal, *Religion Explained: The Evolutionary Origins of Religious Thought*, New York: Basic Books, 2001.

Durkheim, Émile, *Suicide: A Study in Sociology*, trans. John A. Spaulding & George Simpson, London: Routledge, 2005.

Gorer, Geoffrey, "The Pornography of Death", *Encounter*, 1955(Oct.).

Hertz, Robert, *Robert Hertz: Sin and Expiation in Primitive Societies*, trans. Robert Parkin, Oxford: British Centre for Durkheim Studies, 1994.

Hertz, Robert, "A Contribution to the Study of the Collective Representation of Death", *Death and the Right Hand*, London: Routledge, 2004.

Kearl, Michael C., *Endings: A Sociology of Death and Dying*, Oxford: Oxford University Press, 1989.

Lock, Margaret, "Displacing Suffering: The Reconstruction of Death in North America and Japan," in Antonius C. G. M. Robben, ed., *Death, Mourning, and Burial: A Cross-Cultural Reader*, Malden: Blackwell Publishing.

Mauss, Marcel & Henri Beuchat, *Seasonal Variations of the Eskimo*, trans. James Fox, London: Routledge, 1979.

Mauss, Marcel, "The Physical Effect on the Individual of the Idea of Death Suggested by the Collectivity(Australia, New Zealand)", *Sociology and Psychology: Essays*, trans. Ben Brewster, London: Routledge, 1979.

Schopenhauer, Arthur, "The Ages of Life," *The Essays of Arthur Schopenhauer, Vol. One: Counsels and Maxims*, trans. T. Bailey Saunders, Penn State Electronic Classics Series Publication, 2004.

Shneidman, Edwin S. & Norman L. Farberow, "Suicide and Death", in Herman Feifel, ed., *The Meaning of Death*, New York: McGraw-Hill Book Company, 1959.

Torr, James D., *Euthanasia*, San Diego: Greehaven Press, 1999.

Wahl, Charles W., "Suicide as a Magical Act," *Bulletin of the Menninger Clinic*.

_____, 1965, "The Fear of Death," in Robert Fulton, ed., *Death and Identity*, New York: John Wiley & Sons, Inc, 1957.05.01.

Zaleski, Carol, "Death and Near-Death Today," in John J. Collins & Michael Fishbane, eds., *Death, Ecstasy, and Other Worldly Journeys*, Albany: State University of New York Press, 1995.

| (사)한국종교문화연구소 |

(사)한국종교문화연구소(이하 한종연)는 국내외 종교문화에 관한 자료를 수집하고 종교문화에 대한 객관적인 연구와 비평을 함으로써 종교에 대해 건전한 시민의식을 함양하고 한국사회의 바람직한 종교문화를 창달하는 데 기여함을 목적으로 한다. 종교문화에 대한 '비평'은 이미 창립 때부터 내건 연구소의 슬로건이다. 물론 신앙에 대해 비평하자는 것은 아니다. 개인의 신앙을 존중하는 가운데 학문을 토대로 하여 종교문화를 비평해 보자는 것이다.

20여년간 활동해 온 한종연의 출발은 아주 소박했다. 윤승용(현 본 연구소 소장 겸 현 한국 신종교학회 회장), 강돈구(현 한국 종교학회 회장), 장석만(한국 종교문화비평학회 회장) 등 서울대 종교학과 대학원생들이 모여 한국적인 종교학을 위한 소연구 모임을 갖다가 종교문화를 중심으로 하는 문화비평과 타학문과의 원활한 교류를 위해 1988년에 '한국종교연구회'를 만들게 되었다. 당시에는 우리 사회가 민주화를 이룬 시기였고, 그 시대적 상황에 부응하여 진보적 학술단체들이 모여 '한국학술단체협의회'를 창립하기도 하였다. 이에 따라 당시 관악산 주변에는 소장층을 중심으로 한국역사연구회, 한국철학연구회, 서양사연구회 등 많은 진보적 학술단체들이 생겨났다. 한국종교연구회 역시 앞서 언급한 대로 종교학에 대한 내적인 동기와 더불어 이러한 시대적 흐름에 많은 영향을 받아 창립되었다. 이후 한국종교연구회라는 작은 모임은 지난 2001년 사단법인 한국종교문화연구소로 재탄생했다. 학술 동호회 성격을 벗어나 좀 더 개방적이고, 나아가 대사회적으로 공신력 있는 학문 단체로 거듭나기 위해서였다. 연구회가 사단법인이 되면서 이사장으로 취임하신 정진홍 선생과, 현 연구소로 이전할 때 도움을 주신 이민용 선생의 재정적 기여가 연구소 재창립에 큰 힘이 되었다.

한종연의 역사는 한국종교연구회 시기와 한국종교문화연구소 시기로 구분할 수 있다. 연구회 시절에는 「한국종교연구회회보」가 발간되었다. 창립 다음 해인 1989

년부터 1999년까지 8회에 걸쳐 부정기적으로 발행되었다. 동 회보에는 당시 종교학을 기초로 한 문화비평에 관한 내용이 주로 실렸다. 인문학에서는 인간을 '정치적인 동물', '사고하는 동물', '상징을 사용하는 동물' 등 인간에 대한 다양한 시각이 있다. 종교학에서는 인간을 '종교적인 동물'로 상정한다. 종교인이든 비종교인이든, 아니면 반종교인이든 간에 인간은 본래 종교적인 성향이 있고, 그러한 성향을 드러내는 인간의 삶을 이해함으로써 인간과 삶 그리고 그런 문화에 대한 이해력을 높이고자 한다. 따라서 인간과 삶을 종교적으로 이해하기 위해서는 종교와 그 배경이 되는 문화를 함께 연구해야만 했다. 당시만 하더라도 개별 종교전통을 연구하는 곳은 많았으나 학문적으로 종교를 연구하는 학술단체가 거의 없었기 때문에 한국종교연구회의 시작은 종교학계에 신선한 충격을 주었다.

외부의 별다른 지원 없이 어렵게 운영되던 한국종교연구회는 회원들의 열성적인 참여로 많은 성과를 내었다. 일본 동경대학과 근대화와 종교 등을 주제로 '한일종교연구포럼'을 3회 이상 가진 바가 있고, 이후 『한일 근현대와 종교문화』(청년사, 2001)로 묶어 내었다. 한종연의 대표적인 학술사업으로 종교를 인간의 삶과 문화라는 시각에서 바라본 대중서적인 『종교 다시 읽기』(청년사,1999), 한종연의 독자적인 시각에서 세계종교의 역사를 다시 정리한 『세계 종교사 입문』(청년사,2002), 일반 역사학계에서는 잘 취급되지 않는 종교관련 주제들을 다룬 『한국종교문화사 강의』(청년사,1998), 한국종교학의 기초를 다진 장병길 선생의 『한국종교와 종교학』(청년사,2003) 등 의미 있는 기초 서적들을 연이어 출판하였다.

현재 한종연은 건전한 종교문화를 정착시키기 위해 학술 모임을 위주로 활발하게 활동하고 있다. ■종교문화와 관련된 자료 정리, 조사 연구 및 평론 ■종교문화에 대한 연구서, 학술지 발간 ■종교 관련 단체 및 연구기관과의 교류 ■종교 문제 관련 토론회 및 학술대회 개최 ■시민의 종교 의식 향상을 위한 교육 및 상담 ■종교 현상 및 종교 문제 연구를 위한 제반 학술 활동 지원 등을 진행하고 있다.

현재 진행되고 있는 구체적인 사업으로는 1) 매월 월례포럼과 상하반기 공개 심포지엄의 개최. 종교와 관련된 주제를 가지고 2명의 연구자가 주제발표를 하고 토론하는 종교문화포럼을 2001년 재창립 이후부터 매월 셋째 주 토요일에 개최하고 있으며, 당해 연도에 학술적으로 중요한 의미를 갖는 주제나 사회문화적인 이슈를 선정해 매년 2회에 걸쳐 심포지엄을 개최하고 있다. 2) 매주 종교문화에 대한 주간 시평인「종교문화 다시 읽기」뉴스레터가 발간되고 있다. 1,900여명의 종교인과 종교 연구자들에게 매주 이메일로 발송되고 있으며, 현재 289호까지 발간되었다. 3) 연구소 기관지에 해당되는『종교문화비평』(한국연구재단 학술등재지)을 연2회 발간하고 있으며, 주로 종교문화에 대한 학술적인 이슈들을 함께 다루고 있다. 4)『종교 다시 읽기』와 같은 단행본 및 종교문화총서들을 발간하고 있다. 현재 총 10권이며 최근에는『죽음의례 죽음 한국사회』(모시는사람들, 2013)를 발간하였다. 5) 공개 대중 강좌와 종교문화탐방 등도 행하고 있다. 국내외 학계 동향뿐만 아니라 세계 곳곳에서 발생하는 다양한 종교문제를 분석하고 이해하기 위한 집담회도 열고 있다. 특히 종교문화에 대해 관심을 지닌 일반 대중과의 소통을 위해서 종교문화 강좌를 개설하고 있다.

현재 한종연이 문제 삼고 있는 종교문화라 함은 종교문화를 구성하고 있는 개별적인 종교만을 의미하는 것만 아니고, 개별 종교들의 활동을 포함해서 인간과 삶을 성스럽게 만드는 인간의 지고한 가치와 그런 삶의 양식과 패턴 모두를 포함하고 있다. 그러한 종교문화를 연구하고 그것에 대한 평론을 통하여 우리 시대 인간과 삶에 대한 성찰과 더불어 한국 사회의 인간화와 문화 창달을 지향하고 있다. 자칫 신앙적인 논쟁만 오고갈 수 있는 종교 영역에서 한종연은 종교와 관련한 담론에 대해 서로 소통할 수 있는 역할을 해 왔고, 아울러 반지성적이고 폐쇄적인 영역이 종교라는 사회 인식을 불식시키고자 일반 대중과 소통하는 역할에도 힘써 왔다.

한종연은 앞으로 재정적인 문제만 해결될 수가 있다면, 우선 한국문화사 입장에서 한국 종교사를 체계적으로 재 서술하고, 그러한 바탕 위에서 한국적인 종교 심성이 담긴 종교학을 정립해 보려고 한다. 한국 종교사 서술을 통해 한국의 전통과 역사, 문화를 제대로 창달할 수 있을 것이라는 믿음과 기대 때문이다. 또한 개별 종교전통사전들은 많이 출판되었으나 정작 그것을 읽는 틀을 제공하는 '한국종교문화사전'이 없기에 이를 기획하고 있다. 한종연은 앞으로 계속 한국종교문화 창달을 위한 기초자료들을 체계적으로 정리해 볼 계획이다. 한국사상과 전통문화에는 한국 종교가 그 핵심에 있다. 가장 문화적인 것이 종교이기 때문이다. 한국인의 종교와 종교적 심성을 이해하지 않고는 한국인의 사상도 문화도 이해하기가 힘들 것이다. 그리고 연구소가 지향하고 있는 종교문화비평은 종교전통의 자기이해를 넘어 함께 더불어 사는 공동체를 지향한다. 오만과 독선에 빠지기 쉬운 종교문화를 학문적으로 제대로 비평함으로써, 한국의 종교문화는 더욱 개방적이 될 것이고 자기 구원을 넘어선 공동체의 지평으로 확대될 것이다.

(사)한국종교문화연구소 이사진(2013)

직책	성명	소속
이사장	정진홍	울산대 석좌교수
이사	강돈구	한국학중앙연구원
이사	김호덕	한국종교문화연구소
이사	류성민	한신대학교
이사	민경식	중앙대학교
이사	박규태	한양대학교
이사	송현주	순천향대학교
이사	신광철	한신대학교
이사	신재식	호남신학대학교
이사	윤승용	한국종교문화연구소
이사	이민용	한국종교문화연구소
이사	이용범	안동대학교
이사	이진구	한국종교문화연구소
이사	장석만	충간문화연구소
이사	차옥숭	이화여대 객원교수
이사	최승환	경희대학교
감사	정성현	청년사
감사	최유진	경남대학교

정직한 이삭줍기 : 소전 정진홍 교수 종교 연구의 지평

등록 1994.7.1 제1-1071
1쇄 발행 2013년 11월 22일

기　획　한국종교문화연구소
엮은이　소전 희수기념문집편찬위원회
펴낸이　박길수
편집인　소경희
편　집　조영준
디자인　이주향
관　리　김문선

펴낸곳　도서출판 모시는사람들
　　　　110-775 서울시 종로구 경운동 88번지 수운회관 1207호
전　화　02-735-7173, 02-737-7173 / 팩스 02-730-7173

인　쇄　상지사P&B(031-955-3636)
배　본　문화유통북스(031-937-6100)
홈페이지　http:// blog.daum.net/donghak21

값은 뒤표지에 있습니다.
ISBN　978-89-97472-57-4　　93200

이 도서의 국립중앙도서관 출판시도서목록(CIP)은 e-CIP 홈페이지 (http://www.nl.go.kr/ecip) 에서 이용하실 수 있습니다.
(CIP 제어번호 : 2013022986)